明文 中國 史書 正解

戰國策 下
전국책

後漢 劉 向 編
陳起煥 譯註

明文堂

목차

《戰國策》正文（下）

23.《戰國策》卷二十三 魏策 二

315/ 犀首,田盼欲得齊魏之兵

{原文} 犀首,田盼欲得齊,魏之兵以伐趙, 梁君與田侯不欲.

犀首曰,"請國出五萬人, 不過五月而趙破."

田盼曰,"夫輕用其兵者, 其國易危, 易用其計者, 其身易窮. 公今言破趙大易, 恐有後咎."

犀首曰,"公之不慧也. 夫二君者, 固已不欲矣. 今公又言有難以懼之, 是趙不伐, 而二士之謀困也. 且公直言易, 而事已去矣. 夫難構而兵結, 田侯, 梁君見其危, 又安敢釋卒不我予乎?"

田盼曰,"善." 遂勸兩君聽犀首. 犀首,田盼遂得齊, 魏之兵. 兵未出境, 梁君, 田侯恐其至而戰敗也, 悉起兵從之, 大敗趙氏.

서수와 田盼(전반)이 齊와 魏의 군사를 빌려,

{국역} (魏의) 犀首(서수, 공손연)와 (齊의) 田盼(전반)이 齊와 魏의 군사를 빌려 趙를 정벌하려 했는데,[1948] 魏(梁)의 왕과 田齊의 왕은 원치 않았다. 이에 서수가 (전반에게) 말했다.

"귀국에서 5만의 군사를 동원해 준다면 5개월 안에 趙를 격파할 수 있습니다."

그러자 전반이 말했다.

"쉽게 用兵한다면 그 나라가 금방 위태롭고, 쉽게 계책을 변용한다면 一身이 곧 곤궁해진다고 하였습니다. 公은 지금 趙를 격파하는 일이 아주 쉽다고 말씀하는데, 뒷날 허물이 있을까 걱정됩니다."

서수가 설명하였다.

"公이 좀 잘못 생각한 것 같습니다(不慧). (魏, 齊) 二君은 처음부터 원하지 않았습니다. 지금 공께서도 또 어렵다고 두려워하시는데, 趙를 정벌하지 않는다면 公과 나의 계책도 막힐 것입니다. 公은 (내가) 쉽게 말한다고 하시는데, 그러면 일은 이미 틀린 것입니다. 만약 교전할 때 우리가 곤경에 처했다면, 齊와 梁의 君主가 군대를 내어 우리를 어찌 도와주지 않겠습니까?"

전반이 말했다. "좋습니다."

그리고서는 두 군왕에게 서수의 계책에 따르라고 권유하였다. 서

1948 원문 犀首田盼欲得齊,魏之兵以伐趙 – 犀首(서수)는 魏의 武官 관직명. 보통 公孫衍(공손연)을 지칭. 田盼(전반)은 인명. 齊의 公族. 名將. 盼은 눈이 예쁠 반, 눈 반. 본 章은 魏 혜왕 8년, 前 327년의 일이다. 齊는 威王(재위 前 356 – 320).

수와 전반은 齊와 魏의 군사 동원을 얻어내었다. 출동한 군사가 국경을 넘기도 전에 두 왕은 전쟁에서 패배할까 걱정이 되어 나머지 병력을 다 동원케 하였고, 趙를 크게 격파하였다.

316/ 犀首見梁君

{原文} 犀首見梁君曰, "臣盡力竭知, 欲以爲王廣土取尊名, 田需從中敗君, 王又聽之, 是臣終無成功也. 需亡, 臣將侍, 需侍, 臣請亡."

王曰, "需, 寡人之股掌之臣也. 爲子之不便也, 殺之亡之, 毋謂天下何, 內之無若群臣何也! 今吾爲子外之, 令毋敢入子之事. 入子之事者, 吾爲子殺之亡之, 胡如?"

犀首許諾. 於是東見田嬰, 與之約結, 召文子而相之魏, 身相於韓.

犀首(서수)가 魏王(梁君)을 만나서,

{국역} 犀首(서수, 公孫衍)가 魏王(梁君, 襄王)을 만나 말했다.[1949]

1949 犀首見梁君曰 – 前 317년에, 五國이 伐秦 했으나 아무 전과도 없었다. 三晉의 군사는 秦軍에게 대패했는데 특히 魏는 그 군사의 절반을 잃었

"臣은 盡力(진력)하고 지혜를 다 써서〔竭知(갈지)〕 왕을 위하여 영역을 넓히고 명예를 높이려 애썼지만, 田需(전수, 田繻)는 중간에서 주군의 일을 어렵게 만드는데 (그의 말을) 왕께서 들어주니 臣은 끝내 성공할 수 없습니다. 전수가 없다면 臣이 (왕을) 모시겠지만, 전수가 왕을 모신다면 臣은 사직코자 합니다(臣請亡)."

王이 말했다.

"田需(전수)는 과인의 손발과 같은 신하요(股掌, 股肱之臣). 卿에게서 불편하다 하여 죽이거나 없앤다면, 천하에 무슨 말을 할 수도 없을 것이고, (과인이) 경의 말을 따라준다면 群臣들은 또 무어라 할 것 같소! 지금 과인이 卿을 위하여 전수를 멀리할 것이고, 경의 일에 관여하지 못하게 하겠소.[1950] 경의 일에 干與(간여)하는 자가 있다면, 내가 경을 위하여 죽이거나 없앨 것이요. 그러면 어떻소?"[1951]

서수는 응낙하였다. 이에 서수는 동쪽으로(齊) 가서 田嬰(전영, 맹상군의 부친)을 만나 함께 맹약하였고, 文子(田文, 맹상군)를 불러 魏의 相이 되게 하였으며, 자신은 韓의 相이 되었다.

다. 魏 襄王(양왕, 재위 前 318 – 296)은 그 허물을 公孫衍(공손연)에게 돌렸고, 田需는 기회라 생각하여 공손연을 中傷했다. 이에 공손연은 위를 떠나 韓에 가서 相이 되었다. 본 章은 이때의 상황이다.

1950 원문 令毋敢入子之事 – 入은 關與하다. 간섭하지 못하게 하겠다.

1951 원문 胡如? – 何如?

317/ 蘇代爲田需說魏王

{原文} 蘇代爲田需說魏王曰, "臣請問文之爲魏, 孰與其爲齊也?"

王曰, "不如其爲齊也."

"衍之爲魏, 孰與其爲韓也?"

王曰, "不如其爲韓也."

蘇代曰, "衍將右韓而左魏, 文將右齊而左魏. 二人者, 將用王之國, 舉事於世, 中道而不可, 王且無所聞之矣. 王之國雖滲樂而從之可也. 王不如舍需於側, 以稽二人者之所爲. 二人者曰, '需非吾人也, 吾舉事而不利於魏, 需必挫我於王.' 二人者必不敢有外心矣. 二人者之所爲之, 利於魏與不利於魏, 王厝需於側以稽之, 臣以爲身利而便於事."

王曰, "善." 果厝需於側.

蘇代가 田需를 위해 魏王을 설득하다.

{국역} 蘇代(소대)가 田需(전수)를 위하여 魏王(襄王)을 설득하였다.[1952]

1952 원문 蘇代爲田需說魏王曰 -《史記 秦本紀》에 의하면, 秦 惠文王 更元 11년(前 314) 秦의 樗里疾(저리질) '敗韓岸門, 其將犀首走.' 라 하였다. 서수는 이 전쟁에서 패한 뒤 韓에서 세력을 잃었고, 그 뒤 韓을 떠나

"臣이 여쭤보겠습니다만, 田文(孟嘗君)이 魏를 위하는 일과 자기의 고국 齊를 위해 하는 일이 어디가 더 많다고 생각하십니까?"[1953]

王이 말했다. "아마 魏를 위함이 齊를 위하는 만큼은 아닐 것이다."[1954]

"公孫衍(공손연, 犀首)이 魏를 위하는 일이 그가 韓을 위하는 일에 비하면 어떨 것 같습니까?"

"그가 韓을 위하는 것만 못할 것이다."

蘇代가 말했다.

"공손연이 韓을 가까이하고 魏를 멀리하며[1955] 田文은 齊를 위해 더 애쓰고 상대적으로 魏를 조금 위하고 있습니다. 이 두 사람은 앞으로 대왕의 나라를 이용하여 천하의 일을 처리하면서 中道를 취한다는 것은 불가할 것입니다. 대왕께서는 또 이런 말을 (다른 곳에서) 듣지도 못하셨을 것입니다. 대왕의 나라가 물이 스며들 듯 그렇게 따라가서야 되겠습니까? 그러니 대왕께서는 田需(전수)를 측근으로 두고서[1956] 두 사람의 하는 일을 살펴보게 하는 것이 더 나을 것

魏로 돌아온다. 본 章의 내용은 서수가 魏에 돌아온 뒤의 상황이다.

1953 원문 臣請問文之爲魏, 孰與其爲齊也? - 文은 田文 爲는 돕다(助). 도움을 주다. 孰與는 孰若. 어찌 ~와 같겠는가? 孰은 누구 숙, 어느? 무엇?

1954 원문 不如其爲齊也 - 其는 아마. 추측의 뜻을 표시. 齊를 더 많이 위할 것 같다.

1955 원문 衍將右韓而左魏 - 右는 가까이하다(近也). 左는 멀리하다(遠也). 당시는 右를 더 높였다.

1956 王不如舍需於側 - 舍는 여기서 厝(둘 조. 措)와 同. 조치하다. 需는 田需(人名). 側은 곁 측.

입니다. 그 두 사람은 '전수는 내 편이 아니다. 내가 하는 일이 魏에 불리하다면, 전수는 틀림없이 우리 두 사람을 왕에게 말해 우리를 꺾으려 할 것이다.' 라고 생각할 것이니, 그러면 두 사람이 하는 일이 魏에 이롭거나 아니면 魏에 불리하지는 않을 것입니다. 대왕께서 전수를 측근으로 두고 살펴보게 하신다면, 대왕에게 이로울 뿐만 아니라 하시는 일도 잘될 것이라고 臣은 생각합니다."

　王은 "좋은 말이다." 라고 하였다. 그리고 전수를 측근에 두었다.

318/ 史擧非犀首於王

{原文} 史擧非犀首於王. 犀首欲窮之, 謂張儀曰,

　"請令王讓先生以國, 王爲堯, 舜矣, 而先生弗受, 亦許由也. 衍請因令王致萬戶邑於先生."

　張儀說, 因令史擧數見犀首. 王聞之而弗任也, 史擧不辭而去.

史擧(사거)가 王에게 犀首(서수)를 비방하다.

{국역} 史擧(사거)가 犀首(서수, 公孫衍)를 왕에게 비방하였다.[1957] 서

1957 원문 史擧非犀首於王 - 史擧(사거)는 甘茂(감무)가 스승으로 모셨던 사람이라는 주석이 있다. 非는 誹謗(비방)하다. 《史記 六國年表》에 의하

수는 사거를 궁지로 몰아버리려고 張儀(장의)에게 말했다.

"제가 왕에게 말씀드려 나라를 선생에게 禪讓(선양)하라고 말씀드리겠습니다. 그러면 왕은 堯(요)나 舜(순) 같은 聖君이 됩니다. (물론) 선생께서 받을 수가 없으니, 선생은 許由(허유)와 같은 훌륭한 사람이 됩니다. 그러면 저는 왕에게 선생을 1만 호의 大邑에 封하도록 주청하겠습니다."

이에 張儀는 기뻐하면서, 史擧(사거)에게 자주 서수를 찾아뵈라고 말했다. 왕은 (사거가 그렇게 비방하던 서수를 자주 찾아뵙는다는) 그런 말을 듣고, 사거를 신임하지 않았고,[1958] 사거는 인사도 없이 사라졌다.

319/ 楚王攻梁南

{原文} 楚王攻梁南, 韓氏因圍薔. 成恢爲犀首謂韓王曰,

"疾攻薔, 楚師必進矣. 魏不能支, 交臂而聽楚, 韓氏必危, 故王不如釋薔. 魏無韓患, 必與楚戰, 戰而不勝, 大梁不能守, 而又況存薔乎? 若戰而勝, 兵罷敝, 大王之攻薔易矣."

면, 장의는 秦相에서 면직되자 魏에 와서 相이 되는데, 이는 秦 惠文王 後 3년, 魏 惠王 13년인 前 322년이었다.

1958 원문 王聞之而弗任也 – 任은 신임하다. 信也. 사거가 그동안 비방하던 사람을 따르며 모신다는 말을 듣고 사거를 의심하게 되었다.

楚王이 梁(魏)의 남부를 침공했고,

{국역} 楚王(懷王)이 梁(魏)의 남부를 침공했고,[1959] 韓은 그 틈에 薔(장)을 포위하였다. (魏人) 成恢(성회)가 (魏) 犀首(서수, 公孫衍)를 위하여 韓王(宣惠王)에게 말했다.

"급하게 薔(장)을 공격하면 楚의 군사도 틀림없이 魏에 진격할 것입니다. 魏는 버틸 수가 없어 팔짱을 껴 읍하고서 楚의 말을 따를 것이니, 그 다음 韓은 위기에 몰릴 것이니 왕께서는 薔(장)에 대한 포위를 풀어주는 것이 나을 것입니다. 魏가 韓에 대한 걱정이 없어지면 틀림없이 楚와 싸울 것이니, (魏가) 이기지 못하여 (도읍) 大梁을 지킬 수 없다면, 薔(장)을 어찌 지키겠습니까? 만약 싸워 이긴다 하여도 (魏) 군사가 지쳤기에 대왕께서 薔(장)을 공격하기가 쉬울 것입니다."

320/ 魏惠王死

{原文} 魏惠王死, 葬有日矣. 天大雨雪, 至於牛目, 壞城郭, 且爲棧道而葬. 群臣多諫太子者, 曰,

"雪甚如此而喪行, 民必甚病之. 官費又恐不給, 請弛期更日."

1959 원문 楚王攻梁南 - 前 323년에, 楚 杜國인 昭陽(소양)이 魏를 침공했었다. 그러나 연대를 추정할 수 없다는 주석도 있다.

太子曰, "爲人子, 而以民勞與官費用之故, 而不行先王之喪, 不義也. 子勿復言."

群臣皆不敢言, 而以告犀首. 犀首曰, "吾未有以言之也, 是其唯惠公乎! 請告惠公."

惠公曰, "諾." 駕而見太子曰, "葬有日矣."

太子曰, "然."

惠公曰, "昔王季歷葬於楚山之尾, 灤水齧其墓, 見棺之前和. 文王曰, '嘻! 先君必欲一見群臣百姓也夫, 故使灤水見之.' 於是出而爲之張於朝, 百姓皆見之, 三日而後更葬. 此文王之義也. 今葬有日矣, 而雪甚, 及牛目, 難以行, 太子爲及日之故, 得毋嫌於欲亟葬乎? 願太子更日. 先王必欲少留而扶社稷, 安黔首也, 故使雪甚. 因弛期而更爲日, 此文王之義也. 若此而弗爲, 意者羞法文王乎?"

太子曰, "甚善. 敬弛期, 更擇日."

惠子非徒行其說也, 又令魏太子未葬其先王而因又說文王之義. 說文王之義以示天下, 豈小功也哉!

魏惠王이 죽어서,

{국역} 魏 惠王이 죽어서,[1960] 장례 일자가 결정되었다. 큰 눈(雪)이

1960 원문 魏惠王死 – 魏 惠王의 名은 罃(앵). 재위 369 – 319년. 장례일의 변경

내려서[1961] 소의 눈(目)까지 닿았고 성곽이 무너졌으며 棧道(잔도)[1962]를 이용하여야 장례를 치룰 수 있었다. 여러 신하가 태자에게 간언을 올렸다.

"이처럼 큰 눈이 내렸는데 장례를 치른다면 백성들에게 큰 고통입니다. 나라에서는 비용을 충당하기도 어려우니 기일을 연기하여 다시 정해야 합니다."

太子가 말했다. "자식으로서, 백성이 힘들고 비용이 많이 든다 하여 先王의 상을 치루지 않는다면 바른 일이 아니니, 경들은 다시 말하지 마시오."

신하들은 감히 진언할 수가 없어 이를 犀首(서수, 공손연)에게 말했다. 그러자 서수가 대답하였다.

"나도 이런 일을 말씀드릴 수 없지만,[1963] 아마 오직 惠公[惠施(혜시)]만이 설득할 수 있을 것이오! 惠公에게 부탁하시오."

은 작은 일이나 그로써 백성을 고생시키지 않고 나라의 비용을 줄인다면 더 큰 이득이라는 뜻.

1961 원문 天大雨雪 – 이때 雨는 비나 눈이 내리다. 동사의 뜻으로 쓰였다.

1962 棧道(잔도) – 산의 암벽을 뚫고 鋪木(포목)을 설치하여 만든 길. 滅秦 이후에 漢王 劉邦은 漢中으로 들어가면서 項羽에게 자신은 中原에 진출할 뜻이 없다는 의미로 棧道를 불태워 項羽를 안심시켰다. 뒷날 韓信(한신)은 잔도를 수리하는 척하면서(明修棧道) 비밀리에 군사를 陳倉에 진출시켰다(暗渡陳倉). 그래서 陳倉古道를 통해 大散關을 공격하여 중원에 진출할 통로를 열었다. 漢代에는 關中에서 蜀에 통할 수 있는 잔도를 계속 확충하였는데, 武帝 때 개통시킨 褒斜道(포사도)가 가장 유명하다. 이외에 嘉陵故道(가릉고도), 讜洛道(당락도), 子午道(주오도) 등이 잔도를 이용하여 개통한 중요한 교통로였다.

1963 원문 吾未有以言之也 – 그런 일에 이치를 따져 설득할 수 없다는 의미.

惠公은 "알았습니다."라고 말했다. 혜공은 수레를 타고 가서 태자를 만나 말했다.

"장례일이 정해졌습니까?"

"그렇습니다."

"옛날 (周) 王 季歷(계력)을 楚山(초산)의 산자락 끝에 장례했는데, 蠻水(만수)가 범람하면서 그 묘를 침식하여〔齧其墓, 齧(깨물 설)〕棺(관)의 앞 모서리가 드러나 보였습니다. 그러자 (아들) 文王이 '아(嘻)! 先君께서 여러 신하와 백성을 한 번 더 보고 싶어 하시니, 蠻水(만수)가 이렇게 하였구나.' 라고 말하면서 관을 꺼내어 조정에 장막을 치고 안치하여 백성이 모두 보게 하고서, 3일 뒤에 다시 장례하였습니다. 이것이 바로 문왕의 大義였습니다. 지금 장례일이 정해졌지만 큰 눈이 내렸고, 소의 눈(目)에 닿을 정도라서 出喪하기도 어려운데, 태자께서 기일을 엄수해야 한다고 하시니, 이는 너무 무리하게 장례를 치렀다고 하지 않겠습니까? 태자께서 장례 날을 바꿔주시기 바랍니다. 先王께서도 틀림없이 좀 더 (이승에) 머물면서 사직을 돕고 백성을 안심시키라는[1964] 뜻이 있기에 큰 눈이 내린 것 같습니다. 이러하니 기일을 연기하여 다시 날을 잡는 것이 文王의 大義에도 맞습니다. 그런데도 이를 바꾸시지 않는다면 文王을 본받으려는 뜻에 부끄럽지 않겠습니까?"

그러자 태자가 말했다.

"아주 옳으신 말씀입니다. 장례를 연기하고 다시 택일하겠습니다."

1964 원문 安黔首也 − 黔首(검수)는 일반 백성. 黔은 검을 검. 이 시절의 용어가 아니라는 주석이 있다.

惠子(혜자)는 자기의 주장을 그냥 실행한 것이 아니고, 魏 太子에게 그 先王의 장례를 치루기 전에 文王의 대의를 설명하였다. 문왕의 대의를 설명하여 천하에 알렸으니 그 공로가 어찌 작다고 하겠는가!

321/ 五國伐秦

{原文} 五國伐秦, 無功而還. 其後, 齊欲伐宋, 而秦禁之. 齊令宋郭之秦, 請合而以伐宋. 秦王許之. 魏王畏齊, 秦之合也, 欲講於秦.

謂魏王曰, "秦王謂宋郭曰, '分宋之城, 服宋之强者, 六國也. 乘宋之敝, 而與王爭得者, 楚, 魏也. 請爲王毋禁楚之伐魏也, 而王獨擧宋. 王之伐宋也, 請剛柔而皆用之. 如宋者, 欺之不爲逆者, 殺之不爲讎者也. 王無與之講以取侸, 旣已得侸矣, 又以力攻之, 期於啗宋而已矣.'"

五國이 秦을 정벌했지만,

{국역} 五國이 秦을 정벌했지만,[1965] 無功으로 돌아왔다. 그 뒤에 齊

1965 원문 五國伐秦 - 趙將 李兌(이태)는 五國(韓, 趙, 魏, 楚, 齊)을 연합하여

는 伐宋하려 했으나 秦이 방해하였다. 齊는 宋郭(송곽)을 秦에 보내 연합하여 宋을 정벌하자고 제의하였다. 이에 秦王(昭王)은 허락하였다. 魏王은 齊와 秦의 연합을 두려워하면서 秦과 강화하려 했다.

(어떤 사람이, 蘇秦) 魏王(昭王)에게 말했다.

"秦王이 (齊에서 보낸) 宋郭(송곽)에게 '宋의 城을 분할하고 宋을 정복시킨 강자는 六國이요, 宋의 피폐를 틈타 王(齊 閔王)과 경쟁한 나라는 楚와 魏이요, 齊王에게 부탁하지만, 楚가 魏를 정벌하는 일을 방해하지 말고 齊王은 혼자 宋을 정벌하시오. 齊王은 伐宋하면서 강경책과 온건책을 모두 동원해 보시오. 宋과 같은 나라를 무시한다 하여 대들 것도 아니고 죽인다 하여 원수가 될 나라도 아니요, 齊王은 宋의 땅을 할양받고 강화하거나 아니면 이미 땅을 할양 받았더라도 다시 공격하여 宋을 틀림없이 없애야 할 것이요.' 라고 말했습니다."

{原文} "臣聞此言, 而竊爲王悲, 秦必且用此於王矣. 又必且曰王以求宷, 旣已得宷, 又且以力攻王. 又必謂王曰使王輕齊, 齊, 魏之交已醜, 又且收齊以更索於王. 秦嘗用此於楚矣, 又嘗用此於韓矣, 願王之深計之也. 秦善魏不可知也已. 故爲王計, 太上伐秦, 其次賓秦, 其次堅約而詳講, 與國無相

伐秦했으나 성과를 거두지 못했고, 연합군은 成皐(성고)에 머물렀다. 이를 成皐之役이라 한다. 李兌는 은밀히 秦과 강화하려 했다. 그러면서 秦과 함께 魏를 침공하여 (秦의 趙에 대한) 원망을 돌리고 땅을 차지하려 했다. 이는 前286년 秦 昭王(昭襄王) 21년.

離也. 秦,齊合, 國不可爲也已. 王其聽臣也, 必無與講."

{국역} "臣은 이 말을 듣고 마음속으로 王(魏王)을 위하여 슬퍼했
는데, 秦은 그런 방식을 王에게도 적용할 것입니다.[1966] 그리고 또
틀림없이 왕에게 땅을 요구할 것이고, 땅을 얻더라도 또 온 힘을 다
하여 왕을 공격할 것입니다. 그러면서 또 틀림없이 왕에게 齊를 무
시하게 할 것이며, 齊와 魏의 관계가 악화되면 齊를 부추기어 다시
王을 정벌하게 할 것입니다. 秦은 늘 이런 방법으로 楚를 이용하였
으며, 또 韓에게도 적용하였습니다. 그러니 왕께서는 이를 깊이 생
각하셔야 합니다. 秦이 魏에 잘 대우하여도 그 뒷일은 알 수가 없습
니다. 그러니 왕을 위한 계책으로 가장 좋은 계책은 秦을 정벌하는
것이고, 차선책은 秦을 배척하는 것이며, 또 그 다음은 굳은 맹약을
체결하며 거의 강화하면서 가까운 동맹국과 떨어지지 않는 것입니
다. 秦과 齊가 연합한다면, 魏國으로서는 다른 방법이 없습니다. 그
러니 왕께서는 臣의 주장을 따라 秦과 강화해서는 안 됩니다."

{原文} "秦權重魏, 魏冉明熟, 是故又爲足下傷秦者, 不敢顯
也. 天下可令伐秦, 則陰勸而弗敢圖也. 見天下之傷秦也,
則先嚮與國而以自解也. 天下可令賓秦, 則爲劫於與國而不
得已者. 天下不可, 則先去, 而以秦爲上交以自重也. 如是
人者, 嚮王以爲資者也, 而焉能免國於患? 免國於患者, 必

1966 원문 秦必且用此於王矣 - 곧 楚의 힘을 빌려 魏를 정벌할 것이라는
뜻.

窮三節, 而行其上. 上不可, 則行其中, 中不可, 則行其下, 下不可, 則明不與秦. 而生以殘秦, 使秦皆無百怨百利, 唯已之曾安. 令足下鬻之以合於秦, 是免國於患者之計也. 臣何足以當之? 雖然, 願足下之論臣之計也."

"燕,齊讎國也, 秦, 兄弟之交也. 合讎國以伐婚姻, 臣爲之苦矣. 黃帝戰於涿鹿之野, 而西戎之兵不至, 禹攻三苗, 而東夷之民不起. 以燕伐秦, 黃帝之所難也, 而臣以致燕甲而起齊兵矣."

{국역} "秦에 맞설 강국은 魏이고, (秦의) 재상 魏冉(위염)은 명철하고 생각이 깊은 사람이기에 대왕이 秦을 다치게 하는 일은 못하게 할 것입니다. 天下가 秦을 정벌하려 한다면, (위염은) 은밀히 권유하여 도모하지 못하게 할 것입니다. 또 천하가 秦에 가해하려 한다면, 먼저 동맹국을 팔게 하여 저절로 와해시키려 할 것입니다. 天下가 秦을 배척하려 한다면, 동맹국을 겁박하여 부득이 그만두게 할 것입니다. 천하 형세가 어쩔 수 없다면, (魏는) 먼저 秦에 가서 秦과 깊은 교류를 맺으며 자중하십시오. (대왕에게 처음부터 화해를 권하는) 이런 사람이라면 대왕을 팔아 이득을 얻으려는 사람이니, 나라의 환난을 면하게 하겠습니까? 나라를 환난에서 면하게 하려는 사람이라면, 위에 말한 3가지 방책 중 상책(秦을 정벌)을 사용할 것입니다. 상책이 불가하다면 中策(秦, 배척)을 쓸 것이고, 중책이 불가하다면 下策(秦과 거짓 화친)을 쓸 것이나, 하책마저 불가하다면 秦의 편에 서는 것을 분명 거절하는 것입니다. 살아서는 잔인한 秦이 아무런

이득이나 아무런 원한도 없도록 만들면서 관계를 끊고 안전만을 추구하는 것입니다. 지금 足下(魏王)을 팔아가며 秦과 연합을 추구하는 자들이 나라의 환난을 면하게 하는 방책이라고 말합니다. 그러나 臣이 그것을 어찌 정당하다고 할 수 있겠습니까? 그렇지만 대왕께서는 저의 계책을 함께 논의해 주시기 바랍니다."

"燕은 齊의 원수 나라이지만, (燕과 齊는) 秦과 兄弟처럼 교류하고 있습니다. 원수 나라와 연합하여 혼인 관계의 나라를 정벌한다면, 이는 臣의 생각에 괴로운 일이라 생각합니다. 黃帝(황제)는 涿鹿(탁록)의 原野에서 (蚩尤 치우와) 싸웠는데, 西戎(서융)의 군사는 오지 않았습니다. (夏) 禹王(우왕)이 三苗(삼묘)를 공략할 때 東夷는 (禹를 위해) 기병하지 않았습니다. 燕과 함께 秦을 정벌한다면, 黃帝도 어려웠던 일이지만, 臣은 燕의 군사를 불러오고 齊도 起兵하게 할 수 있습니다."

{原文} "臣又偏事三晉之吏, 奉陽君, 孟嘗君, 韓珉, 周聚, 周,韓餘爲徒從而下之, 恐其伐秦之疑也. 又身自醜於秦, 扮之請焚天下之秦符者, 臣也, 次傳焚符之約者, 臣也, 欲使五國約閉秦關者, 臣也. 奉陽君, 韓餘爲旣和矣, 蘇脩, 朱嬰旣皆陰在邯鄲, 臣又說齊王而往敗之. 天下共講, 因使蘇脩游天下之語, 而以齊爲上交, 兵請伐魏, 臣又爭之以死. 而果西因蘇脩重報. 臣非不知秦權之重也, 然而所以爲之者, 爲足下也."

{국역} "臣은 또 三晉의 관리와 두루 교제할 것이니, 奉陽君(봉양군), 孟嘗君(맹상군), 韓珉(한민), 周聚(주취), 周(주, ?), 韓餘爲(한여위) 등과 合從하며, 그들에게 저 자신을 낮추지만 秦 정벌을 의심할지 걱정스러울 뿐입니다. 또 그들이 몸소 秦의 미움을 받았기에 천하 각국에서 秦에 들어가신 사신의 부절을 불살라주기를 바라는 사람이 바로 臣입니다. 다음으로 부절을 불살라 맹약을 다짐했다고 각국에 알릴 사람이 臣입니다. 5국에게 秦에 들어갈 관문을 폐쇄하게 만들 사람이 臣입니다. 봉양군이나 한여위가 화답하였으며 蘇脩(소수), 朱嬰(주영) 등이 (三晉의 吏로) 이미 은밀히 邯鄲(한단)에 모여 있으며, 臣은 또 齊王을 설득하여 (秦과 협약을) 파기하게 할 것입니다. 천하가 함께 강화하였는데 蘇脩(소수)가 천하를 돌며 유세하여 齊가 외교의 최고 자리에서 군사를 일으켜 魏를 정벌하려 한다면, 臣은 이를 죽음으로 맞서 막을 것입니다. 그러면 (齊의) 서쪽에서는 (곧 邯鄲) 蘇脩(소수)가 (齊가 魏를 정벌하지 않을 것이라고) 속속 보고가 들어올 것입니다. (臣은) (秦의) 권한이 어떤가는 잘 모르지만 그래도 제가 이렇게 하려는 것은 모두 대왕을 위하기 때문입니다."

322/ 魏文子田需周宵相善

{原文} 魏文子, 田需,周宵相善, 欲罪犀首. 犀首患之, 謂魏王曰,

"今所患者, 齊也. 嬰子言行於齊王, 王欲得齊, 則胡不召

文子而相之? 彼必務以齊事王."

　王曰, "善." 因召文子而相之.

　犀首以倍田需, 周宵.

(魏) 文子와 田需, 周宵(주소)는 서로 친했는데,

{국역} (魏) 文子(田文)와, 田需(전수), 周宵(주소, 周肖, 周霄)는 서로 친했는데 犀首(서수)를 모함하려 했다.[1967] 犀首(서수, 公孫衍)는 걱정이 되어 魏王에게 말했다.

　"지금 걱정거리는 齊입니다. 嬰子〔田嬰(전영), 맹상군 父〕의 말은 齊王(閔王)에게 먹혀들어가니, 왕께서 齊를 끌어들이고 싶다면, 왜 전영의 아들 文子(田文)을 불러 相으로 삼지 않으십니까? 그는 틀림없이 齊를 바탕으로 王을 섬길 것입니다."

　왕은 "좋은 말"이라고 했다. 그러면서 文子를 불러 위나라 宰相으로 삼았다.

　犀首는 이렇게 하여 田文에게 빌붙어 田需와 周宵(주소)를 (文子에게) 배반케 하였다.

1967 원문 魏文子, 田需,周宵相善 – 魏는 필요 없이 들어간 글자라는 주석이 있다. 田文(전문)은 齊의 맹상군. 田需(전수)는 인명, 周宵(주소, 周霄)는 孟子와 同 시대 사람으로 《孟子 滕文公 下》에 보인다. 본 章은 魏惠王 재위 중인 前 317년의 일이다.

323/ 魏王令惠施之楚

{原文} 魏王令惠施之楚, 令犀首之齊. 鈞二子者, 乘數鈞, 將測交也. 楚王聞之, 施因令人先之楚, 言曰,

"魏王令犀首之齊, 惠施之楚, 鈞二子者, 將測交也."

楚王聞之, 因郊迎惠施.

魏王이 惠施를 楚에 사신으로 보냈고,

{국역} 魏王이 惠施(혜시)를 楚에 사신으로 보냈고,[1968] 犀首(서수, 公孫衍)를 齊에 가게 하였다. 두 사람을 균등하게 대우하였고, 수레의 숫자도 같게 하여 (어느 나라가 사신을 중히 대우하는가) 그 交情을 측정해보려 했다. 楚王은 이를 들어 알았기에, 혜시는 사람을 먼저 보내 말하게 하였다.

"魏王은 犀首를 齊에, 惠施를 楚에 보내면서 두 사람을 균등히 대우하여 외교를 측정해 보려 합니다."[1969]

楚王은 이를 듣고서 교외에 나와 혜시를 영접하였다.

1968 원문 魏王令惠施之楚 - 이는 前 333년, 齊와 楚의 徐州之役 직전의 일이다. 惠施는 名家의 대표적 인물로 魏의 相을 역임했다.

1969 원문 將測交也 - 혜시는 楚가 자신을 후대해 주기를 은근히 표시하였다.

324/ 魏惠王起境內衆

{原文} 魏惠王起境內衆, 將太子申而攻齊. 客謂公子理之傅曰,

"何不令公子泣王太后, 止太子之行? 事成則樹德, 不成則爲王矣. 太子年少, 不習於兵. 田盼宿將也, 而孫子善用兵. 戰必不勝, 不勝必禽. 公子爭之於王, 王聽公子, 公子必封, 不聽公子, 太子必敗, 敗, 公子必立, 立, 必爲王也."

魏惠王이 境內 군사를 동원하여,

{국역} 秦魏 惠王이 境內의 군사를(衆) 동원하여,[1970] 太子 申(신)을 장수로 삼아 齊를 공격케 하였다. 어떤 客人이 公子의 理(리, 申의 弟)의 사부에게 말했다.

"왜 公子가 王太后에게 태자의 행군을 중지하도록 울면서 말하게 시키지 않습니까? 일이 잘되면 태자에게 德을 베푼 것이고, 잘 되지 않으면 왕이 될 수도 있습니다. 태자는 나이도 어리고 군사도 잘 모릅니다. (齊의 장수) 田盼(전반)은 경험이 많은 장수이고(宿將), 孫子(孫臏)[1971]는 用兵을 잘합니다. 전투를 벌이면 틀림없이 이기지 못

1970 魏惠王起境內衆 – 이는 후인의 의탁이며, 결과를 알고 맞춰서 지어낸 글이다.

1971 孫臏(손빈 前 382 - 316, 原名 孫伯靈) – 臏刑(빈형, 종지뼈를 자르는 형벌)을 받았기에 孫臏(손빈)으로 통칭. 孫子라면 보통 吳나라의 孫武(손무, 前

하고, 不勝이면 틀림없이 포로가 됩니다(禽은 擒). 公子가 왕 앞에 나가 변론하여, 王이 公子의 말을 따라주면 公子는 틀림없이 封을 받을 것이고, 공자의 말을 따라주지 않으면 태자는 필패하고, (태자가) 패하면 공자가 틀림없이 책립되며, 공자가 책립되면 왕으로 즉위할 것입니다."

325/ 齊魏戰於馬陵

{原文} 齊, 魏戰於馬陵, 齊大勝魏, 殺太子申, 覆十萬之軍. 魏王召惠施而告之曰, "夫齊, 寡人之讎也, 怨之至死不忘. 國雖小, 吾常欲悉起兵而攻之, 何如?"

對曰, "不可. 臣聞之, 王者得度, 而霸者知計. 今王所以 告臣者, 疏於度而遠於計. 王固先屬怨於趙, 而後與齊戰. 今戰不勝, 國無守戰之備, 王又欲悉起而攻齊, 此非臣之所 謂也. 王若欲報齊乎, 則不如因變服折節而朝齊, 楚王必怒 矣. 王游人而合其鬪, 則楚必伐齊. 以休楚而伐罷齊, 則必 爲楚禽矣. 是王以楚毁齊也."

魏王曰, "善." 乃使人報於齊, 願臣畜而朝.

---

545 – 470년. 字는 長卿)를 지칭한다. 孫武는 본래 齊國人. 孫武는 姑蘇城 (今 江蘇 蘇州市) 밖 穹窿山(궁륭산)에 은거하며 《孫子兵法》을 완성. 나중에 閭廬(합려)의 신하. 楚를 격파하고 吳를 강국으로 만들었다.

田嬰許諾. 張丑曰, "不可. 戰不勝魏, 而得朝禮, 與魏和
而下楚, 此可以大勝也. 今戰勝魏, 覆十萬之軍, 而禽太子
申, 臣萬乘之魏, 而卑秦,楚, 此其暴於戾定矣. 且楚王之爲
人也, 好用兵而甚務名, 終爲齊患者, 必楚也."

田嬰不聽, 遂內魏王, 而與之並朝齊侯再三.

趙氏醜之. 楚王怒, 自將而伐齊, 趙應之, 大敗齊於徐州.

齊와 魏가 馬陵(마릉)에서 싸웠는데,

{국역} 齊와 魏가 馬陵(마릉)에서 싸웠는데,[1972] 齊는 魏에 大勝하면
서 (魏) 太子 申(신)을 (포로로 잡았다가) 살해했고, 十萬의 군사를 覆
滅(복멸: 없애 버림)시켰다. 이에 魏 惠王은 惠施(혜시)를 불러 말했다.

"齊는 寡人(과인)의 원수이니, 이 원한은 죽어도 잊을 수 없소. 우
리나라가 비록 작다지만, 과인은 언제든 全軍을 다 동원해서라도 공
격하고 싶은데 어떻겠소?"

혜시가 대답하였다.

"불가합니다. 臣이 알기로 王者는 法度를 지켜야 하고, 霸者(패
자)는 知計가 있어야 합니다. 지금 王께서 저에게 말씀하신 것은 법
도에도 疎遠(소원: 어긋나다)하고, 계략도 없습니다. 왕께서는 앞서서
는 趙에 원한을 가졌었는데, 나중에는 齊와 전쟁을 벌였습니다. 지

1972 원문 齊魏戰於馬陵 – 이는 前 342년, 魏 惠王 28년, 齊 威王 15년의 일
이다. 馬陵(마릉)은, 今 山東省 서부 聊城市 관할 莘縣(신현)에서, 齊에
침입한 魏國을 대패시켰다. 魏 태자 申은 포로로 잡혔다가 처형되었다.

금 싸워 不勝(이기지 못하다)했고 나라에는 守戰(전쟁을 지탱하다)할 대비책도 없으면서, 王께서는 또 全軍을 동원하여 齊를 공격하시겠다니, 이는 정말로 臣이 말씀드린 법도도 계책도 아닙니다. 왕께서 진정으로 齊에 복수하고 싶다면, 변복(옷을 갈아입다)하고 부절을 가지고 齊에 친히 입조하시면, 楚王(威王)은 틀림없이 齊에 분노할 것입니다. 왕께서는 間人(간인)으로 齊와 楚를 싸우도록 이간시키면 楚는 틀림없이 齊를 공격할 것입니다. 그간 휴식을 취했던 楚이니, 필히 지친 齊를 정벌하여 齊는 楚에게 사로잡힐 것입니다. 이렇게 한다면 왕께서는 楚를 이용하여 齊를 毁滅(훼멸: 상중에 너무 슬퍼하여 몸이 쇠약해져 목숨을 잃음. 헐고 깨뜨려 없앰.)시킬 수 있습니다."

魏王이 말했다. "좋습니다."

위왕은 사람을 齊에 보내 犬馬(견마: 신하가 임금에 대하여 자기를 낮추어 일컫는 말)와 같은 신하로 입조하겠다고 통보하였다.

(齊의 相인) 田嬰(전영)은 이를 허락하였다. (齊臣) 張丑(장축)이 말했다.

"불가합니다. 싸워서 우리가 魏를 이기지 못했는데도 (魏에서) 入朝한다면, 魏와 화합하면서 楚를 누를 수 있으니 우리가 이긴 것이라 생각할 수 있습니다. 지금 우리는 魏에 이겼고 그들 군사 10만을 죽였으며 그 태자 臣을 사로잡았기에, 萬乘(만승)의 魏를 신하로 삼는다면 秦과 楚의 위에 올라서는 것이 되어 그들의 포악을 진압했다고 생각할 수 있습니다. 그러나 楚王의 사람됨은(爲人也) 用兵을 좋아하고 유달리 명성을 얻으려 애쓰는 자라서 결국 齊의 걱정거리는 틀림없이 楚가 될 것입니다."

그러나 전영은 수용하지 않았고, 결국 魏王의 입조를 받아들여

魏王과 함께 齊王을 두세 번 입조케 하였다.

趙에서는 이를 못마땅하게 여겼다. 楚王은 분노하면서 친히 군사를 거느리고 齊 정벌에 나섰고, 여기에 趙가 호응하여 徐州에서 齊 군사를 대파하였다.

326/ 惠施爲齊魏交

{原文} 惠施爲齊,魏交, 令太子鳴爲質於齊. 王欲見之, 朱倉謂王曰,

"何不稱病? 臣請說嬰子曰, '魏王之年長矣, 今有疾, 公不如歸太子以德之. 不然, 公子高在楚, 楚將內而立之, 是齊抱空質而行不義也.'"

惠施(혜시)가 齊와 魏의 親交를 위하여

{국역} (魏相) 惠施(혜시)는 齊와 魏의 친교를 위하여[1973] 太子 鳴(명)을 齊에 인질로 보냈다. 魏惠王이 태자를 보고 싶어 하자, (魏, 說客) 朱倉(주창)이 왕에게 말했다.

"왜 臥病(와병) 중이라고 하지 않으십니까? 臣이 (齊에 가서) 嬰子

1973 원문 惠施爲齊魏交 - 이는 前 324년, 魏의 魏 惠王 後元 11년의 일이었다.

(영자, 田嬰)에게 '魏王은 나이도 많은데다가 지금 와병 중이니, 公께서는 (魏) 太子를 돌려보내 덕을 베푸는 것이 좋을 것입니다. 안 그러면, 公子 高(고)가 지금 楚에 가 있는데, 楚에서 돌려보내 옹립하게 되면, 齊는 헛 인질을 잡고 있으면서 의롭지 못하다는 말만 들을 것입니다.' 라고 설득하겠습니다."

327/ 田需貴於魏王

{原文} 田需貴於魏王, 惠子曰,

"子必善左右. 今夫楊, 橫樹之則生, 倒樹之則生, 折而樹之又生. 然使十人樹楊, 一人拔之, 則無生楊矣. 故以十人之衆, 樹易生之物, 然而不勝一人者, 何也? 樹之難而去之易也. 今子雖自樹於王, 而欲去子者衆, 則子必危矣."

田需(전수)가 魏王에게 높이 등용되자,

{국역} 田需(전수)가 魏 襄王에게 높이 등용되자,[1974] 惠子(惠施)가 말했다.

1974 원문 田需貴於魏王 – 田需(전수)는 본서 〈魏策〉에도 보인다. 需는 구할 수, 기다릴 수. 陳饒(진요)라는 주석도 있다. 전수가 魏의 相이 된 것은 魏 襄王 재위 초기였다. (前 316).

"당신은 주변 사람을 잘 대해야 합니다. 버드나무는(楊), 삐딱하게 심어도 살고,[1975] 거꾸로 꽂아도 살며, 부러진 가지를 심어도 살아납니다. 그러나 열 사람이 버드나무를 심어도 한 사람이 뽑아버리면 살아날 버드나무가 없습니다. 그래서 10인이 심는, 쉽게 살아나는 나무가 (뽑아버리는) 한 사람을 이기지 못하는 것은 왜 그렇겠습니까? 심기는 어렵고 뽑아버리기는 쉽기 때문입니다. 지금 당신은 왕이 심은 나무이지만 당신을 뽑아버리려는 사람들은 더 많습니다. 그러니 당신은 틀림없이 위기에 처할 것입니다."

328/ 田需死

{原文} 田需死. 昭魚謂蘇代曰,

"田需死, 吾恐張儀, 薛公, 犀首之有一人相魏者."

代曰, "然則相者以誰而君便之也?"

昭魚曰, "吾欲太子之自相也."

代曰, "請爲君北見梁王, 必相之矣."

昭魚曰, "奈何?"

代曰, "君其爲梁王, 代請說君."

昭魚曰, "奈何?"

1975 橫樹之則生 – 樹는 나무 수. 여기서는 심다. 동사로 쓰였다. 버드나무는 꺾꽂이가 된다.

對曰, "代也從楚來, 昭魚甚憂. 代曰, '君何憂?' 曰, '田需死, 吾恐張儀, 薛公, 犀首有一人相魏者.' 代曰, '勿憂也. 梁王, 長主也, 必不相張儀. 張儀相魏, 必右秦而左魏. 薛公相魏, 必右齊而左魏. 犀首相魏, 必右韓而左魏. 梁王, 長主也, 必不使相也.' 代曰, '莫如太子之自相. 是三人皆以太子爲非固相也, 皆將務以其國事魏, 而欲丞相之璽. 以魏之强, 而持三萬乘之國輔之, 魏必安矣. 故曰, 不如太子自相也.'"

遂北見梁王, 以此語告之, 太子果自相.

田需(전수)가 죽었다.

{국역} 田需(전수)가 죽었다.[1976] (楚人) 昭魚(소어)[1977]가 蘇代(소대)에게 말했다.

"田需(전수)가 죽었습니다만, 나는 張儀(장의)나 薛公(설공, 田

1976 원문 田需死 - 이는 魏 襄王 9년, 前 310년의 일이었다. 마치 연극 대본을 쓰듯 가탁한 글이다.

1977 昭魚(소어) - 楚의 大臣. 昭奚恤(소해휼, 생졸년 미상). 슈尹을 역임. 宣王, 威王, 懷王을 섬김. 前 353년, 魏國이 趙國 邯鄲(한단)을 공격할 때, 趙에서 구원을 요청했지만 소해휼은 지원을 반대했다. 昭王의 子 子良 이후 昭氏(소씨)는 楚國의 公族으로 널리 알려졌다. 楚의 공족으로는 若敖氏(약오씨), 鬪氏(투씨), 成氏(성씨), 屈氏(굴씨), 景氏(경씨, 平王之子 子西 이후), 莊氏(장씨, 莊王之後), 囊氏(낭씨, 莊王之子 公子 貞 이후) 등이 있었다.

文),¹⁹⁷⁸ 犀首(서수, 公孫衍) 중 한 사람이 魏의 相이 될까 걱정스럽습니다."

蘇代(소대)가 물었다.

"그렇다면 당신에게 누가 魏 相이 되면 좋겠습니까?"

"저는 太子가 그냥 相을 겸하면 좋겠습니다."

"그럼 제가 북쪽으로 가서 梁王(魏王)을 알현하면 그렇게 될 것 같습니다."

소어는 "어떻게 말하시렵니까?"라고 물었다.

소대가 말했다.

"君이 梁王인 것으로 생각하여 제가 한 번 말해보겠습니다."

소어가 "어떤 말입니까?"

소대가 대답하였다.

"저 蘇代가 楚에서 여기를 찾아올 때 (楚人) 소어란 사람이 크게 걱정을 하고 있었습니다. 그래서 제가 '당신은 무얼 걱정하십니까?'라고 물었습니다. 그 사람은 '전수가 죽었는데, 나는 장의나 설공 아니면 서수 중 한 사람이 魏의 相이 될까 걱정이 됩니다.'라고 말했습니다. 그래서 제가 말했습니다. '걱정하지 마십시오, 梁王은 뛰어난 군주이니 틀림없이 장의를 相에 임명하지는 않을 것입니다. 장의가 相이 된다면 틀림없이 秦을 더 높이고 魏를 낮출 것입니다(右秦而左魏). 설공이 魏의 相이 되면 필히 齊를 우선하며 魏를 뒤로 할 것입니다. 서수가 魏相이 되면 틀림없이 韓과 친하면서 魏를 소외시킬

1978 薛公(설공) – 齊 田嬰(전영)의 작위. 이를 계승한 田文(孟嘗君). 《史記索隱》에서는 田文이라 했다.

수 있습니다. 梁王은 뛰어난 長主이시니 결코 그들을 相으로 삼지 않을 것입니다.'라고 했습니다. 저는 '太子께서 직접 相을 겸하면 가장 좋을 것입니다. 그러면 이들 3인은 태자가 오랫동안 相을 겸하지는 않을 것이라 생각하여 자기 출신국의 힘을 바탕으로 魏를 섬기면서 相의 인수를 이어 받으려 노력하여 魏를 강국으로 만들 것이니, 魏는 萬乘의 대국 세 나라의(三萬乘之國) 도움을 받아(輔之) 틀림없이 안정될 것입니다. 그래서 저는 태자가 직접 相을 겸하는 것이 좋다.'고 말씀드린 것입니다."

(소대는) 북쪽으로 가서 梁王을 만나 이와 같이 말했고, (魏) 태자는 예상대로 相이 되었다.

329/ 秦召魏相信安君

{原文} 秦召魏相信安君, 信安君不欲往. 蘇代爲說秦王曰,

"臣聞之, 忠不必當, 當必不忠. 今臣願大王陳臣之愚意, 恐其不忠於下吏, 自使有要領之罪. 願大王察之. 今大王令人執事於魏, 以完其交, 臣恐魏交之益疑也. 將以塞趙也, 臣又恐趙之益勁也. 夫魏王之愛習魏信也, 甚矣, 其智能而任用之也, 厚矣, 其畏惡嚴尊秦也, 明矣. 今王之使人入魏而不用, 則王之使人入魏無益也. 若用, 魏必舍所愛習而用所畏惡, 此魏王之所以不安也. 夫舍萬乘之事而退, 此魏信

之所難行也. 夫令人之君處所不安, 令人之相行所不能, 以
此爲親, 則難久矣. 臣故恐魏交之益疑也. 且魏信舍事, 則
趙之謀者必曰, '舍於秦, 秦必令其所愛信者用趙.' 是趙存
而我亡也, 趙安而我危也. 則上有野戰之氣, 下有堅守之心,
臣故恐趙之益勁也."

秦이 魏相 信安君(신안군)을 불러들였는데,

{국역} 秦이 魏相인 信安君(신안군)을 들어오라 했는데,[1979] 신안군
은 秦에 가려 하지 않았다. 이에 蘇代(소대)가 秦에 가서 秦王을 설득
하였다.

"臣이 아는 바로는, 충성에 꼭 合當한 이유가 있는 것도 아니고,[1980]
그렇다하여 합당하다고 꼭 충성하는 것도 아닙니다. 지금 대왕께 臣

1979 원문 秦召魏相信安君 – 본 章과 관련한 자료는 史書에 없다. 信安君이
본문 안에서는 魏信이라는 이름처럼 나오지만, 이는 위 신안군의 간칭
일 뿐 姓이 魏, 名이 信은 아니다. 곧 신안군이 어떤 사람인지 미상이
며, 秦王이 누구인지도 알 수 없다. 蘇代는 蘇秦의 동생이라 알려졌지
만, 《戰國縱橫家書》에는 蘇代가 아닌 蘇秦으로 되어 있다는 주석이 있
다. 본 章의 秦王을 설득한 내용에 대한 아무런 근거도 없으며 후인이
擬托한 내용으로 알려졌다.

1980 원문 忠不必當 – 여기 忠은 충성이고, 當은 합당한 이치나 이유라는 뜻
일 것이다. 충성에 합리적 근거가 있어야 하는 것은 아니다. 그렇다고
합리적 이유가 있다면 꼭 충성을 바쳐야 하는가? 여기 當을 黨이 되어
야 한다는 주석이 있다. 魏의 신하가 秦王에 충성해야 할 의무는 없다.
무리(소속, 곧 黨)에 따라 다를 수 있다.

의 어리석은 생각을 말씀드리려 하지만 下吏에게 성의를 보이지 않아 혹시 목이 잘릴 죄를 짓지 않을까 걱정이 됩니다.[1981] 大王께서 살펴주시기 바랍니다. 지금 大王께서는 魏에 사람을 보내 (魏와) 완전한 외교를 원하시지만,[1982] 臣은 魏와 외교가 더욱 의심스럽게 될까 걱정이 됩니다. 魏와 趙의 친교를 막으려 한다면[1983] 趙는 더욱 강경해질 것 같습니다. 魏王의 魏信(위신, 魏 信安君의 축소. 名은 아니다)에 대한 애정과 신뢰가 매우 깊습니다. 신안군은 지혜와 능력으로 임용되었으니 신뢰도 두텁습니다. 신안군의 秦에 대한 畏敬(외경)과 존중도 확실합니다(明矣). 그런데 지금 왕께서 보낸 사람이 魏에 입국했지만 (魏王이) 不用하니 대왕께서 사람을 골라 魏에 보낸 것은 실익이 없습니다. 만약 그 사람이 (魏에서) 등용되더라도, 魏에서는 그 사람을 신뢰하지 않을 것이고 등용 자체를 두려워할 것이라서 魏王은 불안한 것입니다. 萬乘大國의 국사를 버려두고 물러나는 일은 魏 信安君으로서 실행하기 어려운 일입니다. 人君(魏君)이 불안한 처지에 놓이고, 人臣(信安君)이 실행하기 난처한 일을 하면서 (秦이 魏와) 친교하려 한다면 이는 오래 갈 수 없습니다. 그러하기에 臣은 (秦과) 魏의 外交가 더욱 어려워질 것이라고 말씀드렸습니다. 또 魏 信安君을 물러나게 한다면(舍事), 趙(또는 魏)에서 謀事하는 者는 틀림없이 '秦에서 물러나게 한 뒤에, 秦에서는 그들이 믿을

1981 自使有要領之罪 - 여기 領은 신체의 목. 要領은 목이 잘리다(斬刑(참형)).

1982 원문 令人執事於魏 - 魏 相이 될 만한 사람을 보내 信安君을 대신하게 한다는 뜻.

1983 원문 將以塞趙也 - 문맥으로 볼 때, 信安君이 趙를 중시하는 외교를 추진했기에 秦에서 불러 징벌하여 魏와 趙의 통교를 막으려 한다는 뜻.

만한 사람을 보내 趙에서도 등용케 할 것이다.' 라고 말할 것이니, 이는 趙를 존속시키면서 魏(我)를 망하게 하고, 趙를 안정시키고 魏를 위험에 처하게 하는 것입니다. 그러니 위(上)에서는 (秦과) 野戰이라도 감수하려는 기세가 있고, 아래(下)에서는 견고하게 방어하겠다는 마음이 생기기에, 臣은 (秦에 대하여) 趙는 더욱 강경해질 것이라고 말한 것입니다."

{原文} "大王欲完魏之交, 而使趙小心乎? 不如用魏信而尊之以名. 魏信事王, 國安而名尊, 離王, 國危而權輕. 然則魏信之事主也, 上所以爲其主者忠矣, 下所以自爲者厚矣, 彼其事王必完矣. 趙之用事者必曰, '魏氏之名族不高於我, 土地之實不厚於我. 魏信以韓, 魏事秦, 秦甚善之, 國得安焉, 身取尊焉. 今我講難於秦兵爲招質, 國處削危之形, 非得計也. 結怨於外, 主患於中, 身處死亡之室, 非完事也.' 彼將傷其前事, 而悔其過行, 冀其利, 必多割室以深下王. 則是大王垂拱之割地以爲利重, 堯, 舜之所求而不能得也. 臣願大王察之."

{국역} "대왕께서는 魏에 대한 이로운 외교와 趙가 小心으로 秦을 섬기기를 원하십니까? 그러하려면 魏 신안군이 재직하도록 버려두고 명분을 존속시키는 것이 더 나을 것입니다. 魏 신안군이 대왕을 섬기면 위국은 안정되며 명분도 서게 됩니다. (魏에서) 대왕을 섬기지 않으면(離王) 나라는 (魏는) 위태롭고 國權은 경시됩니다. 그러

면 魏 信安君은 위(上)로 事主하면서 자신을 인정해준 자(秦王)에게
충성을 다할 것이며, 아래에 머물면서(下) 자신을 지킬 수 있게 후원
한 자에게(秦) 후하게 베풀 것이니 (魏 신안군의) 事王은 제대로 완
성이 됩니다. 그래서 趙에서 권력을 잡은 자도(用事者) 틀림없이
'魏나라의 名族은 우리 趙보다 不高하고, 土地의 實用도 우리 趙만
못하다. 魏 신안군은 魏를 보필하며 事秦하자, 秦에서 매우 대우를
잘해주어 나라는 평안해지고 자신의 명성도 높아졌다. 지금 우리 趙
는 秦과 講和를 피하고 秦의 침공을 자초하고, 이 때문에 위험한 형
세에 처하니, 이는 좋은 계책이 아니다. 밖으로는 원한을 불러오고,
내부적으로 환난을 낳고, 몸은 죽어갈 땅에 머물렀으니 좋은 계책이
아니다.' 라고 말할 것입니다. 그러면서 지나간 일에 상처를 받고 잘
못을 회개하게 될 것입니다. 그리고 (앞으로의) 이득을 기대하면서
더 많은 땅을 (秦에) 할양하면서 아래에 처하며 (왕을) 섬길 것입니
다. 그러면 大王께서는 팔짱을 끼고 (趙의) 할양을 받아 이득을 크
게 늘릴 수 있으니, 이는 堯와 舜도 얻으려 했으나 얻지 못했던 것입
니다. 臣은 대왕께서 살펴주시길 바랄 뿐입니다."

330/ 秦楚攻魏圍皮氏

{原文} 秦, 楚攻魏, 圍皮氏. 爲魏謂楚王曰,

"秦,楚勝魏, 魏王之恐也見亡矣, 必合於秦, 王何不倍秦
而與魏王? 魏王喜, 必內太子. 秦恐失楚, 必效城地於王, 王

雖復與之攻魏可也."

　楚王曰, "善." 乃倍秦而與魏. 魏內太子於楚.

　秦恐, 許楚城地, 欲興之復攻魏. 樗里疾怒, 欲與魏攻楚, 恐魏之以太子在楚不肯也. 爲疾謂楚王曰,

　"外臣疾使臣謁之, 曰, '敝邑之王欲效城地, 而爲魏太子之尙在楚也, 是以未敢. 王出魏質, 臣請效之, 而復固秦, 楚之交, 以疾攻魏.'"

　楚王曰, "諾." 乃出魏太子. 秦因合魏以攻楚.

秦과 楚가 魏의 皮氏縣(피씨현) 포위하였다.

{국역}　秦과 楚가 魏에 침공하여 皮氏(피씨) 땅을 포위하였다.[1984] (어떤 사람이) 魏를 위하여 楚王(懷王)에게 말했다.

　"秦과 楚가 魏에 승리하면, 魏王은 멸망당할까 두려워 틀림없이 秦에 연합할 것인데, 王께서는 왜 秦을 버리고 魏王을 돕지 않으십니까? (楚王이 秦과 배신하면) 魏王은 기뻐 필히 태자를 인질로 보낼 것입니다. 秦은 楚와 동맹을 잃을 것이 두려워 틀림없이 城地를 대왕께 헌상할 것이고, 그러면 그때 다시 魏를 공격하여도 됩니다."

　楚王은 "옳다."고 말했다. 楚는 秦을 버리고 魏의 편이 되었다.

1984 秦,楚攻魏, 圍皮氏. -《史記 六國年表》에 의하면, 周 赧王(난왕) 9년, 魏 襄王 13년인 前 306년의 일이다. 皮氏(피씨)는 地名. 今 山西省 運城市 관할 河津市. 山西省 서남부 汾河(분하)와 黃河가 합류하는 곳. 피씨 城을 함락하지는 못했었다.

魏에서는 태자를 楚에 보냈다.

秦은 걱정이 되어 楚에 城地를 주면서 다시 함께 魏를 공격하려 했다. 그러자 (秦의) 樗里疾(저리질)은 화가 나서 魏와 함께 楚를 공격하려 했지만, 魏 태자가 楚에 있기에 魏가 승낙하지 않을 것이라고 생각했다. 이에 어떤 사람이 저리질을 위하여 楚王에게 말했다.

"(秦) 外臣인 저리질이 저를 대왕께 보내 '敝邑(폐읍)의 王(秦 昭王)께서 城地를 바치려 하나 魏 태자가 아직 楚에 머물고 있기에 바치지 못하고 있습니다. 대왕께서 魏의 인질을 보내버리면 臣(저리질)이 성읍을 바치고 楚와 秦의 관계를 공고히 한 뒤에, 서둘러 魏를 공격하겠다.'고 말씀드리라고 하였습니다."

楚王은 "알았다."라며 魏 태자를 돌려보냈다. 이에 秦은 魏와 연합하여 楚를 공격하였다.

331/ 龐蔥與太子質於邯鄲

{原文} 龐蔥與太子質於邯鄲, 謂魏王曰,

"今一人言市有虎, 王信之乎?"

王曰, "否."

"二人言市有虎, 王信之乎?"

王曰, "寡人疑之矣."

"三人言市有虎, 王信之乎?"

王曰, "寡人信之矣."

龐蔥曰, "夫市之無虎明矣, 然而三人言而成虎. 今邯鄲去大梁也遠於市, 而議臣者過於三人矣. 願王察之矣."

王曰, "寡人自爲知."

於是辭行, 而讒言先至. 後太子罷質, 果不得見.

龐蔥(방총)이 太子와 한단에 인질로 가면서,

{국역} 龐蔥(방총, 龐恭)이 太子와 邯鄲(한단, 趙)에 인질로 가면서[1985] 魏王에게 말했다.

"지금 한 사람이 시장에 호랑이가 나타났다고 말한다면, 왕께서는 믿을 수 있겠습니까?"

위왕은 "못 믿지."라고 말했다.

"두 번째 사람이 시장에 호랑이가 있다고 말하면, 왕께서는 믿으시겠습니까?"

"과인은 의심할 것 같다."

"세 번째 사람이 와서 시장에 호랑이가 있다면 믿으시겠습니까?"

"寡人은 믿을 것이다."

방총이 말했다. "시장에 호랑이가 나타날 수 없는 것은 명백하지

1985 원龐蔥與太子質於邯鄲 - 언제의 일인지 알 수 없다. 龐蔥(방총, 龐恭)의 '시장에 호랑이 출현' 비유는 아주 적절했다. 그러나 안타깝게도 인질로 갔다 돌아온 방총은 魏王을 다시 만나지 못했다. 魏王은 '호랑이 출현'을 정말로 믿은 사람이 되었다.

만, 세 사람이 말한다면 호랑이가 나타난 것입니다(三人言而成虎).
지금 邯鄲(한단)은 우리 大梁에서 시장보다 훨씬 먼 곳입니다. 주군
께서는 살펴주시기 바랍니다."

"寡人이 스스로 알 것이다."[1986]

이에 인사를 하고 떠났지만 讒言(참언: 거짓 꾸며서 남을 헐 뜯는 말)
이 먼저 들어왔다. 뒷날 태자가 인질이 풀려 돌아왔지만 (방총은)
왕을 다시 알현하지 못했다.

332/ 梁王魏嬰觴諸侯於范臺

{原文} 梁王魏嬰觴諸侯於范臺. 酒酣, 請魯君舉觴. 魯君興,
避席擇言曰,

"昔者, 帝女令儀狄作酒而美, 進之禹, 禹飲而甘之, 遂疏
儀狄, 絶旨酒, 曰, '後世必有以酒亡其國者.' 齊桓公夜半
不嗛, 易牙乃煎敖燔炙, 和調五味而進之, 桓公食之而飽, 至
旦不覺, 曰, '後世必有以味亡其國者.' 晉文公得南之威,
三日不聽朝, 遂推南之威而遠之, 曰, '後世必有以色亡其國
者.' 楚王登強臺而望崩山, 左江而右湖, 以臨彷徨, 其樂忘
死, 遂盟強臺而弗登, 曰, '後世必有以高臺陂池亡其國者.'

1986 원문 寡人自爲知 – 사람들 (비방의) 말을 믿지 않을 것이다.

今主君之尊, 儀狄之酒也, 主君之味, 易牙之調也, 左白台而
右閭須, 南威之美也, 前夾林而後蘭臺, 强臺之樂也. 有一
於此, 足以亡其國. 今主君兼此四者, 可無戒與!'

　梁王稱善相屬.

梁王(魏嬰)이 范臺(범대)에서 제후와 술을 마시다.

{국역} 梁王〔魏嬰(위영), 魏罃(위앵), 惠王, 재위 369 - 319년〕이 范臺
(범대)에서 제후들과 술을 마셨다.[1987] 술이 오르자(酒酣), (惠王은)
魯君에게 잔을 권했다. 魯君은 자리에서 일어나(興), 자리를 뒤로 물
러나며(避席) 擇善(善을 택하다)하여 말했다.

　"옛날에(昔者), 帝女(禹임금의 딸)가 儀狄(의적, 禹時人)을 시켜 술
을 만들게 했는데 맛이 좋아 禹(우)임금에게 바쳤더니, 禹임금이 마
시고 좋다고 하면서도 의적을 멀리하면서 술을(旨酒) 끊고 '後世에
술 때문에 그 나라를 잃을 사람이 있을 것이다.' 라고 말했습니다.
齊 桓公(환공)[1988]이 한밤에 속이 쓰리자〔夜半不嗛, 嗛(싫어할 겸)〕
(요리사) 易牙(역아)가 고기를 굽고〔燔炙(번적)〕五味를 첨가하여 진
상하여 환공이 먹었더니 배가 부르며 날이 밝도록 속 쓰린 줄을 몰

1987 원문 梁王魏嬰觴諸侯於范臺 - 梁王魏嬰은 惠王. 혜왕 이름은 罃(물독
　　앵)인데, 음이 비슷하여 嬰으로 표기한 것 같다. 魏 혜왕 14년(前 356)
　　魯 恭侯, 宋 桓侯, 衛 成侯, 鄭 釐厲(昭侯) 등이 衛에 入朝하여 음주했다.
1988 齊 桓公(환공, 名은 小白, 재위 前 685 - 643年)은 姜齊의 군주. 春秋 五霸의
　　한 사람. 田齊의 桓公의 名은 午(오). 前 374 - 357년에 재위했다.

랐습니다. 환공은 '後世에 이 맛 때문에 망국(나라를 망치다)하는 자가 꼭 있을 것이다.' 라고 말했습니다. 晉 文公(문공)¹⁹⁸⁹이 南之威〔南威(남위), 美人名〕를 만나 3일 동안 朝會를 하지 않았는데, 나중에 남위를 멀리하며 '後世에 틀림없이 미색 때문에 망국하는 자가 있을 것이다.' 라고 말했습니다. 楚王(昭王)이 强臺(강대, 荊臺)에 올라 崩山(봉산, 崇山?, 獵山? 料山?)을 바라보니 左에 長江이 右에 호수가 있어 절경에 마음이 혼란하며(彷徨, 彷佯), 그 즐거움에 죽음도 잊을 것 같았는데, 결국 强臺에 다시 오르지 않으리라 맹서하며 '후세에 高臺를 짓고, 물놀이 때문에 망국하는 자가 있을 것이다.' 라고 말하였습니다. 지금 主君의 술잔(尊)에는 儀狄(의적)의 酒(술)가 있고, 주군께서는 易牙(역아)가 조리한 음식을 들고, 左의 白台(백대)와 右의 閭須(여수, 모두 미인 이름)는 모두 南威(남위)와 같은 미녀이며, 앞에 숲이 있고 뒤에는 蘭臺(난대)가 있으니, (이는 楚王의) 强臺之樂(강대지락)과 같습니다. 이들 중 하나만 있어도 충분히 亡國할 수 있다고 하였습니다. 지금 主君은 이 4가지를 다 갖고 계시니 경계하지 않을 수 있겠습니까?'

梁王은 연이어 魯侯의 말을 칭찬하였다.

1989 晉 文公(재위 前 636 – 628년) – 姬姓, 晉氏, 名은 重耳. 晋 獻公의 아들. 춘추 오패 중 두 번째. 趙衰(조최), 狐偃(호언), 賈佗(가타), 先軫(선진), 魏武子(魏國 先祖), 介之推(개지추)의 보좌를 받아 春秋 五霸의 한 사람. 晉 강성의 토대를 마련. 뒷날 三晉(趙國, 魏國, 韓國) 성립의 토대가 이때 형성되었다.

24.《戰國策》卷二十四 魏策 三

333/ 秦趙約而伐魏

{原文} 秦,趙約而伐魏,魏王患之.芒卯曰,

"王勿憂也.臣請發張倚使謂趙王曰,夫鄴,寡人固刑弗有也.今大王收秦而攻魏,寡人請以鄴事大王."

趙王喜,召相國而命之曰,"魏王請以鄴事寡人,使寡人絕秦."

相國曰,"收秦攻魏,利不過鄴.今不用兵而得鄴,請許魏."

張倚因謂趙王曰,"敝邑之吏效城者,已在鄴矣.大王且何以報魏?"

趙王因令閉關絕秦.秦,趙大惡.

芒卯應趙使曰,"敝邑所以事大王者,爲完鄴也.今效鄴者,使者之罪也,卯不知也."

趙王恐魏承秦之怒,遽割五城以合於魏而支秦.

秦과 趙가 동맹하여 魏를 정벌하자

{국역} 秦과 趙가 동맹하여 魏를 정벌하자,[1990] 魏王〔昭王 遫(칙). 재위 前 295 - 277〕은 두려웠다. (齊人) 芒卯(망묘, 孟卯)가 말했다.

"王께서는 걱정하지 마십시오. 臣이 張倚(장의, 魏人)를 趙王에게 보내 '鄴(업)은 형세로 보아 과인이 지킬 수 없는 땅입니다. 지금 대왕께서 秦과 연합하여 魏를 침공하시니, 과인은 鄴을 바쳐 大王(趙王)을 섬기겠다.' 라고 말하게 시키겠습니다."

趙王은 좋아하며 相國을 불러 지시하였다.

"魏王이 鄴(업)을 바쳐 과인을 섬긴다면서 과인에게 秦과 단교를 요구했다."

(趙) 相國이 말했다. "秦과 연합하여 攻魏하더라도 이득은 鄴(업)만 못합니다. 지금 用兵하지 않고도 得鄴하니 魏에 허락하십시오."

그러자 張倚(장의)가 이어 趙王에게 말했다.

"우리 관리가 城을 바치려고 이미 鄴(업)에 가 있습니다. 大王께서는 무엇으로 魏에 보답하실 수 있습니까?'

趙王이 곧 변방을 閉關(폐관: 관문을 걸어 잠그다)하고 絶秦(진과 단교하다)케 하였다. 秦과 趙의 관계는 大惡(험악해지고 말았다)이었다.

(나중에) 망묘가 趙의 사자에게 말했다.

"우리가 대왕을 섬기겠다고 말한 것은 鄴(업)을 잘 지키면서 섬긴

1990 원문 秦,趙約而伐魏 -《史記 六國年表》에 의하면, 周 赧王(난왕) 25년 (前 290) 魏國 난에 '芒卯以詐見重' 이라 했는데, 본 章의 사건을 언급한 것이다. 芒卯(망묘)의 거짓말은 뻔한 것이지만, 결과적으로 魏의 곤경을 타개했다.

다는 뜻이었는데, 지금 鄴(업)을 바치겠다고 한 것은 使者의 잘못이고, 나 망묘는 모르는 일이요."

그러자 趙王은 魏가 (趙에) 분노하고 있는 秦과 결합할까 걱정이 되어, 서둘러 (趙의) 5개 城을 魏에 내주면서 공동으로 秦에 대항하였다.

334/ 芒卯謂秦王

{原文} 芒卯謂秦王曰, "王之士未有爲之中者也. 臣聞明王不背中而行. 王之所欲於魏者, 長羊, 王屋, 洛林之地也. 王能使臣爲魏之司徒, 則臣能使魏獻之."

秦王曰, "善." 因任以爲魏之司徒.

謂魏王曰, "王所患者上地也. 秦之所欲於魏者, 長羊, 王屋, 洛林之地也. 王獻之秦, 則上地無憂患. 因請以下兵東擊齊, 攘地必不遠矣."

魏王曰, "善." 因獻之秦. 地入數月, 而秦兵不下. 魏王謂芒卯曰,

"地已入數月, 而秦兵不下, 何也?"

芒卯曰, "臣有死罪. 雖然, 臣死, 則契折於秦, 王無以責秦. 王因赦其罪, 臣爲王責約於秦."

乃之秦, 謂秦王曰, "魏之所以獻長羊, 王屋, 洛林之地者,

有意欲以下大王之兵東擊齊也. 今地已入, 而秦兵不可下, 臣則死人也. 雖然, 後山東之士, 無以利事王者矣."

秦王懼然曰, "國有事, 未贍下兵也, 今以兵從."

後十日, 秦兵下. 芒卯並將秦,魏之兵, 以東擊齊, 啓地二十二縣.

芒卯(망묘)가 秦王에게 말했다.

{국역} 魏의 장수 芒卯(망묘)가 秦王(昭王)에게 말했다.[1991]

"王의 士人(신하) 중에는 중간 역할을 하는 자가 없는 것 같습니다.[1992] 臣이 알기로 明王(명석한 임금)은 중간 內應者를 버리지 않고 뜻을 이룬다고 하였습니다.[1993] 王께서 魏로부터 얻고 싶은 땅은 長羊(長平?), 王屋(왕옥, 河東 垣縣 동북), 洛林(낙림)입니다.(林中? 河南 宛陵 林鄉). 王께서 저를 魏의 司徒(사도)가 되게 해 주시면 臣은 魏에서 그 땅을 헌납하게 만들겠습니다."

秦王은 "좋소."라고 말했다. 그러면서 망묘를 魏의 司徒가 되게 하였다.

1991 원문 芒卯謂秦王曰 – 이 당시에 다른 나라 주요 관직의 任免(임면)이나 城地의 거래가 요즈음 物貨의 賣買처럼 자연스러웠다. 따라서 언약이나 出兵 약속 등은 새로운 이익 앞에 아무런 보장이 되지 않았다.

1992 원문 王之士未有爲之中者也 – 여기 中者란 다른 나라에서 권력을 행사하면서 內應하여 우리를 도와주는 사람을 의미한다.

1993 원문 明王不背中而行 – 원문의 不背는 '버리지 않다'로 中은 중간에서 내응하는 자의 뜻으로 풀이했다.

(망묘가) 魏王에게 말했다.

"왕께서 걱정하시는 것은 (秦에 가까운) 上(상, 지명. 위치 미상) 땅
입니다. 그러나 秦에서 魏에 원하는 것은 長羊, 王屋, 洛林의 땅입니
다. 왕께서는 이들 땅을 秦에 헌상하면 上地(상지)는 걱정을 안 하셔
도 됩니다. 그러면서 秦에 군사를 내달라고 하여(下兵) 동쪽으로 齊
를 공격한다면, 땅을 뺏는 일이 어렵지 않을 것입니다."

魏王은 "좋소." 하고 말했다. 그리고 秦에 땅을 내 주었다.

(秦에) 땅을 내어준 지 몇 달이 지났지만, 秦은 출병하지 않았다.
그러자 魏王이 망묘에게 말했다.

"땅을 내 준지 몇 달이 되었지만 秦兵이 출동하지 않는데, 왜 그러
한가?"

망묘가 말했다.

"제가 죽을죄를 지었습니다. 그렇지만 臣을 당장 죽이시면 秦이
계약을 파기하더라도[1994] 王께서는 秦에게 따질 길이 없습니다. 왕
께서는 저의 死罪(죽을 죄)를 사면해 주시면 제가 왕을 위하여 秦에
게 약속을 따지겠습니다."

망묘는 바로 秦에 가서 진왕에게 말했다.

"魏에서 長羊, 王屋과 洛林의 땅을 헌상한 것은 대왕의 군사를 빌
려 동쪽으로 齊를 공격할 수 있었기 때문입니다. 지금 땅은 이미 헌
상하였지만, 秦에서 군사를 내주지 않기에 臣은 이제 죽게 되었습니
다. 그렇지만 (臣이 죽게 된다면), 이후로 山東의 士人은 왕을 섬기

1994 원문 則契折於秦 – 契는 맺을 계. 계약. 折은 꺾을 절. 毁折(훼절). 파기
하다(毁也).

는 것이 이롭다고 생각할 사람이 없을 것입니다."

秦王도 걱정하듯 말했다.

"나라에 일이 많아 군사를 낼 겨를이 없었지만, 이제 출병하겠소."

그 열흘 뒤에 秦兵이 출동하였다. 망묘는 魏와 秦의 군사를 거느리고 동쪽으로 齊를 공격하여 22개 현의 땅을 넓혔다.

335/ 秦敗魏於華

{原文} 秦敗魏於華, 走芒卯而圍大梁. 須賈爲魏謂穰侯曰,

"臣聞魏氏大臣父兄皆謂魏王曰, '初時惠王伐趙, 戰勝乎三梁, 十萬之軍拔邯鄲, 趙氏不割, 而邯鄲復歸. 齊人攻燕, 殺子之, 破故國, 燕不割, 而燕國復歸. 燕, 趙之所以國全兵勁, 而地不並乎諸侯者, 以其能忍難而重出地也. 宋, 中山數伐數割, 而隨以亡. 臣以爲燕, 趙可法, 而宋, 中山可無爲也. 夫秦貪戾之國而無親, 蠶食魏, 盡晉國, 戰勝睪子, 割八縣, 地未畢入而兵復出矣. 夫秦何厭之有哉! 今又走芒卯, 入北地, 此非但攻梁也, 且劫王以多割也, 王必勿聽也. 今王循楚, 趙而講, 楚, 趙怒而與王爭事秦, 秦必受之. 秦挾楚, 趙之兵以復攻, 則國救亡不可得也已. 願王之必無講也. 王若欲講, 必少割而有質, 不然必欺.' 是臣之所聞於魏也, 願君之

以是慮事也."

秦이 華陽에서 魏을 격파하자,

{국역} 秦이 華陽(화양)에서 魏를 격파하자,[1995] 芒卯(망묘)[1996]는 도주하였고, (도읍) 大梁은 포위되었다. 이에 (魏人, 大夫) 須賈(수가)가 魏를 위하여 (秦 相인) 穰侯〔양후, 魏冉(위염)〕[1997]에게 말했다.

"臣이 알기로, 魏氏의 大臣이나 父兄들이 모두 魏王(安釐王 재위 前 276-243)에게 이렇게 말했습니다. '지난 날 惠王(혜왕, 재위 369-

---

1995 원문 秦敗魏於華 - 華는 弘農 華陰縣에 있는 華山(五嶽 중 西嶽)의 남쪽, 곧 華陽. 今 陝西省 동남부. 이는 前 273년 趙와 魏가 연합하여 韓을 공격하자, 韓은 秦에 구원을 요청했다. 秦은 출병하여 趙 魏의 연합을 격파하고 진격하여 (都邑) 大梁(今 河南省 開封市)을 포위하였다.

1996 芒卯(망묘)는 당시 魏 相이었다. 《史記 六國年表》에 秦 昭王 34년(前 273) '白起擊魏華陽軍, 芒卯走, 得三晋將, 斬首十五萬.' 이라 하였다.

1997 穰侯(양후) - 魏冉〔위염, 생졸년 미상, 一作 魏焻(위창)〕. 戰國 시대 秦國 政治家, 宣 太后의 異父弟, 穰邑(今 河南省 서남부 鄧州市)에 봉해졌기에 穰侯라 칭한다. 秦 武王이 23歲에 죽으며 아들이 없자, 그 형제가 다투었다. 魏冉(위염)은 자신의 권력을 이용하여 秦 昭襄王(재위 前 306-251년)을 옹립했다. 이후 白起(백기)를 천거하여 자신의 戰功으로 삼아 여러 차례 魏國과 趙國 등을 정벌하여 큰 성공을 거두었다. 그러는 동안 많은 賞賜를 받아 왕실보다도 부유했다. 穰侯 魏冉(위염) 등 당시 四大 列侯가 秦政을 장악했는데, 그들을 '四貴'라 하였다. 范睢(범수)가 入秦한 뒤에 秦 昭襄王에게 유세하여 四貴를 국정의 장애물이라 설득하자 소양왕은 위염을 파직하고 范且(범저)를 相에 임명했다. 위염은 函谷關 북쪽으로 방축되었다가 죽었다.

319)이 伐趙(조나라를 치다)하여, 三梁(삼량)에서 대승을 거두고,¹⁹⁹⁸
10만의 군사로 조나라 서울 邯鄲(한단)을 점거했었습니다.¹⁹⁹⁹ 그때
趙는 땅을 할양하지 않았고 (우리는) 한단을 돌려주었습니다. 齊人
이 燕을 공격하여(前 314) 〔燕 噲王(쾌왕) 相〕子之(자지)를 죽이고,
그 나라를 대파하였지만 燕의 땅을 할양받지 않았고 나라를 돌려주
었습니다. 燕과 趙가 나라를 보전하고 군사를 키웠으며, 제후국에
땅을 분할해 주지 않았던 것은 굴욕을 견디면서 땅을 내주는 일을
큰일처럼 중히 여겼기 때문입니다. 그러나 宋과 中山은 정벌 당할
때마다 땅을 할양해 주었기에(數伐數割) 결국 멸망하였습니다. 臣
(魏의 大臣)들은 燕과 趙을 본받아야 하고, 宋과 中山國처럼 해서는
안 된다고 생각하고 있습니다. 秦은 탐욕에 잔인한 나라로 친한 나
라도 없고, 우리 魏의 땅을 蠶食(잠식)하며 晉國을 다 차지하려고, 羃
子〔역자, 皐子(고자)〕에서 승리한 뒤 8개 현을 할양 받았는데, 그 땅을
넘겨받기도 전에 또 다시 출병하였습니다. 대체로 秦이 그 탐욕에
끝이 있겠습니까! 지금 망묘는 패주하였고 북쪽 땅을 할양받았는데,
이는 비단 우리를 공격할 뿐만 아니라 왕을 계속 겁박하여 더 많은
땅을 할양 받으려는 뜻이니, 왕께서는 그 요구를 들어줘서는 안 될
것입니다. 지금 王께서 楚와 趙를 따라 강화하려 하지만, 楚와 趙는
거부하면서 왕도 그들과 함께 秦을 섬기자 할 것이고, 秦에서는 틀
림없이 (그런 제의를) 수용할 것입니다. 秦이 楚와 趙의 군사를 겁

1998 원문 戰勝乎三梁 – 三梁의 三은 曲의 訛字(와자)라는 주석이 있다. 三
梁은 魏의 지명으로 陳留, 浚儀(준의), 大梁(대량)을 지칭한다는 주석도
있다.

1999 이는 魏 惠王 18년(前 352)이었고 그 2년 뒤, 한단을 돌려주었다.

박하여 다시 우리를 공격해 온다면 나라를 구원하려 해도, 구출할 방도가 없습니다. 그러니 왕께서는 결코 講和해서는 안 됩니다. 왕께서 만약 講和하려 한다면, 필히 할양을 최소화하고 인질을 요구해야 하지, 그렇지 않으면 속을 것입니다.' 이것이 臣이 魏에서 들은 말이오니 군께서는 이를 헤아려 주시기 바랍니다."

{原文} "《周書》曰,「維命不於常.」此言幸之不可數也. 夫戰勝睪子, 而割八縣, 此非兵力之精, 非計之工也, 天幸爲多矣. 今又走芒卯, 入北地, 以攻大梁, 是以天幸自爲常也. 知者不然."

"臣聞魏氏悉其百縣勝兵, 以止戍大梁, 臣以爲不下三十萬. 以三十萬之衆, 守十仞之城, 臣以爲雖湯,武復生, 弗易攻也. 夫輕信楚,趙之兵, 陵十仞之城, 戴三十萬之衆, 而志必擧之, 臣以爲自天下之始分以至於今, 未嘗有之也. 攻而不能拔, 秦兵必罷, 陰必亡, 則前功必棄矣. 今魏方疑, 可以少割收也. 願之及楚, 趙之兵未任於大梁也, 亟以少割收. 魏方疑, 而得以少割爲和, 必欲之, 則君得所欲矣. 楚, 趙怒於魏之先已講也, 必爭事秦. 從是以散, 而君後擇焉. 且君之嘗割晉國取地也, 何必以兵哉? 夫兵不用, 而魏效絳, 安邑, 又爲陰啓兩機, 盡故宋, 衛效尤憚. 秦兵已令, 而君制之, 何求而不得? 何爲而不成? 臣願君之熟計而無行危也."

穰侯曰, "善." 乃罷梁圍.

{국역} "《周書》[2000]에서도 「天命이라도 늘 같지는 않다(不於常).」하
였으니, 이는 행운이 자주 찾아오지 않는다는 말입니다. 畢子(역자)
에서 싸워 이겨서 8개 현을 할양 받았는데, 이는 (秦의) 군사가 精兵
인 것도 또 계책이 정교해서도 아니라 天幸(하늘의 요행)의 덕분이
라고 생각해야 합니다. 지금 (魏의) 망묘는 축출되었고, 北地는 秦에
할양되었으며, 大梁을 포위 공격 중이니 이 모두를 天幸이라 스스로
생각하겠지만, 知者(지혜로운 자)들은 그렇게 생각하지 않습니다."

"臣이 알기로, 魏나라에서는 그 나라 1백 현에서 우수한 병졸을
모아 大梁을 방어하고 있는데, 臣은 30만 보다 적지는 않을 것이라
생각합니다. 30만의 군사가 열 길 높이〔十仞(인)〕의 성을 지키니, 臣
은 비록 湯王이나 武王이 다시 살아난다 하여도 쉽게 공격할 수 없
을 것이라 생각합니다. 경솔하게 楚와 趙의 군사를 믿고 열 길 높이
의 성에 30만 병력을 상대로 이길 수 있다고 뜻을 정한 것은 천하가
다스려지기 시작한 이후 지금까지 일찍이 있을 수 없는 일이라고 생
각합니다. 공격하여도 함락시키지 못한다면, 秦의 군사는 필히 지치
게 되고 (귀하의 封地인) 陰(음)도 틀림없이 사라질 것이니, 곧 앞서
성취했던 모든 공적을 포기해야 합니다. 지금 魏에서는 講和를 바라
며 약간의 땅을 할양하여 수습될지 의심하고 있습니다. 楚와 趙의
군사가 (秦을 돕는다고) 大梁에 도착하기 전에 서둘러 약간의 땅을

2000 《周書》는 《尙書 周書 康誥》의 구절. 천명이라도 늘 일정하지는 않다.
「維命不于常하니, 汝念哉하여 無我殄享하라.」

얻어 강화하기를 바랍니다. 魏가 의심하면서도 작은 땅을 할양하여 강화하려고 꼭 원하고 있는 지금이라면, 君은 원하는 것을 얻을 수 있습니다. 楚와 趙는 魏가 秦과 미리 강화하였다면 틀림없이 분노하겠지만, 이후 세 나라는 다투듯 秦을 섬길 것입니다. 그러면 그들의 합종은 해체되고 3국에 대한 선택은 君에게 있습니다. 그리고 君은 이미 옛 晉國의 땅을 많이 할양받았는데, 굳이 왜 전쟁을 계속하겠습니까? 군사를 동원하지 않고서도 魏가 絳(강)과 安邑(안읍)을 바쳤고, 陰(음)을 위하여 두 갈래 길을 열었으며, 옛 宋의 땅을 차지하고 또 衛(위)에서는 尤憚(우탄)을 바칠 것입니다. 君께서 이미 명령하셨다면 이제 君께서 제지할 수 있으니 무엇을 구한들 얻을 수 없으며, 무엇을 하려 한들 이루지 못하겠습니까? 臣은 君께서 이를 신중히 생각하시어 하고자 하는 일이 위기에 빠지지 않기를 바랄 뿐입니다."

穰侯(양후, 魏冉)는 "옳은 말씀이요."라고 말했다. 그리고는 梁의 포위를 풀었다.

336/ 秦敗魏於華, 魏王~

{原文} 秦敗魏於華, 魏王且入朝於秦. 周訢謂王曰,

"宋人有學者, 三年反而名其母. 其母曰, '子學三年, 反而名我者, 何也?' 其子曰, '吾所賢者, 無過堯,舜, 堯,舜名. 吾

所大者,無大天地,天地名.今母賢不過堯,舜,母大不過天地,是以名母也.'其母曰,'子之於學者,將盡行之乎?願子之有以易名母也.子之於學也,將有所不行乎?願子之且以名母爲後也.'今王之事秦,尚有可以易入朝者乎?願王之有以易之,而以入朝爲後."

魏王曰,"子患寡人入而不出邪?許綰爲我祝曰,'入而不出,請殉寡人以頭.'"

周訢對曰,"如臣之賤也,今人有謂臣曰,入不測之淵而必出,不出,請以一鼠首爲女殉者,臣必不爲也.今秦不可知之國也,猶不測之淵也,而許綰之首,猶鼠首也.內王於不可知之秦,而殉王以鼠首,臣竊爲王不取也.且無梁孰與無河內急?"

王曰,"梁急."

"無梁孰與無身急?"

王曰,"身急."

曰,"以三者,身,上也,河內,其下也.秦未索其下,而王效其上,可乎?"

王尚未聽也.支期曰,"王視楚王.楚王入秦,王以三乘先之,楚王不入,楚,魏爲一,尚足以捍秦."

王乃止.王謂支期曰,"吾始已諾於應侯矣,今不行者欺之矣."

支期曰,"王勿憂也.臣使長信侯請無內王,王待臣也."

秦이 華陽에서 魏를 격파하자, 魏王은~,

{국역} 秦이 華陽에서 魏를 격파하자 魏王은 秦에 입조하려 했다.[2001] (魏臣) 周訢(주흔)이 魏王에게 말했다.

"宋人 중에 어떤 學人이 3년 만에 돌아와 모친의 이름을 불렀습니다. 그 모친이 '너는 3년을 공부했는데, 돌아와 내 이름을 불러대니 왜 그러느냐?'라고 물었습니다. 그 아들이 말했습니다. '제가 賢人이라 생각하는 사람은 堯와 舜 뿐인데, 堯와 舜은 그분의 이름입니다. 나는 하늘과 땅보다 더 큰 것은 없다고 생각하는데, 하늘과 땅도 이름입니다. 지금 모친은 요와 순만큼 현명하지 않고, 하늘과 땅만큼 크지는 않기에 그래서 이름을 불렀습니다.' 그러자 그 모친이 말했습니다. '아들은 배운 것을 배운 대로 모두 실천할 수 있느냐? 그렇다면 모친의 이름을 바꿔 부르도록 하라. 네가 배운 것을 모두 다 실천할 수 없다면, 어미 이름을 부르지를 말거라.' 지금 왕께서 秦을 섬긴다고 하시는데, 그렇더라도 秦에 入朝하려는 생각을 바꿀 수 있지 않습니까? 臣은 그 생각을 바꾸시어 입조하는 것을 뒤로 미뤄주시기 바랍니다."

魏王이 말했다.

"경은 과인이 秦에 들어갔다가 못 나올까 걱정하는가? 許綰(허관)은 나에게 들어가 나오지 못한다면, 과인을 위해 자신의 머리를 잘

2001 원문 秦敗魏於華, 魏王且入朝於秦. - 이는 周 赧王(난왕) 56년, 魏 안리왕 18년, 秦 昭王 48년, 前 259년의 일이었다. 일국의 왕이 타국에 入朝한다는 것은 사실 위험천만한 일이었다. 여러 신하들이 간쟁에 의거 위왕은 입조하지 않았다.

라 순장해 달라고 스스로 축원하였다."

주흔이 대답하였다.

"저와 같은 천한 사람일지라도, 지금 어떤 사람이 나에게 '깊이를 알 수 없는 深淵(심연)에 빠지더라도 틀림없이 나올 것이라 말하면서 나오지 못한다면, 너를 위하여 쥐의 머리를 잘라 순장해주겠다.'고 하더라도 저는 결코 물에 들어가지 않을 것입니다. 지금 秦은 그 속마음을 알 수 없는 나라이니 깊이를 알 수 없는 연못과 같습니다. 그리고 許綰(허관)이란 사람의 머리는 쥐 대가리와 같습니다. 알 수도 없는 秦에 들어가게 하는 것은 쥐 대가리로 순장해주겠다는 것과 같으니, 臣은 왕을 위해서 결코 그렇게 할 수 없습니다. 그리고 우리 梁나라가 없어지는 것과 하남 땅을 잃는 것과 어느 쪽이 더 重하겠습니까?"[2002]

王은 "梁이 더 막중하다."고 말하였다.

"梁이 없어지는 것과 왕의 一身 중 어디가 더 긴급합니까?"

"내 몸이 더 중요하다."

"그렇다면 이 셋 중에서 왕의 一身이 가장 중요하고, 河內의 땅은 그 아래입니다. 秦은 아래인(下) 河內의 땅을 달라고 하지도 않는데, 왕께서는 왜 가장 중요한 것을(上, 王의 一身) 바치려 하시니 그래서야 되겠습니까?"

그래도 王은 여전히 따르지 않았다. 그러자 (魏臣) 支期(지기, 人名)가 말했다.

"王께서는 楚王(頃襄王)이 하는 일을 보십시오. 만약 楚王이 入

2002 원문 且無梁孰與無河內急? – 急은 급할 급. 緊要(긴요)하다. 중요하다.

秦한다면 왕께서는 수레 三乘만을 거느리고 먼저 가실 수 있습니다. 楚王이 入秦하지 않는다면, 왕께서는 楚와 하나가 되어 그때서라도 오히려 秦을 막아낼 수 있을 것입니다."[2003]

왕은 입조를 중지했다. 王이 支期(지기)에게 말했다.

"내가 이미 (秦 相) 應侯〔응후, 范睢(범수)〕에게 승낙했었는데, 지금 入秦하지 않는다면 그에게 거짓말은 한 것이다."

이에 지기가 말했다.

"왕께서는 걱정하지 마십시오. 臣이 長信侯(장신후)[2004]를 시켜 왕께서 入秦하지 않게 주선하겠으니, 왕께서는 저를 믿으십시오."

{原文} 支期說於長信侯曰, "王命召相國."

長信侯曰, "王何以臣爲?"

支期曰, "臣不知也, 王急召君."

長信侯曰, "吾內王於秦者, 寧以爲秦邪? 吾以爲魏也."

支期曰, "君無爲魏計, 君其自爲計. 且安死乎? 安生乎? 安窮乎? 安貴乎? 君其先自爲計, 後爲魏計."

長信侯曰, "樓公將入矣, 臣今從."

支期曰, "王急召君, 君不行, 血濺君襟矣!"

長信侯行, 支期隨其後. 且見王, 支期先入謂王曰,

"僞病者乎而見之, 臣已恐之矣."

2003 원문 尚足以捍秦 - 尚은 오히려. 그때라도 막아낼 수 있다. 捍은 막을 한.

2004 長信侯(장신후) - 魏相. 應侯와 가깝게 지내는 사람.

長信侯入見王, 王曰, "病甚奈何! 吾始已諾於應侯矣, 意雖道死, 行乎?"

長信侯曰, "王毋行矣! 臣能得之於應侯, 願王無憂."

{국역} 支期(지기)가 (相인) 長信侯(장신후)에 말했다.

"왕께서 相國을 부르라고 하셨습니다."

이에 장신후가 말했다.

"왕께서 왜 臣을 부르시나요?"

"臣은 모르겠습니다만, 王께서 급히 부르십니다."

"내가 왕을 秦에 가시라 한 것이 秦을 위한 것이라 생각하십니까?[2005] 나는 魏를 위한 방책이라 생각했습니다."

"君은 魏의 계책이라 말하지 말고 자신을 위한 계책이라 하십시오. 차라리 죽겠는가? 아니면 사느냐? 차라리 窮(궁)하겠나? 아니면 貴하겠는가? 君은 스스로의 계책을 정한 뒤에 魏를 위한다고 하시오."

이에 장신후가 말했다.

"樓公〔樓緩(누완)〕이 오기로 했으니 그와 같이 들어가겠소."

支期가 말했다.

"王께서 급하게 君을 소환하였는데, 君이 지금 不行하면, 당신 옷 소매에 피가 뒬 것이오!"

長信侯가 출발하자, 支期는 그 뒤를 따라갔다. 막 왕을 알현하기 직전에, 지기가 먼저 들어가서 왕에게 말했다.

2005 원문 寧以爲秦邪? - 寧은 차라리, 비교, ~할지라도, 以爲는 생각하다. 邪(야)는 의문의 뜻을 표현하는 종결 語尾.

"편찮으신 척 하면서 알현하십시오, 臣이 이미 그를 협박했습니다."

장신후가 들어와 왕을 알현하자, 왕이 말했다.

"병이 이리 심하니 어찌 하겠나! 내가 앞서 應侯(응후)에게 入秦한다고 응낙하였으니, 내가 길에서 죽더라도 가야 하겠나?"

장신후가 말했다.

"王께서는 가시겠다고 생각 마십시오! 臣이 應侯에게 전하겠습니다. 왕께서는 걱정하지 마십시오."

337/ 華陽之戰

{原文} 華陽之戰, 魏不勝秦. 明年, 將使段干崇割地而講.

孫臣謂魏王曰, "魏不以敗之上割, 可謂善用不勝矣, 而秦不以勝之上割, 可謂不能用勝矣. 今處期年乃欲割, 是群臣之私而王不知也. 且夫欲璽者, 段干子也, 王因使之割地, 欲地者, 秦也, 而王因使之受璽. 夫欲璽者制地, 而欲地者制璽, 其勢必無魏矣. 且夫姦臣固皆欲以地事秦. 以地事秦, 譬猶抱薪而救火也. 薪不盡, 則火不止. 今王之地有盡, 而秦之求無窮, 是薪火之說也."

魏王曰, "善. 雖然, 吾已許秦矣, 不可以革也."

對曰, "王獨不見夫博者之用梟邪? 欲食則食, 欲握則握.

今君劫於群臣而許秦, 因曰不可革, 何用智之不若梟也?"

魏王曰, "善." 乃案其行.

華陽의 전투에서,

{국역} 華陽의 싸움에서 魏는 秦을 이기지 못했다.[2006] 다음 해 (魏
는) 段干崇(단간숭, 段干은 복성)을 사신으로 보내 割地(할지)하고 (秦
과) 강화하려 했다.

(魏人) 孫臣(손신)이 魏王에게 말했다.

"魏는 패하고서는 割地(땅을 떼어주다)하지 않았으니 不勝의 결
과로는 잘된 것입니다만, 秦은 이기고서도 땅을 할양받지 못했으니
승리를 활용하지 못한 것입니다. 지금 1년이나 지난 뒤에 땅을 베어
주자고 하니, 이는 여러 신하들이 私益을 챙기는 것인데도 왕께서는
모르고 계십니다. 지금 秦의 관직을 받으려 하는 자는[2007] 바로 단간
과 같은 자인데, 왕께서는 그를 보내 땅을 떼어주려고 하십니다. 땅
을 원하는 자는 秦이지만, 왕께서는 사신으로 보내 인수를 받게 도
와주는 것입니다. (秦의) 인수를 받고 싶으면 (魏의) 땅을 준다 하
고, (魏의) 땅을 받고 싶으면 (秦의) 인수를 쥐고 있으면 되니, 그런

2006 華陽之戰 – 華陽에서 秦의 白起가 魏軍을 격파한 해는 前 273년(魏 안
리왕 4년)이었다. 그 다음 해는 前 242년이다. 본 장은《史記 魏世家》
에도 수록되었다.

2007 원문 且夫欲璽者 – 璽는 도장 새. 인장. 秦의 封을 받아 그 璽綬(새수)
를 받다.

형세는 魏에 아무런 이득도 안 됩니다. 그런 姦臣(간신)들은 모두가 꼭 (魏의) 땅을 秦에 바치자고 하니, 이는 비유하자면 장작을 가지고서 불을 끄려는 것과 같습니다.[2008] 땔나무가 다 타기 전에는 불은 꺼지지 않을 것입니다. 지금 대왕의 땅은 끝이 있지만 秦의 욕구는 끝이 없으니, 이는 땔나무를 태우는 이야기와 꼭 같습니다."

魏王이 말했다. "옳은 말이다. 그러나 나는 이미 秦에 주기로 하였으니, 말을 뒤집을 수가 없다."[2009]

孫臣(손신)이 대답하였다.

"王께서는 노름판에서 올빼미 패〔梟(효)〕 쓰는 것을 못 보셨습니까? (상대 패를) 먹고 싶으면 먹고, 그냥 쥐고 있겠다면 갖고 있으면 됩니다. 지금 왕께서는 여러 신하의 겁박에 秦에 허락하고서 바꿀 수 없다고 하시니, 대왕의 지혜가 어찌 노름판의 올빼미 패만도 못하겠습니까?"

위왕은 "옳은 말이다."라고 말했다. 그리고는 단간숭의 출발을 취소하였다.

338/ 齊欲伐魏

{原文} 齊欲伐魏, 魏使人謂淳于髡曰,

2008 원문 譬猶抱薪而救火也 - 譬는 비유할 비. 猶는 같을 유. 薪은 땔나무 신. 섶. 장작.

2009 원문 不可以革也 - 革은 가죽 혁. 고치다. 바꾸다(更也).

"齊欲伐魏, 能解魏患, 唯先生也. 敝邑有寶璧二雙, 文馬二駟, 請致之先生."

淳于髡曰, "諾."

入說齊王曰, "楚, 齊之仇敵也, 魏, 齊之與國也. 夫伐與國, 使仇敵制其餘敝, 名醜而實危, 爲王弗取也."

齊王曰, "善." 乃不伐魏.

客謂齊王曰,

"淳于髡言不伐魏者, 受魏之璧, 馬也."

王以謂淳于髡曰, "聞先生受魏之璧, 馬, 有諸?"

曰, "有之."

"然則先生之爲寡人計之何如?"

淳于髡曰, "伐魏之事不便, 魏雖刺髡, 於王何益? 若誠便, 魏雖封髡, 於王何損? 且夫王無伐與國之誹, 魏無見亡之危, 百姓無被兵之患, 髡有璧, 馬之寶, 於王何傷乎?"

齊가 魏를 정벌하려 하자,

{국역} 齊가 魏를 정벌하려 하자,[2010] 魏는 사람을 보내 제나라 淳于

___

2010 齊欲伐魏 - 본 章 첫머리에 楚는 齊의 원수와 같은 적국〔仇敵(구적)〕이라 했는데, 이는 前 333년의 徐州之役(서주지역)에서 楚는 齊를 대파하였다. 싸움 전에 魏는 거짓으로 齊에 편이 되었고 비밀리에 楚와 연결되어 있어 서주에서 싸움이 일어났어도 魏는 齊를 돕지 않았다. 그래

髡(순우곤)[2011]에게 말했다.

"齊가 魏를 정벌하려 하는데, 魏의 걱정을 풀어줄 사람은 오직 선생뿐입니다. 우리나라에 보배인 둥근 옥(寶璧) 두 쌍과 무늬 있는 말 8필이 있어[2012] 이를 선생께 드립니다."

순우곤은 "알겠습니다."라고 말했다.

순우곤이 齊 威王을 만나 말했다.

"楚는 齊의 仇敵(구적)이고, 魏는 齊의 동맹국이었습니다(與國).[2013] 그런데 동맹국을 공격하여 원수가 그 지친 틈을 이용한다면 이는 명분상으로도 부끄럽고, 실제에도 위험한 일이라서(名醜而實危) 왕께서 해서는 안 될 일입니다."

齊王은 "그렇다." 하면서 魏를 정벌하지 않았다.

어떤 客人이 齊王에게 말했다.

"순우곤이 魏 정벌을 중지하라고 말한 까닭은, 그가 魏에서 璧玉

서 齊는 서주지역 이후에 위를 정벌하려 했다. 본서 齊策 三에서 淳于髡(순우곤)은 "韓의 黑犬 盧(로)와 가장 빠른 토끼 東郭逡(동곽준)의 비유로 齊의 魏 정벌을 만류했다.

2011 淳于髡(순우곤, 淳于는 복성. 髡은 머리 깎을 곤, ?前 386 – 310년) – 齊國 黃縣(今 山東省 煙臺市 관할 龍口市) 출신. 稷下學派(직하학파)의 한 사람. 晏嬰(안영)을 추모한 사람. 政治家, 思想家. 滑稽(골계)와 多辯으로 유명, 成語 '杯盤狼藉(배반낭자)', '樂極生悲(낙극생비)', '一鳴驚人(일명경인)' 등 성어를 만든 사람. 辯論에 뛰어나 다른 나라에 사신으로 자주 나갔다. 《史記 滑稽列傳》에 입전되었다.

2012 원문 文馬二駟 – 文은 무늬가 있는 털을 가진 말(毛色成文). 馬 四마리를 駟(사)라 한다. 二駟는 여덟 마리.

2013 魏齊之與國也 – 魏는 馬陵之敗 이후에 齊에게 臣服하며 입조했고, 이에 楚王이 분노하여 齊를 정벌한 옛일을 설명한 말이다.

(벽옥)과 말을 받았기 때문입니다."

　王이 순우곤을 불러 말했다.

　"선생이 魏의 벽옥과 말을 받았다는데 그런 일이 있습니까?"

　"받았습니다."

　"그렇다면 선생은 과인을 위해서는 무슨 계책이 있는가?"

　"魏를 정벌하는 일이 잘 해결되지 않는다고 魏에서 (뇌물을 받은) 저를 찔러 죽인다 하여도 王에게는 아무런 이익도 없습니다. 만약 魏가 일이 잘 풀렸다고 魏 땅을 잘라 저를 봉한다 하여도 왕에게는 무슨 손해가 있겠습니까? 또 왕께서는 동맹국을 공격한다는 비방도 듣지 않고, 魏는 멸망의 위기를 넘겼으며, 백성은 전쟁의 환난을 면했고, 저는 보옥과 말을 얻었으니 王에게 무엇이 나쁘겠습니까?"

339/ 秦將伐魏

{原文} 秦將伐魏. 魏王聞之, 夜見孟嘗君, 告之曰,

　"秦且攻魏, 子爲寡人謀, 奈何?"

　孟嘗君曰, "有諸侯之救, 則國可存也."

　王曰, "寡人願子之行也." 重爲之約車百乘.

　孟嘗君之趙, 謂趙王曰, "文願借兵以救魏."

　趙王曰, "寡人不能."

　孟嘗君曰, "夫敢借兵者, 以忠王也."

王曰, "可得聞乎?"

孟嘗君曰, "夫趙之兵, 非能彊於魏之兵, 魏之兵, 非能弱
於趙也. 然而趙之地不歲危, 而民不歲死, 而魏之地歲危,
而民歲死者, 何也? 以其西爲趙蔽也. 今趙不救魏, 魏歃盟
於秦, 是趙與强秦爲界也, 地亦且歲危, 民亦且歲死矣. 此
文之所以忠於大王也."

趙王許諾, 爲起兵十萬, 車三百乘.

秦이 魏를 정벌하려 했다.

{국역} 秦이 魏를 정벌하려 했다.[2014] 魏王(昭王)이 듣고서는 밤에
(相인) 孟嘗君(맹상군, ?－前 279년)을 불러 말했다.

"秦이 곧 魏를 공격해올 것인데, 과인을 위한 謀策(모책)은 무엇입
니까?"

맹상군이 말했다.

"다른 제후의 구원이 있다면 나라를 지킬 수 있습니다."

"寡人은 경이 직접 다녀오기를 바라오."

그러면서 수레 1백 승을 준비케 하였다.

2014 秦將伐魏 －《史記 秦本紀》에 의하면, 「秦 昭王 24년, 魏의 安城을 점거
하고 大梁에 이르자 燕과 趙가 魏를 구원하자 秦軍은 퇴거했다.」하였
다. 본 章은 그때 前 283년 일이다. 맹상군이 燕과 趙의 설득은 '脣亡
齒寒(순망치한)' 논리였다. 논리가 멀리 돌아간 것 같지만 산만하지 않
고, 직접적이지만 강요하지 않는 설득이었다.

맹상군이 趙에 가서 趙王(惠文王, 재위 298-266)에게 말했다.

"저는(文) (趙에서) 군사를 내주어 魏를 구원해 주시기 바랍니다."

조왕은 "과인은 동원할 수 없습니다."라고 말했다.

"제가 趙의 군사를 빌리려는 뜻은 王께 충성하는 일입니다."

"그 까닭을 말해줄 수 있겠소?"

"趙의 군사는 魏의 군사보다 강하지 않고, 魏의 군사는 趙보다 약하지 않습니다. 그리고 趙나라는 언제나 아무런 위기도 없고, (전쟁에) 백성이 죽지도 않는데 왜 그러하겠습니까? 서쪽에 趙를 막아주는 울타리[蔽(덮을 폐), 魏를 지칭]가 있기 때문입니다. 지금 趙에서 魏를 구원하지 않는다면 魏는 秦의 편에 서게 되고,[2015] 그러면 趙는 강한 秦과 국경을 접하고, 국토도 해마다 위난을 겪고 백성 역시 해마다 죽어나갈 것입니다. 이 때문에 제가 대왕께 충성을 바친다고 하였습니다."

趙王은 借兵(차병)을 許諾(허락)하며 10만 대군과 戰車 3백 승을 동원하였다.

{原文} 又北見燕王曰, "先日公子常約兩王之交矣. 今秦且攻魏, 願大王之救之."

燕王曰, "吾歲不熟二年矣, 今又行數千里而以助魏, 且奈何?"

2015 원문 魏歃盟於秦 – 歃은 마실 삽. 바르다. 歃血. 피를 입술에 바르다. 맹약하다.

田文曰, "夫行數千里而救人者, 此國之利也. 今魏王出國門而望見軍, 雖欲行數千里而助人, 可得乎?"

燕王尙未許也. 田文曰, "臣效便計於王, 王不用臣之忠計, 文請行矣. 恐天下之將有大變也."

王曰, "大變可得聞乎?"

曰, "秦攻魏未能克之也, 而臺已燔, 游已奪矣. 而燕不救魏, 魏王折節割地, 以國之半與秦, 秦必去矣. 秦已去魏, 魏王悉韓, 魏之兵, 又西借秦兵, 以因趙之衆, 以四國攻燕, 王且何利? 利行數千里而助人乎? 利出燕南門而望見軍乎? 則道里近而輸又易矣, 王何利?"

燕王曰, "子行矣, 寡人聽子."

乃爲之起兵八萬, 車二百乘, 以從田文.

魏王大說, 曰, "君得燕, 趙之兵甚衆且亟矣."

秦王大恐, 割地請講於魏. 因歸燕, 趙之兵, 而封田文.

{국역} (맹상군은) 이어 북쪽으로 가서 燕王(昭王)을 만나 말했다.

"先日에 公子(맹상군 선친 田嬰)께서는 늘 두 나라의 교류를 주선하셨습니다. 지금 秦이 魏를 공격하려 하는데 대왕께서 魏를 구원해 주시기 바랍니다."

燕王이 말했다.

"우리는 2년 동안 흉작이었는데, 지금 수천 리를 행군하여 魏를 도와야 한다면 우리가 어찌하겠소?"

田文(맹상군)이 말했다.

"수천 리를 행군하여 남을 구원하더라도 그것이 나라에 이득이 됩니다. 지금 魏王은 나라의 門만 열면 적군과 마주 보게 되는데, 수천 리를 가서 남을 돕고 싶어도 도울 수 있겠습니까?"

그러나 燕王은 여전히 (援兵을) 허락하지 않았다. 田文이 말했다.

"臣이 왕에게 유리한 계책을 말씀드렸지만 王께서는 臣의 忠計를 받아들이지 않으십니다. 臣은 이제 돌아가겠습니다. 아마 곧 천하에 큰 변란이 일어날 것입니다."

"그대가 말하는 변란이 무엇인지 듣고 싶소이다."

"秦이 魏를 공격하나 아직 이기지는 못했지만, 樓臺(누대)는 이미 불탔고 遊園(유원)도 이미 빼앗겼습니다. 燕이 魏를 구원하지 않는다면 魏王은 지조를 굽히고, 땅을 잘라 나라의 절반을 秦에 줄 것이고 그러면 秦은 틀림없이 퇴거할 것입니다. 秦이 魏에서 퇴거한 뒤에 魏王은 韓과 魏의 군사를 모으고, 또 서쪽으로 秦의 군사를 빌린 뒤에 趙의 군사와 함께 사방에서 燕을 공격한다면 王께서는 또 무슨 이득이 있겠습니까? 수천 리를 행군하여 남을 돕는 것보다 더 이롭겠습니까? 燕 도성의 남문을 열고 나가 적군을 마주 보는 것이 더 이롭겠습니까? (싸움이 도성 밖에서 벌어지니) 갈 길이 가깝고, 또 군수물자를 수송하기 쉽겠지만 왕에게 무슨 이득이 있겠습니까?"

燕王이 말했다.

"경은 돌아가시오. 과인은 경의 뜻을 따르겠소."

이어 燕에서는 8만의 군사와 戰車 2백 승을 동원하여 田文에게 딸려 보냈다.

魏王은 크게 기뻐하며 말했다.

"君이 燕과 趙의 군사를 많이도 또 빨리도 데려왔군요."

秦王(昭王, 재위 前 306 - 251)은 크게 두려워하며 (魏에) 땅을 베어주며 강화를 요청했다. 이어 燕과 趙의 군사가 돌아간 뒤에 田文에게 땅을 封해 주었다.

340/ 魏將與秦攻韓

{原文} 魏將與秦攻韓, 朱己謂魏王曰,

　"秦與戎, 翟同俗, 有虎狼之心, 貪戾好利而無信, 不識禮義德行. 苟有利焉, 不顧親戚兄弟, 若禽獸耳. 此天下之所同知也, 非所施厚積德也. 故太后母也, 而以憂死, 穰侯舅也, 功莫大焉, 而竟逐之, 兩弟無罪, 而再奪之國. 此於其親戚兄弟若此, 而又況於仇讎之敵國也. 今大王與秦伐韓而益近秦, 臣甚或之, 而王弗識也, 則不明矣. 群臣知之, 而莫以此諫, 則不忠矣."

魏가 秦과 함께 韓을 침공하려 하자,

{국역} 魏가 秦과 함께 韓을 침공하려 하자,[2016] 朱己(주기, 無忌. 无

─────────

2016 원문 魏將與秦攻韓 - 이는 《史記 魏世家》에 安釐王(안리왕) 11년(前

忌)[2017]가 魏王에게 말했다.

"秦은 戎(융)이나 翟(적)과 습속이 같고, 虎狼之心을 가지고 탐욕에 사납고도 好利하며 無信할 뿐만 아니라 禮義와 德行도 알지 못합니다. 이득이 있는 곳이라면 친척이나 형제도 돌보지 않으니, 禽獸(금수)와 같을 뿐입니다. 이는 온 천하가 다 아는 바이니, 은혜나 德을 베풀 필요가 없습니다. 그 太后는 王의 모친이나 우환으로(폐위되었다가) 죽었고(秦 昭王 42년, 前 265), 穰侯(양후, 魏冉)는 왕의 외삼촌으로 나라에 큰 공을 세웠지만 결국은 방축되었으며, 두 동생은 無罪이나 봉국을 빼앗겼습니다. 친척 형제에게도 이와 같거늘, 하물며 원수가 된 적국에는 어떠하겠습니까? 지금 大王께서는 秦과 한 편이 되어 韓을 정벌하며 秦과 더욱 가까워지려 하니, 臣은 매우 걱정스러운데, 이는 왕께서 알지 못한다면 이는 지혜롭지 못한 것입니다. 모든 신하가 다 알면서도 왕에게 간언을 올리지 않으니, 이는 不忠입니다."

{原文} "今韓氏內有大亂, 外安能支强秦, 魏之兵, 王以爲不破乎? 韓亡, 秦盡有鄭地, 欲得故地, 而今負强秦之禍也, 王以爲利乎? 秦非無事之國也, 韓亡之後, 必且便事, 便事, 必就易與利, 就易與利, 必不伐楚與趙矣. 是何也? 夫越山踰

262)에 수록되었다. 魏无忌(信陵君)는 여기서 국제 정세에 관한 탁월한 안목을 보여주었다.

2017 朱己는 無忌의 訛字라는 주석이 있다. 己는 忌와 同字. 魏无忌(信陵君, ?-前 243년)는 昭王(소왕, 재위 前 295-277년)의 막내아들이며, 魏安釐王의 同父異母의 아우로, 戰國 四公子의 한 사람이다.

河, 絶韓之上黨而攻強趙, 則是復閼與之事也, 秦必不爲也.
若道河內, 倍鄴,朝歌, 絶漳,滏之水, 而以與趙兵決勝於邯鄲
之郊, 是受智伯之禍也, 秦又不敢. 伐楚, 道涉而谷行三十
里, 而攻危隘之塞, 所行者甚遠, 而所攻者甚難, 秦又弗爲
也. 若道河外, 背大梁, 而右上蔡, 召陵, 以與楚兵決於陳郊,
秦又不敢也. 故曰, 秦必不伐楚與趙矣, 又不攻衛與齊矣.
韓亡之後, 兵出之日, 非魏無攻矣."

　"秦故有懷地邢丘, 而以之臨河內, 河內之共, 汲莫不危
矣. 秦有鄭地, 得垣雍, 決榮澤, 而水大梁, 大梁必亡矣. 王
之使者大過矣, 乃惡安陵氏於秦, 秦之欲許之久矣. 然而秦
之葉陽,昆陽與舞陽,高陵鄰, 聽使者之惡也, 隨安陵氏而欲
亡之. 秦繞舞陽之北, 以東臨許, 則南國必危矣. 南國雖無
危, 則魏國豈得安哉? 且夫憎韓不受安陵氏可也, 夫不患秦
之不愛南國非也."

{국역} "지금 韓에서는 여자 한 사람이 어린 弱主를 보필하고 있지
만,[2018] 내부적으로 大亂이 있으니 외부적으로 어떻게 强秦과 魏의
군사에 저항하겠으며, 왕께서는 격파 못할 것이라 왜 걱정하십니
까? 韓이 멸망하면 秦은 옛 鄭地를 다 차지하고 (魏의) 大梁과 이웃
하게 되는데, 왕께서는 편안할 수 있다고 생각하십니까? 王께서 옛

2018 이는 위 桓惠王(재위 前 273 - 239년) 재위 중으로 韓王은 나이가 어려
　　母后가 用事하였다. 이 무렵 秦에서는 宣太后, 趙에서는 惠文后, 齊에
　　서도 王后가 專政하였고, 韓에서도 그러하였다.

땅을 수복하려 하시면서 지금 强秦의 禍를 부담해야 하는데, 이것이 왕에게 이롭겠습니까? 秦은 결코 일을 만들지 않는 無事之國(일없이 평화스럽기를 바라는 나라)이 아니오며, 韓이 멸망한 뒤에는 틀림없이 다른 일을 벌일 것입니다. 다른 일이란 쉬운 상대를 골라 이득을 취하는 것이고, 그런 이득을 취하려 한다면 틀림없이 楚나 趙를 정벌하지는 않을 것입니다. 왜 그러하겠습니까? 산과 강을 넘고 건너 韓의 上黨(상당) 땅을 가로질러(絶) 강한 趙를 공격하려 한다면, 이는 옛날 閼與之事(알여의 패전)를[2019] 다시 겪는 것과 같기에, 秦에서는 틀림없이 하지 않을 것입니다. 만약 河內(하내)의 땅을 지나 鄴(업)과 朝歌(조가, 地名)를 북쪽으로 두고, 漳水(장수)와 滏水(부수)를 건너가서 趙兵과 邯鄲(한단)의 교외에서 승패를 가르려 한다면, 이는 (옛날 晉의) 智伯(지백)이 당한 禍를 똑같이 당하는 것이라서 秦도 역시 할 수가 없습니다. 楚를 정벌하려 한다면 길은 멀고 물을 건너 3천 리 골짜기를 지나 험한 요새를 공격해야 하니, 갈 길도 멀거니와 공격도 매우 어려운 일이라서 秦은 역시나 정벌에 나서지 않을 것입니다. 만약 河水의 밖을 지나 大梁의 앞으로 나아가, 오른쪽으로 上蔡(상채)와 召陵(소릉)을 지나 楚兵과 陳의 교외에서 싸움을 벌이는 일도 秦에서는 역시 감행하지 않을 것입니다. 그러니 秦은 楚와 趙를 공격하거나 또 衛(위)와 齊를 정벌하지도 않을 것입니다.[2020] 그렇다면 韓이 멸망한 뒤에 秦의 군사가 출병하는 날, 魏가 아니면 공격할 나라가 없습니다.”

2019 閼與之事也 – 秦과 趙의 閼與之戰(알여지전)은 前 270–269년의 일이었다. 閼與(알여)는, 今 山西省 중부 晉中市 和順縣에 해당한다.

2020 원문 又不攻衛與齊矣 – 衛와 齊는 모두 趙나 韓, 魏의 동쪽에 있다.

"秦은 본래 懷地(회지)나 邢丘(형구), 安城(안성), 垝津(궤진) 등의
통로가 있어 (이를 통하여) 河內를 압박한다면, 河內의 共縣(공현)이
나 汲縣(급현) 등 위험하지 않은 곳이 없습니다. 秦이 鄭地를 소유하
고 또 垣雍(원옹)을 차지하며, 滎澤(형택)의 물길을 터서(決) 大梁(대
량)을 水攻한다면 大梁은 틀림없이 망할 것입니다.[2021] 대왕의 신하
들은 그간 큰 실수를 했었으니, 왜 秦에 가서 韓 공격에 반대하는 安
陵氏(안릉씨)를 헐뜯게 했습니까?[2022] 秦은 오래전부터 許(허)를 차지
하려 했습니다. 그렇지만 秦의 葉陽(섭양), 昆陽(곤양), 舞陽(무양), 高
陵(고릉) 지역 백성의 요구에 사자의 악담을 그대로 들어주었으며 安
陵氏를 따라 같이 망하기를 원했습니다. 秦은 舞陽(무양)의 북쪽을
포위한 뒤에 東으로 許(허)를 압박한다면 (魏의) 南國(곧 長江, 漢水
사이, 今 河南省 南陽市 일원)은 틀림없이 위태로울 것입니다. 설령
南國이 위태롭지 않더라도, 그렇다고 魏國이 어찌 안전하겠습니까?
또 韓을 증오하면서 安陵氏을 보호하지 않는 일이 가능하다 하더라
도, 秦이 南國의 땅을 갖고 싶어 하지 않으니 걱정 안 해도 된다는
말은 사실 거짓입니다."

{原文} "異日者, 秦乃在河西, 晉國之去梁也, 千里有餘, 河
山以蘭之, 有周, 韓而間之. 從林軍以至於今, 秦十攻魏, 五
入國中, 邊城盡拔. 文臺墮, 垂都焚, 林木伐, 麋鹿盡, 而國繼
以圍. 又長驅梁北, 東至陶, 衛之郊, 北至乎?, 所亡乎秦者,

2021 必亡矣 - 뒷날 진시황은 이런 방책을 그대로 써서 魏를 멸망시켰다.
2022 원문 乃惡安陵氏於秦 - 安陵은 魏의 韓 공격을 반대했던 사람. 이를
　　　魏의 사자가 秦에 들어가 헐뜯었다.

山北, 河外, 河內, 大縣數百, 名都數十. 秦乃在河西, 晉國之
去大梁也尙千里, 而禍若是矣. 又況於使秦無韓而有鄭地,
無河山以蘭之, 無周, 韓以間之, 去大梁百里, 禍必百此矣.
異日者, 從之不成矣, 楚, 魏疑而韓不可得而約也. 今韓受兵
三年矣, 秦撓之以講, 韓知亡, 猶弗聽, 投質於趙, 而請爲天
下鴈行頓刃. 以臣之觀之, 則楚, 趙必與之攻矣. 此何也? 則
皆知秦之無窮也, 非盡亡天下之兵, 而臣海內之民, 必不休
矣. 是故臣願以從事乎王, 王速受楚, 趙之約, 而挾韓, 魏之
質, 以存韓爲務, 因求故地於韓, 韓必效之. 如此則士民不勞
而故地得, 其功多於與秦共伐韓, 然而無與强秦鄰之禍."

{국역} "옛날에, 秦이 河西 지역을 차지하기 전에, 晉國(魏)의 大梁
까지는 1천 리가 넘었고, 河水와 산이 막혔으며 중간에는 周와 韓이
있었습니다. 그러나 秦이 林鄕에 주둔한 이래로 지금까지 秦은 10
번이나 공격하여 5번이나 나라 영역 안으로 들어왔고, 변방의 성은
모두 점령당했습니다. 文臺(문대)는 허물어졌고, 종묘가(垂都) 불탄
적도 있었으며, 수풀은 잘렸고, 산짐승도〔麋鹿(미록)〕없어졌으며,
도읍은 수시로 포위되었습니다. 또 다시 秦은 大梁의 북쪽까지 군대
를 몰아 동쪽으로 陶(도)를 지나 衛(위)의 교외에 이르렀으며, 북쪽으
로는 闞城(감성)까지 닿았으니 그간 秦에게 상실한 땅은 華山의 북
쪽과 河外와 河內 지역까지 大縣이 수백 개이고 名都가 수십이나 됩
니다. 秦은 이에 河西에 머물며 晉國(魏) 大梁까지 그래도 천리라고
하지만, 이것이 전부 재앙일 것입니다. 또 秦이 중간에 있는 韓을 없

애고 鄭의 땅을 다 차지한다면, 곧 河山의 가림막과 중간의 周와 韓이 없어진다면, 大梁까지는 겨우 1백 리이고, 禍는 그만큼 가까이에 있는 것입니다. 옛날에 합종이 성립되기 전에 楚와 魏는 합종을 의심하고 韓은 합종에 참여하지도 않았습니다. 지금 韓이 秦軍의 침략을 받기 3년에, 秦은 강화를 요구하나, 韓은 멸망을 예감하면서도 강화를 거부하고 趙에 자기의 왕자를 인질로 보내면서 온 천하가 함께 기러기 날아가듯 순차적으로 전진하며[2023] 대항하기를 바라고 있습니다. 臣이 볼 때, 楚와 趙가 틀림없이 함께 秦을 공격할 것 같습니다. 이는 왜 그렇겠습니까? 모두가 秦의 욕구가 끝이 없으며, 천하의 모든 군사를 모두 없애고, 海內의 백성을 모두 굴복시키기 전까지는 그치지 않을 것이라는 사실을 알기 때문입니다. 이러하기에 臣은 대왕께서 합종을 따르시고, 서둘러 楚와 趙와 맹약을 체결하면서 韓과 魏와 인질을 교환하시며, 韓의 존속에 힘쓰면서 韓으로부터 故地를 회수하려 한다면, 韓에서도 틀림없이 땅을 바칠 것입니다. 이렇게 된다면 (魏의) 士民은 힘을 들이지 않고도 옛 땅을 회복할 수 있으며, 그 성과는 秦과 함께 韓을 공격하는 것보다 클 것이며, 强秦과 이웃하여 당할 수 있는 禍도 없을 것입니다."

{原文} "夫存韓安魏而利天下, 此亦王之天時已. 通韓之上黨於共,莫, 使道已通, 因而關之, 出入者賦之, 是魏重質韓以其上黨也. 共有其賦, 足以富國, 韓必德魏, 愛魏, 重魏,

---

2023 원문 而請爲天下鴈行 – 鴈行(안행)은 순차적으로 나아가다. 頓刃(돈인)은 공격을 격파하다.

畏魏, 韓必不敢反魏. 韓是魏之縣也. 魏得韓以爲縣, 則
衛, 大梁, 河外必安矣. 今不存韓, 則二周必危, 安陵必易.
楚,趙大破, 衛,齊甚畏, 天下之西鄕而馳秦, 入朝爲臣之日
不久."

{국역} "韓國을 존립케 하고 魏를 안정시키며 천하를 이롭게 할 수
있으니, 이는 대왕을 위한 天時일 것입니다. 韓의 上黨(상당)에서
共(공)과 莫(막)에 통할 수 있는 길은 이미 열렸으니, 이제 거기에 關
門을 설치하고, 출입자에게 통행료를 징수한다면 魏나라는 韓의
上黨을 인질로 잡은 것과 같을 것입니다. 魏와 韓이 그 징수를 공유
한다면 나라는 부유할 것이며, 韓은 반드시 魏의 德을 입었다 생각
하며 魏를 아껴주고 重히 여길 것이며, 두려워하면서 韓은 결코 魏
를 배신하지 못할 것입니다. 그렇다면 韓은 魏의 縣이 되는 것과 마
찬가지입니다. 魏가 韓을 얻어 縣처럼 여기고, 衛(위) 역시 우리에
게 附庸(부용)하니 大梁과 河外가 틀림없이 안정될 것입니다. 지금
韓을 보전할 수 없다면 二周(東周, 西周) 역시 위태해지며 安陵은
틀림없이 소속이 (秦으로) 바뀔 것입니다. 楚와 趙가 大破되면, 衛
와 齊는 몹시 두려움에 떨고, 온 천하가 서쪽을 향하여 秦으로 달려
간다면 임금께서도 秦에 입조하여 신하가 될 날도 멀지 않을 것입
니다."

341/ 葉陽君約魏

{原文} 葉陽君約魏, 魏王將封其子, 謂魏王曰,

"王嘗身濟漳, 朝邯鄲, 抱葛,薛,陰,成以爲趙養邑, 而趙無爲王有也. 王能又封其子問陽姑衣乎? 臣爲王不取也."

魏王乃止.

葉陽君(섭양군)이 魏와 盟約하자,

{국역} (趙의) 葉陽君(섭양군)이 魏와 맹약을 맺자,[2024] 魏王이 그 아들을 (魏의 땅으로) 封하려 하자, 어떤 사람이 魏王에게 말했다.

"대왕께서 앞서 몸소 漳水(장수)를 건너 邯鄲(한단)에 입조하시면서, 葛(갈), 薛(벽), 陰(음), 成(성)을 趙王의 養邑으로 헌상했습니다만, 趙에서는 왕에게 아무런 보답도 없었습니다. 王께서 또 (화양군의) 아들을 河陽(하양)과 姑密(고밀)에 봉하려 하십니까?[2025] 臣은 王께서 그렇게 해서는 안 된다고 생각합니다."

魏王은 이에 그만두었다.

2024 원문 葉陽君約魏 - 葉陽君은 趙의 華陽君의 착오가 분명하다. 본 章은 〈趙策 四〉270 齊欲攻宋章의 내용 일부가 錯簡되어 여기에 거듭나왔다는 주석이 있다.

2025 원문 又封其子問陽姑衣乎? - 問陽, 姑衣는 주석에 의거 河陽(하양)과 姑密(고밀)로 고쳤다.

342/ 秦使趙攻魏

{原文} 秦使趙攻魏, 魏謂趙王曰,

"攻魏者, 亡趙之始也. 昔者, 晉人慾亡虞而伐虢, 伐虢者, 亡虞之始也. 故荀息以馬與璧假道於虞, 宮之奇諫而不聽, 卒假晉道. 晉人伐虢, 反而取虞. 故《春秋》書之, 以罪虞公. 今國莫强於趙, 而並齊,秦, 王賢而有聲者相之, 所以爲腹心之疾者, 趙也. 魏者, 趙之虢也, 趙者, 魏之虞也. 聽秦而攻魏者, 虞之爲也. 願王之熟計之也."

秦이 趙를 시켜 魏를 침공케 하자,

{국역} 秦이 趙를 시켜 魏를 침공케 하자,[2026] 魏에서 趙王에게 말했다.

"魏에 대한 공격은 趙 멸망의 시작입니다. 옛날에 晉人은 虞(우)를 멸망시키려고 먼저 虢國(괵국)을 공격했으니 괵국의 정벌은 虞나라 멸망의 시작이었습니다. 그래서 (晉에서는) 荀息(순식)에게 馬와 璧玉(벽옥)을 주어 虞(우)에게 길을 빌리려 했는데, (虞國) 宮之奇(궁지기)의 극력 반대의 간언도 듣지 않고 우나라 임금은 끝내 晉에게 길을 빌려주었습니다. 晉人은 괵국을 멸망시키고 귀환하면서 우국

2026 원문 秦使趙攻魏 – 본 章의 연대를 추정할 수 없다. 《春秋》의 虞(우)와 虢(괵) 두 나라의 역사로 비유하여 趙에게 魏를 침공하지 말라고 권유하였다. 秦이 趙를 시켜 魏를 침공케 한 일은 역사에 기록이 없다. 아마 '假道滅虢(가도멸괵)'의 고사에 맞춰 꾸며진 내용이라는 주석이 있다.

을 병합하였습니다. 그래서《春秋》에서는 이를 기록하여 虞公의 잘못이라 하였습니다.[2027] 지금 귀국 趙보다 더 강한 나라는 없고, 齊와 秦이 비슷하다고 하나, (趙는) 현명하신 王에 그대 명성만 듣고도 높은 분이 돕고 있으니(相之), (秦의) 腹心(복심: 뱃속)의 疾患(질환)은 貴國 趙나라입니다. 그러니 魏는 趙에게는 虢國(괵국)이고, 趙는 魏에게는 虞國(우국)과 같습니다. 秦의 말을 듣고 魏를 공격하는 것은 귀국이 곧 우국이 되는 것입니다. 그러니 왕께서는 숙고하시기 바랍니다."

343/ 魏太子在楚

{原文} 魏太子在楚, 謂樓子於鄢陵曰,

2027 假道伐虢(가도멸괵)은 魯 僖公(희공) 5년 前 655년의 역사적 사실이다. 晉國은 虞國의 길을 빌려 虢國(괵국)을 멸망시켰다. 虞國(우국)의 대부인 宮之奇(궁지기)는 晉國이 출병한 김에 虞國을 병탄하려 한다는 晉國의 음모를 간파하고, 虞 惠公에게 苦諫(고간)하였다. 그러나 虞公(우공)은 虞와 晉이 모두 姬姓이고, 晉國에서 同姓兄弟國에 毒手를 뻗치지 않을 것이라 생각했다. 宮之奇는 '輔車相依(보거상의)'와 '脣亡齒寒(순망치한)'의 이치대로 괵국과 우국은 서로를 도와주고 지켜주어야 한다고 말했으나 虞公은 不聽했다. 물론 여기에 虞公에게 보내준 뇌물의 효과도 있었다. 晉은 길을 빌려 괵국을 멸망시킨 뒤, 돌아오면서 아무런 방비도 없는 우국도 멸망시켰고 우공을 생포했다. 타국의 군대가 자기 나라에 들어오는 것은 兵家의 大忌(대기: 큰 불길한 일)이다.

"公必且待齊, 楚之合也, 以救皮氏. 今齊,楚之理, 必不合矣. 彼翟子之所惡於國者, 無公矣. 其人皆欲合齊, 秦外楚以輕公, 公必謂齊王曰, '魏之受兵, 非秦實首伐之也, 楚惡魏之事王也, 故勸秦攻魏.' 齊王故欲伐楚, 而又怒其不己善也, 必令魏以地聽秦而爲和. 以張子之强, 有秦,韓之重, 齊王惡之, 而魏王不敢據也. 今以齊,秦之重, 外楚以輕公, 臣爲公患之. 鈞之出地, 以爲和於秦也, 豈若由楚乎? 秦疾攻楚, 楚還兵, 魏王必懼, 公因寄汾北以予秦而爲和, 合親以孤齊, 秦,楚重公, 公必爲相矣. 臣意秦王與樗里疾之欲之也, 臣請爲公說之."

魏 태자가 楚에 있을 때,

{국역} 魏 太子가 楚에 있을 때,[2028] 어떤 사람이 鄢陵(언릉)에서 (魏臣) 樓子(누자)[2029]에게 말했다.

2028 원문 魏太子在楚 - 《史記 六國年表》周 赧王(난왕) 9년(前 306) 魏國 난에 '秦이 皮氏를 공격했지만 未拔하고 포위를 풀었다.'고 하였다. 당시 魏는 襄王이 재위 중이었고, 태자는 公子 高라는 주석이 있다. 〈魏策 二〉. **326** 惠施爲齊魏交章 참고. 본 章은 그 당시의 상황이다.

2029 樓子(누자) - 魏人인 樓鼻(누비) 태자의 수행원으로 楚에 왔고, 楚에 등용되었다. 鄢陵(언릉)은 楚의 別都라는 주장이 있다. 다른 주석에는 樓鼻는 楚에서 合從을 주장한 자이고, 태자의 수행원이 아니며, 鄢陵(언릉)은 魏地라는 주석도 있다.

"公은 틀림없이 齊와 楚의 합종을 기다려 귀국의 皮氏(피씨, 地名)를 구원하려고 기다리고 있습니다. 지금 齊와 楚는 이치상으로 틀림없이 연합하지 못할 것입니다. 翟子(적자)[2030]를 魏國에서 미워하는 것은 公〔樓鼻(누비)〕이 없기 때문입니다. 그 사람들은(翟强) 모두가 齊와 秦이 합하여서 楚를 배제하는 것처럼 公을 경시하는데, 公은 꼭 齊王(閔王)에게 '魏가 외적 秦의 침공을 받은 이유는 실제로 秦이 정벌을 주도해서가 아니라, 魏가 齊를 섬기는 것을 楚가 싫어하기 때문에 秦을 부추겨 魏를 침공한 것입니다.' 라고 말해야 합니다. 그러면 齊王은 楚를 정벌하려 하면서 자신에 대한 적대를(不善) 분노하면서 틀림없이 魏로 하여금 割地(땅을 떼어주다)하여 秦의 말대로 강화할 것을 권할 것입니다. 지금 楚나라는 (옛날) 張子(張儀) 같은 강력한 외교력에 秦이 편들어주고 韓도 중시하고 있어 齊王이 증오하고 있습니다. 魏王 역시 감히 어쩌지 못할 것입니다. 지금 齊와 秦이 중시하고 있어 밖에서 楚가 公을 경시하기에 臣은 公을 걱정하고 있습니다. 齊와 楚에서 모두 땅을 떼어주면서 秦과 講和하려는 것이 어찌 楚 때문이겠습니까? 秦이 楚를 공격하다 지치고, 楚가 군사를 철수하면 魏王은 두려워할 것이니, 公은 汾水(분수) 이북의 땅을 秦에 주어 강화하고, 合從으로 친해지면서 齊를 고립시키면 秦과 楚에서는 公을 중시할 것이고, 公은 틀림없이 (魏의) 相으로 등용될 것입니다. 臣의 생각으로는, 秦王(昭王)과 진의 장수 樗里疾(저리

2030 翟子 − 翟强(적강, ? − 前 305년)은 魏 襄王(양왕)의 신임을 받았는데, 齊와 연합하고, 秦에 대항하기 위해서는 楚와 연합을 주장했었다. 적강이 죽은 前 305년은 楚 懷王 24년이었다. 〈楚策 二〉에 **190** 魏相翟强死章이 있다.

질)도 이를 원하는 것 같으니, 臣이 公을 위하여 진나라에 가서 설득해 보겠습니다."

{原文} 乃請樗里子曰, "攻皮氏, 此王之首事也, 而不能拔, 天下且以此輕秦. 且有皮氏, 於以攻韓, 魏, 利也."

樗里子曰, "吾已合魏矣, 無所用之."

對曰, "臣願以鄙心意公, 公無以爲罪. 有皮氏, 國之大利也, 而以與魏, 公終自以爲不能守也, 故以與魏. 今攻之力有餘守之, 何故而弗有也?"

樗里子曰, "奈何?"

曰, "魏王之所恃者, 齊, 楚也, 所用者, 樓鼻, 翟强也. 今齊王謂魏王曰, '欲講攻於齊王兵之辭也, 是弗救矣.' 楚王怒於魏之不用樓子, 而使翟强爲和也, 怨顔已絶之矣. 魏王之懼也見亡, 翟强欲合齊, 秦外楚, 以輕樓鼻, 樓鼻欲合秦, 楚外齊, 以輕翟强. 公不如按魏之和, 使人謂樓子曰, '子能以汾北與我乎? 請合於楚外齊, 以重公也, 此吾事也.' 樓子與楚王必疾矣. 又謂翟子, '子能以汾北與我乎? 必爲合於齊外於楚, 以重公也.' 翟强與齊王必疾矣. 是公外得齊, 楚以爲用, 內得樓鼻, 翟强以爲佐, 何故不能有地於河東乎?"

{국역} 이에 (그 사람이) (秦의) 樗里子(저리자, 樗里疾)를 찾아가서 말했다.

"(魏地) 皮氏(피씨, 地名) 공격은 秦王의 중요한 일입니다만(首事, 第一事), 함락시키지 못한다면, 천하는 이 때문에 秦을 경시할 것입니다. 그리고 皮氏를 차지해야만 韓과 魏를 공략하는데 유리할 것입니다."

저리자는 "이미 魏와 연합하였기에 더 공격하지 않을 것이요."라고 말했다.**2031**

"臣이 비루한 생각이나 公의 의도를 추측해 말씀드리더라도, 너그러이 용서를 바랍니다. 皮氏를 차지하는 것이 秦에는 크게 유리하지만(大利也), 이를 魏에 준 것은(점령 못함) 公이 끝내 지킬 수 없을 것이라 생각했기에 내준 것입니다. 지금 공격하고도 남을 병력으로 방어하는 것은 무엇 때문이며 왜 차지하지 않습니까?"

樗里子가 물었다. "무슨 말입니까?"

"魏王이 지금 믿고 있는 것은, 齊와 楚입니다. 그리고 위왕이 등용한 사람은 樓鼻(누비)와 翟强(적강)입니다. 지금 齊王은 魏王에게, '講和나 공격은 齊의 군사적 판단이고 (齊는 더 이상) 구원하지 않을 것이라.' 고 말하였습니다. 楚王(懷王)은 위에서 樓鼻(누비)를 (相에) 등용하지 않고 翟强(적강)을 시켜 강화하려는 魏王에 분노하면서 안색으로는 이미 절교한 상태입니다. 그래서 魏王은 멸망하게 될까 두려워합니다. 적강은 齊와 연합하려 하고, 秦은 楚를 도외시하며 누비를 무시합니다. 樓鼻는 秦에 연합하고, 楚는 齊를 배제하면서 적강을 경시하니, 公은 魏와 강화를 중지하고 사람을 보내 樓子(누자, 누비)에게 '그대는 汾水(분수) 이북의 땅을 우리에게 내줄 수 있

2031 원문 無所用之 –《史記 六國年表》에 '未拔而解.' 라고 기록.

는가? 楚와 연합하며 齊를 배제한다면 公을 중시할 것이니, 이는 나의 업무이요.' 라고 말해야 합니다. 그러면 누비와 楚王은 틀림없이 서두를 것입니다. 또 적강에게도 '그대는 汾水 이북의 땅을 우리에게 할양할 수 있는가? 틀림없이 齊와 연합하면서 楚를 배제할 수 있다면 公을 중시하겠다.' 라고 말해야 합니다. 그러면 적강과 齊王은 틀림없이 서두르게 될 것입니다. 이는 公께서 밖으로 齊를 내 편으로 만들면서 楚를 이용하고, 안으로는 樓鼻(누비)를 내 편으로 만들고 翟强(적강)으로 하여금 우리를 돕게 할 수 있는데, 그렇게 되면 河東의 땅도 어찌 차지하지 못하겠습니까?'

25.《戰國策》卷二十五 魏策 四

344/ 獻書秦王

{原文}〈闕文〉獻書秦王曰,

"昔竊聞大王之謀出事於梁, 謀恐不出於計矣, 願大王之熟計之也. 梁者, 山東之要也. 有蛇於此, 擊其尾, 其首救. 擊其首, 其尾救, 擊其中身, 首尾皆救. 今梁王, 天下之中身也. 秦攻梁者, 是示天下要斷山東之脊也, 是山東首尾皆救中身之時也. 山東見亡必恐, 恐必大合, 山東尚強, 臣見秦之必大憂可立而待也. 臣竊爲大王計, 不如南出. 事於南方, 其兵弱, 天下必不能救, 地可廣大, 國可富, 兵可強, 主可尊. 王不聞湯之伐桀乎? 試之弱密須氏以爲武敎, 得密須氏而湯之服桀矣. 今秦國與山東爲讎, 不先以弱爲武敎, 兵必大挫, 國必大憂."

秦果南攻藍田, 鄢, 郢.

秦王에게 獻書(헌서)하다.

{국역} (문장이 누락되었음) (어떤 사람이) 秦王에게 글을 올려 말했다.[2032]

"그전에 제가 듣기로, 大王께서 梁(魏)에 出師(공격)하기로 방책을 세우셨다는 말을 들었는데, 이는 좋은 계책이 아니오니[2033] 대왕께서 숙고하시기 바랍니다. 梁은 山東의 허리입니다.[2034] 이를 뱀에 비유하자면, 뱀의 꼬리를 공격하면 뱀이 머리로 대들고, 뱀의 머리를 때리면 꼬리가 공격하며, 그 몸통을 때리면 머리와 꼬리가 함께 공격합니다.[2035] 지금 梁은 천하의 가운데 부분(中身)입니다. 秦이 梁을 공격하면, 이는 천하에 山東의 척추[脊(등뼈 척)]를 자르려는 뜻이라 생각하여 山東의 首尾(수미)가 모두 中身을 구원하려 합니

2032 원문 獻書秦王 – 본 章의 내용은 사실과 어긋난 부분이 많다. 秦의 어느 王인가를 알 수 없고, 密須(밀수)를 정벌한 일은 周 文王의 사실이나 이를 殷 湯(탕)의 일로 기록했고, 藍田(남전)은 이미 秦의 영역인데, 秦이 공격했다고 서술하였다. 白起가 昭王 때 楚의 鄢(언)과 郢(영)을 공략하여 차지한 것은 前 279년과 다음 해의 일이었다. 전체적으로 역사에 무지한 策士가 멋대로 지어낸 문장이라는 주석이 있다.

2033 원문 謀恐不出於計矣 – 바른 계책(得計)이 아니다.

2034 원문 山東之要也 – 要는 腰. 허리. 人身의 中. 여기 山東은 지금 중국의 山東省 지역이 아니다. 崤山(효산, 함곡관에 속한 산)의 동쪽이란 뜻. 효산의 서쪽은 秦의 영역이고, 효산의 동쪽 山東은 六國의 영역이었다. 魏는 六國의 중간에 해당한다는 말이다.

2035 원문 擊其中身, 首尾皆救 – 이는 《孫子 九地》에도 '～ 故善用兵者譬如率然, 率然者, 常山之蛇也. 擊其首則尾至, 擊其尾則首至, 擊其中則首尾具至.' 라 하였다.

다. 山東의 여러 나라는 망하는 나라를 보면 두려워 크게 결합할 것이며, 山東 여러 나라의 세력은 여전히 강대하니, 臣은 秦이 겪을 큰 환난을 서서 기다릴 수 있습니다.[2036] 臣이 생각한 大王의 계책은 남쪽으로 진출하는 것만 못할 것입니다. 남방에서 일을 벌인다면 (楚를 공격) 그 군사가 약하고, 천하가 구원할 수 없으며, 그 땅이 넓어 나라를 부유하게 하고, 군사를 강하게 할 수 있어 주군이 존귀해질 것입니다. 王께서는 湯王의 (夏의) 桀王(걸왕) 정벌을 모르십니까? (湯은 군사력을) 약한 密須氏(밀수씨, 國名)[2037]한테 시험하여 密須氏를 차지한 뒤에 탕왕이 걸왕을 굴복시켰습니다. 지금 대왕께서 山東 여러 나라의 원수가 되고 먼저 약한 나라에 무력을 행사하여 시험하지 않는다면, 군사가 크게 실패할 것이고 나라의 큰 우환이 될 것입니다."[2038]

진왕은 이를 듣고, 과연 그대로 南으로 (楚의) 藍田(남전)과 鄢(언)과 郢(영)을 공략하였다.

2036 秦之必大憂可立而待也 – 선채로 기다릴 수 있다(可立而待也)는, 곧 닥친다. 오래 걸리지 않는다는 뜻.

2037 密須氏 – 密須(밀수)는 국명. 密須는 安定郡 陰密縣에 있던 小國. 今 寧夏回族自治區와 甘肅省의 경계, 寧夏 固原市 일대. 이는 湯王의 사적이 아닌 周 문왕의 사적이라는 주석이 있다.

2038 이는 아마도 魏畏(위외)가 秦의 공격이 두려워 楚에 禍를 떠넘기려는 책략으로 지어낸 설득일 것이다. 移禍於楚, 故飾爲之辭.

345/ 八年謂魏王

{原文} 八年,(闕文) 謂魏王曰,

　"昔曹恃齊而輕晉, 齊伐釐,莒而晉人亡曹. 繒恃齊以悍越, 齊和子亂而越人亡繒. 鄭恃魏以輕韓, 伐楡關而韓氏亡鄭. 原恃秦, 翟以輕晉,秦, 翟年穀大凶而晉人亡原. 中山恃齊, 魏以輕趙,齊, 魏伐楚而趙亡中山. 此五國所以亡者, 皆其所恃也. 非獨此五國爲然而已也, 天下之亡國皆然矣. 夫國之所以不可恃者多, 其變不可勝數也. 或以政敎不脩, 上下不輯, 而不可恃者. 或有諸侯鄰國之虞, 而不可恃者. 或以年穀不登, 畜積竭盡, 而不可恃者, 或化於利, 比於患. 臣以此知國之不可必恃也. 今王恃楚之强, 而信春申君之言, 以是質秦, 而久不可知. 卽春申君有變, 是王獨受秦患也. 卽王有萬乘之國, 而以一人之心爲命也. 臣以此爲不完, 願王之熟計之也."

8년에, 魏王에게 말하다.

{국역} (재위 8년에) (문단 누락) (어떤 사람이) 魏王에게 말했다.[2039]

2039 八年,(闕文) 謂魏王曰 -《史記 春申君列傳》에도 비슷한 내용이 있다. 이는 楚 考烈王(재위 262 - 238년) 재위 중, 前 240년 전후에 楚가 합종을 주관할 무렵이라는 주석이 있다.

"옛날에 曹國(조국)은 齊를 믿고 晉나라를 경시하다가,[2040] 齊가
釐(이)와 莒(거)를 정벌하는 틈에 晉人이 曹를 멸망시켰습니다. 繒
(증, 鄫)은 齊를 믿고 越(월)에 횡포하였지만, 齊 太公 田和(전화)의 난
(田齊의 성립)에 越人이 繒(증)을 멸망시켰습니다. 鄭(정)은 魏를 믿
고 韓을 경시하다가, (魏가) 楡關(유관)을 정벌하는 동안 韓이 鄭을
멸망시켰습니다. 原(원)은 秦(진)과 翟(적)을 믿고, 晉을 경시하였지
만, 秦과 翟에 큰 흉년이 들자, 이틈에 晉이 原나라를 합쳐버렸습니
다. 中山國은 齊와 魏를 믿고 趙를 우습게 보았지만 齊와 魏가 楚를
정벌하는 동안 趙는 中山國을 병합하였습니다. 이 5개 나라가 망한
것은 모두 믿는 나라가 있었기 때문이었습니다. 이 5개국만 그러한
것은 아니니, 천하의 망국에게 모두 그렇게 망할 까닭이 있었습니
다. 대체로, 나라에 믿을 수 없는 것은 여러 가지이고 그 원인의 변
화는 이루 다 셀 수도 없습니다. 政敎가 제대로 시행되지 않았거나,
상하가 화합하지 못하다면 (그런 나라에서는) 믿을 만한 다른 나라
가 없습니다. 혹은 이웃 제후국에 우환이 있어도 믿을 수가 없습니
다. 또 흉년이 들어 비축한 곡식이 바닥났다면 그런 나라도 믿을 수
가 없습니다. 또 이익만을 추구하거나 환난을 겪는 나라라도 믿을
수가 없습니다. 臣은 나라에서는 틀림없이 믿을 만한 나라는 없다고
알고 있습니다. 지금 왕께서는 楚의 강성을 신뢰하고, 春申君의 언
약을 신뢰하여 秦의 표적이 되었는데, 이후 어떤 변화가 있을지는
알 수 없습니다. 곧 춘신군에게 변고가 있다면 왕께서는 홀로 秦으

2040 曹恃齊而輕晉 – 曹國은 春秋 시대 제후국, 伯爵, 姬姓에 曹氏. 前 12세
　　　기 말에 건국 영역은, 今 山東省 서부 荷澤市 定陶區 부근. 晉 文公에
　　　게 1차 멸망. 前 487년에 宋에 병합 소멸. 《史記 35권 管蔡世家》참고.

로 인한 환난을 겪어야 하십니다. 곧 대왕은 만승지국의 主君으로
한 사람의(春申君) 心境(심경)을 命처럼 생각하고 있습니다. 臣은 이
를 완전하지 않다고 생각하는데 왕께서도 숙고하시기 바랍니다."

346/ 魏王問張旄

{原文} 魏王問張旄曰, "吾欲與秦攻韓, 何如?"

張旄對曰, "韓且坐而胥亡乎? 且割而從天下乎?"

王曰, "韓且割而從天下."

張旄曰, "韓怨魏乎? 怨秦乎?"

王曰, "怨魏."

張旄曰, "韓怨秦乎? 怨魏乎?"

王曰, "强秦."

張旄曰, "韓且割而從其所强, 與所不怨乎? 且割而從其
所不强, 與其所怨乎?"

王曰, "韓將割而從其所强, 與其所不怨."

張旄曰, "攻韓之事, 王自知矣."

魏王이 張旄(장모)에게 물었다.

{국역} 魏王이 張旄(장모)에게 물었다.[2041]

"나는 秦과 함께 韓을 공격하고 싶은데 어떻겠는가?"

(魏 大臣) 張旄(장모)가 대답하였다.

"韓이 그냥 앉아서 망하기를 기다리겠습니까?[2042] 아니면 땅을 베어주면서라도 합종을 추구하겠습니까?"

"韓은 割地(할지: 땅을 떼어주다)하며 다른 나라와 합종할 것이다."

"韓이 魏를 원망하겠습니까? 아니면 秦을 원망하겠습니까?"

"魏에 원한을 가질 것이다."

"韓은 秦이 강하다고 생각합니까? 아니면 魏를 강하다고 여기겠습니까?"

"秦이 더 강하다고 생각할 것이다."

"韓은 할지하여 강한 나라에 주어 그 원한을 사지 않으려 하겠습니까? 아니면 할지하여 약한 나라에 주면서 그 원한을 사지 않으려 하겠습니까?"

"韓은 할지하여 강한 나라에 주면서 그 원한을 사지 않으려 할 것이다."

"그러면 韓을 공격해야 한다는 사실을 왕께서 저절로 아실 것입니다."[2043]

2041 원문 魏王問張旄曰 - 旄는 깃대 장식 모. 이는 〈魏策 三〉 340 魏將與秦攻韓章의 魏无忌(위무기, 信陵君)의 諫言과 같은 前 262년의 일로 보인다.

2042 원문 且坐而胥亡乎? - 胥는 기다리다(待也).

2043 王自知矣 - 信陵君의 간언과 같다. 왕은 가장 단순한 계산을 생각 못한 것이다.

347/ 客謂司馬食其

{原文} 客謂司馬食其曰,

"慮久以天下爲可一者, 是不知天下者也. 欲獨以魏支秦者, 是又不知魏者也. 謂茲公不知此兩者, 又不知茲公者也. 然而茲公爲從, 其說何也? 從則茲公重, 不從則茲公輕, 茲公之處重也, 不實爲期. 子何不疾及三國方堅也, 自賣於秦, 秦必受子. 不然, 橫者將圖子以合於秦, 是取子之資, 而以資子之讎也."

客人이 司馬食其(사마이기)에게 말하다.

{국역} 客인이 司馬食其(사마이기)에게 말했다.[2044]

"생각해보면,[2045] 천하가 하나가 될 수 있을 것이라 생각하는 사람은 천하를 잘 모르는 사람입니다. 魏 혼자서라도 秦을 막을 수 있다고 생각하는 사람은 魏를 잘 모르는 사람입니다. 茲公(자공)은 이 두 가지를 모르는 사람이라고 말한다면,[2046] 그는 자공을 모르는 사

2044 원문 客謂司馬食其 – 본 章의 연대는 알 수 없다. 司馬는 복성이다. 食其의 音은 이기. 食는 사람 이름 이.《漢書》에 酈食其(역이기), 審食其(심이기)의 인명이 나온다. 食其는 '배부르다'의 뜻이다. 아들을 낳고서 '너는 배불리 먹으며 살아라.'라는 뜻으로 지은 이름일 것이다.

2045 원문 慮久以天下爲可一者 – 慮는 생각할 려. 熟慮(숙려).

2046 謂茲公不知此兩者 – 茲公(자공)은 인명 미상. 합종을 주장하는 사람이라 추정, 또는 의탁한 인물?

람입니다. 그렇다면 茲公처럼 합종을 주장하는 사람은 어떻습니까? 합종을 택하게 되면 자공을 중시하지만, 합종을 따르지 않는다면 자공은 경시됩니다. 자공은 높은 지위를 얻기 위한 것이지, 실제로 꼭 합종을 해야 하는 것은 아닙니다. 그런데 당신은 왜 삼국 간의 합종이 확실해지는 이때를 이용하여 서둘러 자신을 秦나라에 팔지 않습니까?[2047] 秦은 틀림없이 당신을 중히 여길 것입니다. 안 그러면 연횡을 주장하는 자들이 그대를 팔아 秦에 영합하려 할 것이니, 이는 당신의 주장이 원수에게 이용되는 것입니다."

348/ 魏秦伐楚

{原文} 魏, 秦伐楚, 魏王不欲. 樓緩謂魏王曰,

   "王不與秦攻楚, 楚且與秦攻王. 王不如令秦, 楚戰, 王交制之也."

魏와 秦이 楚를 정벌하다.

{국역} 魏와 秦이 楚를 정벌하였는데,[2048] 魏王은 그만두고자 했다.

2047 원문 自賣於秦 - 합종을 일부러 부정하며 秦으로부터 實利를 얻으라는 뜻.

2048 원문 魏, 秦伐楚 -《史記 六國年表》周 赧王(난왕) 14년, 秦 昭王 6년(前

이때 樓緩(누완)이 魏王에게 말했다.

"王께서 秦과 함께 楚를 정벌하지 않으면, 楚는 秦과 함께 王을 공격할 것입니다. 그러니 王께서는 秦과 楚가 싸우도록 내버려 두고 적당히 조정하는 것이 좋을 것입니다."

349/ 穰侯攻大梁

{原文} 穰侯攻大梁, 乘北郢, 魏王且從. 謂穰侯曰,

"君攻楚得宛, 穰以廣陶, 攻齊得剛, 博以廣陶, 得許, 鄢陵以廣陶, 秦王不問者, 何也? 以大梁之未亡也. 今日大梁亡, 許, 鄢陵必議, 議則君必窮. 爲君計者, 勿攻便."

穰侯(양후)가 大梁을 공격하자,

{국역} (秦의) 穰侯(양후, 魏冉위염)는 大梁을(魏) 공격하여,[2049] (楚의

---

301), 秦, 齊, 韓, 魏가 함께 楚를 공격하였다. 본 章은 그때의 일이다.

2049 원문 穰侯攻大梁 - 이 사건을 周 赧王(난왕) 40년(前 275년) 秦 昭王 32 년, 魏 安釐王(안리왕) 2년이라는 주석이 있다. 그때 秦의 魏冉(위염)은 魏의 芒卯(망묘)를 축출하고 北宅으로 진출하여 도읍 대량을 포위했었다. 본 章의 내용은 실제와 不合하지 않는 부분이 많아 後人의 擬托(의 탁)이라는 주석이 있다.

別邑이던) 郢(영)의 북쪽을 지나 진격하자,[2050] 魏王(安釐王)은 秦에 굴복하려 했다.[2051] 이에 어떤 사람이 穰侯(위염)에게 말했다.

"君께서는 楚에 침공하여 宛(완, 今 河南省 서남부 南陽市 일원)과, 穰(양)을 차지하여 (領地를) 陶(도)까지 넓혔고, 齊를 공격해서 剛(강), 博(박)을 차지하여 (영지) 陶(도)를 더 확대하였으며, (魏를 공격하여) 許(허)와 鄢陵(언릉)을 얻어 陶(도)를 더욱 넓혔는데, 이에 대하여 秦王(昭王)이 문제 삼지 않은 까닭은 무엇이겠습니까? 그것은 大梁(魏)이 아직 망하지 않았기 때문입니다. 이제(今日) 大梁이 亡하게 된다면, 틀림없이 (魏地였던) 許(허)와 鄢陵(언릉)의 취득을 논의하게 될 것이고, 논의된다면 君은 틀림없이 궁지에 몰릴 것입니다. 君을 위한 계책으로는 魏를 공격하지 않는 것이 가장 좋습니다."

350/ 白珪謂新城君

{原文} 秦白珪謂新城君曰,

"夜行者能無爲姦, 不能禁狗使無吠己也. 故臣能無議君於王, 不能禁人議臣於君也."

2050 원문 乘北郢 - 北郢은 郢北이어야 한다. 郢(영)은 楚의 別邑이었고, 그 북쪽은 魏에 가깝다. 北郢(북영)은 宜城(의성)이라는 주석도 있다. 《史記 穰侯列傳》(列傳 12. 魏冉列傳)에는 「入北宅, 遂圍大梁」이라고 기록했다.

2051 원문 魏王且從 - 從은 順服也.

白珪(백규)가 新城君에게 말했다.

{국역} (魏人) 白珪(백규, 白圭)가 (秦의) 新城君(華陽君)에게 말했다.[2052]

"밤길을 가는 자는 나쁜 짓을 할 수 없으니,[2053] 개가 자신에게 짖어대지 못하게 할 수 없기 때문입니다. 이처럼 臣이 (秦)王에게 君에 대한 말을 안 할 수는 있지만 다른 사람의 君에 대한 논의를 못하게 할 수는 없습니다."[2054]

351/ 秦攻韓之管

{原文} 秦攻韓之管, 魏王發兵救之.

昭忌曰, "夫秦强國也, 而韓, 魏壞秦, 不出攻則已, 若出攻, 非於韓也必魏也. 今幸而於韓, 此魏之福也. 王若救之, 夫

2052 白珪謂新城君 – 魏人 白珪(백규, 白圭)는 秦에 출사한 사람으로 추정. 新城君은 楚人으로 秦 昭王의 외숙(舅). 華陽侯였다가 (楚의) 新城에 봉한 이후 신성군으로 호칭. 본 章은 前 299년, 魏 襄王 20년으로 알려졌다. 白珪(白圭)가 《孟子 告子 下》에 나오는 白圭인가는 확실치 않다. 백규는 魏 相이라는 주석도 있다.

2053 원문 夜行者能無爲姦 – 無爲는 不爲, 姦은 나쁜 짓.

2054 이 내용은 《韓策 三》에 나오는 段産(단산)이 新城君에게 한 말과 같다. 傳聞異辭일 것이다.

解攻者, 必韓之管也, 致攻者, 必魏之梁也."

魏王不聽, 曰, "若不因救韓, 韓怨魏, 西合於秦, 秦, 韓爲一, 則魏危."

遂救之.

秦果釋管而攻魏. 魏王大恐, 謂昭忌曰, "不用子之計而禍至, 爲之奈何?"

昭忌乃爲之見秦王曰,

"臣聞明主之聽也, 不以挾私爲政, 是參行也. 願大王無攻魏, 聽臣也."

秦王曰, "何也?"

昭忌曰, "山東之從, 時合時離, 何也哉?"

秦王曰, "不識也."

曰, "天下之合也, 以王之不必也, 其離也, 以王之必也. 今攻韓之管, 國危矣, 未卒而移兵於梁, 合天下之從, 無精於此者矣. 以爲秦之求索, 必不可支也. 故爲王計者, 不如齊趙. 秦已制趙, 則燕不敢不事秦, 荊,齊不能獨從. 天下爭敵於秦, 則弱矣."

秦王乃止.

秦이 韓의 管城을 공격하자,

{국역} 秦이 韓의 管城(관성)을 공격하자,[2055] 魏王은 發兵하여 韓을

구원하였다. (楚人으로 魏에 出仕한) 昭忌(소기)가 (魏王에게) 말했다.

"秦은 强國이고 韓과 魏는 秦과 접경하고 있으니, 만약 (秦이) 출병하지 않는다면 그만이지만, 만약 공격한다면 틀림없이 韓 아니면 魏나라입니다. 지금 다행히 (秦이) 韓을 공격하니, 이는 魏에게 福인 셈입니다. 만약 왕께서 (韓을) 구원하면 韓의 管城은 포위에서 풀리나, (秦의 또 다른) 공격을 당하는 것은 틀림없이 魏의 大梁일 것입니다."

魏王은 따라주지 않으면서 말했다.

"만약 이런 때 韓을 구원하지 않는다면, 韓은 틀림없이 우리 魏를 원망하며 서쪽으로 秦에 연합하게 되고, 韓과 秦이 하나가 되면 필히 우리 魏가 위태로워진다."

그러면서 韓을 구원하였다.

과연 秦은 管城을 풀어주고 魏를 공격해왔다. 魏王은 大恐하며 昭忌(소기)에게 말했다.

"경의 계책을 따르지 않아 禍를 불러왔으니 어찌해야 하나?"

소기는 魏王을 위해 秦에 가서 秦王을 알현하며 말했다.

"臣이 알기로, 明主는 政事에서 私私로운 義에 따라 처리하지 않고 (私的 의리는) 참고할 뿐이라고(參行) 하였습니다. 大王께서는 魏를 침공하시지 말고 臣의 말을 들어주시기 바랍니다."

秦王이 말했다. "무슨 말을 하고 싶나?"

2055 원문 秦攻韓之管 – 管城(관성)은 秦代 三川郡 소속 京縣. 今 河南省 중부 鄭州市 관할 榮陽市(형양시). 본 章의 연대 미정. 魏와 한은 脣齒(순치)의 관계였다.

소기가 말했다.

"山東의 여러 나라가 합종으로 때로는 연합하다가, 때로 흩어지는 까닭이 무엇이겠습니까?"

"모르겠소."

"天下의 합종 성립은 대왕에게도 예측할 수 없는 것이고, 그 해체 또한 왕께서 예측할 수 없습니다. 이번에 韓의 管城을 공격하자 韓國이 위태로웠는데, 성을 함락하지 못하고 군사로 梁(魏)을 공격하니 천하의 합종이 이때보다 더 분명한 것이 없었으니,[2056] 이는 秦의 요구를 버틸 수가 없는 것이 확실했기 때문입니다. 그렇다면 王을 위한 계책으로서는 齊나 趙를 공격하는 것만 못할 것입니다. (예를 들어) 秦이 趙를 제압하였다면, 燕은 감히 秦을 섬기지 않을 수 없으며, 荊(형, 楚)과 齊로서는 그들을 홀로 (秦을) 따르지 않을 수 없을 것입니다. 天下가 다투듯 합종을 맺어 秦에 대항하게 하면, 秦은 곧 약해질 것입니다."

秦王은 이에 魏 공격을 중지했다.

352/ 秦趙構難而戰

{原文} 秦, 趙構難而戰. 謂魏王曰,

"不如收趙而構之秦. 王不構趙, 趙不以毁構矣. 而構之

2056 원문 合天下之從, 無精於此者矣. - 精은 明也. 합종의 필요성이 명백하게 나타난다.

秦, 趙必復鬪, 必重魏, 是並制秦, 趙之事也. 王欲焉而收齊,
趙攻荊, 欲焉而收荊, 趙攻齊, 欲王之東長之待之也."

秦과 趙가 얽혀 싸웠다.

{국역} 秦과 趙의 주장이 얽혀 싸웠다.[2057] (어떤 사람이) 魏王에게
말했다.

　"(대왕께서는) 趙의 편이 되어 秦과 싸워야 할 것입니다. 만약 趙
를 도와주지 않는다면 피폐한 趙로서는 秦과 싸울 수가 없습니다.
(魏가) 秦에 맞서준다면 趙는 다시 秦과 싸울 것이며, 필히 魏를 중
시할 것이고, 함께 秦을 견제하는 것은 趙의 일일 것입니다. (이후로
는) 王께서는 원하는 대로 齊와 趙의 楚나라 공격을 도울 수도 있고,
원하는 대로 楚와 趙를 도와 齊를 공격할 수도 있으니, 대왕은 山東
의 맹주가 될 수도 있을 것입니다."

353/ 長平之役,

{原文} 長平之役, 平都君說魏王曰, "王胡不爲從?"

2057 원문 秦,趙構難而戰 ─ 사실 秦과 趙의 전쟁이 많아 언제의 일인지, 또
　　　왜 싸우는지 알 수가 없다. 아마 長平之戰일 수 있다(前 260년). 아니
　　　면 邯鄲之戰(前 259 ─ 257년)일 것이다.

魏王曰, "秦許吾以垣雍."

平都君曰, "臣以垣雍爲空割也."

魏王曰, "何謂也?"

平都君曰, "秦, 趙久相持於長平之下而無決. 天下合於秦, 則無趙, 合於趙, 則無秦. 秦恐王之變也, 故以垣雍餌王也. 秦戰勝趙, 王敢責垣雍之割乎? 王曰 '不敢.' 秦戰不勝趙, 王能令韓出垣雍之割乎? 王曰 '不能.' 臣故曰, 垣雍空割也."

魏王曰, "善."

長平의 싸움에서,

{국역} 秦과 趙의 長平之役(장평의 싸움)에서, (趙의) 平都君(평도군)이 魏王(安釐王)에게 말했다.[2058]

"大王께서는 왜 합종하지 않으십니까?"[2059]

魏王이 말했다.

"秦은 우리에게 垣雍(원옹)의 땅을 주기로 했소."

"臣의 생각에 그 원옹을 준다는 말은 거짓입니다."

2058 원문 長平之役, 平都君說魏王曰 – 長平之役은 前 260년. 平都君은 趙의 平都侯. 〈趙策 四〉 **285** 秦召春平侯 章 참고. 魏王은 安釐王(안리왕).

2059 원문 胡不爲從? – 胡는 왜? 의문 부사. 술어 앞에 위치. 不爲從은 합종하지 않다. 합종하여 秦에 대항하지 않다.

"무슨 말입니까?"

"秦과 趙는 오랫동안 長平 부근에서 겨루면서 결판이 나지 않았습니다. 天下가 만약 秦에 합세한다면 趙는 존재할 수 없습니다. 趙의 편에 서준다면 秦이 남아 있을 수 없습니다. 秦王은 대왕의 변심이 걱정되어 원옹의 땅을 왕에게 미끼〔餌(먹이 이). 미끼〕로 주었습니다. 秦이 싸워 趙를 이겼을 때, 王께서는 원옹 땅을 할양하라고 秦에 요구할 수 있겠습니까? 왕은 '하지 못한다.'고 말할 것입니다. 秦이 싸워 이기지 못했을 때 王께서는 韓나라를 시켜 원옹의 땅을 내놓으라고 할 수 있겠습니까? 아마 왕은 '요구할 수 없다.'고 말할 것입니다. 그래서 臣은 秦이 王에게 원옹을 준다는 말은 거짓이라고 말한 것입니다."

魏王은 "옳은 말이오."라고 했다.

354/ 樓梧約秦魏

{原文} 樓梧約秦,魏,將令秦王遇於境. 謂魏王曰,

　　"遇而無相, 秦必置相. 不聽之, 則交惡於秦, 聽之, 則後王之臣, 將皆務事諸侯之能令於王之上者. 且遇於秦而相秦者, 是無齊也, 秦必輕王之强矣. 有齊者, 不若相之, 齊必喜, 是以有齊者與秦遇, 秦必重王矣."

樓梧(누오)가 秦과 魏의 맹약을 맺고서

{국역} 樓梧(누오)가 秦과 魏의 맹약을 맺게 하고서,[2060] 秦王과 국경에서 회담하기로 정했다. 누오가 魏王에게 말했다.

"(秦王과) 회담에 相을 대동하지 않으면 秦에서는 必히 相을 천거할 것입니다. (우리가 요구를) 따르지 않으면 秦과의 관계가 악화될 것이고, 따르게 된다면 이후로 왕의 신하 중 (다른) 제후를 섬기는 일에 열심인 자가 왕께서 쓰려는 사람보다 우선할 것입니다. 또 秦과 회담에서 秦에서 천거한 자를 相으로 삼으면 齊를 잃게 됩니다.(是無齊也). (그러면) 秦은 必히 왕의 강성해지는 것을 약화시키려 할 것입니다. 齊를 가까이할 수 있는 자를 相으로 삼는 것이 좋으며, 齊도 틀림없이 좋아할 것이며, 齊를 우리 편으로 만들고 秦王을 만난다면 秦은 왕을 重視할 것입니다."

355/ 芮宋欲絶秦趙之交

{原文} 芮宋欲絶秦,趙之交, 故令魏氏收秦太后之養地, 秦王怒.

2060 원문 樓梧約秦,魏 - 이는 〈秦策 五〉**106** 樓梧約秦,魏와 같은 시기의 일이다. 樓梧(樓伍, 누오)는 人名. 魏人. 約은 동맹을 위한 約條. 이는 魏 襄王(재위 前 318 - 296年) 12년(前 307)의 일이다.《史記 六國年表》에는 魏 태자가 秦에 入朝하였다.

芮宋謂秦王曰, "魏委國於王, 而王不受, 故委國於趙也.
李郝謂臣曰, '子言無秦, 而養秦太后以地, 是欺我也.' 故
敝邑收之."

秦王怒, 遂絶趙也.

芮宋(예송)이 秦과 趙의 친교를 단절시키려고

{국역} 芮宋(예송, 魏人)이 秦과 趙의 친교를 단절시키려고,[2061] 魏에
서 이전에 秦 太后(宣太后)의 養地로 주었던 땅을 회수케 하였고, 秦
王은 분노하였다. 그러자 예송이 秦王에게 말했다.

"魏에서는 국정을 王에게 위임하려 했지만 王께서 받지 않으셨기
에 趙에 위임하려 합니다. 그러자 (趙의) 李郝(이학)이 저에게 말했
습니다. '그대는 秦을 상대하지 않는다고(無秦) 말했지만, 秦太后에
게 땅을 주어 봉양케 하니 우리를 속이는 짓이다.' 라고 말했기에 우
리가 회수한 것입니다."

秦王은 화를 내며 마침내 趙와 단절하였다.

2061 원문 芮宋欲絶秦,趙之交 - 芮宋(예송)은 人名. 魏人. 芮는 풀이 뾰족하
게 날 예. 《史記 范睢蔡澤列傳》에 의하면, 秦 昭王 41년에(前 266) 秦
은 宣太后를 폐위한다. 本 章은 그 이전의 일이겠지만, 확실한 연대는
추정할 수 없다.

356/ 爲魏謂楚王

{原文} 爲魏謂楚王曰,

"索攻魏於秦, 秦必不聽王矣, 是智困於秦, 而交疏於魏也. 楚,魏有怨, 則秦重矣. 故王不如順天下, 遂伐齊, 與魏易地, 兵不傷, 交不變, 所欲必得矣."

魏를 위하여 楚王에게 말했다.

{국역} (어떤 사람이) 魏를 위하여 楚王에게 말했다.[2062]

"秦에게 魏를 공격해 달라고 요구하여도, 秦은 틀림없이 王의 요구를 들어주지 않을 것이니, 이렇게 되면, 왕의 계책은 秦에 막히면서 (楚와) 魏의 관계만 악화될 것입니다. 楚와 魏가 서로 원한 관계라면 秦만 중시될 것입니다. 그러니 王께서는 천하의 흐름을 따라 齊를 정벌하는 것만 못하고 (齊에서 얻을 수 있는 땅을) 魏와 바꾼다면 병력의 손실도 없고 양국 관계도 불변하며 얻고자 하는 바를 얻을 수 있을 것입니다."

2062 원문 爲魏謂楚王 – 前 284년, 燕 樂毅(악의)의 주창으로 5국이 齊를 공격하여 齊를 대패시켰는데, 여기에 楚는 가담하지 않았다. 곧 여기서 말한 책사의 의견을 楚가 받아들이지 않았다. 이때 楚는 頃襄王이 재위 중이었고, 魏는 昭王이 재위 중이었다.

357/ 管鼻之令翟强與秦事

{原文} 管鼻之令翟强與秦事, 謂魏王曰,

"鼻之與强, 猶晉人之與楚人也. 晉人見楚人之急, 帶劍而緩之, 楚人惡其緩而急之. 令鼻之入秦之傳舍, 舍不足以舍之. 强之入, 無蔽於秦者. 强, 王貴臣也, 而秦若此其甚, 安可?"

管鼻之(관비지)가 翟强(적강)을 보내 秦事를 처리하게 하다.

{국역} (魏人) 管鼻之(관비지, 樓鼻?)가 翟强(적강)을 시켜 秦과의 일을 처리하게 하자, (어떤 사람이) 魏王에게 말했다.[2063]
"관비지와 적강은 晉人(중원 사람)과 楚人의 관계와 비슷합니다. 晉人은 楚人이 성급한 것을 알기에 일부러 칼을 느리게 차면(帶劍), 楚人은 느린 행동을 싫어하며 더 서두릅니다. 관비지를 보내 秦의 傳舍(전사, 客館)로 갔더니 가는 곳마다 묵을 자리가 없어 부족합니다. 적강이 이렇게 들어갔지만 그를 제대로 덮어줄 잠자리도 마련해 주지 못하고 있습니다. 적강은 王께 소중한 신하인데 秦에서 이처럼 홀대한다면 어찌 일을 처리하겠습니까?"

2063 원문 管鼻之令翟强與秦事 - 본 章의 연대를 알 수 없다. 우선 管鼻之인지, 管鼻인지 서로 다른 주석이 있고 主題도 애매하다. 管鼻는 樓鼻(누비)라는 주석이 있다.

358/ 成陽君欲以韓魏聽秦

{原文} 成陽君欲以韓,魏聽秦, 魏王弗利. 白圭謂魏王曰,

"王不如陰使人說成陽君曰, '君入秦, 秦必留君, 而以多割於韓矣. 韓不聽, 秦必留君, 而伐韓矣. 故君不如安行求質於秦.' 成陽君必不入秦, 秦, 韓不敢合, 則王重矣."

成陽君은 韓과 魏가 秦을 따르기를 바랐지만,

{국역} 成陽君(성양군)은 韓과 魏가 秦의 방책을 따르게 하고 싶었지만,[2064] 魏王은 이롭다고 생각하지 않았다. 이에 白圭(백규, 白珪)가 魏王에게 말했다.

"王께서는 은밀히 사람을 보내 成陽君에게 '君이 入秦하면, 秦은 必히 君을 억류하면서 그대 韓나라로부터 많은 땅을 할양하라고 요구할 것이요. 韓에서 따르지 않는다면, 秦에서는 君을 억류하면서 韓을 정벌할 것이요. 그러니 君은 徐行(安行)하면서 秦에게 다른 인질을 요구하게 하는 것이 더 나을 것이요.' 라고 말하게 하십시오. 그러면 성양군은 틀림없이 入秦하지 않을 것이니, 秦과 韓은 연합하지 못할 것이고 왕의 위치는 더 重해질 것입니다."

2064 원문 成陽君欲以韓,魏聽秦 – 成陽君(성양군)은 인명 미상. 秦의 公族으로 齊에 출사? 본래 韓人이라는 주석도 있다. 이는 前 290년이라는 주석이 있다.

359/ 秦拔寧邑

{原文} 秦拔寧邑, 魏王令人謂秦王曰, "王歸寧邑, 吾謂先天下講."

魏冉曰, "王無聽. 魏王見天下之不足恃也, 故欲先講. 夫亡寧者, 宜割二寧以求講, 夫得寧者, 安能歸寧乎?"

秦이 寧邑(영읍)을 점령하자,

{국역} 秦이 (魏의) 寧邑(영읍)을 점령하자,[2065] 魏王(安釐王)은 사람을 보내 秦王(昭王)에게 말했다.

"王께서 寧邑을 돌려준다면, 내가 다른 나라보다 앞서 (秦과) 강화하겠습니다."

그러자 진나라 재상 魏冉(위염, ?)이 말했다.

"王께서는 수락하지 마십시오. 魏王은 이미 천하에서 믿음이 부족하다고 알려졌기에 그래서 먼저 강화하겠다고 말한 것입니다. 寧邑을 잃었으니 응당 영읍의 2배되는 땅으로 강화하겠다고 말해야지, 영읍을 차지한 쪽에서 어찌 영읍을 돌려주겠습니까?"

2065 秦拔寧邑 – 이는 前 257년에, 魏 信陵君의 도움으로 趙 邯鄲(한단)의 포위를 풀어준 뒤, 秦은 魏의 寧邑(영읍)을 점령했다. 寧邑(영읍)은, 今 河南省 북부 焦作市 관할 修武縣이다. 본 章에서 秦王에게 건의한 사람은 미상이라는 주석도 있고 본문의 魏冉(위염)은 이미 免相했으니, 위염은 아니라는 주석도 있다.

360/ 秦罷邯鄲攻魏

{原文} 秦罷邯鄲, 攻魏, 取寧邑. 吳慶恐魏王之講於秦也, 謂魏王曰,

"秦之攻王也, 王知其故乎? 天下皆曰王近也. 王不近秦, 秦之所去. 皆曰王弱也. 王不弱二周, 秦人去邯鄲, 過二周而攻王者, 以王爲易制也. 王亦知弱之召攻乎?"

秦이 邯鄲에서 군사를 물린 뒤 魏를 공격하여,

{국역}　秦은 (趙都) 邯鄲(한단)에서 군사를 물린 뒤〔罷兵(파병)〕, 魏를 공격하여 寧邑을 탈취했다.[2066] 吳慶(오경)이라는 사람이 魏王이 (秦과) 강화할까 걱정하여 魏王에게 말했다.

"秦이 王을 공격하였는데, 王께서는 그 까닭을 아십니까? 천하의 모든 제후가 王은 (秦과) 친근하다고 알고 있습니다. (그러나) 王은 秦을 가까이하지 않았기에 秦에서는 공격하며 魏에서 떨어진 것입니다. 그리고 (천하의) 모두가 王은 弱하다 말합니다. 王은 二周처럼 약하지는 않지만, 秦의 군사는 조나라 한단에서 철수하면서 二周를 지나 王을 공격하였으니, 이는 魏를 쉽게 制約(제약)할 수 있다고 생각한 것입니다. 왕께서도 나약하면 공격을 自招(자초)한다는 사실

2066 秦罷邯鄲, 攻魏 -《史記 秦本紀》에는 '昭王 50년(前 257). 秦은 王齕 (왕흘)을 시켜 邯鄲(한단)을 공격했으나 점령하지 못했다.~' 본 章은 당시의 일이니, 위 章과 같은 시기이다.

을 아셨겠지요?"

361/ 魏王欲攻邯鄲

{原文} 魏王欲攻邯鄲, 季梁聞之, 中道而反, 衣焦不申, 頭塵不去, 往見王曰,

"今者臣來, 見人於大行, 方北面而持其駕, 告臣曰, ‘我欲之楚.’ 臣曰, ‘君之楚, 將奚爲北面?’ 曰, ‘吾馬良.’ 臣曰, ‘馬雖良, 此非楚之路也.’ 曰, ‘吾用多.’ 臣曰, ‘用雖多, 此非楚之路也.’ 曰, ‘吾御者善.’ ‘此數者愈善, 而離楚愈遠耳.’ 今王動欲成霸王, 擧欲信於天下. 恃王國之大, 兵之精銳, 而攻邯鄲, 以廣地尊名, 王之動愈數, 而離王愈遠耳. 猶至楚而北行也."

魏王이 邯鄲(한단)을 공격하려 하자,

{국역} 魏王이 邯鄲(한단)을 공격하려 하자,[2067] (魏人) 季梁(계량)이

2067 원문 魏王欲攻邯鄲 –《史記 六國年表》에 周 赧王(난왕) 15년(前 354) 趙國 난리에 「魏, 圍我邯鄲」이라 하였는데, 본 장은 그 직전의 상황이다. 본 章의 ‘至楚北行’은 ‘南轅北轍(남원북철)’과 같은 뜻으로 원하는 바와 정반대의 행동은 목표에서 점점 더 멀어진다는 뜻이다.

소식을 듣고 (사신으로) 가는 도중에 돌아왔는데, (걷어 올린) 옷자락도 제대로 다듬지 못하고, 머리에 덮어 쓴 먼지도 털지 못한 채 왕에게 달려가 말했다.

"지금(今者) 臣이 오는데, 어떤 사람이 큰 길을 따라 북쪽으로 가면서 저에게 말했습니다. '나는 楚에 가려고 합니다.' 그래서 臣이 말했습니다. '君이 楚에 간다면서 왜 북쪽으로 갑니까?' 그가 말했습니다. '내 말이 아주 훌륭하여 길을 잘 갑니다.' '馬가 좋더라도 이 길은 楚로 가는 길이 아닙니다.' '나는 路資가 넉넉합니다.' '노자가 많더라도 이 길은 楚로 가는 길이 아닙니다.' '내 마부가 아주 유능합니다.' '이런 여러 가지가 아무리 좋더라도 楚에서 점점 더 멀어질 뿐입니다.' 지금 대왕께서는 군사를 동원하여 霸王(패왕)의 대업을 이루고 천하의 인정을 받고자 하십니다. 대왕의 나라가 크고 군사가 정병이라 하더라도, 그리하여 한단을 공격하여 땅을 넓히고 명예를 높이려 하지만, 왕의 몇 가지가 아무리 좋다 하더라도 대왕의 패업 달성은 더욱 더 멀어집니다. 이는 楚에 간다면서(至楚) 북쪽으로 말을 몰아 가는 것입니다(北行)."

362/ 周肖謂宮他

{原文} 周肖謂宮他曰, "子爲肖謂齊王曰, '肖願爲外臣.' 令齊資我於魏."

宮他曰, "不可, 是示齊輕也. 夫齊不以無魏者以害有魏者, 故公不如示有魏. 公曰, '王之所求於魏者, 臣請以魏聽.' 齊必資公矣. 是公有齊, 以齊有魏也."

周肖(주초)가 宮他(궁타)에게 말하다.

{국역} 周肖(주초, 周霄주소)가 (周王之臣) 宮他(궁타)에게 말했다.[2068]

"그대가 나를 위하여 齊王에게 '周肖가 外臣이 되기를 바랍니다.' 라고 말해주면, 齊는 나를 통해서 魏에 영향을 끼칠 수 있습니다."

그러자 宮他(궁타)가 말했다.

"不可합니다. 이는 齊에게 당신이 중요하지 않은 사람이라고 보여주는 것과 같습니다.[2069] 그리고 齊도 魏의 경미한 사람을 이용하여 魏에 해로운 일을 시키지도 않을 것이니, 公은 자신이 魏에서 중요한 사람이라는 것을 보여주는 것이 좋을 것입니다. 그런 뒤에 '王께서(齊王) 魏에서 얻고자 하는 바를 魏에서 수용하도록 臣이 주청하겠습니다.' 라고 말하십시오. 그러면 齊에서는 틀림없이 公을 우대할 것입니다. 이렇게 해야 公이 齊를 끌어들이고, 齊에서는 魏를

2068 원문 周肖謂宮他曰 – 周肖(주초)는 周宵(주소), 周霄(주소)라는 주석이 있다. 周宵(주소, 周霄)는 孟子와 同 시대 사람으로《孟子 滕文公 下》에 보인다. 322 魏文子田需周宵相善. 참고. 宮他는 周王의 신하. 〈西周策〉 042 宮他謂周君 참고.

2069 원문 是示齊輕也 – 周肖는 魏臣인데, 동시에 齊의 신하가 된다는 것은 魏에서 지위가 경미하다는 것을(無魏之重) 스스로 보여주는 것이라는 뜻.

우방으로 생각할 것입니다."

363/ 周最善齊

{原文} 周最善齊, 翟强善楚. 二子者, 欲傷張儀於魏. 張子聞之, 因使其人爲見者嗇夫, 聞見者, 因無敢傷張子.

周最(주최)는 齊와 親했고,

{국역} 周最(주최)는 齊와 親善하였고, 翟强(적강)은 楚에 가까웠다.[2070] 두 사람이 張儀(장의)를 魏에 모함하려 했다. 장의가 알고서는 자기 사람을 시켜 왕의 측근 嗇夫(색부)로 삼아 알현할 사람을 감시하자,[2071] 감시가 있다는 것을 알고, 감히 장의를 헐뜯지 못했다.

2070 周最善齊, 翟强善楚 – 周最(주최)는 戰國 시대 제후국 西周의 公子. 생졸년 미상. 활동 시기는 대략 周王 愼靚王(신정왕)과 周 마지막 천자 赧王(난왕, 名은 赧. 얼굴 붉힐 난 / 隱王) 초기로 추정. 제후국 西周와 東周, 魏國, 齊國의 상국을 역임했으며 秦國, 齊國, 魏國, 楚國, 韓國을 돌아다닌 縱橫家(종횡가)이었다. 주최는 合縱(합종)을 주장하고 連橫(연횡)에 반대하며 周王室을 보존하려고 애를 썼다. 翟强(적강, ?-前305년)은 魏襄王(양왕)의 신임을 받았는데, 齊와 결합하고, 秦에 대항하기 위해서는 楚와 연합을 주장했었다. 적강이 죽은 前305년은 楚 懷王 24년이었다.

2071 嗇夫(색부, 嗇은 아낄 색) – 왕을 알현할 사람을 안내하는 小臣. 漢代의 색

364/ 周最入齊

{原文} 周最入齊, 秦王怒, 令姚賈讓魏王. 魏王爲之謂秦王曰,

"魏之所以爲王通天下者, 以周冣也. 今周冣遁寡人入齊, 齊無通於天下矣. 敝邑之事王, 亦無齊累矣. 大國欲急兵, 則趣趙而已."

周最(주최)가 齊에 입국하자,

{국역} 周最(주최)가 魏나라로부터 齊에 입국하자,[2072] 秦王(昭王)은 분노하면서 姚賈(요가)[2073]를 보내 魏王(昭王)을 비난하였다. 魏王은 요가를 통해 秦王에게 전달하게 하였다.

부는 鄕職으로 옥송을 담당하고 백성의 賦稅 징수를 담당하였다. 여기서는 장의가 자기 측근 소인을 색부로 삼아 왕을 알현하려는 사람을 감시케 했다는 뜻.

2072 원문 周最入齊 – 본 章은 前 286년의 일로, 孟嘗君 田文이 魏相으로 있으면서 齊 정벌을 주장하고 있었고, 周最는 親齊를 주장하고 있었다.

2073 姚賈〔요가, 생졸년 미상, 始皇의 大臣, 본래 梁國(魏)〕 출신. 出身이 貧寒했다. 그 부친이 監門卒(城門衛兵). 趙國의 謀臣이었다가 축출되자 秦國에서 間諜之計(간첩지계)를 건의했다. 秦이 六國과 마지막 전쟁을 치루는 기간에 姚賈는 많은 재물로 楚, 燕, 趙, 魏의 요인을 매수하여 합종을 와해시켰고, 秦王 政은 그를 上卿에 임명하였다. 韓非는 요가를 비난하였다.

"魏에서 大王(秦王)을 위하여 천하에 널리 소통하게 한 사람이 周最(주최)이었습니다. 지금 주최가 과인에서 떠나 入齊하였습니다만, 齊에는 천하의 일에 밝은 사람이 없었습니다. 魏(敝邑)에서 秦의 뜻을 받드는 일은 齊와 상관이 없습니다. 大國에서 서둘러 병력을 동원한다면(伐齊〈제를 정벌하다〉하려 한다면) 빨리 趙를 끌어들이면 됩니다."

365/ 秦魏爲與國

{原文}　秦, 魏爲與國. 齊, 楚約而欲攻魏, 魏使人求救於秦, 冠蓋相望, 秦救不出.

　魏人有唐且者, 年九十餘, 謂魏王曰,

　"老臣請出西說秦, 令兵先臣出可乎?"

　魏王曰, "敬諾." 遂約車而遣之. 唐且見秦王, 秦王曰,

　"丈人芒然乃遠至此, 甚苦矣. 魏來求救數矣, 寡人知魏之急矣."

　唐且對曰, "大王已知魏之急而救不至者, 是大王籌筴之臣無任矣. 且夫魏一萬乘之國, 稱東藩, 受冠帶, 祠春秋者, 以爲秦之强足以爲與也. 今齊, 楚之兵已在魏郊矣, 大王之救不至, 魏急則且割地而約齊, 楚, 王雖欲救之, 豈有及哉? 是亡一萬乘之魏, 而强二敵之齊, 楚也. 竊以爲大王籌筴之

臣無任矣."

　秦王喟然愁悟, 遽發兵, 日夜赴魏. 齊,楚聞之, 乃引兵而
去. 魏氏復全, 唐且之說也.

秦과 魏가 동맹국이 되었다.

{국역} 秦과 魏가 동맹을 맺어 與國(여국, 동맹국)이 되었다.[2074] 齊와
楚가 맹약을 맺고 魏를 공격해오자, 魏에서는 秦에 사자를 보내 구
원을 요청하였는데, (출장 가는) 관리의 수레가 줄을 이었지만(冠蓋
相望), 秦은 구원병을 보내지 않았다.

　魏人에 唐且〔당차, 唐雎(당저)〕는 나이가 90여 세였는데, 魏王에게
말했다.

　"老臣이 서쪽 秦에 가서 구원병이 먼저 도착토록 설득해도 괜찮
겠습니까?"

　魏王은 "삼가 승낙합니다."라고 하였고, 수레를 준비시켜 출발케
하였다. 당차가 秦王(昭王)을 알현하자, 秦王이 말했다.

　"老人(丈人)께서 황망히〔芒然(망연)〕먼 이곳까지 오셨으니 고생
이 많으셨습니다. 魏에서 여러 번 구원을 요청하였으니, 寡人도 魏
가 위급한 줄을 알고 있습니다."

　당차가 대답하였다.

2074 원문 秦,魏爲與國 – 서로 禍福(화복)을 함께 할 나라(相與同禍福之國
也). 이는《史記 魏世家》에 安釐王(안리왕)이 재위 중인 前 296년의 일
로 기록되었다.

"大王께서 이미 위급한 줄을 아시면서 구원병을 보내주지 않은 것은 대왕의 謀策을 담당한 신하가〔籌筴之臣(주협지신)〕소임을 감당하지 못한 것입니다(無任矣). 그리고 魏는 1萬 乘의 대국인데도, (秦의) 東藩(동번, 울타리 번, 藩臣)을 자임하고, (秦의) 冠帶(관대)를 받았으며, 春秋로 제사를 받드는 까닭은 秦은 강성한 국력으로 우리를 도와줄 나라라고 생각했기 때문입니다. 지금 齊와 楚의 군사가 이미 나라의 교외에 들어왔는데도, 大王의 구원병이 오지 않았으니, 魏가 위급할 경우 割地(할지)하여 齊와 楚에 맹약할 수도 있으며, 그때 王께서 구원하려 한들 무슨 소용이 있겠습니까? 1만 乘의 魏가 망하는 것은 齊와 楚 두 적국을 더욱 강대하게 만들 것입니다. 저는 대왕의 謀策을 담당하는 신하의 무능력이라고 생각합니다."

秦王은 탄식하며 깨닫고서, 서둘러 發兵하여 밤낮으로 魏로 진격케 하였다. 齊와 楚는 소식을 듣고 군사를 거느리고 철수하였다. 魏國이 다시 안전한 것은 당차의 유세 덕분이었다.

366/ 信陵君殺晉鄙

{原文} 信陵君殺晉鄙, 救邯鄲, 破秦人, 存趙國, 趙王自郊迎. 唐且謂信陵君曰,

"臣聞之曰, 事有不可知者, 有不可不知者, 有不可忘者, 有不可不忘者."

信陵君曰, "何謂也?"

對曰, "人之憎我也, 不可不知也, 吾憎人也, 不可得而知也. 人之有德於我也, 不可忘也. 吾有德於人也, 不可不忘也. 今君殺晉鄙, 救邯鄲, 破秦人, 存趙國, 此大德也. 今趙王自郊迎, 卒然見趙王, 臣願君之忘之也."

信陵君曰, "無忌謹受教."

信陵君이 晉鄙(진비)를 죽이고,

{국역} (魏 公子) 信陵君(신릉군, 无忌)이 (魏 장군) 晉鄙(진비)를 죽이고,[2075] 邯鄲(한단)을 구원하였으며, 秦軍을 격파하여 趙國을 존속케 하였다. 이에 趙王(惠文王, 재위 298 – 266)이 직접 교외에 나와 신릉군을 영접하였다. 唐且(당차, 唐雎)가 信陵君에게 말했다.

"臣이 알기로는, 알지 않으면 안 되는 일이 있고(事有不可知者), 알게 해서는 안 되는 일도 있습니다(有不可不知者). 잊어서는 안 되는 일이 있고(有不可忘者), 잊지 않으면 안 되는 일도 있다(有不可

2075 원문 信陵君殺晉鄙 – (魏 公子) 信陵君(신릉군, 无忌)은 戰國 四公子 중, 德行이 돈독했다. 秦이 長平戰에서 趙軍을 대파한 뒤, 邯鄲을 포위 공격하자 다급한 趙의 平原君은 妻男인 신릉군에게 구원을 요청했다. 魏에서 정상적인 出兵이 불가능한 것을 안 신릉군은 문객 侯嬴(후영)이 일러준 대로 왕의 애첩 如姬(여희)를 시켜 兵符(병부)를 훔쳐내었다. 병부를 가지고 魏 장군 晉鄙(진비)에게 보이며 출병을 요청했으나 진비가 의심하자 白丁인 朱亥(주해)를 시켜 죽이게 했다. 이어 신릉군은 군사를 이끌고 한단으로 가서 포위를 풀었다. 이는 前 257년이었다.

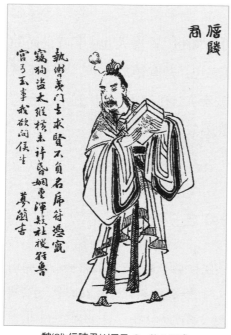

執鞭黄門去求賢不負名卿符愍寬
竊狗盜太縱橫未許賢姻重渾魏杜稷非魯
宦弓王事我欲尚侯生
夢願書

魏(위) 信陵君(신릉군, ? - 前 243년)

不忘者)고 하였습니다."

信陵君이 물었다. "무슨 뜻입니까?"

"다른 사람이 나를 증오한다면 (내가) 몰라서는 안 되고(不可不知也), 내가 남을 미워한다면 (남이) 알게 해서는 안 됩니다. 다른 사람이 나에게 德을 베풀었다면 잊어서는 안 되며(不可忘也), 내가 남에게 덕을 베풀었다면 잊지 않으면 안 됩니다(不可不忘也).[2076] 지금 君은 晉鄙(진비)를 죽이고, 邯鄲(한단)을 구하고, 秦軍을 격파하였으며, 趙國을 존속케 했으니, 이는 大德입니다. (그래서) 지금 趙王께서 직접 교외까지 나와 영접하니, 갑작스런 趙王 알현을 君은 잊어버리길 바랍니다."

신릉군이 말했다. "저 無忌(무기, 无忌信陵君)는 삼가 가르침을 받들겠습니다."

[2076] 이에 대한 《史記》의 문장이 간결하고 명확하다. "物有不可忘, 或有不可不忘. 夫人有德於公子, 不可忘也, 公子有德於人, 願公子忘之也."

367/ 魏攻管而不下

{原文} 魏攻管而不下. 安陵人縮高, 其子爲管守. 信陵君使人謂安陵君曰,

"君其遣縮高, 吾將仕之以五大夫, 使爲持節尉."

安陵君曰, "安陵, 小國也, 不能必使其民. 使者自往, 請使道使者至縮高之所, 復信陵君之命."

縮高曰, "君之幸高也, 將使高攻管也. 夫以父攻子守, 人大笑也. 是臣而下, 是倍主也. 父敎子倍, 亦非君之所喜也. 敢再拜辭."

魏가 管(관)을 공격했으나 점령하지 못했다.

{국역} 魏가 (韓의 영역이었던) 管邑(관읍)을 공격했으나 점령하지 못했다.[2077] 安陵(안릉) 사람 縮高(축고)의 아들이 (秦에 出仕하여 관리로) 管(관)을 방어하고 있었다. 信陵君(신릉군)은 사람을 安陵君(안릉군)에게 보내 말했다.[2078]

2077 魏攻管而不下而不下 – 이는 秦 莊襄王 3년 前 247년의 일이다. 本 章의 내용에 좀 애매한 부분이 있다. 管城(관성)은 秦代 三川郡 소속 京縣, 今 河南省 중부 鄭州市 관할 榮陽市(형양시)이다. 〈魏策 四〉 351 秦攻韓之管 참고.

2078 安陵君 – 戰國 시대에 '安陵君' 에 피봉된 사람은 두 사람이다. 楚國 宣王의 封을 받은 안릉군의 이름은 '纏(전)' 이다. 《戰國策 楚策 一》179

"君이 縮高(축고)에게 사람을 보내 (아들에게 투항을 권고하면),
내가 장차 축고를 五大夫(작위 名)로 삼아 持節尉(지절위)에 임용할
것입니다."

安陵君이 말했다.

"安陵은 小國입니다만, 백성을 마음대로 꼭 부릴 수는 없습니다.
使者를 직접 보내시면 (내가) 사람을 시켜 축고가 있는 곳까지 안내
하여, 사자가 직접 축고에게 신릉군의 명령을 전하게 하겠습니다."

그러자 축고가 (찾아온 신릉군의) 사자에게 말했다.

"君께서 이 축고를 찾아온 것은 축고로 하여금 (아들이 있는) 管
(관)을 공격케 하려는 뜻입니다. 아비가 자식을 공격한다면 사람들은
크게 웃을 일입니다. 나 때문에 (아들이) 항복한다면, 이는 주군을 배
신하는 것입니다. 아버지가 아들을 배신하게 시키는 일은 君께서도
(信陵君) 좋아할 일이 아닙니다. 감히 재배(두 번 절하다)하며 사양
하겠습니다."

{原文} 使者以報信陵君, 信陵君大怒, 遣大使之安陵曰,

"安陵之地, 亦猶魏也. 今吾攻管而不下, 則秦兵及我, 社
稷必危矣. 願君之生束縮高而致之. 若君弗致也, 無忌將發
十萬之師, 以告安陵之城."

江乙說於安陵君 章 참고. 또 한 사람은 여기 안릉군으로 魏國에서 封
君한 안릉군으로 名은 미상. 信陵君과 동시대, 魏 安釐王(안리왕) 시기,
封地가 겨우 50리 소국이었다. 《說苑 奉使篇》에는 鄢陵君(언릉군),《史
記 魏世家》에는 '安陵氏'로 기록되었다. 《戰國策 魏策 四》 **370** 秦王
使人謂安陵君 章 참고.

安陵君曰, "吾先君成侯, 受詔襄王以守此地也, 手受大府之憲. 憲之上篇曰, '子弑父, 臣弑君, 有常不赦. 國雖大赦, 降城亡子不得與焉.' 今縮高謹解大位, 以全父子之義, 而君曰 '必生致之', 是使我負襄王詔而廢大府之憲也, 雖死終不敢行."

{국역} 使者가 이를 신릉군에게 보고하자, 信陵君은 대노하며 다시 사자를 안릉군에게 보내 말했다.

"安陵의 땅도 역시 魏나라 땅이다. 내가 지금 管(관)을 공격하여 함락하지 못하였으니, 곧 秦의 군사가 우리 땅에 들어올 것이고 사직은 틀림없이 위험해질 것이다. 그러니 君은 축고를 산 채로 묶어 보내라. 만약 君이 묶어 보내지 않는다면, 나 無忌(无忌)가 10만의 군사를 동원하여 安陵의 城에 가서 포고(宣戰布告)할 것이다."

그러자 安陵君이 말했다.

"나의 先君이신 成侯(성후)께서, 襄王(양왕, 趙襄子)의 명을 받아 이 땅을 지키면서 직접 大府의 憲章을 받았습니다. 그 헌장의 上篇에 '子가 父를 시해하거나 臣이 弑君(시군)한다면, 어떤 일이든 사면 받을 수 없다. 나라에서 大赦(대사)를 하더라도 성을 들어 투항한 자는 사면 받을 수 없다.'고 하였습니다. 지금 縮高(축고)는 大位도 버리면서 父子의 義理를 지키려 하는데, 君께서 '必히 산 채로 묶어 보내라.' 하시니, 이는 나에게 襄王(趙襄子)의 조서와 大府의 憲章을 버리라 하는 것이라서, 이 몸이 죽더라도 명을 받들지 못하겠습니다."

{原文} 縮高聞之曰, "信陵君爲人, 悍而自用也. 此辭反, 必爲國禍. 吾已全己, 無違人臣之義矣, 豈可使吾君有魏患也."

乃之使者之舍, 刎頸而死. 信陵君聞縮高死, 素服縞素辟舍, 使使者謝安陵君曰, "無忌, 小人也, 困於思慮, 失言於君, 敢再拜釋罪."

{국역} 縮高(축고)가 이를 전해 듣고서 말했다.

"신릉군의 사람됨은 표독하고 제멋대로이다. 이 말이 신릉군에게 전해지면 틀림없이 나라에(安陵君) 큰 禍가 될 것이다. 이미 나의 할 일을 하였으니, 人臣의 大義를 어기게 할 수 없으며 나의 주군이 어찌 魏의 환난이 되게 하겠는가?'

그리고 (신릉군의) 사자가 있는 傳舍(전사: 묵고 있는 곳)에 와서 목을 찔러 죽었다.

신릉군은 축고가 자결했다는 소식에 흰옷을 입고, 다른 집에 피신하며 사자를 보내 안릉군에게 사과하였다.

"저 無忌는 小人입니다. 사려가 깊지 못하여 君에게 失言하였으니 감히 再拜하여 죄를 용서해 주기를 빌겠습니다."

368/ 魏王與龍陽君共船而釣

{原文} 魏王與龍陽君共船而釣, 龍陽君得十餘魚而涕下.

　　王曰, "有所不安乎? 如是, 何不相告也?"

　　對曰, "臣無敢不安也."

　　王曰, "然則何爲涕出?"

　　曰, "臣爲王之所得魚也."

　　王曰, "何謂也?"

　　對曰, "臣之始得魚也, 臣甚喜, 後得又益大, 今臣直欲棄臣前之所得矣. 今以臣凶惡, 而得爲王拂枕席. 今臣爵至人君, 走人於庭, 辟人於途. 四海之內, 美人亦甚多矣. 聞臣之得幸於王也, 必褰裳而趨王. 臣亦猶曩臣之前所得魚也, 臣亦將棄矣, 臣安能無涕出乎?"

　　魏王曰, "譆! 有是心也, 何不相告也?"

　　於是布令於四境之內曰, "有敢言美人者族."

　　由是觀之, 近習之人, 其摯諂也固矣, 其自纂繁也完矣. 今由千里之外, 欲進美人, 所效者庸必得幸乎? 假之得幸, 庸必爲我用乎? 而近習之人相與怨, 我見有禍, 未見有福, 見有怨, 未見有德, 非用知之術也.

魏王과 龍陽君이 共船하여 낚시하다가

{국역} 魏王과 (幸臣) 龍陽君(용양군)이 한 배를 타고 낚시하는데,[2079] 龍陽君이 10여 마리를 잡은 뒤에 눈물을 흘렸다. 왕이 물었다.

"몸이 불편한가? 그렇다면 왜 말하지 않는가?"

"臣이 어찌 감히 불안하겠습니까?"

"그런데 왜 눈물을 흘리는가?"

"臣은 왕께서 잡은 물고기와 같을 것입니다."

"무슨 말인가?"

"臣이 처음 물고기를 잡았을 때 정말 기뻤지만, 나중에 더 큰 물고기를 잡았더니 앞서 잡은 물고기를 버리고 싶었습니다. 지금 臣은 볼품없는 모습으로(凶惡) 왕의 침석을 보살펴왔습니다. 지금 臣의 작위는 君에 이르렀고, 뜰을 걷더라도 길에서도 사람이 길을 비껴줍니다. 지금 세상에는 美人이 아주 많습니다. 臣이 이렇게 왕의 총애를 받고 있다는 말을 들으면 누구라도 틀림없이 옷자락을 걷어 올리고 대왕에게 달려올 것입니다.[2080] 臣은 앞서 신이 처음 잡은 물고기와 같을 것이니, 臣은 곧 버려질 것이니 신이 어찌 눈물이 나지 않겠

2079 魏王與龍陽君共船而釣 – 어느 왕 때의 일인지 알 수 없다. 龍陽君(용양 군)이 幸臣인지 幸姬(행희)인지도 알 수 없다. 왕이나 황제의 同姓愛를 龍陽이라 한다. 역사적으로는 前漢의 哀帝가 가장 잘 알려진 동성애 자였다. 여기 龍陽君을 男色으로 해설한 주석도 있다. 한마디로 幸臣 이 총애를 차지하는 방법은 정말 다양하다. 여기 龍陽君은 낚시하면 서 거짓 울음으로 자신의 지위를 공고히 다졌다.

2080 원문 必褰裳而趨王 – 褰은 옷자락을 추어올릴 건.(揭也 걷다). 裳은 치마 상.

습니까?"

왕이 말했다. "아!〔譆(감탄할 희)〕 그런 생각이 있었다면 왜 나에게 말하지 않았는가?"

그리고서는 온 나라 안에 포고령을 내려 말했다.

"앞으로 감히 미인을 바치겠다 말하는 자가 있다면 일족을 멸하겠다."

이를 통해 본다면, (왕의) 측근에서 아첨의 방법은 참으로 다양하고, 꾸밈이나 얽어대는 기술 역시 완전하다. 지금 천리 밖 먼 곳에서도 미인을 바치지만, 그렇게 바친 미인이 틀림없이 총애를 받을 수 있겠는가? 설령 총애를 받는다 하여도 또 어찌 나에게 도움이 된다 하겠는가?[2081] 가까운 측근이라도 서로 돕거나 원망하니 내가 화를 당할지 복을 받을지 알 수 없으며, 원한을 사더라도 또 어떤 덕을 볼지는 알 수 없으니, 이는(미인을 바치는 일) 지혜로운 자가 취할 바가 아니다.

369/ 秦攻魏急

{原文} 秦攻魏急. 或謂魏王曰,

"棄之不如用之之易也, 死之不如棄之之易也. 能棄之弗

2081 원문 庸必爲我用乎?- 庸은 쓸 용, 어찌 용(安也), 품앗이할 용.

能用之, 能死之弗能棄之, 此人之大過也. 今王亡地數百里, 亡城數十, 而國患不解, 是王棄之, 非用之也. 今秦之強也, 天下無敵, 而魏之弱也甚, 而王以是質秦, 王又能死而弗能棄之, 此重過也. 今王能用臣之計, 虧地不足以傷國, 卑體不足以苦身, 解患而怨報."

秦의 공격에 魏는 다급했다.

{국역} 秦의 공격에 魏는 다급했다.[2082] 어떤 자가 魏王〔景湣王(경민왕), 재위 前 242 - 228〕에게 말했다.

"버리는 것은(棄之) 다시 고쳐 쓰는 것만 못하고, 죽어버리느니 차라리 포기하는 것이 더 나을 것입니다. 버릴 수는 있지만 다시 쓰지 못하고, 죽을 수는 있지만 포기하지 못한다면, 이는 사람의 큰 실수입니다. 지금 왕께서는 수백 리의 땅을 빼앗겼고 수십 개의 城을 잃고도 나라의 환난이 해결되지 않으니, 이는 왕께서 포기한 것이지 (버렸을 뿐) (버릴 것을) 활용한 것은 아닙니다. 지금 秦의 강성은 天下에 無敵이고, 魏는 너무 약하니, 왕께서는 이 때문에 秦에 인질로 끌려갔었는데, 이는 왕께서 죽을 수는 있지만 포기하지 못한 것과 같으니 큰 실수입니다. 지금 왕께서 臣의 계책을 채용하신다면, 땅을 좀 잃겠지만 나라가 망하지는 않고, 몸을 낮추지만 그렇다고

2082 원문 秦攻魏急 - 본 章에서 수십 개 城을 잃었고 위가 위기에 몰렸으니《史記 六國年表》와《史記 魏世家》에 의거 진시황 9년, 前 238년이라는 주석이 있다.

몸을 학대하는 것은 아니며, 나라의 환난을 해결하고 원수를 갚을
수 있습니다."

{原文} "秦自四境之內, 執法以下至於長轅者, 故畢曰, '與
嫪氏乎? 與呂氏乎?' 雖至於門閭之下, 廊廟之上, 猶之如是
也. 今王割地以賂秦, 以爲嫪毒功, 卑體以尊秦, 以因嫪毒.
王以國贊嫪毒, 以嫪毒勝矣. 王以國贊嫪氏, 太后之德王也,
深於骨髓, 王之交最爲天下上矣. 秦, 魏百相交也, 百相欺
也. 今由嫪氏善秦而交爲天下上, 天下孰不棄呂氏而從嫪
氏? 天下必合呂氏而從嫪氏, 則王之怨報矣."

{국역} "秦나라 四境의 영토에서는 執法(집법, 執政之臣) 이하 수레
를 끄는 백성까지(長爲轅車之人) 모두가 '嫪氏〔노씨, 嫪毒(노애)〕[2083]
의 편이 될까? 아니면 呂氏(呂不韋) 편에 설까?'[2084] 망설이고 있습니

2083 嫪氏(노씨) – 嫪毒(노애, ? – 前 238年), 秦始皇 母親 趙姬(조희)의 面首(性
的 노리개). 정력이 絶倫했다고 소문난 사람. 長信侯에 봉해졌고, 조
희와 사이에 사생아를 두었다. 太后의 私人이라는 주석이 있는데, 宣
太后(선태후, 前 337 – 265년)는 아니다. 선태후는 惠文王의 后妃, 昭襄王
의 생모. 선태후는 秦 昭襄王 42년(前 265)에 73세로 죽었다. 本書
074 秦宣太后愛魏醜夫 참고.

2084 呂不韋(여불위, 前 292 – 235)는 처음에는 大商人(奇貨可居의 故事), 13
년간 秦國의 相 역임. 門客을 모아 《呂氏春秋》를 편찬했는데, 先秦 雜
家의 대표적 인물(兼儒墨하고 合名法). 뒷날 嫪毒(노애) 집단의 견제를
받아 相國에서 물러나 河南에 거처하다가 蜀으로 유배되자 三川郡(今
洛陽)에서 자살했다. 《史記 呂不韋列傳》 참고.

다. 비록 보통 민간 閭閻(여염)에서나 조정에서도 모두 이러합니다. 지금 王께서 割地하여 秦에 뇌물을 뿌리겠다면 노애 쪽이 효과가 있을 것입니다. 몸을 낮춰 秦을 떠받들더라도 노애를 이용하는 것이 나을 것입니다. 王께서 이 나라를 가지고 노애를 받든다면 太后(趙姬)는 왕의 德을 입었다며 마음 깊이 생각하며 왕을 천하에서 가장 우대할 것입니다. 이제까지 秦과 魏가 1백 번 서로 교류했다면 그 1백 번이 서로 속이는 일이었습니다. 지금 노애가 秦에서 잘 풀리고 (왕께서) 천하의 상객으로 대우받는다면, 천하에 어느 누가 여씨를 버리고 노애를 따르지 않겠습니까? 천하가 여불위를 버리고 노애를 따르게 되면 왕께서는 여불위에 대한 원한을 갚게 되는 것입니다."

370/ 秦王使人謂安陵君

{原文} 秦王使人謂安陵君曰,

"寡人慾以五百里之地易安陵, 安陵君其許寡人."

安陵君曰, "大王加惠, 以大易小, 甚善. 雖然, 受地於先王, 願終守之, 弗敢易."

秦王不說. 安陵君因使唐且使於秦.

秦王謂唐且曰, "寡人以五百里之地易安陵, 安陵君不聽寡人, 何也? 且秦滅韓亡魏, 而君以五十里之地存者, 以君爲長者, 故不錯意也. 今吾以十倍之地, 請廣於君, 而君逆寡人者, 輕寡人與?"

唐且對曰, "否, 非若是也. 安陵君受地於先王而守之, 雖
千里不敢易也, 豈直五百里哉?"

秦王怫然怒, 謂唐且曰, "公亦嘗聞天子之怒乎?"

唐且對曰, "臣未嘗聞也."

秦王曰, "天子之怒, 伏屍百萬, 流血千里."

唐且曰, "大王嘗聞布衣之怒乎?"

秦王曰, "布衣之怒, 亦免冠徒跣, 以頭頓地爾."

唐且曰, "此庸夫之怒也, 非士之怒也. 夫專諸之刺王僚
也, 彗星襲月, 聶政之刺韓傀也, 白虹貫日, 要離之刺慶忌
也, 蒼鷹擊於殿上. 此三子者, 皆布衣之士也, 懷怒未發, 休
祲降於天, 與臣而將四矣. 若士必怒, 伏屍二人, 流血五步,
天下縞素, 今日是也."

挺劍而起. 秦王色撓, 長跪而謝之曰,

"先生坐, 何至於此, 寡人諭矣. 夫韓, 魏滅亡, 而安陵以五
十里之地存者, 徒以有先生也."

秦王이 사람을 보내 安陵君에게 말했다.

{국역} 秦王(始皇, 재위 前 247 – 210년)이 사람을 보내 魏나라 安
陵君(안릉군)에게 말했다.[2085]

[2085] 秦王使人謂安陵君曰 – 본 章은 《戰國策》에서도 名篇이다. 과연 「"만

"寡人이 5백 리의 땅으로 그대의 봉지 安陵을 바꾸고 싶은데, 安
陵君은 과인의 뜻을 받아주기 바란다."

이에 안릉군이 말했다.

"大王께서 은혜를 베푸시어 大를 小와 바꾸시겠다 하시니 정말
고맙습니다. 그렇지만 이 땅은 先王으로부터 하사받은 땅이기에 죽
을 때까지 지키고 싶으니 바꾸질 못하겠습니다."

秦王은 불쾌했다. 이에 安陵君은 唐且〔당차, 唐雎(당저)〕를 秦에 사
자로 보냈다. 진왕이 당차에게 말했다.

"과인이 5백 리의 땅으로 安陵과 교환하려 하였지만, 安陵君이

약 士人이 정말 분노한다면, 두 사람(秦王과 唐且)이 죽게 되고, 피가
다섯 걸음 이내에 튀고, 천하 모두가 흰 상복을 입을 것이니, 아마 오
늘이 바로 그날일 것입니다." 그러면서 당차는 칼을 잡고 일어섰다.
그러자 秦王의 안색이 크게 흔들리면서 무릎을 꿇고 상체를 세운 채
로〔長跪(장궤)〕 당차에게 사과하며 말했다. ~」 정말 이럴 수 있었을
까? 물론 과장이다. 90세가 훨씬 넘은 노인네가 칼을 잡고 일어서며,
오늘이 너와 나 죽는 날이라고 할 때, 막 스무 살이 겨우 넘은 秦王 政
이 무릎을 꿇었을까? 물론 아니다. 역자도 그렇다고 믿지 않는다! 그
러나 얼마나 통쾌한 글인가? 그러니 본 章은 辯士가 지어낸 글이다.
우선 본 章의 주인공 唐且(당차)가 秦王 政이 재위할 때 살아있을 수가
없다. 安陵國은 작은 제후국이다. 그런데 韓과 魏를 멸망시킨 秦이 그
열 배 되는 땅과 바꾸자고? 기본 설정이 잘못되었다. 安陵 땅은 秦 昭
王 때, 이미 秦이 공격하여 병합한 땅이다. 그런데 어찌 50년 뒤에 당
차를 사신으로 보낼 수 있나? 그리고 秦의 法制에서 누가 감히 칼을 차
고 왕과 마주할 수 있는가? 자객 荊軻(형가)는 요행히도, 칼을 地圖 두
루마리에 숨길 수 있었다. 그렇다면 어찌 외국 사자가 칼을 차고? 말
도 안 된다. 그리고 당차의 황당한 옛 얘기에 어찌 갓 스물이 넘은 왕
이 떨며 무릎을 꿇어? 그러나 읽고 나서 다른 사람에게 이야기를 해준
다면 분명 신이 나서 큰 소리로 이야기 할 수 있는 부분이다.

寡人의 뜻을 따르지 않는 이유가 무엇인가? 이미 秦은 韓을 멸망시켰고(前 230), 魏를 멸망시켰는데(前 225) 안릉군의 땅 50리를 보전케 한 까닭은 그가 長者이기 때문이니, 그래서 마음에 두고 있지는 않았소. 지금 내가 10배의 땅으로 안릉군의 땅을 넓혀주려 하지만 안릉군이 과인의 제의를 거부하는데, 과인을 경시하는 것 아닌가?"

이에 당차가 대답하였다.

"아닙니다. 그렇지 않습니다. 안릉군은 先王으로부터 물려받은 땅을 지켜내려 왔으니 비록 천리의 땅이라도 바꾸지 않을 것이니, 어찌 5백 리라 하여 바꾸겠습니까?"

秦王이 발끈〔怫然(불연)〕화를 내며 당차에게 말했다.

"公은 天子의 분노가 어떠한 지 들어보았는가?"

당차가 "臣은 아직 들어보지 못했습니다."라고 말했다.

이에 秦王이 말했다.

"天子가 분노하면 1백 만의 屍身(시신)이 널려 깔리고 流血이 천리에 걸쳐 흐르게 된다."

그러자 당차가 말했다.

"大王께서는 布衣(포의, 평민)의 분노를 아십니까?"

"布衣가 분노하면 관을 벗어놓고 맨발로 머리를 땅에 찧을 것이요."[2086]

"그것은 庸夫(용부, 보통 사내)의 분노이지 士人의 분노는 아닙니다. (吳의) 專諸(전차)[2087]가 (吳王) 僚(료, 재위 前 526 – 515년)를 죽이니 彗

2086 원문 以頭頓地爾 – 頓地(돈지)는 (머리를) 땅에 찧다. 爾는 너 이, 종결 어미 이(耳也).

2087 專諸(전차, ? – 前 515년) – 鱄諸, 春秋 시대 吳國 棠邑人, 當時 유명한 刺客.

星(혜성)이 달을 가로질러 지나갔고(襲月), (韓人) 聶政(섭정)[2088]이 韓의 (相) 傀(괴)를 찌르니 흰 무지개(白虹)가 해를 가렸습니다(貫日). (吳人) 要離(요리)가 (王子) 慶忌(경기)를 찔렀을 때 검은 매가〔蒼鷹(창응)〕殿上(궁전 위)에서 맴돌았습니다. 이 세 사람은 모두 布衣之士이지만, 분노를 품고 드러내지 않았을 때도 그 길상의 징조가 하늘에 나타났었으니,[2089] 저를(臣) 포함하면 모두 4명이 될 것입니다. 만약 士人이 정말 분노한다면 두 사람(王과 자기 자신)은 죽게 되고, 피가 다섯 걸음 이내에 튀고, 천하 모두가 흰 상복을 입을 것이니, 아마 오늘이 바로 그날일 것입니다."

그러면서 당차는 칼을 잡고 일어섰다. 그러자 진왕의 안색이 크게 동요하면서[2090] 무릎을 꿇고 상체를 세운 채로(長跪) 당차에게 사과하며 말했다.

"先生은 앉으시오, 어찌 이렇게까지 하십니까? 과인이 이제 깨달았습니다. 韓과 魏는 멸망하였지만 安陵 50리 땅을 보전케 한 것은 모름지기 선생 같은 분이 계시기 때문입니다."

諸(성씨일 때는 차로 읽음)

2088 聶政(섭정, ?‒前 397년)‒戰國 시대 刺客. 音樂家.《史記》五名 刺客의 一人.

2089 원문 休祲降於天‒休祲(휴침)은 좋은 징조(吉徵). 休는 祥. 祲은 요사한 기운 침(戻氣).

2090 秦王色撓‒撓는 어지러울 뇨(擾也). 꿀리다(屈也).

26.《戰國策》卷二十六 韓策 一

※ 韓의 역사 개관

韓國은 戰國 七雄의 하나인데 國姓은 姬姓(희성)이고 韓氏이다. 春秋시대 晉을 분할하여 성립되었으며, 前 403년에 정식 제후가 되었는데, 작위는 侯爵이고, 前 323년에 稱王하였다. 韓 영토의 주요 부분은, 今 山西省 남부 및 河南省 북부 지역으로 최초의 도읍은 平陽(今 山西省 서남부의 臨汾市)이었다가, 陽翟(양책, 今 河南省 중부 許昌市 관할 禹州市. 翟音 책)으로 천도했다가, 나중에 鄭國을 병합하고서 新鄭(신정, 今 河南省 중부 鄭州市 관할 新鄭市)으로 옮겼다. 秦王 政 18년(前 230년)에 韓王 安(안)이 투항하며 멸망하였다.

○ 기원

曲沃(곡옥) 땅 桓叔(환숙)의 庶子인 韓萬(한만)이 曲沃 武公으로부터 汾水(분수)의 하류 지역인 韓地〔今 山西省 중부 稷山(직산) 일원〕에 被封(피봉)된 이후 그 일족이 번영하면서 晉의 문벌로 자리 잡았으며 韓獻子 韓厥(한궐) 이후 두각을 나타내었다.

이어 韓康子(韓虎, ?-前 425년)는 魏 桓子(駒)와 함께 당시 晉의 執政인 正卿 智伯(지백)의 命을 받아 趙 襄子(양자, 前 475-443년 집권) 정벌에 참여했다. 그러나 지백의 횡포에 대항하여 韓과 魏가 창을 잡고 돌아서면서 趙와 合作하여 三家가 智氏를 제거하고(前 453년), 智伯 소유의 食邑을 나눠가졌다. 이후 晉에서는 이들 三卿의 世族이 晉의 정치를 독점하였다. 이어 晉의 領地를 분할하였으며 前 403년 에 周 天子 威烈王의 작위를 받아 제후국이 되었다(三家分晉). 이후 韓, 魏, 趙는 보통 三晉으로 合稱(합칭)한다.

○ 강성

韓國은 이른바 中原에 자리를 잡아 북쪽으로는 魏와 趙, 東으로 는 齊, 남쪽으로는 楚, 그리고 西에는 秦이 있어 사방에서 적의 침공 을 받을 수 있는 위치였다(四戰之地). 그러나 韓은 인구가 많고 당 시로서는 최고의 新 병기인 弩(노, 쇠뇌)가 있었다. 그리하여 그 당시 에 '천하의 强弓과 勁弩(경노, 勁은 굳셀 경)는 모두 韓에서 나온다.' 는 말이 있었으며, 韓國의 쇠뇌(弩)의 사정거리는 약 800m 정도로, 공포의 신무기였기에 韓은 결코 만만한 나라가 아니었다. 또 韓國에 서는 특별히 예리한 劍이 생산되어 牛馬를 절단할 수 있었으며, 堅 甲(견갑)과 鐵幕(철막)을 뚫을 수 있다고 하였다. 이런 무기를 바탕으 로 哀侯 2년(前 375년)에 中原의 오래된 나라이면서, 한때 강성했던 鄭國을 병합하였다. 韓國이 가장 강성했던 시기는 韓 釐王(이왕, 재위 前 295-273년) 때였다. 法家 사상가인 申不害(신불해)를 宰相으로 등 용하여 內政을 개혁했고, 나라의 평안과 번영을 이룩했다.

○ 멸망

韓은 河水의 중류 지역에 자리 잡아 북으로는 魏國에 포위되었고
서쪽은 秦, 南에는 楚, 그리고 미약한 東周(洛陽)가 있어 나라가 뻗
어나갈 자리가 없었다. 그리하여 戰國七雄 중 가장 작고 허약하였기
에 주변 나라의 침략에 시달려야만 했다. 물론 강국의 틈에 이쪽저
쪽에 시달리며 완충국의 역할을 하였다지만, 늘 지치고 피곤한 나라
였다. 前 262년, 秦은 韓의 上黨을 점령했다. 그러나 한의 지방관이
秦에 병합될 수 없다며 그 지역을 가지고 趙에 투항했다. 거기에서
秦과 趙의 국운을 건 長平之戰이 일어났고 그 戰場은 韓國이었다.
前 230년, 韓國은 6국 중 제일 먼저 秦에 병합되어 멸망했다(174년
간 존속). 秦은 韓의 故地에 潁川郡(영천군)을 설치하여 통치했다.

韓國의 張開地(장개지)는 韓 昭侯(소후, 재위 前 358 - 333년)와 韓 宣
惠王(재위 前 332 - 312年), 韓 襄王(재위 前 311 - 296年)의 宰相을
역임하였는데, 張平의 父親이며 楚漢 시기 張良(장량)의 祖父였다.
張平(장평)은 張開地의 아들로 張良의 부친인데, 韓 釐王(이왕, 재위
前 295 - 273年)과 韓 桓惠王(재위 前 272 - 239年)의 재상을 역임했
다. 父親 張開地와 함께 韓國 5대의 재상을 역임하여 보통 '五代相
國'이라 칭한다. 張良은 이처럼 名門貴族의 後孫이었고 그만큼 秦
에 대한 반감이 있어 始皇帝를 저격했으나 실패했고, 몸을 숨겼다가
나중에 沛公(패공) 劉邦(유방)을 만난다.

韓氏 가문의 領袖(영수)

稱號	재위 연도	관계
韓武子	?	曲沃 桓叔 子
賕伯(구백)	?	韓萬의 子
韓簡(한간)	前 645년 이후	賕伯의 子
子輿(자여)		韓簡의 子
韓獻子	前 564년 이후	子輿의 子
韓宣子	?-前 514년	獻子의 子
韓貞子(平子)	前 513-?	宣子의 子
韓簡子	前 497년 이후	貞子의 子
韓莊子	?	簡子의 子
韓康子	?-前 425년	莊子의 子
韓武子	前 424-409년	康子의 子

韓國 君主

稱號	재위 연도	관계
1. 韓景侯(景子)	前 408-400년	韓武子의 子
2. 韓烈侯(武侯)	前 399-387년	韓景侯의 子
3. 韓文侯	前 386-377년	韓列侯의 子
4. 韓哀侯	前 376-371년	韓文侯의 子
5. 韓懿侯(共侯)(莊侯)	前 370-359년	韓哀侯의 子
6. 韓昭侯(昭釐侯)	前 358-333년	韓懿侯의 子
7. 韓宣惠王	前 332-312년	韓昭侯의 子
8. 韓襄王(襄哀王)	前 311-296년	韓宣惠王의 子
9. 韓釐王	前 295-273년	韓襄王의 子
10. 韓桓惠王(悼惠王)	前 272-239년	韓釐王의 子
11 韓王安	前 238-230년	韓桓惠王의 子

371/ 三晉已破智氏

{原文} 三晉已破智氏, 將分其地. 段規謂韓王曰, "分地必取
成皋."

韓王曰, "成皋, 石溜之地也, 寡人無所用之."

段規曰, "不然, 臣聞一里之厚, 而動千里之權者, 地利也.
萬人之衆, 而破三軍者, 不意也. 王用臣言, 則韓必取鄭矣."

王曰, "善."

果取成皋. 至韓之取鄭也, 果從成皋始.

三晉이 智氏를 격파한 뒤에,

{국역} 三晉(韓, 魏, 趙)이 지백을 격파한 뒤에 그 영지를 분할하려
했다.[2091] 그때 段規(단규)가 韓王에게 말했다.[2092]

"分地할 때 꼭 成皋(성고)를 차지하십시오."

韓王이 말했다.

"성고는 돌이 많은 땅이라서 과인에게는 쓸모없는 땅이오."[2093]

2091 三晉已破智氏 - 이는 周 貞定王 16년, 晉 出公 22년, 前 453년의 일이
었다.

2092 원문 段規謂韓王曰 - 段規(단규)는 韓의 謀臣, 韓王은 韓康子 虎(호)이
다. 稱王하지 않았다. 정식 제후가 된 것도 그 손자 景侯(재위 前 408
- 400年) 때였고(前 403), 稱王은 宣惠王(前 332 - 312년) 때였다.

2093 원문 成皋石溜之地也 - 成皋(성고)는, 今 河南省 중부 鄭州市 관할 榮

단규가 말했다.

"그렇지 않습니다. 臣이 알기로 一里 넓이의 땅으로(一里之厚), 1천 리를 다스릴 힘을 가질 수 있는 것이(動千里之權) 地理의 이점입니다(地利也). 1萬人의 군사로(衆), 三軍(前軍, 中軍, 後軍 / 1軍은 12,500명)을 격파할 수 있는 것은 不意의 공격입니다. 왕께서 臣의 말을 신용한다면 韓은 틀림없이 鄭나라를 차지할 수 있을 것입니다."[2094]

王은 "옳은 말이다."라고 했고, 成皐(성고)를 차지했다. 韓이 鄭을 차지한 것은 예상대로 성고를 차지한 데서 시작되었다.

372/ 大成午從趙

{原文} 大成午從趙(來), 謂申不害於韓曰,

"子以韓重我於趙, 請以趙重子於韓, 是子有兩韓, 而我有兩趙也."

陽市. 戰國 韓의 滎陽邑. 石溜(석류)는 山石이 많아 그 사이에 물이 고여 있다는 뜻.

2094 원문 則韓必取鄭矣 - 韓은 哀侯(재위 前 376 - 374年) 2년(前 375년)에 鄭을 병합하였다.

大成午(대성오)가 趙에서,

{국역} 大成午(대성오)가 趙에서 (찾아와)[2095] 韓의 申不害(신불해)에게 말했다.[2096]

"당신이 韓을 이용하여 내가 趙에서 重用되게 해주면, 趙에서는 당신을 韓에서 중용토록 하겠습니다. 그러면 당신은 두 개의 韓을 나는 두 개의 趙를 갖는 셈입니다."[2097]

373/ 魏之圍邯鄲

{原文} 魏之圍邯鄲也. 申不害始合於韓王, 然未知王之所欲也, 恐言而未必中於王也. 王問申子曰, "吾誰與而可?"

對曰, "此安危之要, 國家之大事也. 臣請深惟而苦思之."

2095 大成午從趙來 − 大成午(대성오)는 인명. 《史記 趙世家》와 《漢書古今人表》에도 보인다. 來는 후인이 文意를 이해 못하고 추가한 글자라는 주석이 있다. 곧 대성오는 趙에, 申不害는 韓에 있었다.

2096 申不害(신불해, 前 420 − 337년) − 전국시대 鄭國 京邑人〔今 河南省 滎陽市(형양시)〕. 鄭國이 韓國에 멸망한 후, 法家 학설로 韓 昭侯(재위 前 358 − 333년)의 宰相이 되었다(前 355년). 法家에서 특히 '術'을 강조했다. 《史記 老子韓非列傳》에 입전.

2097 而我有兩趙也 − 각자 양국에서 힘을 쓸 수 있다. 외국의 힘을 국내 정치에 연계 활용할 수 있다는 의미.

乃微謂趙卓,韓冕曰, "子皆國之辯士也, 夫爲人臣者, 言
可必用, 盡忠而已矣."
二人各進議於王以事. 申子微視王之所說以言於王, 王大
說之.

魏가 邯鄲을 포위하였다.

{국역} 魏가 (趙의 도읍) 邯鄲(한단)을 포위하였다.[2098] (그 무렵) 申
不害는 韓王의 신임을 받기 시작했지만, 왕이 무엇을 원하는지 알지
못하여, 자신의 말이 왕의 뜻에 맞지 않을까 걱정하고 있었다.
   昭王이 申子(申不害)에게 물었다.
   "내가 어느 편에 서는 것이 좋겠는가?"[2099]
   신불해가 대답하였다.
   "이는 (국가) 安危의 要諦(요체)이며 國家의 大事입니다. 臣은 (왕
께서) 深思(심사)하고 또 苦思(고사)해야 된다고 생각합니다."
   그러면서 은밀히 (조정의 신하인) 趙卓(조탁)과 韓冕(한조)에게 말
했다.
   "당신들은 모두 나라의 辯士(변사, 달변가)이니, 人臣이 되어 (왕
이) 받아들일 수 있는 말로 충성을 다해야 합니다."
   (이에) 두 사람이 각자 국사를 왕과 논의하였다. 신불해는 왕이

2098 원문 魏之圍邯鄲也 - 이는 前 354년의 사건으로 魏가 趙의 도읍을 포
     위 공격했다. 韓 昭侯 9년에 해당한다.
2099 원문 吾誰與而可? - 魏와 趙, 어느 쪽에 가담하는 것이 좋겠나?

좋아하는 말들을 은밀하게 알아내어 그렇게 왕에게 말했고, 왕은 크게 기뻐하였다.[2100]

374/ 申子請仕其從兄官

{原文} 申子請仕其從兄官, 昭侯不許也. 申子有怨色.

　昭侯曰, "非所(謂)學於子者也. 聽子之謁, 而廢子之道乎? 又亡其行子之術, 而廢子之謁乎? 子嘗敎寡人循功勞, 視次第. 今有所求, 此我將奚聽乎?"

　申子乃辟舍請罪, 曰, "君眞其人也!"

신불해가 그 從兄의 등용을 청했으나,

{국역} 申子(신불해)가 자기의 從兄의 관리 임용을 요청했지만,[2101] 昭侯(소후)가 不許했다. 신불해에게 원망의 안색이 나타나자 昭侯가 말했다.

　"이는 (과인이) 卿(경)한테 배운 바가 아니요. 경의 부탁을 들어

2100 원문 王大說之 – 신불해는 자기의 주관을 강하게 주장하기보다는 왕의 뜻에 영합하려 했다. 이는 '術의 最下' 라는 주석이 있다.

2101 원문 申子請仕其從兄官 – 이는 신불해가 韓의 相이 된 이후의 일일 것이다.

주려고 경의 道를 버려야 하는가? 아니면 경이 말한 術을 실천하면 서[2102] 경의 청탁을 버려야 하는가? 경은 그간 과인에게 功勞(공로, 공적)에 따르고(信賞), 次第(차제, 서열)를 지켜야 한다고 하였소. (그런데) 지금 (卿이) 얻고자 하는 바는 그것에 어긋나니, 내가 어떻게 들어줄 수 있겠는가?"[2103]

이에 신불해는 바로 居所를 옮겨 머물면서(辟舍) 請罪(청죄)하며 말했다.

"主君께서는 정말 明君이십니다!"[2104]

375/ 蘇秦爲趙合從說韓王

{原文} 蘇秦爲趙合從說韓王曰,

"韓北有鞏,洛,成皋之固, 西有宜陽,常阪之塞, 東有宛,穰, 洧水, 南有陘山, 地方千里, 帶甲數十萬. 天下之强弓勁弩, 皆自韓出. 谿子,少府時力,距來, 皆射六百步之外. 韓卒跕足而射, 百發不暇止, 遠者達胸, 近者掩心. 韓卒之劍戟, 皆出於冥山,棠谿,墨陽,合伯膊. 鄧師,宛馮,龍淵,大阿, 皆陸斷

2102 원문 又亡其行子之術 ─ 又는 또 우. 또는. 亡은 아니면(抑也). 其는 혹은(或也). 行은 실천하다. 지켜나가다. 術은 통치술.

2103 원문 我將奚聽乎? ─ 奚는 어찌 해. 어떻게.

2104 원문 君眞其人也! ─ 其人은 신불해가 생각하는 理想 속의 明君.

馬牛, 水擊鵠鴈, 當敵卽斬堅甲. 盾,鞮,鍪,鐵幕,革抉,㕹芮, 無不畢具. 以韓卒之勇, 被堅甲, 蹠勁弩, 帶利劍, 一人當百, 不足言也. 夫以韓之勁, 與大王之賢, 乃欲西面事秦, 稱東藩, 築帝宮, 受冠帶, 祠春秋, 交臂而服焉. 夫羞社稷而爲天下笑, 無過此者矣. 是故願大王之熟計之也. 大王事秦, 秦必求宜陽,成皐. 今玆效之, 明年又益求割地. 與之, 卽無地以給之, 不與, 則棄前功而後更受其禍. 且夫大王之地有盡, 而秦之求無已. 夫以有盡之地, 而逆無已之求, 此所謂市怨而買禍者也, 不戰而地已削矣. 臣聞鄙語曰, '寧爲雞口, 無爲牛後.' 今大王西面交臂而臣事秦, 何以異於牛後乎? 夫以大王之賢, 挾强韓之兵, 而有牛後之名, 臣竊爲大王羞之."

韓王忿然作色, 攘臂按劍, 仰天太息曰, "寡人雖死, 必不能事秦. 今主君以趙王之敎詔之, 敬奉社稷以從."

蘇秦이 趙를 위해 合從으로 韓王을 설득하다.

{국역} 蘇秦이 趙를 위해 合從으로 韓王을 설득했다.[2105]

2105 蘇秦爲趙合從說韓王曰 - 합종책을 제일 강력히 추진했던 나라는 趙였다. 일부 '爲楚~' 된 문장을 주석에 의거 '爲趙~'로 바꿨다. 본 章은 《史記 蘇秦列傳》에서 韓 宣王(宣惠王, 재위 前 332 - 312년)에게 유세한 내용으로 되어 있다. 그러나 韓이 비록 약소국이었지만, 韓 昭侯(昭釐侯, 재위 前 358 - 333년) 이후 한창 국운이 상승한 韓에게 秦에 복종하는 형상을 언급한 내용 등은 당시 상황과 맞지 않는다면서 후인의

"韓의 北쪽에는 鞏(공)과 洛(낙), 成皐(성고)의 험고한 땅이 있고, 서쪽으로는 宜陽(의양), 常阪(상판, 商阪)²¹⁰⁶의 요새가 있으며, 동쪽으로는 宛(완), 穰(양), 洧水(유수)가 있고, 남쪽으로는 陘山(형산)까지, 사방 1천 리에 이르는 땅에, 무장 군사(帶甲)가 수십 만이나 됩니다. 천하의 强弓(강궁)과 勁弩(경노, 뛰어난 쇠뇌)가 모두 韓에서 제조됩니다. 谿子(계자)와 少府(소부), 時力(시력), 距來(거래) 같은 쇠뇌〔이상 弩(노: 활)의 이름〕는 모두 6백 보 밖에서 발사합니다.²¹⁰⁷ 韓의 將卒은 이 쇠뇌를 발로 밟고서 1백 발을 쉬지 않고 발사하는데²¹⁰⁸ 멀리로는

─────

　　擬托(의탁)일 것이라는 주석이 있다.

2106 常阪(상판, 商阪) - 商阪은 商山, 商洛縣의 남쪽에 위치. 楚山이라고도 부른다. 關中 땅으로 들어갈 수 있는 武關(무관)의 要塞(요새)가 있다.

2107 원문 皆射六百步之外 - 皆는 앞에서 언급한 쇠뇌의 이름. 射는 발사. 소설 《삼국연의》에서 〈呂奉先轅門射戟, 여포가 轅門에서 활로 창을 쏘다.〉라는 장면이 있다. 거기에 여포는 劉備와 袁術의 부장 紀靈(기령)을 한 자리에 불렀다. 술이 몇 순배 돌아가자, 여포가 말했다. "당신들은 나의 체면을 보아 각자 모두 군사를 철수하시오." 그러면서 여포가 畫戟(화극)을 손에 쥐자 기령과 현덕은 모두 하얗게 질렸다. 여포는 측근에게 화극을 갖고 나가 轅門(원문, 軍門) 밖 먼 곳에 세워 놓게 시켰다. 그리고 기령과 현덕을 돌아보며 말했다. "원문은 여기 中軍에서 150步(보)인데, 내가 활을 쏘아 화극의 작은 가지(날)를 명중시키면 양쪽은 모두 군사를 철수하고, 만약 명중하지 못한다면 각자 자기 군영으로 돌아가 준비하고 싸우시오. ~" 여기서 步는 걸음 보. 좌우측의 발이 한 번씩 나간 거리가 1步이다. 우리의 '한 걸음'과는 개념이 다르다. 5尺이 1步라 하는데, 漢代 1尺은 23.1cm. 5尺 = 115 cm. 150步는 약 170 - 180m 정도였을 것이다. 그렇다면 6백 보는 680 - 720m. 좀 과장해서 800m정도라 생각한다.

2108 원문 蹠足而射, 百發不暇止 - 蹠은 밟을 접. 쇠뇌를 발로 밟는 것은 쇠뇌를 고정시키는 방법이었을 것이다(擧蹠踏弩).

(적의) 앞가슴을 맞추고(達胸), 가까이는 적의 심장을 꿰뚫습니다 (掩心). 韓나라 군사의 劍(검)과 창은[戟(극)] 모두 冥山(명산), 棠谿 (당계), 墨陽(묵양), 合伯膊[合伯 ?, 合膊(합박)?]에서 생산되고, 鄧師 (등사), 宛馮(완풍), 龍淵(용연), 大阿(대아)의 名劍은 모두 땅에서는 소 나 말을 단칼에 자르고, 물에서는 큰 고니[鵠(곡)]이나 기러기[鴈 (안), 雁]를 찌를 수 있으며, 적병과 맞서면 견고한 갑옷을 벨 수 있 습니다. 그리고 (韓 군사의) 방패[盾(순)], 군화[鞮(가죽 신발 제), 革 履], 투구[鍪(투구 무), 兜鍪(두무)], 철막(鐵幕, 어깨 보호 장비), 革抉(혁 결, 弓射 보조 골무), 벌예(吷芮, 방패의 일종) 등 완비되지 않은 것이 없 습니다. 韓卒의 용기에, 견고한 갑옷을 입고(被堅甲), 밟고 서서 쏘 는 강한 쇠뇌(蹠勁弩)에, 날카로운 검을 들고 싸우는 一人 當百의 군 사는 말로 다 설명할 수가 없습니다. 이러한 韓의 무력에, 大王의 현 명함을 갖추고서도, 서쪽을 바라보고 秦을 섬기며 東의 藩臣(번신) 을 자칭하고, (秦을 위한) 帝宮을 지어야 하며, (秦의) 冠帶(관대)를 받고, (秦의 先王을) 春秋로 제사하며, 팔을 모아 굴복할 생각을 갖 고 계십니다. 이는 (韓) 社稷(사직)의 수치이며 천하의 웃음거리이 니, 이보다 더한 것은 없을 것입니다. 이러하니 大王께서는 숙고하 셔야 합니다. 大王께서 秦을 섬긴다면, 秦은 틀림없이 宜陽(의양)과 成皐(성고)의 땅을 요구할 것입니다. 지금 그 땅을 바친다면 내년에 는 더 많은 땅을 요구할 것입니다. 일단 주게 되면 (나중에는) 없는 땅도 주어야 할 것입니다. (땅을) 주지 않는다면, 앞서 주었던 그 功 이 모두 없어지며 그 후로 더 많은 禍(화)를 당할 것입니다. 그보다 대왕은 땅이 다 없어지더라도 秦의 요구는 끝이 없을 것입니다. 유 한한 땅으로 무한한 요구를 들어주어야 하니, 이는 곧 남의 원망과

禍를 사오는 것이고, 싸우지도 못하면서 땅은 모두 빼앗기는 것입니다. 臣은 '닭의 주둥이가 될지언정 소의 꽁무니는 되지 않겠다.'는 비속한 말을 들었습니다.[2109] 지금 大王께서 西面하여 양손을 모은 신하가 되어 秦을 섬기는 것이 소 꽁무니와 무엇이 다르겠습니까? 현명하신 대왕께서 강한 한나라의 군사를 보유하고서도 소 꽁무니라는 말을 듣게 된다면 저로서는 대왕을 위해 부끄러울 뿐입니다."

韓王은 화가 나 얼굴이 붉어지며 팔을 휘저으며 칼을 잡고서는 하늘을 우러러 크게 한숨을 쉬고서 말했다.

"과인이 비록 죽는 한이 있어도 결코 秦을 섬기지 않을 것이요, 지금 君이 趙王과 관련한 가르침을 일러 주시니 삼가 사직을 받들어 따르겠습니다."

376/ 張儀爲秦連橫說韓王

{原文} 張儀爲秦連橫說韓王曰,

"韓地險惡, 山居, 五穀所生, 非麥而豆, 民之所食, 大抵豆飯藿羹, 一歲不收, 民不饜糟糠, 地方不滿九百里, 無二歲

2109 원문 寧爲雞口, 無爲牛後 - 雞口는 작지만 자기 의지로 먹을 수 있다. 牛後(소 꽁무니, 항문)는 크지만 자기 마음대로 할 수 있는 것이 없다. 비슷한 뜻으로 '寧爲雞屍, 不爲牛從'이라고도 말한다. 이때 鷄屍는 닭장 안의 우두머리 수탉이다(屍, 雞中主). 牛從은 송아지처럼 따라다닌다.

之所食．料大王之卒，悉之不過三十萬，而廝徒負養在其中
矣，爲除守徼亭鄣塞，見卒不過二十萬而已矣．秦帶甲百餘
萬，車千乘，騎萬匹，虎摯之士，跿跔科頭，貫頤奮戟者，至
不可勝計也．秦馬之良，戎兵之衆，探前趹後，蹄間三尋者，
不可稱數也．山東之卒，被甲冒冑以會戰，秦人捐甲徒裎以
趨敵，左挈人頭，右挾生虜．夫秦卒之與山東之卒也，猶孟
賁之與怯夫也，以重力相壓，猶烏獲之與嬰兒也．夫戰孟賁，
烏獲之士，以攻不服之弱國，無以異於墮千鈞之重，集於鳥
卵之上，必無幸矣．諸侯不料兵之弱，食之寡，而聽從人之
甘言好辭，比周以相飾也，皆言曰，'聽吾計則可以强霸天
下．'夫不顧社稷之長利，而聽須臾之說，詿誤人主者，無過
於此者矣．大王不事秦，秦下甲據宜陽，斷絕韓之上地，東
取成皋,宜陽，則鴻臺之宮，桑林之苑，非王之有已．夫塞成
皋，絕上地，則王之國分矣．先事秦則安矣，不事秦則危矣．
夫造禍而求福，計淺而怨深，逆秦而順趙，雖欲無亡，不可得
也．故爲大王計，莫如事秦．秦之所欲，莫如弱楚，而能弱楚
者莫如韓．非以韓能强於楚也，其地勢然也．今王西面而事
秦以攻楚，爲敝邑，秦王必喜．夫攻楚而私其地，轉禍而說
秦，計無便於此者也．是故秦王使使臣獻書大王御史，須以
決事．"

　韓王曰，"客幸而教之，請比郡縣，築帝宮，祠春秋，稱東
藩，效宜陽．"

張儀가 秦을 위해 連橫으로 韓王을 설득했다.

{국역} 張儀(장의)가 秦을 위하여 韓王에게 連橫說(연횡설)로 유세했다.[2110]

"韓地는 험악한 땅이라서 백성은 산간에 거처하며, 생산되는 오곡은 보리(麥) 아니면 콩이고(豆), 백성의 주식은 대개 콩밥(豆飯)과 콩잎 국이며〔藿羹(곽갱), 藿은 菽之少者〕일 년이라도 흉년이 들면 (不收) 백성은 糟糠(조강)도 배불리 먹지 못하고[2111] (韓의) 땅은 사방 9백 리도 안 되며 2년을 먹을 양식 비축도 없습니다. 大王의 병졸을 헤아려보면 모두 30만도 되지 않는데, 그중에는 군량을 운반하는 짐꾼이나 하인이 포함되어 있으니,[2112] 실제 요새나 보루를 지키는 보초를 제외한다면 (전투에 동원할 수 있는) 군졸은 20만이 되질 않

2110 張儀爲秦連橫說韓王曰 -《史記 張儀列傳》에 의하면, 이는 周 赧王(난왕) 4년(前 311), 韓 襄王(襄哀王, 재위 前 311 - 296년) 원년의 일이다. 《戰國策》에서는 장의의 유세 이후에 韓王은 宜陽(의양)을 바쳤다고 하였지만,《史記 六國年表》에 의양 땅은 秦 甘茂(감무)가 大軍으로 정벌하여 빼앗았다(前 307). 또 秦이 칭제한 일은 前 288년으로, 이때는 장의는 이미 죽은 지 23년이나 되었다. 따라서 본 장은 후인의 의탁이라는 주석이 있다.

2111 원문 民不壓糟糠 - 壓은 물릴 염. 배불리 먹다. 벼 낱알의 껍질이 왕겨이고, 왕겨를 벗겨낸 뒤에 방아를 더 찧으면 쌀알의 속껍질이 약간 벗겨지는데 그것을 쌀겨라고 한다. 糟糠(조강)은 쌀겨 같은 곡물의 속껍질이다. 농촌에서는 가축의 사료였다. 그 쌀겨로 지은 밥도 배불리 먹지 못한다는 뜻. 그런 거친 음식을 먹으며 함께 고생을 한 아내를 糟糠之妻(조강지처)라 한다.

2112 원문 而廝徒負養 - 廝는 하인 시. 廝徒는 잡역을 담당하는 천민, 負養은 公家의 급양을 담당하는 천민.

습니다. 秦은 무장을 갖춘 군사가 1백만이 넘고, 戰車 1천 乘에 軍馬가 1만 필이며, 용감한 虎賁(호분)의 군사와 跳躍〔도약, 跳跿(도구)〕하며 투구를 쓰지 않은(科頭) 군사, 죽기를 각오하고〔貫頤(관이)〕奮戰(분전)하는 사졸은 이루 다 셀 수도 없습니다. 秦나라의 우수한 軍馬와 많은 步卒(戎兵之衆)에, 앞뒤 발로 땅을 차면서(探前趹後) 한 번에 세 길이나 달리는(蹄間三尋) 戎馬(융마)는 이루 다 말할 수도 없습니다. 山東의 군졸은 갑옷에 투구를 쓰고 전투에 나서지만(會戰), 秦人은 갑옷을 벗어버리고 맨몸으로(捐甲徒裎) 적을 추격하여 왼손으로 적의 머리를 잡아채고 오른손으로 생포합니다. 秦의 군졸과 山東의 군사는 마치 孟賁(맹분) 같은 勇士가 겁먹은 사내를 상대하는 것이고 강한 힘으로 제압하기는 마치 烏獲(오획)이 어린애를 낚아채듯 합니다.[2113] 맹분이나 오획 같은 군사들이 不服하는 弱國을 공격하는 것은 1천 균의 무게를 새 알(鳥卵) 위에 올려놓는 것과 같아 요행을 바랄 수 없습니다. 諸侯들은 사졸의 강약이나 군량의 多寡(다과)도 헤아리지 못하고 합종을 주장하는 자들의 甘言(감언)이나 그럴 듯한 말에(好辭) 속으면서 두루 친한 척(比周) 꾸미며, 모두가 '나의 계책에 따르면 천하의 패자가 될 수 있다.'고 말합니다. 이는 社稷(사직)의 장구한 이익을 돌아보지 못하고, 순간의 설득을 따라가는 것이니,[2114] 人主를 속이는 일이[2115] 이보다 더 심한 것은 없습니다.

2113 원문 烏獲之與嬰兒也 - 烏獲(오획)은 戰國 시대 秦國의 勇士 이름. 힘이 매우 강해여 1千 鈞(균)의 무게를 들어 올릴 수 있었다. 任鄙(임비), 孟說(맹열)과 함께 秦 武王의 信任을 받았다. 오획은 大官을 역임했고 80세가 넘게 살았다고 한다. 嬰兒(영아)는 어린아이.

2114 원문 而聽須臾之說 - 聽은 따르다. 須臾(수유)는 잠깐. 짧은 시간.

대왕께서 秦을 섬기지 않겠다면, 秦은 군사를 내어 宜陽(의양)을 점거하여 韓의 북쪽 땅과(上地) 연결을 끊으면서 동쪽으로 成皐(성고)와 宜陽(의양)을 공격하면, (韓의) 鴻臺(홍대)의 궁궐이나 〔亳(박)에 있는〕 桑林(상림)의 苑囿(원유)는 더 이상 대왕의 소유가 아닙니다. 成皐(성고)가 막히고 上地와 단절되면, 王의 나라는 두 토막이 납니다. 秦 섬기기를 우선한다면 안전하나 섬기지 않는다면 위태로울 것입니다. 禍를 초래하느냐 아니면 복을 얻느냐, 얕은 계책(計淺)이라면 원한만 깊어질 것이며(怨深), 秦을 거역하고 趙를 따른다면(合從) 망하지 않기를 바라지만 결코 성취할 수 없을 것입니다. 그래서 대왕을 위한 계책으로서는 秦을 섬기는 일보다 더 큰 일은 없을 것입니다. 秦이 바라는 바는 楚를 약화시키는 일이고, 楚를 약화시키는 일은 韓만큼 잘할 나라가 없습니다. 이는 韓이 楚보다 더 강해서가 아니라 그 地勢가 그러합니다. 지금 왕께서 서쪽을 향하여 秦을 섬기며 楚를 공격한다면 우리 秦王은 틀림없이 기뻐할 것입니다. 楚를 공략하여 그 땅을 (韓이) 차지한다면, 禍를 바꾸면서 秦을 기쁘게 하는 일이니, 이보다 더 이로운 일이 없을 것입니다. 이러하기에 秦王께서는 저를 시켜서 대왕께 秦王의 국서를 (韓의) 어사에게 올리게 하였으니, 모름지기 대왕께서 결정하십시오."

이에 韓王이 말했다.

"客卿이 다행히 과인을 깨우쳐 주시니, (秦의) 군현처럼 秦왕을 위해 제궁을 짓고, 춘추로 제사를 받들며 동쪽의 藩臣(번신)이 되어 宜陽(의양)을 헌상하겠습니다."

2115 원문 註誤人主者 – 註는 그르칠 괘. 誤導(오도)하다.

377/ 宣王謂摎留

{原文} 宣王謂摎留曰, "吾欲兩用公仲, 公叔, 其可乎?"

對曰, "不可. 晉用六卿而國分, 簡公用田成, 監止而簡公弒, 魏用犀首, 張儀而西河之外亡. 今王兩用之, 其多力者內樹其黨, 其寡力者籍外權. 群臣或內樹其黨以擅其主, 或外爲交以裂其地, 則王之國必危矣."

宣王이 摎留(규류)에게 물었다.

{국역} 宣王(선왕)이 摎留(규류)에게 물었다.[2116]
"내가 公子 仲(중, 공자 중, 당시 相)과 叔(숙) 두 사람을 등용하고 싶은데 괜찮겠나?"
규류가 대답하였다.
"不可합니다. 晉은 六卿을 등용했으나 나라는 분열되었고,[2117] (齊) 簡公(간공)은 田成(전성, 田常), 監止(감지, 闞止)를 등용하였지만 簡公은 시해 당했으며(前 481), 魏에서는 犀首〔서수, 公孫衍(공손연)〕과 張儀(장의)를 등용하였지만 西河의 서쪽 땅을 상실하였습니다. 지금 대왕께서 두 공자를 함께 등용하신다면 힘이 강한 자가(多力者) 조

2116 원문 宣王謂摎留 - 韓 宣王(宣惠王, 재위 前 332 - 312년). 摎는 맬 규. 묶다. 성씨. 樛와 同. 본 章에서 두 公子의 등용에 반대한 것은 왕권 강화를 위한 法家의 사상과 상통한다. 이는 前 321년의 일로 알려졌다.

2117 六卿而國分 - 六卿은 智氏, 范씨. 中行氏, 韓, 魏, 趙氏.

정에 黨人을 심을 것이고, 힘이 부족한 자는 외세에 의존하려 할 것
입니다. 그러면 群臣들은 조정에 그 무리와 연결되어 주군을 흔들려
하거나 외국과 교류하려고 땅을 베어두려 할 것이니, 왕의 나라는 틀
림없이 위험에 처할 것입니다."

378/ (張儀)謂齊王

{原文} (張儀)謂齊王曰,

"王不如資韓朋, 與之逐張儀於魏. 魏因相犀首, 因以齊,
魏廢韓朋, 而相公叔以伐秦. 公仲聞之, 必不入於齊. 據公
於魏, 是公無患."

(張儀가) 齊王에게 말했다.

{국역} 어떤 이가 齊王(威王, 재위 前 356 - 320)에게 말했다.[2118]
"王께서는 韓의 朋(붕, 公仲朋)을 이용하여 장의를 魏에서 축출케
해야 합니다. 그러면 魏에서는 犀首(서수, 공손연)를 相에 임용할 것
이고, 이어 齊와 魏에서는 (韓의) 韓朋(한붕, 韓侈)을 축출하고 公叔을
相으로 삼아 秦을 정벌할 것입니다. 그러면 公仲(公仲侈, 韓侈, 韓

2118 張儀謂齊王 - 본 章은 前 322년의 일로 알려졌지만 錯簡(착간)이 있어
　　　내용이 모호하다는 주석이 있다.

朋)이 이를 알게 되고 틀림없이 齊에는 가지 않을 것입니다. 그러면 魏에서는 公에 의지하고, 公은 걱정거리가 없어질 것입니다."

379/ 楚昭獻相韓

{原文} 楚昭獻相韓. 秦且攻韓, 韓廢昭獻. 昭獻令人謂公叔曰,

"不如貴昭獻以固楚, 秦必曰楚,韓合矣."

楚의 昭獻(소헌)이 韓의 相이 되었다.

{국역} 楚의 昭獻(소헌)이 韓의 相이 되었다.[2119] 秦은 또 韓을 공격했고, 韓에서는 昭獻을 파면시켰다. 그러자 昭獻은 사람을 시켜 公叔(공숙)에게 말했다.

"차라리 나를 높이 등용하여 楚와 동맹을 다지면, 秦에서는 楚와 韓이 合從하였다고 생각할 것입니다." (그러면 韓을 또 침공하지는 않을 것이다.)

2119 원문 楚昭獻相韓 – 본 章은 언제 일인지 알 수 없다.

380/ 秦攻陘

{原文} 秦攻陘, 韓使人馳南陽之地. 秦已馳, 又攻陘, 韓因割
南陽之地. 秦受地, 又攻陘. 陳軫謂秦王曰,

"國形不便故馳, 交不親故割. 今割矣而交不親, 馳矣而兵
不止, 臣恐山東之無以馳割事王者矣. 且王求百金於三川而
不可得, 求千金於韓, 一旦而具. 今王攻韓, 是絶上交而固
私府也, 竊爲王弗取也."

秦이 陘(형)을 침공하자,

{국역} 秦이 (韓의) 陘(형)을 침공하자,[2120] 韓은 사람을 보내 (陘과)
(韓의) 南陽의 땅을 바꾸었다.[2121] 秦은 교환한 뒤에도 계속 침공하

2120 秦攻陘 -《史記 韓世家》에 의하면, 韓 桓惠王(재위 前 272 - 239년) 9
년 (前 264) 「秦拔我陘城汾旁」이라 하였다. 또 白起列傳에 의하면, 秦
昭王 43년, '백기가 형성을 침공하여 5개 성을 점령하고 5만 명을 죽
였다.' 고 하였다. 韓에서는 陳軫(진진)을 통해 침공을 멈추게 하려 했
으나 헛수고였다. 陘은 지레목 형. 산줄기가 끊어진 곳. 地名. 今 山西
省 남부, 臨汾市 관할 曲沃縣.

2121 원문 使人馳南陽之地 - 馳는 달릴 치. 주석에는 음이 '移' 이고, '易也'
는 訓이라 했지만 우리 옥편에는 그런 뜻이 없다. 南陽은, 今 河南省
북부 焦作市(초작시) 관할 修武縣이라는 주석이 있으나 지도에서 볼
때 불합리하다. 글자 그대로, 今 河南省 서남부 南陽市 일대 어디일 것
이다.

였다. 陳軫(진진)을 보내[2122] 秦王(惠王)에게 말했다.

"나라의 형세가 불편하여 땅을 교환하였고, (두 나라가) 친교가 없었기에 割地(할지)까지 하였던 것입니다. 지금 땅도 할양받았고 친교가 이뤄지지 못했지만, 교환하고도 침공을 그치지 않으니 앞으로 山東의 어느 나라도 땅을 베어주며 王을 섬기려는 나라가 없을까 걱정이 됩니다. 또 왕께서 金 일백으로 三川(今, 河南省 洛陽市)을 요구하였지만 차지하지 못했었는데, 지금 韓에 1千金을 하루에 내 놓으라 하십니다. 이는 韓을 침공하면서 친교는 외면하고 私府(개인 재산)를 늘리려는 뜻이니, 아마 해서는 안 될 일이라 생각합니다."

381/ 五國約而攻秦

{原文} 五國約而攻秦, 楚王爲從長, 不能傷秦, 兵罷而留於成皐. 魏順謂市丘君曰,

"五國罷, 必攻市丘, 以償兵費. 君資臣, 臣請爲君止天下之攻市丘."

市丘君曰, "善." 因遣之.

2122 陳軫(진진, 생졸년 미상, 軫은 수레 뒤턱 나무 진) - 戰國 시대 齊國 臨淄人. 縱橫家. 秦國에 유세하여 惠文王의 예우를 받고 장의와 함께 경쟁하였다. 楚와 齊에서도 유세에 성공하였다. 楚의 令尹(相)을 역임하고 潁川侯가 되었다. 畫蛇添足(화사첨족)의 성어를 만들어낸 사람이다.

魏順南見楚王曰, "王約五國而西伐秦, 不能傷秦, 天下且以是輕王而重秦, 故王胡不卜交乎?"

楚王曰, "奈何?"

魏順曰, "天下罷, 必攻市丘以償兵費. 王令之勿攻市丘. 五國重王, 且聽王之言而不攻市丘, 不重王, 且反王之言而攻市丘. 然則王之輕重必明矣."

故楚王卜交而市丘存.

五國이 약조를 맺고 秦을 침공하면서,

{국역} 五國이 약조하고 攻秦하면서,[2123] 楚王(考烈王)이 합종을 주도하였으나 秦에 아무런 폐해를 주지 못했고, 군사는 공격을 휴전한 채 (韓의) 成皐(성고)에 주둔하였다. 魏順(위순)이 市丘君(시구군, 沛丘君, 君은 其長也)에게[2124] 말했다.

"五國이 지쳐있지만 틀림없이 市丘를 공격하여 전쟁 비용을 보상받으려 할 것입니다. 君이 만약 나의 말을 따라준다면, 臣이 여러 나라가 시구를 공격하지 않도록 해보겠습니다."

市丘君은 좋다며 위순을 보냈다.

2123 五國約而攻秦 – 五國은 韓, 魏, 趙와 齊, 楚. 이는 秦王 政 6년, 前 241년의 일이다. 楚 考烈王이 맹약을 주도했다. 攻秦했으나 아무런 성과도 거두지 못했다. 문제는 전쟁 비용의 보충이었다. 市丘(시구)는 韓의 속국인 것 같다.

2124 市丘君(시구군, 沛丘君) – 韓에서 封한 작위. 君은 其長也.

위순이 남쪽으로 가서 楚王을 만나 말했다.

"王께서 약조를 맺어 五國이 서쪽으로 秦을 공격하였지만 秦에 상처를 주지도 못했으니, 천하에서는 왕을 경시하게 되고 秦王만 중시될 것인데, 왕께서는 왜 휴전을 모색하지 않으십니까?"

楚王은 "어떻게 하면 좋은가?"라고 물었다.

"天下 군사가 지금 지쳐있지만 틀림없이 市丘(시구)를 공격하여 군사비용을 보상받으려 할 것입니다. 왕께서 시구를 공격하지 말라고 명령하시면, 왕께서 다른 나라의 존중을 받는다면 시구를 공격하지 않을 것입니다. 그러나 왕을 존중하지 않는다면 왕의 말씀에도 불구하고 시구를 공격할 것입니다. 그러면 왕의 輕重은 틀림없이 드러나게 될 것입니다."

그렇게 하여 楚王은 강화를 진행하였고 (韓地) 市丘(시구)는 존속할 수 있었다.

382/ 鄭彊載八百金入秦

{原文} 鄭彊載八百金入秦, 請以伐韓. 泠向謂鄭彊曰,

"公以八百金請伐人之與國, 秦必不聽公. 公不如令秦王疑公叔."

鄭彊曰, "何如?"

曰, "公叔之攻楚也, 以幾瑟之存焉, 故言先楚也. 今已令

楚王奉幾瑟以車百乘居陽翟, 令昭獻轉而與之處, 旬有餘,
彼已覺. 而幾瑟, 公叔之讎也, 而昭獻, 公叔之人也. 秦王聞
之, 必疑公叔爲楚也."

鄭彊(정강)이 八百 金을 갖고 入秦하여,

{국역} 鄭彊(정강)이 八百 金을 가지고 入秦(진나라에 들어가다)하
여,[2125] 韓 정벌을 요청했다. (說客) 冷向(영향, 冷은 깨우칠 영, 령, 冷向,
곧 冷壽)이 정강에게 말했다.

"公은 8백 금으로 남의 동맹국(秦의 동맹국인 韓)을 정벌해 달라
고 요청하고 있지만, 秦은 틀림없이 당신 말을 들어주지 않을 것입
니다. 그러니 공은 秦王(昭王)에게 (韓) 公子 叔(숙)을 의심하게 만드
는 것이 더 나을 것입니다."

정강이 물었다. "왜 그렇습니까?"

"公叔이 楚를 침공한 것은 韓나라 태자 幾瑟(기슬)[2126]이 楚에 가

2125 鄭彊載八百金入秦, 請以伐韓. -《史記 韓世家》에 의하면, 韓 襄王(양왕,
　　 재위 前 311~296년) 12년(前 300)에 太子 嬰(영)이 사망하자, 韓의 公子
　　 咎(구)와 公子 幾瑟(기슬)이 태자가 되려고 경쟁한다. 본 장은 이 무렵
　　 의 일이다.
　　 鄭彊(정강)은 人名. 유세객이라는 주석이 있다. 유세객이 8百金이라는
　　 거금을 어디서? 韓에 병합된 鄭나라의 遺民(유민)인 彊(강, ? 姓은 鄭) 그
　　 러나 이는 근거가 없다는 주석이 있다.

2126 幾瑟(기슬) -人名. 太子 嬰(영)의 弟, 당시 楚에 인질로 가 있었는데 公叔
　　 과 사이가 안 좋았다.《史記》에는 '幾虱(기슬, 서캐라는 뜻)'이라 기록했
　　 다. 당시 귀인의 이름은 일부러 천하게 지은 것 같다.

있기 때문에 楚를 정벌하자고 졸랐기 때문입니다. 지금 이미 楚王 (懷王)은 (韓 公子) 幾瑟(기슬)을 수레 1백 승을 거느리게 하여 (韓 의) 陽翟(양책, 翟은 땅이름 책)으로 보내주었고, (楚臣) 昭獻(소헌)이 돌아와 기슬과 함께 머물게 한 것이 이미 10여 일이 지났으며, 秦은 이를 알았습니다. 그런데 기슬은 公叔의 원수이고, 소헌은 公叔과 친한 사람입니다. 秦王이 이를 알면 필히 公叔이 楚와 한편이라고 생각할 것입니다."

383/ 鄭彊之走張儀於秦

{原文} 鄭彊之走張儀於秦, 曰 "儀之使者, 必之楚矣."

故謂大宰曰, "公留儀之使者, 彊請西圖儀於秦."

故因而請秦王曰, "張儀使人致上庸之地, 故使使臣再拜 謁秦王."

秦王怒, 張儀走.

鄭彊(정강)이 장의를 秦에서 쫓아내다.

{국역} (鄭 公族이었던, 說客) 鄭彊(정강)이 張儀를 (참소하여) 秦에 서 방출시키면서 말했다.[2127]

[2127] 원문 鄭彊之走張儀於秦 – 이는 秦 무왕이 즉위하던 해, 前 310년의 일

"장의의 使者가 틀림없이 楚에 갔을 것입니다."

그러면서 楚나라 大宰(태재)[2128]에게 말했다.

"公은 장의의 사자를 잡아둔다면, 제가(彊) 서쪽에 가서 장의를 秦에서 축출케 하겠습니다."

그리고서는 秦王(武王)을 찾아가 말했다.

"張儀의 使人이 上庸(상용)[2129]의 땅을 楚에 바치겠다며 사람을 보냈습니다. 그래서 楚王이 저를 보내어 대왕께 再拜하고 말씀드리라 하였습니다."

秦王이 분노하자, 장의는 달아났다.

384/ 宜陽之役

{原文} 宜陽之役, 楊達謂公孫顯曰,

"請爲公以五萬攻西周, 得之, 是以九鼎抑甘茂也. 不然, 秦攻西周, 天下惡之, 其救韓必疾, 則茂事敗矣."

이다. 그때 장의는 秦에서 상하 모두의 미움을 받았기에 鄭彊(정강)의 이런 참소가 먹혀들어갔다.

2128 大宰(태재) - 太宰. 職名. 楚의 高官, 슈尹이 수상, 司馬가 군 최고 사령관, 그 아래가 태재이니 고관직이다.

2129 上庸(상용) - 본래 楚邑. 惠王 때 秦의 소유가 되었다. 今 湖北省 서북단 十堰市(십언시) 관할 竹山縣.

宜陽(의양)의 싸움

{국역} 宜陽(의양)의 싸움에서[2130] 秦의 신하 楊達(양달)이 (韓人으로 秦에 출사하고 있는) 역시 秦의 신하인 公孫顯(공손현)에게 말했다.

"公을 위하여 5萬의 군사로 그대를 위하여 (제후국) 西周를 공격할 것이고 점령하면(得之) (周室의) 九鼎(9정)을 얻어 秦(진)나라 장수 甘茂(감무)를 누를 수 있습니다. 안 그러면(不然), 秦이 西周를 공격한다고 천하가 미워하면서, 틀림없이 서둘러 모두 나서서 韓을 구원하러 나서면 감무는 실패하고 궁지에 몰릴 것입니다."

385/ 秦圍宜陽

{原文} 秦圍宜陽, 游騰謂公仲曰,

"公何不與趙藺, 離石, 祁, 以質許地, 則樓緩必敗矣. 收韓, 趙之兵以臨魏, 樓鼻必敗矣. 韓爲一, 魏必倍秦, 甘茂必敗矣. 以成陽資翟强於齊, 楚必敗之. 須秦必敗, 秦失魏, 宜陽

2130 원문 宜陽之役 - 宜陽(의양)은 韓邑, 宜는 마땅할 의. 韓武子(前 424 - 409년)의 都邑. 한무자의 아들이 韓 景侯로 정식 제후에 피봉 되었다. 漢代 弘農郡의 땅, 今 河南省 洛陽市 관할 宜陽縣, 黽池縣(민지현) 일대. 河南省의 서북부, 洛陽에서 가까운 곳이다. 秦 武王(재위 前 310 - 307년, 秦始皇本紀에는 悼武王) 3년, 周 赧王(난왕) 7년(前 308년)에 진에서는 甘茂(감무)를 보내 공격했다.

必不拔矣."

秦이 宜陽을 포위하자,

{국역} 秦이 (韓의) 宜陽(의양)을 포위하자(前 308년),[2131] (周의 臣)
游騰(유등)이 (韓의 相國인) 公仲(공중, 韓侈, 韓朋)에게 말했다.

"公은 왜 (趙의 땅이었던) 藺(인), 離石(이석), 祁(기)의 땅을 趙에
주면서 質子(인질)를 받지 않으십니까? 그러면 (秦의) 樓緩(누완)은
틀림없이 실패할 것입니다.[2132] 그리고 韓과 趙의 군사가 하나가 되
어 魏를 압박하게 되면, (魏의) 樓鼻(누비)도 패망할 것입니다. (趙
와) 韓이 하나가 되면 魏는 必히 秦을 배신할(倍秦) 것이고, 宜陽(의
양)을 치고 있는 甘茂(감무) 역시 패망할 것입니다. 그리고 成陽(성양)
의 땅을 齊의 翟强(적강)에 주면, (齊와) 楚의 결합이 必히 패망할 것
입니다. 그리고 기다리면 秦도 패퇴하고, 魏를 잃은 秦은 결코 宜陽
을 점령하지 못할 것입니다."

2131 秦圍宜陽 - 이는 앞의 章과 같은 사건이다. 游騰(유등)의 말은 韓을 위
　　 해서는 趙와 연합하며 魏를 겁박하여 秦을 고립시켜야 한다는 뜻이다.
2132 樓緩(누완, 생졸년 미상) - 戰國 시대 縱橫家. 秦趙聯盟의 주동자. 前 300
　　 년에 秦의 樗里疾(저리질)이 죽자, 昭襄王은 樓緩(누완)을 丞相에 임용했
　　 다.

386/ 公仲以宜陽之故,

{原文} 公仲以宜陽之故, 仇甘茂. 其後, 秦歸武遂於韓, 已而, 秦王固疑甘茂之以武遂解於公仲也. 杜赫爲公仲謂秦王曰,

"朋也願因茂以事王."

秦王大怒於甘茂, 故樗里疾大說杜聊.

公仲(공중)이 宜陽(의양)의 싸움 때문에,

{국역} (韓 相) 公仲(공중, 韓馮)은 宜陽(의양)의 싸움 때문에(前 308년),[2133] 甘茂(감무)[2134]와 원수가 되었다. 그 뒤에, 秦은 (감무의 주장으로) 武遂(무수)의 땅을 韓에 돌려주었다. 얼마 뒤(已而), 秦王(昭

2133 公仲以宜陽之故 -《史記 六國年表》에 의하면, 秦은 武遂(무수)의 땅을 전 306년에 韓 襄王에게 돌려주었다. 본 章은 당시의 일이다. 公仲은 韓의 相, 公仲侈(공중치), 公仲朋, 韓馮(한풍)으로도 표기. 생졸년 미상.

2134 甘茂(감무, 생졸년 미상) - 戰國 시기 楚國 下蔡邑〔今 安徽省 중부 蚌埠市 (방부시) 관할 鳳臺縣〕사람으로 秦國의 명장이었다. 百家之說을 공부하였고, 뒷날 張儀(장의)와 樗里疾(저리질)의 천거로 惠文王을 섬겼다. 周 赧王 3년(前 312), 秦, 韓, 魏 3국이 攻楚했고, 楚國은 大敗했다. 秦國은 楚國의 漢中를 차지했고 甘茂(감무)는 漢中 일대를 평정하였다. 뒷날 秦을 떠나 齊國으로 옮겨갔고 齊國의 上卿에 올랐다. 나중에서 魏國에서 죽었다. 감무의 손자가 12살에 秦國의 上卿이 되었다는 甘羅(감라, 前 247年 - ?)이다.

王)은 감무가 공중과 화해하려고 무수의 땅을 돌려주었다고 의심하였다. 이때 (韓人) 杜赫(두혁)이 公仲을 위해 秦王에게 말했다.

"韓朋(한붕, 韓侈, 公仲)도 감무를 통해 대왕을 섬기고자 합니다."

그러자 秦王은 감무에게 대노하였는데, (그래서) 감무와 사이가 좋지 않았던 (秦의) 樗里疾(저리질)은 杜聊(두경, 杜赫)을 좋아하였다.

387/ 秦韓戰於濁澤

{原文} 秦,韓戰於濁澤, 韓氏急. 公仲朋謂韓王曰,

"與國不可恃. 今秦之心欲伐楚, 王不如因張儀爲和於秦, 賂之以一名都, 與之伐楚. 此以一易二之計也."

韓王曰, "善." 乃儆公仲之行, 將西講於秦.

楚王聞之大恐, 召陳軫而告之. 陳軫曰,

"秦之欲伐我久矣, 今又得韓之名都一而具甲, 秦,韓並兵南鄕, 此秦所以廟祠而求也. 今已得之矣, 楚國必伐矣. 王聽臣, 爲之儆四境之內選師, 言救韓, 令戰車滿道路, 發信臣, 多其車, 重其幣, 使信王之救己也. 縱韓爲不能聽我, 韓必德王也, 必不爲鴈行以來. 是秦,韓不和, 兵雖至, 楚國不大病矣. 爲能聽我絶和於秦, 秦必大怒, 以厚怨於韓. 韓得楚救, 必輕秦. 輕秦, 其應秦必不敬. 是我困秦,韓之兵, 而免楚國之患也."

楚王大說, 乃徼四境之內選師, 言救韓, 發信臣, 多其車, 重其幣.

謂韓王曰, "弊邑雖小, 已悉起之矣. 願大國遂肆意於秦, 弊邑將以楚殉韓."

秦과 韓이 濁澤(탁택)에서 싸웠는데,

{국역}   秦과 韓이 濁澤(탁택)에서 싸웠는데,[2135] 韓은 매우 위급했다. 公仲朋[공중붕, 韓朋(한붕), 名은 侈. 韓 相國]이 韓王에게 말했다.

"與國(동맹국, 山東 諸國)만을 믿을 수 없습니다. 지금 秦의 욕심은 楚를 정벌하려는 뜻이니, 王께서는 張儀를 보내 秦과 강화하며 큰 城을 내주고 楚를 정벌해 달라 해야 합니다. 이는 하나로 두 개를 바꾸자는 계략입니다."

韓王은 "좋다."고 하였다. 이에 공중붕을 서쪽으로 보내 秦과 강화하게 하였다.

楚王(懷王, 재위 前 328－299)은 이를 전해 듣고 크게 두려워하며 陳軫(진진)을 불러 말해주었다. 진진이 말했다.

"秦이 우리를 정벌하려는 욕심은 오래되었습니다. 지금 또 韓의 큰 성읍(名都) 하나를 얻어 무장하면서 秦과 韓이 함께 南으로 진출

2135 秦,韓戰於濁澤 – 秦과 韓의 濁澤(탁택) 전투는 岸門之役, 또는 脩魚之戰이라 하는데, 前 314년의 사건이다. 이 싸움에서 韓의 장수 申差(신차)가 사로잡히며 대패했는데, 그 패배는 韓을 돕겠다는 楚의 큰 소리를 過信했기 때문이라는 주석이 있다.

하는 것은 그들이 종묘에 서약하는 희망사항입니다. 지금 그렇게 뜻을 이루었으니 틀림없이 우리를 침공할 것입니다. 왕께서는 臣의 건의를 따라, 나라 안에 널리 精兵을 모집하여 韓을 구원하겠다고 공포하시고, 戰車로 도로를 가득 채운 뒤에, 믿을만한 신하에게 많은 수레에 예물을 가득 채워 보내, 韓을 도우려는 우리 뜻을 알게 하십시오. 설령(縱) 韓이 우리말을 다 들어주지 않을지라도 韓에서는 틀림없이 王을 고맙게 생각할 것이고, 우리와 함께 나란히 보조를 맞출 것입니다. 이렇게 하여 秦과 韓이 불화하게 되면, 그들 군사가 침공하더라도 우리는 손해가 크지 않을 것입니다. 더 나아가 韓이 우리 뜻에 따라 秦과 절교한다면, 秦에서는 대노하며 韓에 깊은 원한을 가질 것입니다. 韓이 우리의 구원을 받으면 필히 秦을 경시할 것입니다. 秦을 경시하게 되면 秦에 대한 대응 역시 不敬(공손치 않다)할 것입니다. 이는 우리가 秦과 韓의 군사를 이용하여 우리의 환난을 면하는 것입니다."

楚王은 大說(대열: 크게 기뻐하다)하며 국내에 군사를 선발케 하면서 韓을 구원한다 하였고, 믿을만한 사신을 골라 많은 수레에 예물을 실어 韓에 보냈다. 그러면서 韓王에게 말했다.

"우리가 비록 약한 나라이지만 모두 다 가져왔습니다. 대국에서 秦에 대하여 마음대로 하시더라도 우리는 韓을 위하여 나라를 다 바치겠습니다."

{原文} 韓王大說, 乃止公仲. 公仲曰, "不可, 夫以實困我者, 秦也, 以虛名救我者, 楚也. 恃楚之虛名, 輕絶强秦之敵, 必爲天下笑矣. 且楚,韓非兄弟之國也, 又非素約而謀伐秦矣.

秦欲伐楚, 楚困以起師言救韓, 此必陳軫之謀也. 且王以使
人報於秦矣, 今弗行, 是欺秦也. 夫輕强秦之禍, 而信楚之
謀臣, 王必悔之矣."

韓王弗聽, 遂絶和於秦. 秦果大怒, 興師與韓氏戰於岸門,
楚救不至, 韓氏大敗.

韓氏之兵非削弱也, 民非蒙愚也, 兵爲秦禽, 智爲楚笑, 過
聽於陳軫, 失計於韓朋也.

{국역} 韓王은 大說(대열)하며, (秦에 보내려던) 公仲을 멈추게 하였
다. 공중이 말했다.

"안 됩니다. 우리를 실제로 괴롭히는 나라는 秦이지만, 楚는 우리
를 구원하겠다는 헛말뿐입니다. 楚의 虛名을 믿고 强秦의 적을 경시
한다면 틀림없이 천하의 웃음거리가 될 것입니다. 게다가 楚는 우리
(韓)와 兄弟之國도 아니며, 또 평소에 秦을 함께 정벌하자고 약조하
지도 않았습니다. 秦이 楚를 정벌하기에 곤경에 처한 楚가 우리를
돕겠다고 군사를 일으킨 것이니, 이는 틀림없이 陳軫(진진)의 책모
입니다. 또 王께서는 이미 사자를 秦에 보내겠다고 통보했는데도 보
내지 않는다면, 이는 秦을 속이는 것입니다. 强秦의 재앙을 경시하
고, 楚謀臣의 말을 따른다면 왕께서는 틀림없이 후회하게 됩니다."

韓王은 듣지 않았고 결국 秦과 단교하였다. 秦은 예상대로 크게
분노하며 군사를 동원하여 岸門(안문)[2136]을 침공했다. 楚의 구원은

2136 岸門 - 岸亭. 許州 長社縣 서북, 今 河南省 중부 許昌市 관할 長葛市.
이후에 韓의 太子 倉(창)이 秦에 인질로 들어갔다.

없었고, 韓은 대패했다.

　韓의 군사가 약한 것도 또 韓의 백성이 어리석지도 않았지만, 군사적으로는 秦에 패배했고, 그들 지혜는 楚의 웃음거리가 되었으니, 이는 (楚) 진진의 말을 지나치게 믿었고 韓朋(한붕)의 계책을 따르지 않았기 때문이었다.

388/ 顔率見公仲

{原文} 顔率見公仲, 公仲不見. 顔率謂公仲之謁者曰,

　"公仲必以率爲陽也, 故不見率也. 公仲好內, 率曰好士, 仲嗇於財, 率曰散施, 公仲無行, 率曰好義. 自今以來, 率且正言之而已矣."

　公仲之謁者以告公仲, 公仲遽起而見之.

顔率(안솔)이 公仲(공중)을 만나다.

{국역} 顔率(안솔)[2137]이 公仲(공중)을 만나려했지만, 公仲은 만나주

2137 顔率(안솔) － 周의 大夫라는 주석이 있다. 率은 名也. 當如字(가장 일반적인 음훈)이라는 주석이 있고, 率은 所律切이니, 音訓은 '거느릴 솔'이다. 或云力出切이라는 주석도 있다(音은 률). 〈東周策 一〉 **001** 秦興師臨周而求九鼎 章 참고.

지 않았다. 이에 안솔은 公仲의 謁者(알자)에게 말했다.

"公仲은 필히 나를 부실한 사람이라 생각하여 나를 만나주지 않
았다.[2138] 公仲은 아녀자를 좋아하나(好內, 內는 婦官也) 나는 好士
한다. 공중은 재물에 인색하나 나는 흩어 베푼다. 公仲은 실천이 없
지만, 나 안솔은 好義(義를 좋아한다)한다. 오늘 이후로 나는 오직
바른 말만 할 것이다."

공중의 알자가 이 말을 공중에게 알리자, 공중은 서둘러 일어나
안솔을 만났다.

389/ 韓公仲謂向壽

{原文} 韓公仲謂向壽曰,

"禽困覆車. 公破韓, 辱公仲, 公仲收國復事秦, 自以爲必
可以封. 今公與楚解, 中封小令尹以桂陽. 秦,楚合, 復攻韓,
韓必亡. 公仲躬率其私徒以鬪於秦, 願公之熟計之也."

向壽曰, "吾合秦,楚, 非以當韓也, 子爲我謁之, 公仲曰,
'秦,韓之交可合也.'"

對曰, "願有復於公. 諺曰, '貴其所以貴者貴.' 今王之愛
習公也, 不如公孫郝, 其知能公也, 不如甘茂. 今二人者, 皆

2138 원문 公仲必以率爲陽也 – 陽은 不實. 거짓의 뜻. 陽은 傷의 誤字라는
주석도 있다.

不得親於事矣, 而公獨與王主斷於國者, 彼有以失之也. 公
孫郝黨於韓, 而甘茂黨於魏, 故王不信也. 今秦,楚爭强, 而
公黨於楚, 是與公孫郝,甘茂同道也. 公何以異之? 人皆言楚
之多變也, 而公必之, 是自爲貴也. 公不如與王謀其變也.
善韓以備之, 若此, 則無禍矣. 韓氏先以國從公孫郝, 而後
委國於甘茂, 是韓, 公之讐也. 今公言善韓以備楚, 是外擧
不辟讐也."

韓의 公仲이 向壽(상수)에게 말했다.

{국역} 韓 公仲(공중)이 (蘇代를 시켜서) 向壽(상수)에게 말했다.[2139]
  "짐승(禽, 금)도 곤경에 몰리면 (사냥) 수레를 엎어버린다고 하
였습니다.[2140] 公은 破韓(한나라를 격파하다)하고, 公仲을 욕보였으
나, 公仲은 나라를 수습하여 다시 事秦(진나라를 섬기다)하며 틀림
없이 다시 封爵(봉작)을 받으려 애쓰고 있습니다. 지금 公은 楚와
화해하면서 중간에 小令尹을 (秦地) 桂陽(계양, 杜陽) 땅에 봉을 받
게 하였습니다. 秦과 楚가 연합하여 다시 韓을 공격한다면, 韓은 必
히 망할 것입니다. 公仲은 몸소 그의 私兵을 이끌고 秦과 싸울 것이

  2139 원韓公仲謂向壽曰 - 이는 前 306년의 사건이다. 《史記》와 같이 '韓의
        公仲이 蘇代를 시켜 向壽(상수)에게 말했다.'로 번역한다. 向壽(상수)의
        向은 성씨 상.
  2140 禽困覆車 - 쫓기는 짐승(逐獸)도 困急(곤급)하면 獵者之車(엽자지거)를
        받아넘길 수 있으니 소홀할 수 없다. 獵(사냥 렵) 車〔수레 거. 성(姓) 차〕

니, 公께서는 이를 熟計(숙계)하기 바랍니다."

상수가 대답했다.

"내가 秦과 楚를 연합케 한 것은 韓을 공격하려는 뜻이 아니었습니다. 당신이 나를 위해 秦과 韓의 동맹을 이루고 싶다고 公仲에게 전해주기 바랍니다."

이에 蘇代가 대답하였다.

"다시 공에게 돌아와 말씀드릴 수 있기를 바랍니다. 속언에도 '貴한 분을 귀하게 여겨야 자신도 貴해진다(貴其所以貴者貴).'고 하였습니다. 지금 王께서 당신을 아껴주지만 公孫郝(공손학)만 못하고, 公의 지혜와 능력은 甘茂(감무)만 못합니다. 지금 그 두 사람은 정사에 참여하지 못하고, 公만이 왕과 함께 국정을 전담하고 있는 것은 그들이 왕의 신임을 잃었기 때문입니다. 공손학은 韓과 한 무리이고, 감무는 魏와 한 통속이기에 王이 不信하고 있습니다. 지금 秦과 楚가 힘을 겨루고 있는데 公은 楚의 지원을 얻고 있으니, 역시 공손학이나 감무와 同道(같은 처지)라 할 수 있습니다. 公이 그들과 무엇이 다르겠습니까? 백성들은 모두 楚人은 변덕이 심하다고(多變) 말하는데도, 公은 楚가 틀림없다 믿으면서 스스로를 楚에서 고귀한 대우를 받고 있다고 믿습니다. 그렇지만 公은 王과 함께 楚의 변심에 대비하는 것이 좋을 것입니다. 韓과 친선하며 대비하여야 하나니 그렇게 대비하면 禍가 없을 것입니다. 韓에서는 앞서 공손학에게 국정을 일임했었고, 나중에는 감무에게 맡겼으니 韓은 公에게 원수와 같은 나라입니다. 지금 公이 韓과 친선하며 楚에 대비하자고 말하면, 국외의 일로 원수를 피하는 방법일 것입니다."

{原文} 向壽曰, "吾甚欲韓合."

對曰, "甘茂許公仲以武遂, 反宜陽之民, 今公徒令收之, 甚難."

向子曰, "然則奈何? 武遂終不可得已."

對曰, "公何不以秦爲韓求穎川於楚, 此乃韓之寄地也. 公求而得之, 是令行於楚而以其地德韓也. 公求而弗得, 是韓, 楚之怨不解, 而交走秦也. 秦,楚爭强, 而公過楚以攻韓, 此利於秦."

向子曰, "奈何?"

對曰, "此善事也. 甘茂欲以魏取齊, 公孫郝欲以韓取齊, 今公取宜陽以爲功, 收楚,韓以安之, 而誅齊,魏之罪, 是公孫郝,甘茂之無事也."

{국역} 向壽(상수)가 말했다.

"나는 韓과 꼭 동맹하고 싶습니다."

소대가 다시 말을 이었다.

"감무는 공중에게 武遂(무수)의 땅을 반환하였고, 宜陽(의양)의 백성들이 돌아와 살게 하였는데, 지금 公은 도리어 이를 회수하려 하니 정말 어려울 것입니다."

상수가 물었다.

"그러니 어쩌면 좋겠습니까? 秦은 무수를 차지할 수가 없습니다."

소대가 대답하였다.

"公은 왜 秦의 힘을 빌려 韓을 위하여 楚에게 潁川(영천)을 내놓으라고 요구하지 않습니까? 그 땅은 본래 韓의 땅이었습니다. 公이 요구하여 얻을 수 있다면, 이는 楚에 대한 명령이 통한 것이고 그 땅은 韓에 덕을 베푸는 것입니다. 公이 요구하여 차지하지 못한다면 韓과 楚의 원한을 풀지 못했기에 楚와 韓은 두 나라가 다 秦에 달려가 섬기려할 것입니다. 秦과 楚가 서로 전쟁을 벌이면 公은 楚를 문책하며 韓을 공격할 수도 있으니, 이는 秦에게 이로울 것입니다."

상수가 "어찌 그러하겠습니까?"라고 물었다.

소대가 말했다. "이는 좋은 일입니다. 감무는 魏와 연합하여 齊를 공격하기를 바라고, 공손학은 韓과 연합하여 역시 齊를 공격하려 하는데, 지금 公은 宜陽(의양)을 공격하여 이미 공을 세웠으니, 楚와 韓과 동맹하여 안심시키면서 齊와 魏의 죄를 문책한다면, 이로써 공손학과 감무는 나라에서 할 일이 없을 것입니다."

390/ 或謂公仲,

{原文} 或謂公仲曰,

"聽者聽國, 非必聽實也. 故先王聽謗言於市, 願公之聽臣言也. 公求中立於秦, 而弗能得也, 善公孫郝以難甘茂, 勸齊兵以勸止魏, 楚,趙皆公之讎也. 臣恐國之以此爲患也, 願公之復求中立於秦也."

公仲曰, "奈何?"

對曰, "秦王以公孫郝爲黨於公而弗之聽, 甘茂不善於公而弗爲公言, 公何不因行願以與秦王語? 行願之爲秦王臣也公, 臣請爲公謂秦王曰, '齊,魏合與離, 於秦孰利? 齊,魏別與合, 於秦孰强?' 秦王必曰, '齊,魏離, 則秦重, 合, 則秦輕. 齊,魏別, 則秦强, 合, 則秦弱.' 臣卽曰, '今王聽公孫郝以韓,秦之兵應齊而攻魏, 魏不敢戰, 歸地而合於齊, 是秦輕也, 臣以公孫郝爲不忠. 今王聽甘茂, 以韓,秦之兵據魏而攻齊, 齊不敢戰, 不求割地而合於魏, 是秦輕也, 臣以甘茂爲不忠. 故王不如令韓中立以攻齊, 王言救魏以勁之, 齊,魏不能相聽, 必離兵交. 王欲, 則信公孫郝於齊, 爲韓取南陽, 易穀川以歸, 此惠王之願也. 王欲, 則信甘茂於魏, 以韓,秦之兵據魏以却齊, 此武王之願也. 臣以爲令韓以中立以攻齊, 最秦之大急也. 公孫郝黨於齊而不肯言, 甘茂薄而不敢謁也, 此二人, 王之大患也. 願王之熟計之也.'"

어떤 사람이 公仲(공중)에게 말하길,

{국역} 어떤 사람이 公仲(공중)에게 말했다.[2141]

2141 或謂公仲曰 – 이는 前 306년의 일이다. 韓의 公仲은 宜陽(의양)을 빼앗긴 상태에서 秦의 감무를 증오하였기에 說客은 公仲에게 公孫郝(공손학)과 친교를 권했다.

"듣는다면 민중의 말을 듣는 것이지, 귀인의 말을 듣는 것이 아닙니다.[2142] 그래서 先王은 저잣거리에서 속언을 들었으니 公께서는 저의 말을(臣言) 들어주시기 바랍니다. 公은 秦에 대하여 (齊와 魏 사이에서) 韓나라가 중립을 지키려 하시지만 뜻을 이룰 수 없고, 公孫郝(공손학)과 善交하여 甘茂(감무)를 곤경에 빠트리려 했으며, 齊 군사에 우호적이어서(勸齊는 歡齊라는 주석) 魏의 군사행동을 멈추게 하였습니다. 그래서 楚와 趙에서는 모두 公을 원수처럼 생각하고 있습니다. 臣은 韓나라가 이 때문에 화를 당할까 걱정이 되니, 공께서는 특히 秦에게도 중립을 요구해야 합니다."

이에 公仲이 물었다. "어떻게 해야 합니까?"

"秦王(昭王)은 공손학을 公과 같은 편이라 생각하여 공의 말을 따라주지 않을 것이고, 감무는 公과 사이가 안 좋기에 公의 말을 따르지 않습니다. 그러니 公은 왜 行願(행원, 人名)을 통하여 公의 뜻을 秦王에게 전하지 않으십니까? 行願은 秦王의 신하 중에서도 공정한 사람입니다. 臣은 공을 위하여 秦王에게 이렇게 말하려고 합니다. '齊와 魏가 연합과 분열 어느 쪽이 秦에 유리하겠습니까? 齊와 魏의 분열과 연합 어느 쪽이 秦을 강하게 하겠습니까?' 그러면 秦王은 必히 '齊와 魏가 분리되면 秦이 중요해지고, 合해진다면 秦은 경시될 것이다. 齊과 魏가 깨지면 秦은 강하고, 결합하면 약해질 것이다.' 그러면 臣이 이어 말하겠습니다. '지금 王께서는 공손학의 말에 따

2142 원문 聽者聽國, 非必聽實 – 聽者는 여론 청취. '백성 소리를 듣다' 의 명사형. 聽國의 國은 민중. 非必聽實은 文理가 통하지 않는다. 實은 貴의 誤字라는 주석에 따랐다.

라 韓과 秦의 군사를 연합하여 齊의 魏나라 공격에 호응한다면, 魏는 싸우려하지도 못하고 땅을 갈라주면서 齊와 연합할 것이니, 이는 秦이 경미해지는 것이기에, 臣은 공손학의 不忠이라고 생각합니다. 지금 王이 甘茂의 말에 따라 韓과 秦의 군사로 魏를 도와주며 齊를 공격한다면, 齊는 감히 싸울 수가 없어 魏가 요구하지 않아도 割地하며 魏에 합세할 것이니, 이 또한 秦이 경시되는 결과라서 臣은 이 또한 감무의 불충이라 생각합니다. 그러니 왕께서는 韓으로 하여금 中立를 지키게 하면서 (秦이) 齊를 공격하면서 왕께서는 魏를 구원하는 방책이라 태도를 견지하면 齊와 魏는 秦의 말을 따르지 않을 수 없을 것이며 분리된 상태에서 싸움을 계속할 것입니다. 대왕께서 원하신다면, 齊에서 공손학의 말을 믿게 하고 韓을 위하여 南陽을 취한 다음에 穀川(곡천)의 땅을 돌려주는 것이니, 이는 (先代) 惠王의 뜻이었습니다. 王께서 원하신다면 魏에서 감무의 말을 믿게 하여 韓과 秦의 군사로 魏를 지원하며 齊를 막아주는 것입니다. 이는 (先代) 武王의 소원이었습니다. 臣은 지금 韓으로 하여금 중립을 취하면서 齊를 공격하는 일이 가장 시급한 일이라고 생각합니다. 공손학은 齊의 무리에 속하기에 말을 하려 하지 않겠지만, 감무는 떠돌이 신하이기에〔羈旅之臣(기려지신)〕대왕 앞에 감히 나타나지도 못할 것이지만, 이 두 사람은 대왕의 大患(대환: 큰 두통거리)이니 대왕께서 깊이 생각해 주시기 바랍니다.' 라고 말씀드리겠습니다."

391/ 韓公仲相

{原文} 韓公仲相. 齊,楚之交善秦. 秦,魏遇, 且以善齊而絶齊乎楚. 王使景鯉之秦, 鯉與於秦,魏之遇. 楚王怒景鯉, 恐齊以楚遇爲有陰於秦,魏也, 且罪景鯉. 爲謂楚王曰,

"臣賀鯉之與於遇也. 秦,魏之遇也, 將以合齊,秦而絶齊於楚也. 今鯉與於遇, 齊無以信魏之合己於秦而攻於楚也, 齊又畏楚之有陰於秦,魏也, 必重楚. 故鯉之與於遇, 王之大資也. 今鯉不與於遇, 魏之絶齊於楚明矣. 齊信之, 必輕王, 故王不如無罪景鯉, 以視齊於有秦,魏, 齊必重楚, 而且疑秦,魏於齊."

王曰, "諾." 因不罪而益其列.

韓의 公仲(공중)이 相이 되었다.

{국역} 韓에서 公仲(공중)이 相이 되었다.[2143] 齊와 楚는 秦에 대항하여 관계가 좋았다. 秦과 魏는 회담을 통하여, (양국이) 齊에 우호적으로 교제하나 楚와 斷交를 요구하려고 했다. 이때 (楚) 王은 景鯉(경리)를 秦에 보냈고, 경리는 秦과 魏의 회담에 동석하였다. 楚王은 (秦과 魏의 협상을 모르고 있었기에) 경리에게 화를 내었는데, 楚

2143 韓公仲相 – 錯簡(착간)이거나 衍文(연문)이라는 주석이 있다. 《史記 六國年表》前 313年, '秦,魏會于臨晉'이란 기록이 있다.

가 은밀히 秦과 魏에 비밀 협상이 있는 줄로 齊에서 오해할 것을 걱정하여 경리를 형벌에 처하려 했다.

(혹자가) 楚王에게 말했다.

"臣은 경리가 (秦, 魏와) 동석한 것을 축하드립니다. 秦과 魏의 회담은 장차 齊와 秦이 결합하면서 齊를 楚와 분리시키려는 뜻이었습니다. 지금 경리가 그 모임에 동석하면서 齊는 魏와 秦이 결합하여 초를 공격하리라고는 믿지 않게 되었습니다. 齊는 또 楚가 秦이나 魏와 비밀 협상이 있을까 걱정했었는데, 이제 우리 楚를 더욱 존중할 것입니다. 그래서 경리가 그 모임에 동석한 것은 대왕에게 큰 도움이 되었습니다. 지금 경리가 그 모임에 동석하지 않았다면, 魏는 齊를 楚에서 분명히 분리시키려 했을 것입니다. 齊는 그 회담을 믿고 필히 楚를 홀대했을 것이니, 이제 왕께서는 경리를 무죄라 생각하셔야 하고, 이를 이용하여 우리 楚가 秦이나 魏와도 돈독하다는 것을 齊에게 보여주었으니 齊에서는 틀림없이 楚를 중시할 것이며 秦과 魏의 齊에 대한 태도를 의심할 것입니다."

楚王은 "옳은 말이다."라고 하였다. 그러면서 (경리의) 班列(반열: 벼슬)을 올려주었다.

392/ 王曰, 向也,

{原文} 王曰, "向也, 子曰, '天下無道', 今也, 子曰, '乃且攻燕'者, 何也?"

對曰, “今謂馬多力則有矣, 若曰勝千鈞則不然者, 何也? 夫千鈞, 非馬之任也. 今謂楚强大則有矣, 若夫越趙,魏而鬪兵於燕, 則豈楚之任也哉? 且非楚之任, 而楚爲之, 是弊楚也. 强楚,弊楚, 其於王孰便也?”

王이 말했다. 지난번에,~

{국역} 위왕이 虞卿(우경)에게 말했다. “지난번에, 당신은 ‘天下가 無道(적이 없다)하다.’고 하였는데,[2144] 이번에 그대는 ‘이에 곧 燕을 공격하겠다.’고 말하는 데 왜 그러한가?”

(虞卿이) 대답하였다.

“지금 말의(馬) 힘이 세다고 말하면 말이 되지만, 만약 말이 千鈞 (천균, 1鈞은 30근)을 실을 수 있다고 말하면 안 됩니다. 왜 그렇겠습니까? 1천 균의 무게는 말이 감당할만한 무게가 아닙니다. 지금 楚가 强大하다면 말이 되지만, 趙와 魏를 넘어가서 燕과 싸워야 한다면 어찌 楚에서 감당할 수 있겠다고 하겠습니까? 또 楚의 할 일이 아니지만, 楚가 한다면 楚는 피폐하게 됩니다. 楚를 강하게 하는 것과 楚를 피폐하게 하는 것 중 어느 쪽이 대왕에게 유리하겠습니까?”

2144 王曰, “向也, 子曰, ‘天下無道’, ~ – 이는 〈楚策 四〉 **221** 虞卿謂春申君 章의 마지막 부분이 거듭 나왔다.

393/ 或謂魏王,

{原文} 或謂魏王,"王儆四彊之內, 其從於王者, 十日之內, 備不具者死. 王因取其游之舟上繫之. 臣爲王之楚, 王胥臣反, 乃行."

春申君聞之, 謂使者曰, "子爲我反, 無見王矣. 十日之內, 數萬之衆, 今涉魏境."

秦使聞之, 以告秦王. 秦王謂魏王曰, "大國有意, 必來以是而足矣."

어떤 사람이 魏王에게 말했다.

{국역} 어떤 사람이 魏王(위왕)에게 말했다.[2145]

"王께서는 온 나라에 경계령을 포고하시어[2146] '王을 따를 자는 10일 이내에 (출전 준비를 갖추어라) 준비가 되지 않은 자는 처형하겠다.'고 하셨습니다. 그리고 배 위에 높이 깃발을 매달았습니다.[2147] 臣은 왕의 명을 받아 楚에 가야 했는데, 왕께서는 臣에게 臣

2145 원문 或謂魏王 –《史記 春申君列傳》에 楚 考烈王 22년(前 241) 楚 중심이 되어 합종을 체결하였고 春申君이 用事하였다는 기록이 있다. 본 章은 그 당시의 기록이다.

2146 원문 王儆四彊之內 – 儆은 경계할 경, 警과 同. 四彊은 四疆. 온 나라. 彊은 지경 강. 영역.

2147 원문 王因取其游之舟上繫之 – 游(류)는 깃발(旒旗).

이 돌아온 다음에 출정하신다고(乃行) 약속하였습니다."

초나라 春申君이 듣고서는 使者에게 말했다.

"당신은 나를 보았으니 되돌아가고, (楚) 왕을 만나지 말라. 10일 이내에 우리 초나라 수만 명 군사가 魏의 국경을 넘을 것이다."

秦에서 와 있던 사자가 이를 듣고서는 秦王(莊襄王)에게 알렸다. 이에 秦王이 魏王에게 말했다.

"大國(貴國)에 큰 뜻이 있는 것 같은데, 꼭 이루어야 한다면, 지금으로서도 (귀국 군대만으로도) 족할 것입니다."

394/ 觀鞅謂春申

{原文} 觀鞅謂春申曰,

"人皆以楚爲强, 而君用之弱, 其於鞅也不然. 先君者, 二十餘年未嘗見攻. 今秦欲踰兵於澠隘之塞, 不使(便), 假道兩周倍韓以攻楚, 不可. 今則不然, 魏且旦暮亡矣, 不能愛其許,鄢陵與梧, 割以予秦, 去百六十里. 臣之所見者, 秦,楚鬪之日也已."

觀鞅(관앙)이 春申君에게 말했다.

{국역} 觀鞅(관앙, 觀津人 朱英)이 (楚의) 춘신군에게 말했다.[2148]

"모두가 楚는 이전에 강국이었으나 君이 집정하며 약해졌다고 말합니다만, 저 朱英(주영)은 그렇게 생각하지 않습니다. 君에 앞서 20여 년간 (楚에는) 외적의 침공이 없었습니다. 요즈음 秦에서는 澠隘(민애)의 요새를 넘어서 아직 군사를 출동시키지 않았지만, 兩周로부터(제후국 東, 西周) 길을 빌려야 하고, 韓을 배후에 두고 楚를 공격하는 일이 사실 어렵기 때문일 것입니다. 그런데 지금은 그렇지 않아서, 魏는 早晚間(조만간, 旦暮)에 멸망할 것 같아, 자기 나라 許(허), 鄢陵(언릉), 그리고 梧(오)의 땅을 지키지도 못하고, 秦에 할양하였으며 (秦과 魏는) 160리 밖에 떨어지지 않았습니다. 臣에게는 秦과 楚가 전투하는 날이 눈에 보이는 것 같습니다."

395/ 公仲數不信於諸侯

{原文} 公仲數不信於諸侯, 諸侯錮之. 南委國於楚, 楚王弗聽. 蘇代爲楚王曰,

"不若聽而備於其反也. 朋之反也, 常仗趙而畔楚, 仗齊而

2148 觀澠謂春申曰 – 觀을 魏로 기록하고 魏人이라는 주석이 있다. 觀澠(관앙)을 인명으로 볼 수 있다. 《史記》에는 「觀津人朱英」이라고 기록되었다. 本章은 응당 〈楚策〉에 들어가야 할 내용이다. 본 장은 楚 考烈王 22년(前 241)의 사건이고, 楚王이 合從長이었고 실무자는 春申君이었다. 5국이 합종하여 函谷關에 이르렀지만 秦이 군사를 내자 연합국의 군사는 패주하였다. 考烈王은 春申君을 질책하였다.

畔秦. 今四國錮之, 而無所入矣, 亦甚患之. 此方其爲尾生
之時也."

公仲(공중)은 諸侯로부터 자주 불신을 받아,

{국역} (韓의) 公仲(공중, 名은 朋)은 제후들로부터 자주 不信을 받아,[2149] 제후들은 그의 말을 믿지 않았다.[2150] (공중은) 南쪽의 楚에 국정을 일임하려 하였지만[2151] 楚王(懷王)은 받지 않았다. 蘇代(소대, 蘇秦의 弟)가 楚王에게 말했다.

"(그의) 요청을 수락하고 그의 배신에 대비하는 것이 더 나을 것입니다. 公仲의 배신은 늘 趙에 의지하여 楚를 배신하거나, 齊의 지원을 믿고 秦을 배반하는 형태였습니다. 지금 그 4개국이 그의 말을 따라주지 않으니, 어디 의지할 나라가 없어서 크게 걱정하고 있습니다. 지금은 그가 尾生高(미생고, 微生高)처럼 남의 믿음을 사려고 애를 쓰고 있습니다."[2152]

2149 公仲數不信於諸侯 – 언제의 일인지 추정할 수 없다.

2150 원문 諸侯錮之 – 錮는 땜질할 고. 가두다. 그 말을 따르지 않다. 믿지 않다.

2151 원문 南委國於楚 – 委는 맡길 위. 托也. 國事를 聽政하게 하다.

2152 원문 此方其爲尾生之時也 – 尾生(미생)은 본래 《莊子》에 나오는 '교량 아래에서 여자를 기다리다가 홍수가 닥치자, 교각 기둥을 끌어안고 죽은 사람'으로 尾生之信의 주인공. 다른 尾生〔微生(미생)〕은 《論語 公冶長》에 나오는 微生高이다. 子曰, "孰謂微生高直? 或乞醯焉, 乞諸其鄰而與之."

27.《戰國策》卷二十七 韓策 二

396/ 楚圍雍氏五月

{原文} 楚圍雍氏五月. 韓令使者求救於秦, 冠蓋相望也, 秦師不下殽. 韓又令尚靳使秦, 謂秦王曰,

"韓之於秦也, 居爲隱蔽, 出爲鴈行. 今韓已病矣, 秦師不下殽. 臣聞之, 脣揭者其齒寒, 願大王之熟計之."

宣太后曰, "使者來者衆矣, 獨尚子之言是."

召尚子入. 宣太后謂尚子曰, "妾事先王也, 先王以其髀加妾之身, 妾困不疲也. 盡置其身妾之上, 而妾弗重也, 何也? 以其少有利焉. 今佐韓, 兵不衆, 糧不多, 則不足以救韓. 夫救韓之危, 日費千金, 獨不可使妾少有利焉."

尚靳歸書報韓王, 韓王遣張翠. 張翠稱病, 日行一縣. 張翠至, 甘茂曰,

"韓急矣, 先生病而來."

張翠曰, "韓未急也, 且急矣."

甘茂曰, "秦重國知王也, 韓之急緩莫不知. 今先生言不急, 可乎?"

張翠曰, "韓急則折而入於楚矣, 臣安敢來?"

甘茂曰, "先生毋復言也."

甘茂入言秦王曰, "公仲柄得秦師, 故敢捍楚. 今雍氏圍, 而秦師不下殽, 是無韓也. 公仲且抑首而不朝, 公叔且以國南合於楚. 楚,韓爲一, 魏氏不敢不聽, 是楚以三國謀秦也. 如此則伐秦之形成矣. 不識坐而待我, 孰與伐人之利?"

秦王曰, "善." 果下師於殽以救韓.

楚가 5달 동안 雍氏(옹씨)를 포위했다.

{국역} 楚나라가 (韓나라의) 雍氏(옹씨)를 5달 동안 포위했다.[2153] 韓에서는 使者를 秦에 보내 구원을 요청하였는데, 사자의 수레가 줄을 이었지만 秦의 군사는 殽山(효산)[2154]을 나오지 않았다. 韓에서는

2153 원문 楚圍雍氏五月 – 이는 周 赧王(난왕) 8년, 前 307년, 秦에서는 武王이 죽고 어린 昭王이 즉위하여 모후가 섭정했고, 楚는 懷王 22년, 韓襄王 5년의 일이었다. 雍氏之役(옹씨지역) – 雍氏(옹씨)는 韓의 別邑, 도읍 陽翟(양책 / 今 河南省 중앙부 許昌市 일원) 근처에 雍氏라는 城이 있다. 楚가 韓을 공격하며 이 성을 포위했다. 役은 일(事). 소규모 전쟁을 ○○之役이라 한다. 2권 〈西周策〉 032 雍氏之役 참고.

2154 崤山(효산, 殽山) – 古代 地名. 長安(今 陝西省 西安市)과 洛陽 중간 지역,

다시 尙靳(상근, 人名)을 秦에 보냈는데 상근이 秦王(昭王)에게 말했다.

"韓은 秦에 대하여 거주로 말하자면, 울타리〔隱蔽(은폐)〕가 되고 戰時에는 기러기가 날듯 나란히 출전하였습니다. 지금 韓이 크게 고생하는데 秦의 군사는 효산 밖을 나오지 않고 있습니다. 臣이 알기로 '입술이 들려지면 이가 시리다〔脣揭齒寒(순게치한)〕'고 하였습니다.[2155] 大王께서는 깊이 생각해 주시기 바랍니다."

이에 宣太后(선태후)가 말했다.[2156]

"찾아온 使者가 많았지만 다만 尙子(상자, 尙靳)의 말이 옳습니다."

그리고 尙子를 들어오게 하였다. 宣太后가 상근에게 말했다.

"내가 先王을 섬길 때, 선왕이 허벅지를 내 몸에 얹을 때, 나는 힘들어도 피곤하지는 않았습니다. 선왕의 온 몸이 내 몸 위에 있어도 나는 무겁지 않았는데 왜 그러했겠습니까? 그것은 내게 유리한 무엇인가가 있기 때문입니다.[2157] 지금 韓을 돕기에는 군사도 많지 않

河水 남쪽. 부근의 函谷關(함곡관)과 함께 崤函(효함)으로 병칭한다. 古代 군사전략 요충지로 地勢 險峻(험준), 關隘(관애) 견고, 易守難攻(이수난공)의 험지로 유명하다. 關東에서 關中에 들어가는 관문이며 요새지. 효산의 동쪽을 山東, 함곡관의 동쪽을 關東이라 지칭한다. 函谷關은, 今 河南省 서부 三門峽市(삼문협시) 관할의 靈寶市 동북방. 漢代의 函谷關 關門都尉(관문도위)는 믿을 수 있는 귀족 자제 중에서 특별히 선임하였다.

2155 脣揭齒寒 – 脣은 입술 순. 揭는 들 게. 들어 올리다. 뒤집다(反也). 脣亡齒寒.

2156 宣太后(선태후) – 惠文王 왕비, 죽은 武王, 재위 중 昭王 모친, 당시 섭정 중이었다.

2157 원문 以其少有利焉 – 요즈음 말로 그 비유가 너무 야하다. 선태후가

고 군량도 부족하지만 부족한 대로 韓을 돕겠소. 위급한 韓을 돕는데 日費가 千金이나 드는데, 나에게 유리한 것이 조금도 없다면 안될 것이요."

尙靳(상근)은 귀국하여 韓王에게 문서로 보고했고 韓王은 張翠(장취)를 파견하였다. 그런데 張翠는 아프다면서 하루에 1개 縣만 지나 갔다. 장취가 도착하자, 甘茂(감무)가 말했다.

"韓이 위급하니, 先生께서는 병중인데도 이렇게 오셨습니다."

장취가 말했다.

"韓은 위급하지 않으나 급한 것도 있습니다."

감무가 말했다.

"秦은 큰 나라에(重國) 현명하신 王이시니 韓의 완급을 모르는 것이 없습니다. 그런데 지금 위급하지 않다고 말하니 말이 됩니까?"

장취가 말했다.

"韓이 위급했다면 지조를 꺾어 楚를 찾아갔을 것이지, 臣이 어찌 여기를 찾아왔겠습니까?"

"先生은 더 말하지 마십시오."

甘茂는 들어가 秦王에게 말했다.

"(韓의 相인) 公仲(공중)은 秦의 군대를(秦師) 빌려 楚를 막으려 합니다. 지금 (楚가) 雍氏(옹씨)를 포위했으나 秦의 군사는 殽山(효산) 밖에 출정하지 않으니, 이는 韓을 포기하는 것입니다. 公仲은 또

魏 醜夫(추부)를 사랑했고 그래서 죽기 전까지도 추부를 순장하라고 말했었다. **074** 秦宣太后愛魏醜夫 章 참고. 이런 폐풍은 아래로 흘러 내려갔을 것이다. 진시황의 생모 趙姬와 嫪毐(노애, ?- 前 238년)의 淫行(음행)도 마찬가지였다.

고개를 떨어뜨리고 입조하지 않고 있으며, 公叔(공숙)은 나라를 들어 楚에 합치려 합니다. 楚와 韓이 하나가 된다면 魏나라 역시 (楚의 말을) 듣지 않을 수가 없으니, 楚 등 3국은 秦 정벌을 도모할 수 있습니다. 그렇게 秦을 정벌할 수 있는 형세가 됩니다. 이를 모르고 앉아서 정벌을 기다리느냐, 아니면 함께 정벌하느냐 어느 쪽이 유리하겠습니까?'

秦王은 "옳은 말이요."라고 말했다. 진은 군사를 효산 밖으로 출동시켜 韓을 구원하였다.

397/ 楚圍雍氏, 韓~

{原文} 楚圍雍氏, 韓令冷向借救於秦, 秦爲發使公孫昧入韓.

公仲曰, "子以秦爲將救韓乎? 其不乎?"

對曰, "秦王之言曰, 請道於南鄭, 藍田以入攻楚, 出兵於三川以待公, 殆不合, 軍於南鄭矣."

公仲曰, "奈何?"

對曰, "秦王必祖張儀之故謀. 楚威王攻梁, 張儀謂秦王曰, '與楚攻梁, 魏折而入於楚. 韓固其與國也, 是秦孤也. 故不如出兵以勁魏.' 於是攻皮氏. 魏氏勁, 威王怒, 楚與魏大戰, 秦取西河之外以歸. 今也其將陽言救韓, 而陰善楚, 公恃秦而勁, 必輕與楚戰. 楚陰得秦之不用也, 必易與公相

支也. 公戰勝楚, 逐與公乘楚, 易三川而歸. 公戰不勝楚, 塞
三川而守之, 公不能救也. 臣甚惡其事. 司馬康三反之郢矣,
甘茂與昭獻遇於境, 其言曰收璽, 其實猶有約也."

公仲恐曰, "然則奈何?"

對曰, "公必先韓而後秦, 先身而後張儀, 以公不如亟以國
合於齊, 楚, 秦必委國於公以解伐. 是公之所以外者儀而已,
其實猶之不失秦也."

楚가 雍氏를 포위하자, 韓은~

{국역} 楚가 (韓의) 雍氏(옹씨)를 포위 공격하자,[2158] 韓은 冷向〔냉향,
泠向(영향)〕을 秦에 보내 구원을 요청하였고, 秦에서는 사자 公孫昧(공
손매, 公孫郝?)를 韓에 보냈다. 이에 (韓 相) 公仲(공중)이 말했다.

"당신은 秦으로 하여금 우리 韓을 도울 것이요? 아닌가요?"

공손매는 대답했다.

"秦王(惠文王)의 말씀은 (漢中의) 南鄭(남정)과 藍田(남전)의 길을
따라 들어가 楚를 공격할 것이며 (韓의) 三川(今 洛陽)에서 출병한
公을 기다리라 하였으니, 아마 거의 南鄭에 주둔할 뿐 한나라와 연
합하지는 않을 것 같습니다."

2158 원문 楚圍雍氏 —《史記 秦本紀》에 惠文王 後元 13년(前 312) '楚가 雍
氏를 포위하자, 秦은 庶長 疾(질)을 보내 韓을 돕게 하면서 東으로 齊
를 공격하였다.' 라고 기록하였다. 본 章은 당시의 일이다.《史記 六國
年表》張儀는 周 赧王(난왕) 6년(前 309)에 죽었다고 기록되었다.

公仲이 물었다. "어떻게 하면 되겠습니까?"

"秦王은 틀림없이 張儀의 옛 전술대로(故謀) 할 것입니다. 楚 威王(위왕)이 梁(魏)을 공격했을 때, 張儀가 秦王(惠王)에게 말했습니다. '楚와 함께 魏를 공격하면 魏는 오히려 楚의 편이 될 것입니다. 韓은 원래(固) (魏와) 한편이었으니, 이는 秦이 고립된 것입니다. 그러니 이번 출병은 魏를 더욱 강하게 만들 것입니다.' 그리고서는 皮氏(피씨)를 공격하였습니다. 그래서 魏나라는 더 강해지자, (楚) 威王은 분노하며 더욱 魏를 상대로 크게 싸웠고, 秦은 그 틈을 이용하여 (魏의) 西河 밖의 땅을 점령하고 돌아왔습니다. 지금 겉으로는 韓을 구원한다고 하지만 뒤로는(陰) 楚와 善交할 것이며, 公은 秦의 강성을 믿고 필히 楚를 경시하며 싸우게 될 것입니다. 楚는 은밀히 秦이 (韓을) 돕지 않는다는 것을 알고 틀림없이 公과 오랫동안 쉽게 싸울 것입니다. 公이 싸워 楚에 승리한다면, (秦은) 쉽게 (韓의) 三川 지역을 점령한 뒤에 돌아갈 것입니다. 公이 싸워 楚를 이기지 못한다면, 三川을 막아 지키고 있으면 公은 三川의 땅을 수복할 수가 없을 것입니다. 臣은 그 경우를 최악이라 걱정하고 있습니다. (秦人) 司馬康(사마강, 司馬庚?)이 (楚 도읍) 郢(영)에 3번이나 갔다 왔고, (秦의) 甘茂(감무)와 昭獻(소헌)이 국경에서 서로 만나, 말로는 兵符〔軍符, 璽(옥 새)〕를 회수한다 하였지만 사실은 (韓을 공략한다는) 밀약을 했을 것입니다."

公仲이 두려워하며 말했다.

"그렇다면 우리는 어찌해야 합니까?"

공손매는 말했다.

"公은 必히 韓을 먼저, 그리고 秦을 나중으로 생각해야 합니다.

자신을 먼저 지키며 장의의 전략 같은 것은 나중에 생각해야 합니다. 그러하니 公은 서둘러 韓과 齊와 楚가 연합한다면, 秦은 틀림없이 국정을 公에게 일임하며 (제후의) 韓 공격을 해결해 줄 것입니다. 이는 공이 장의의 전략을 배제하는 것이면서 동시에 秦의 지원을 잃지 않는 것입니다."

398/ 公仲爲韓魏易地

{原文} 公仲爲韓, 魏易地, 公叔爭之而不聽, 且亡. 史惕謂公叔曰,

"公亡, 則易必可成矣. 公無辭以後反, 且示天下輕公, 公不若順之. 夫韓地易於上, 則害於趙, 魏地易於下, 則害於楚. 公不如告楚,趙. 楚,趙惡之. 趙聞之, 起兵臨羊腸, 楚聞之, 發兵臨方城, 而易必敗矣."

公仲이 韓을 위해 魏와 땅을 교환했는데,

{국역} 公仲(공중)이 韓의 이익이라며, 魏와 땅을 교환하였는데,[2159]

[2159] 원문 公仲爲韓,魏易地 – 이는 梁(魏) 惠王 때(前 357년)의 일이라는 주석이 있다. 史惕(사척)의 말은 내분에 외세를 끌어들여 나라를 해치려는 뜻이라 하였다.

公叔(공숙)은 논쟁하며 따르지 않았고 亡命하려 했다. 이에 史惕(사척, 史가 성씨, 惕은 두려워할 척)이란 사람이 公叔에게 말했다.

"公이 망명한다면, 교환은 필히 성공합니다. 公이 (나중에) 아무 말 없이 돌아온다면 천하의 홀대만 받게 되니, 우선 순응하는 것이 좋을 것입니다. 韓地가 교환하여 북쪽으로 올라가면 필히 趙에 해로울 것이고, (교환으로) 魏의 영역이 남하한다면 楚에 해로울 것입니다. 그러니 公은 이를 楚와 趙에 알리십시오. 楚와 趙는 싫어할 것입니다. 趙에서 알면 起兵하여 羊腸(양장)의 요새에 진출할 것이고, 楚는 發兵하여 方城(방성)에 진출할 것이니, 易地(역지 : 토지 교환)는 필히 실패할 것입니다."

399/ 錡宣之敎韓王取秦

{原文} 錡宣之敎韓王取秦, 曰,

"爲公叔具車百乘, 言之楚, 易三川. 因令公仲謂秦王曰, '三川之言曰, 秦王必取我. 韓王之心, 不可解矣. 王何不試以襄子爲質於韓, 令韓王知王之不取三川也.' 因以出襄子而德太子."

錡宣之(기선지)가 韓王에게 秦과 연합을 말했다.

{국역} (韓人) 錡宣之(기선지)가 韓王에게 秦과 연합을 말했다.[2160]

　　"公叔(공숙)에게 수레 1백 乘(승)을 준비해 주어 楚에게 가서 韓나라 三川의 땅과 (楚地의) 교환을 제의하게 하십시오. 그러면서 公仲(공중)을 보내 秦王(昭王?)에게 '(우리) 三川의 백성들이 秦王이 삼천을 취하려 한다. 그런데 韓王은 이를 해결할 마음이 없다. 그런데 진왕은 왜 (太子와 사이가 나쁜) 襄子(양자)를 韓에 인질로 보내 韓王에게 三川의 땅을 不取(공격하지 않겠다)한다는 뜻을 표시하지 않을까? 라고 말하게 합니다. 그러면 秦은 襄子를 韓에 인질로 보낼 것이고, 이는 진나라 태자에게 도움이 될 것입니다."

400/ 襄陵之役

{原文} 襄陵之役, 畢長謂公叔曰, "謂毋用兵, 而楚,魏皆德公之國矣. 夫楚欲置公子高, 必以兵臨魏. 公何不令人說昭子曰, '戰未必勝, 請爲子起兵以之魏.' 子有辭以毋戰, 於是太子扁(與)昭揚,梁王皆德公矣."

2160 원문 錡宣之教韓王取秦 - 取는 연합하다. 기선지의 말은 가설일 뿐! 그리고 나라와 나라 사이의 일이 그처럼 간단하겠는가? 연대 미상.

襄陵(양릉)의 싸움.

{국역} 襄陵(양릉)의 싸움에서[2161] (說客) 畢長(필장)이 (韓의) 公叔에게 말했다.

"(韓이) 用兵(무력을 사용하다)하지 않겠다고 선언하면, 楚와 魏 모두가 公의 나라(韓)를 고맙다고 생각할 것입니다. 楚에서는 (魏의) 公子高〔公子 咎(구)〕를 (太子로) 세우려고 魏에 침공할 것입니다. 그렇다면 公은 왜 사람을 보내 昭子(昭陽)에게 '戰(전쟁)에서 未必勝이라 생각되면 당신을 위해 기병하여 魏를 도울 것입니다.' 라고 말하면 당신은 말 한마디로 싸움을 그치게 하는 것이니, 그렇게 되면 太子 扁(편, 與?)과 昭揚(소양, 昭陽) 梁王 모두가 公을 고맙게 여길 것입니다."

401/ 公叔使馮君於秦

{原文} 公叔使馮君於秦, 恐留, 敎陽向說秦王曰,

"留馮君以善韓臣, 非上知也. 主君不如善馮君, 而資之以秦. 馮君廣王而不聽公叔, 以與太子爭, 則王澤布, 而害於韓矣."

2161 襄陵之役(양릉의 싸움) - 襄陵은 魏邑.《史記 六國年表》에 襄陵之役은 周 顯王 46년(前 323)에 있었다. 楚와 魏는 오랫동안 싸움을 계속했다. 畢長(필장)의 말처럼 그렇게 간단하지 않았다.

公叔(공숙)이 馮君(풍군)을 秦에 보내다.

{국역} 公叔(공숙)이 馮君(풍군)을 秦에 사자로 보내면서,[2162] 한편으로는 풍군이 (秦에서) 억류될까 두려워하여, (韓人) 陽向(양향)을 시켜 秦王(昭王)에게 말했다.

"馮君(풍군)을 억류하면서 韓臣(韓辰, ? 풍군과 대립하는 세력)과 친해지려 한다면, 이는 上知(지혜로운 일)가 아닙니다. 主君께서는 풍군을 잘 대우하여 秦에서 활용하는 것이 더 좋을 것입니다. 그러면 풍군은 대왕을 신뢰하며 공숙의 지시를 따르지 않을 것이며 太子와 세력을 다툴 것이니,[2163] 秦王께서 德을 베푸는 것이 韓에게는 해악이 될 것입니다."

402/ 謂公叔曰, ～

{原文} 謂公叔曰, "公欲得武遂於秦, 而不患楚之能揚(傷?)河外也. 公不如令人恐楚王, 而令人爲公求武遂於秦. 謂楚王曰, '發重使爲韓求武遂於秦. 秦王聽, 是令得行於萬乘之

2162 원문 公叔使馮君於秦 - 이는 前 300년, 韓 襄王 12년의 일이다.

2163 원문 以與太子爭 - 태자 伯嬰(백영)이 前 300년에 죽은 뒤, 다음 해 태자 咎(구)가 옹립된다. 그간에 咎와 幾瑟(기슬)의 다툼이 있었다. 이때 秦은 幾瑟을 도왔다.

主也. 韓得武遂以限秦, 毋秦患而得楚. 韓,楚之縣而已. 秦
不聽, 是秦,韓之怨深, 而交楚也.'"

(어떤 사람이) 公叔에게 말하기를~

{국역} (어떤 사람이) 公叔에게 말하기를,[2164]

　"公께서는 秦으로부터 武遂(무수, 地名)를 되찾으려 하면서, 楚가
河水 남쪽을 점령할 수 있다는 걱정을 하지 않았습니다. 공께서는
먼저 사람을 보내 楚王(懷王)을 회유하면서, 다른 한편으로 사람을
보내 秦에 武遂(무수)를 돌려달라고 요구해야 합니다. 楚王에게는
'우리는 秦에 특사를 보내 무수의 땅을 돌려받으려 합니다. 秦王(昭
王)이 우리 요구를 들어준다면 萬乘의 大國의 신임을 받은 것입니
다. 그 뒤에 무수를 근거로 秦의 진출을 막으면서(限) 秦에 대한 걱
정을 없앤 뒤에 楚와 한편이 될 수 있습니다. 韓나라는 귀국 楚의 한
縣처럼 굴 것입니다. 만약 秦이 우리 요구를 들어주지 않는다면, 이
는 秦과 韓의 원한만 깊어지며 아마 楚를 섬길 수도 있을 것입니
다.' 라고 말하면 됩니다."

2164 원문 謂公叔曰 -《史記 六國年表》에 의하면, 前 307년, 秦은 韓의 宜陽
城(의양성)을 함락하며 6만 명을 죽였고 河水를 건너 武遂(무수)에 주둔
하였다. 다음 해에 秦은 다시 武遂를 韓에 돌려주었다. 본 章은 그 당
시의 일이다.

403/ 謂公叔曰乘舟

{原文} 謂公叔曰, "乘舟, 舟漏而弗塞, 則舟沉矣. 塞漏舟, 而輕陽侯之波, 則舟覆矣. 今公自以辨於薛公而輕秦, 是塞漏舟而輕陽侯之波也, 願公之察也."

公叔에게 말했다. "배를 타면서, ~"

{국역} (어떤 사람이) 公叔(공숙)에게 말했다.[2165]

"배를 탈 때, 물이 새는 곳을 막지 않으면 배가 가라앉습니다(舟沉矣). 구멍을 막았더라도 (水神) 陽侯(양후)의 파도를 경시했다가는 배가 뒤집어집니다.[2166] 지금 公이 (齊) 薛公〔설공, 田嬰(전영), 孟嘗君 부친〕과 일을 잘 해결했다고(辨. 治也) 秦을 경시한다면, 새는 구멍을 막았다고 양후의 파도를 무시하는 것과 같습니다. 원컨대 공께서는 통찰하시길 바랍니다."

2165 謂公叔曰, "乘舟 – 연대를 알 수 없다. 전국시대 외교의 어려움을 깨우치려는 비유라고 생각된다. 더군다나 약소국일 경우 더 말할 것이 없다. '가난한 집에서는 온갖 일이 모두 어렵지만(貧家百事百難做), 부잣집은 귀신을 부려 맷돌을 돌린다(富家差得鬼推磨).'는 속담이 있다. 보통 가정에서 쉽게 해결될 일도 가난한 집에서는 뜻대로 풀리지 않는다. '가난한 부부에겐 온갖 일이 모두 서럽다(貧賤夫妻百事哀).'는 속담은 가난을 겪어본 사람의 뼈저린 경험담일 것이다. 약소국의 외교가 가난한 부부의 살림살이와 무엇이 다르겠는가?

2166 陽侯之波 – 여기 陽侯(양후)는 水神의 이름(大海之神).

404/ 齊令周最使鄭

{原文} 齊令周最使鄭, 立韓擾而廢公叔. 周最患之, 曰,

"公叔之與周君交也, 令我使鄭, 立韓擾而廢公叔. 語曰,
'怒於室者色於市.' 今公叔怨齊, 無柰何也, 必周君而深怨
我矣."

史舍曰, "公行矣, 請令公叔必重公."

周最行至鄭, 公叔大怒. 史舍入見曰,

"周最固不欲來使, 臣竊強之. 周最不欲來, 以爲公也. 臣
之強之也, 亦以爲公也."

公叔曰, "請聞其說."

對曰, "齊大夫諸子有犬, 犬猛不可叱, 叱之必噬人. 客有
請叱之者, 疾視而徐叱之, 犬不動, 復叱之, 犬遂無噬人之
心. 今周最固得事足下, 而以不得已之故來使, 彼將禮陳其
辭而緩其言, 鄭王必以齊王爲不急, 必不許也. 今周最不來,
他人必來. 來使者無交於公, 而欲德於韓擾, 其使之必疾,
言之必急, 則鄭王必許之矣."

公叔曰, "善." 遂重周最. 王果不許韓擾.

齊는 周最(주최)를 新鄭(신정)에 사자로 보내서,

{국역} 齊는 周最(주최)를 (韓 도읍) 新鄭(신정)에 보내,[2167] (公子) 韓

擾(한요)를 (相에) 등용하고 公叔(공숙)을 파직시키려고 하였다. 周最(주최)는 사자로 나가기를 걱정하며 말했다.

"公叔은 周君과 親交가 있는 사람인데, 나를 新鄭(韓)에 보내 한요를 임명케 하고 공숙을 폐위하려고 한다. 속어에도 '집에서 화난 얼굴은 밖에서도 그대로다.' 라고 하였는데, 지금 公叔은 齊에 원한이 있는데 어떻게 (그런 말을 내가) 할 수 있겠는가? 周君께서도 필히 나를 원망할 것이다."

그러자 史舍(사사, 人名)가 말했다.

"公은 출발하시오, 나도 따라가 公叔이 公을 우대하도록 돕겠습니다."

周最가 (韓 新都) 新鄭에 도착하자, 公叔이 大怒했다. 史舍가 들어와 공숙을 만나보고 말했다.

"周最는 정말 사자로 오려고 하지 않았는데 臣이 억지로 강요했습니다. 주최가 오지 않으려 한 것도 공을 위한 일이지만, 나의 억지로 오게 한 강요 또한 公을 위한 것입니다."

2167 齊令周最使鄭 - 본 장의 내용은 불명확한 부분이 많다는 주석이 있다. 韓 襄王(재위 前 311 - 296년) 때, 태자가 죽은 뒤 내부에서 갈등이 있던 시기일 것이다. 周最(주최)는 人名. - 戰國 시대 제후국 西周의 公子이다. 생졸년 미상. 활동 시기는 대략 周王 愼靚王(신정왕)과 周의 마지막 천자 赧王(난왕, 名은 赧. 얼굴 붉힐 난 / 隱王) 초기로 추정. 太子를 옹립하려다 실패했는데, 제후국 西周와 東周, 魏國, 齊國의 상국을 역임했으며 秦國, 齊國, 魏國, 楚國, 韓國을 돌아다닌 縱橫家(종횡가)였다. 주최는 合縱(합종)을 주장하고 連橫(연횡)에 반대하며 周王室을 보존하려고 애를 썼다. 韓은 鄭을 멸망시킨 뒤에 그곳으로 도읍을 옮겨 新都를 新鄭이라 호칭했다.

그러자 공숙은 "그 말 좀 들어봅시다."라고 말했다.

"齊의 大夫 중 한 사람이 맹견을 길렀습니다. 그 맹견을 혼낼 수도 없지만 혼내면 사람을 물었습니다. 어떤 객인이 개를 길들여 주겠다고 말했는데, 개를 노려본 다음에 천천히 꾸짖자 개는 움직이지 못했습니다. 계속 꾸짖자 개는 사람을 물을 생각도 잊었습니다. 지금 周最는 진정 足下를 섬기려 하나, 부득이 사자로 올 수 밖에 없었으니, 禮를 갖춰 천천히 齊王(閔王)의 뜻을 전달할 것입니다. 그러면 韓王은 齊王의 요구가 강력하지 않다고 여기면서 틀림없이 不許할 것입니다. 이번에 주최가 오지 않았다면 틀림없이 다른 사람이 왔을 것입니다. 다른 사람이라면 公과 교분이 없기 때문에 오직 韓擾(한요)를 도우려 하고 성급하게 요구할 것이니, 그러면 韓王은 齊의 요구를 수락할 수밖에 없을 것입니다."

공숙은 "옳은 말이요." 하고서는 주최를 우대하였다. 韓王은 예상대로 韓擾(한요)를 임명하라는 제나라의 요구를 거절하였다.

405/ 韓公叔與幾瑟爭國.

{原文} 韓公叔與幾瑟爭國. 鄭强爲楚王使於韓, 矯以新城, 陽人命世子, 以與公叔爭國. 楚怒, 將罪之.

强曰, "臣之矯與之, 以爲國也. 臣曰, 世子得新城,陽人, 以與公叔爭國, 而得全, 魏必急韓氏. 氏急, 必縣命於楚, 又何新城,陽人敢索? 若戰而不勝, 幸而不死, 今且以至, 又安敢言地?"

　楚王曰, "善." 乃弗罪.

韓公叔과 幾瑟(기슬)이 국권을 다투었다.

{국역} 韓의 公叔(공숙)과 (公子) 幾瑟(기슬)이 권력을 다투었다.[2168]
(楚人) 鄭強(정강)이 楚王(懷王)의 사자로 韓에 있다가 거짓으로(矯
命) 新城(신성)과 陽人(양인, 地名)의 땅을 世子(幾瑟, 기슬)에게 주겠
다고 하여 公叔과 爭國(싸우다)하게 하였다. 그러자 楚에서는 화를
내며 (鄭強을) 형벌에 처하려 했다. 그러자 鄭強이 말했다.

　"臣이 거짓으로 주겠다고 한 것은 이 楚나라를 위한 것입니다. 臣
은 世子(幾瑟)가 新城과 陽人의 땅을 얻게 되면 韓公叔과의 爭國(싸
움)에서 유리할 것입니다. 그러면 공숙의 편인 魏는 틀림없이 韓을
정벌할 것입니다. 그러면 韓은 다급해져서 틀림없이 楚에 매달릴 것
인데, 태자가 어찌 新城과 陽人의 땅을 요구할 수 있겠습니까? 太子
가 이기지 못한다면 달아나다가 요행히 죽지 않는다 하여도, 지금
막 초나라로 달려와 어찌 감히 땅을 달라 요구하겠습니까?"

　楚王은 "옳은 말이다." 하고서는 정강을 문죄하지 않았다.

　2168 원문 韓公叔與幾瑟爭國 – 韓 襄王의 世子 옹립 문제를 놓고 경쟁하다.
　　본 章은 〈楚策 一〉 **183** 韓公叔有齊魏 章과 내용이 비슷하다.

406/ 韓公叔與幾瑟爭國, 中庶子~

{原文} 韓公叔與幾瑟爭國. 中庶子强謂太子曰,

"不若及齊師未入, 急擊公叔."

太子曰, "不可. 戰之於國中必分."

對曰, "事不成, 身必危, 尙何足以圖國之全爲?"

太子弗聽, 齊師果入, 太子出走.

韓의 公叔과 幾瑟(기슬)이 爭國했다. 中庶子인~

{국역} 韓의 公叔(공숙)과 (公子) 幾瑟(기슬)이 국정을 놓고 다투었다. 中庶子인 强(강)이 太子에게 말했다.[2169]

"(공숙을 도울) 齊의 군사가 들어오기 전에 서둘러 공숙을 공격해야 합니다."

太子가 말했다.

"不可합니다. 전투가 나라 안에서 일어나면 나라가 분열될 것이요."

"일이 실패하면 一身이 위험에 처하는데, 어찌 나라가 온전하기를 바랄 수 있겠습니까?"

2169 원문 韓公叔與幾瑟爭國. 中庶子强 − 본 章의 太子는 幾瑟(기슬). 실제로 태자로 책봉되었는가는 확실치 않다. 楚에 인질로 가 있었고 돌아오지 않았다는 주석도 있다. 庶子는 본래 周官, 秦에서는 中庶子, 太子의 屬官. 强은 鄭强(人名)인지 확실치 않다.

太子는 따르지 않았다가 齊의 군사가 들어오자 太子는 도주하였
다.

407/ 齊明謂公叔

{原文} 齊明謂公叔曰,

"齊逐幾瑟, 楚善之. 今楚欲善齊甚, 公何不令齊王謂楚
王, '王爲我逐幾瑟以窮之.' 楚聽, 是齊,楚合, 而幾瑟走也,
楚王不聽, 是有陰於韓也."

齊明(제명)이 公叔(공숙)에게 말했다.

{국역} 齊明(제명)이 公叔(공숙)에게 말했다.

"齊에서 (韓 公子) 幾瑟(기슬)을 방축(내쫓다)했는데,[2170] 楚에서
는 그를 우대하고 있습니다. 지금 楚에서는 齊와 善交를 간절하게
바라고 있으니, 公께서는 왜 齊王(閔王)을 시켜 楚王(懷王)에게 '王
께서 우리를(齊) 위하여 기슬을 방축하여 궁지에 몰아주십시오.' 라
고 요청하지 않으십니까? 楚가 (齊의 요청을) 따라준다면 齊와 楚가

2170 齊明謂公叔曰 — 본 章 역시 韓 襄王의 여러 아들이 爭國하던 일이다.
齊明이란, 사람의 말은 幾瑟(기슬)을 놓고 韓과 齊, 韓과 楚의 외교의
진심을 파악하자는 뜻이다.

연합하려는 뜻이며, 기슬은 달아나야 합니다. 楚王이 (齊의 요청을) 따르지 않는다면 기슬과 더불어 이는 우리에(韓) 대한 (齊의) 음모가 있는 것입니다."

408/ 公叔將殺幾瑟

{原文} 公叔將殺幾瑟也. 謂公叔曰,

"太子之重公也, 畏幾瑟也. 今幾瑟死, 太子無患, 必輕公. 韓大夫見王老, 冀太子之用事也, 固欲事之. 太子外無幾瑟之患, 而內收諸大夫以自輔也, 公必輕矣. 不如無殺幾瑟, 以恐太子, 太子必終身重公矣."

公叔이 幾瑟(기슬)을 죽이려 했다.

{국역} 公叔(공숙)이 幾瑟(기슬)을 죽이려 했다. (어떤 說客이) 公叔에게 말했다.[2171]

"太子(太子는 咎)께서 公을 중히 여기는 것은 (公子) 幾瑟(기슬)이 두렵기 때문입니다. 지금 (만약) 기슬이 죽는다면 太子는 아무 걱정

2171 公叔將殺幾瑟也 – 본 章과 다음 장에서 기슬은 외국에 머물고 있는 것으로 서술되었다. 어떻게 죽이려 했는가? 이는 說客이 당시 상황을 염두에 두고 유세 연습용으로 지어낸 말일 것이라는 주석이 있다.

이 없기에 필히 공을 경시할 것입니다. 韓 大夫들은 王(襄王)이 연로하기에 太子가 用事(정권을 장악하다)하기를 바라면서(冀), 정말 태자를 섬기려 합니다. 太子에게 밖에(在外한) 幾瑟에 대한 걱정이 없다면, 안으로 (국내에서는) 諸 大夫의 세력을 모아 자신을 보필하게 할 것이고, 그러면 틀림없이 公을 경시할 것입니다. 그러니 기슬을 죽이지 않아 태자가 두려워하게 한다면, 태자는 必히 終身토록 公을 重히 대우할 것입니다."

409/ 公叔且殺幾瑟

{原文} 公叔且殺幾瑟也, 宋赫爲謂公叔曰,

"幾瑟之能爲亂也, 內得父兄, 而外得秦,楚也. 今公殺之, 太子無患, 必輕公. 韓大夫知王之老而太子定, 必陰事之. 秦,楚若無韓, 必陰事伯嬰. 伯嬰亦幾瑟也. 公不如勿殺. 伯嬰恐, 必保於公. 韓大夫不能必其不入也, 必不敢輔伯嬰以爲亂. 秦,楚挾幾瑟以塞伯嬰, 伯嬰外無秦,楚之權, 內無父兄之衆, 必不能爲亂矣. 此便於公."

公叔이 또 幾瑟(기슬)을 죽이려 하자,

{국역} 秦 公叔(공숙)이 또 초나라에 망명 중인 幾瑟(기슬)을 죽이려

하자,[2172] (說客) 宋赫(송혁)이란 사람이 公叔에게 말했다.

"기슬이 반란할 수 있었던 것은 안으로(국내) 父兄의 지지(公仲 같은 세력)와 밖으로(外) 秦과 楚의 지원이 있었기 때문입니다. 지금 公께서 기슬을 죽인다면 太子는 걱정거리가 없어졌으니 必히 公을 경시할 것입니다. 韓의 大夫들은 王(襄王)이 연노하고 太子도 확정되었기에 틀림없이 은밀히 태자 伯嬰(백영)을 섬기고 있습니다. 秦과 楚에게 만약 韓이 없다면 必히 伯嬰(백영)을 은밀히 섬기려 할 것이니,[2173] 백영 역시 기슬과 같은 존재입니다. 그러니 公은 죽이지 않는 것이 좋습니다. (기슬을 죽이지 않으면) 백영은 두려워하면서 틀림없이 공에게 의지할 것입니다. 또 韓의 대부들(기슬을 지지하는 세력)은 그가 (韓에) 들어올 수 없다는 것을 알더라도, 백영을 내세워 혼란을 부추길 수도 없을 것입니다. 秦과 楚는 기슬을 끼고 백영을 막으려 할 것이고, 백영은 밖으로(外) 秦과 楚와 같은 힘(權)도 없고, 안으로(內) 父兄의 무리도 없고 혼란을 야기할 수도 없어 틀림없이 公과 한편이 될 것입니다."

410/ 謂新城君曰

{原文} 謂新城君曰,

2172 公叔且殺幾瑟也 — 본 章도 위의 章과 같이 擬托(의탁)한 내용이다.

2173 陰事伯嬰 — 伯嬰(백영)은 韓의 公子. 기슬과 사이가 안 좋았다는 주석이 있다.

"公叔,伯嬰恐秦,楚之內幾瑟也, 公何不爲韓求質子於楚?
楚王聽而入質子於韓, 則公叔,伯嬰必知秦,楚之不以幾瑟爲
事也, 必以韓合於秦,楚矣. 秦,楚挾韓以窘魏, 魏氏不敢東,
是齊孤也. 公又令秦求質子於楚, 楚不聽, 則怨結於韓. 韓
挾齊,魏以眳楚, 楚王必重公矣. 公挾秦,楚之重, 以積德於
韓, 則公叔,伯嬰必以國事公矣."

(혹자가) 新城君에게 말했다.

{국역} 어떤 사람이, 楚(초)나라의 新城君(신성군)에게 말했다.[2174]
　"公叔(공숙)과 伯嬰(백영)은 秦과 楚가 幾瑟(기슬)을 韓에 귀국시킬
까 걱정하고 있는데, 公은 왜 韓을 위하여 質子(인질)를 귀국시키라
고 楚에 요구하지 않으십니까? 楚王(懷王)이 수락하여 質子를 韓에
입국시키면, 公叔과 伯嬰은 必히 秦과 楚가 기슬을 문제 삼지 않는
다는 것을 알 것이니, 틀림없이 韓은 秦이나 楚의 편에 설 것입니다.
秦과 楚가 韓을 끼고서 魏를 협박한다면, 魏는 감히 東쪽으로 향할
수 없고, 그러면 齊는 고립되는 것입니다. 公은 또 秦으로 하여금 楚
에 있는 質子를 秦에 보내라 요구할 수도 있습니다. (그런 요구를)
楚가 不聽한다면 韓은 楚에 원한을 갖게 되고, 韓이 齊와 魏를 끼고

2174 謂新城君曰 - 韓의 태자 책립을 둘러싼 암투에서 公叔이나 伯嬰 등은
　　外勢의 개입을 두려워했다. 新城君은 (楚나라 출신인) 秦 宣太后의 동
　　생인 羋戎(미융)이라는 주석이 있다. 본 장은 《史記 韓世家》에도 수록
　　되었는데, 이를 蘇代(소대)가 한 말이라고 하였다.

楚를 흘겨본다면,[2175] 楚王은 必히 公을 重視할 것입니다. 公이 秦과 楚의 강성을 이용하여 韓에 덕을 베푼다면 (韓의) 公叔이나 伯嬰은 必히 國事를 公에게 위임할 것입니다."

411/ 胡衍之出幾瑟於楚

{原文} 胡衍之出幾瑟於楚也, 敎公仲謂魏王曰,

"太子在楚, 韓不敢離楚也. 公何不試奉公子咎, 而爲之請太子. 因令人謂楚王曰, '韓立公子咎而棄幾瑟, 是王抱虛質也. 王不如亟歸幾瑟. 幾瑟入, 必以韓權報讎於魏, 而德王矣.'"

胡衍(호연)이 幾瑟(기슬)을 楚에서 데려올 일을,

{국역} (韓人) 胡衍(호연)이 楚에서 幾瑟(기슬)을 데려올 일을(出而歸韓)[2176] 公仲(공중)을 시켜 魏王(襄王)에게 말하게 했다.

2175 韓挾齊, 魏以眄楚 – 眄은 애꾸눈 면. 한 눈을 감고 자세히 보다. 眄은 盻와 同. 盻는 흘겨볼 혜(睥睨也, 恨視也).

2176 원문 胡衍之出幾瑟於楚也 – 胡衍(호연)은 人名. 衍은 넘칠 연. 幾瑟이 楚에 人質이 아니라 亡命한 것이라며, 이는 의탁한 내용이라는 주석이 있다.

"太子가 在楚하니, 韓은 감히 楚를 떠날 수가 없습니다. 公께서는 公子 咎(구)를 시험 삼아 모시면서 왕에게 그를 한나라 太子로 책립해달라고 왜 요구하지 않으십니까? 그러면서 사람을 楚王(懷王)에게 보내어 '韓은 公子 咎(구)를 책립하고 기슬을 버렸으니 王께서는 헛 인질을 잡고 계신 것입니다. 王께서는 빨리(亟) 기슬을 돌려보내는 것이 좋을 것입니다. 기슬이 (韓에) 입국하면, 必히 韓의 권력을 잡아 魏에 복수하려 하면서 王(楚王)을 고맙게 생각할 것입니다.' 라고 말하십시오."

412/ 幾瑟亡之楚

{原文} 幾瑟亡之楚, 楚將收秦而復之. 謂芊戎曰,

"廢公叔而相幾瑟者楚也. 今幾瑟亡之楚, 楚又收秦而復之, 幾瑟入鄭之日, 韓, 楚之縣邑. 公不如令秦王賀伯嬰之立也. 韓絶於楚, 其事秦必疾, 秦挾韓親魏, 齊,楚後至者先亡. 此王業也."

幾瑟(기슬)이 楚에 망명하자,

{국역} (韓의 公子) 幾瑟(기슬)이 楚에 망명하자,[2177] 楚에서는 秦과

2177 幾瑟亡之楚 – 내용이 사실에 맞지 않는다는 주석이 있다. 韓 여러 공

협력하여 기슬을 원래의 지위를 회복시키려 하였다. 그래서 (어떤 사람이) (秦의) 芈戎(미융, 新城君)에게 말했다.

한나라 "公叔을 파직케 하고 기슬을 (귀국시켜) 相에 오르게 하는 일은 楚가 할 수 있습니다. 지금 기슬이 楚에 망명했고, 楚는 다시 秦과 함께 (그 지위를) 복원시키려 하는데, 기슬이 (韓의 도읍) 鄭에 (新鄭) 들어가는 날, 韓은 楚의 縣邑과 같이 됩니다. 그러니 公은 秦 王으로 하여금 伯嬰(백영)의 책립을 축하하는 것이 나을 것입니다. 그러면 韓은 楚와 단절하면서 서둘러 秦을 섬길 것이고, 秦은 韓과 동맹하면서 魏와 親交한다면, 齊와 楚에서 (秦을 섬기러) 늦게 오는 나라가 먼저 망할 것입니다. 이것이 곧 왕업을 이루는 길입니다."

413/ 冷向謂韓咎

{原文} 冷向謂韓咎曰,

"幾瑟亡在楚, 楚王欲復之甚, 令楚兵十餘萬在方城之外. 臣請令楚築萬家之都於雍氏之旁, 韓必起兵以禁之, 公必將 矣. 公因以楚,韓之兵奉幾瑟而內之鄭, 幾瑟得入而德公, 必 以韓,楚奉公矣."

자의 爭國에서 태자였던 公子 咎(구)가 즉위하니, 이가 釐王(이왕, 재위 前 295 - 273년)이다. '秦王으로 하여금 伯嬰(백영)의 책립을 축하하게 한다.'는 구절이 사실과 크게 다르다.

冷向(영향)이 韓咎(한구)에게 말했다.

{국역} 冷向(영향, 冷向)이 (公子인) 韓咎(한구)에게 말했다.[2178]

"幾瑟(기슬)이 망명하여 楚에 머무는데, 楚王(懷王)은 復位해주려고 10여 만의 대군을 方城 근처에 주둔케 하였습니다. 臣이 楚에 가서 말하겠습니다. (韓의) 雍氏縣(옹씨현) 근처에 1만 호의 大都를 건설하라고 말하면, 韓에서는 起兵하여 못하게 할 것이고 그러면 公은 필히 장군이 될 것입니다.[2179] 公은 楚와 韓의 군사로 기슬을 받들어 (韓 新都) 新鄭으로 모시면, 기슬은 입국하게 되고, 公을 고맙게 대우할 것이며, 韓과 楚에서는 公을 받들 것입니다."

414/ 楚令景鯉入韓

{原文} 楚令景鯉入韓, 韓且內伯嬰於秦, 景鯉患之. 冷向謂伯嬰曰,

2178 冷向(冷向)謂韓咎 ― 公子 咎(구), 곧 韓咎(한구)는 태자로 책립되었다. 기슬을 받아들일 이유가 없다. 冷向(냉향)이 아니라 冷向(영향)이어야 한다. 《史記》에는 蘇代(소대)의 말로 기록되었다.

2179 公必將矣 ― 韓咎(한구)를 태자가 아닌 다른 사람으로 상정한 것이다. 그런데 세객이 와서 1만 호 대읍을 건설하라고 말했다 하여 금방 건설하고, 그런다고 군사를 동원해서 저지시키고 그렇게 되면 당신은 장군이 되고, ~ 한마디로 어린애들 장난하듯 말하고 있다.

"太子入秦, 秦必留太子而合楚, 以復幾瑟也, 是太子反棄
之."

楚가 景鯉(경리)를 韓에 입국시키고,

{국역} 楚가 (楚臣) 景鯉(경리)를 韓에 입국시키려 하고,[2180] 韓에서
는 伯嬰(백영)을 秦에 보내려 하자, 경리는 이를 걱정하였다. 그러자
冷向(냉향, 泠向)이 백영에게 말했다.

"太子(伯嬰)가 入秦하면, 秦에서는 必히 太子를 억류하면서 楚와
연합하여 기슬을 복위시킬 것이니 태자께서는 도리어 버림받게 될
것입니다."

415/ 韓咎立爲君而未定

{原文} 韓咎立爲君而未定也, 其弟在周, 周欲立車百乘而送
之, 恐韓咎入韓之不立也. 綦毋恢曰,

"不如以百金從之. 韓咎立, 因也以爲戒, 不立, 則曰來效
賊也."

2180 楚令景鯉入韓 - 景鯉(경리, 人名)는 楚 懷王의 相이었다. 伯嬰(백영)을
  太子라 하였는데, 이 또한 잘못되었다. 그냥 꾸며낸 이야기이다.

韓咎(한구)가 즉위하여, 안정되지 않았는데,

{국역} 韓咎(한구)가 君主(太子)가 되었지만 아직 안정되지 않았을 때,[2181] 그 동생은 周에 머물고 있었는데, 周는 아우[기슬(幾瑟)]를 수레 1백 승과 함께 보내려 하면서, 기슬이 韓에 들어가 책립되지 못할까 걱정하였다. 이에 (周臣) 綦毋恢(기무회, 綦毋는 複姓)가 말했다.

"百金을 주어 보내니만 못합니다. 기슬이 책립되면, (百金을) 군사비용이라(戒) 하면 되고, 기슬이 책립되지 못한다면 한구에게 도적(반역자)을 방지할 비용이라고 말하면 됩니다."

416/ 史疾爲韓使楚

{原文} 史疾爲韓使楚, 楚王問曰, "客何方所循?"

曰, "治列子圉寇之言."

曰, "何貴?"

曰, "貴正."

王曰, "正亦可爲國乎?"

2181 韓咎立爲君而未定也 - 韓咎(한구)는 韓 釐王(이왕, 釐는 다스릴 이).《史記 六國年表》에 周 赧王(난왕) 16년(前 299)에 魏 襄王과 齊 閔王이 韓에서 회담하였고「立咎爲太子」라 하였다. 韓咎(한구)의 즉위는 前 296년이었다.

曰, "可."

王曰, "楚國多盜, 正可以圉盜乎?"

曰, "可."

曰, "以正圉盜, 柰何?"

頃聞有鵲止於屋上者,

曰, "請問楚人謂此鳥何?"

王曰, "謂之鵲."

曰, "謂之烏, 可乎?"

曰, "不可."

曰, "今王之國有柱國, 令尹, 司馬, 典令, 其任官置吏, 必曰廉潔勝任. 今盜賊公行, 而弗能禁也, 此烏不爲烏, 鵲不爲鵲也."

史疾(사질)이 韓使로 楚에 가다.

{국역} 史疾(사질)이 韓의 使臣으로 楚에 가자, 楚王(考烈王, 前 262
– 238년)이 물었다.[2182]

"客人은 무슨 학문을 전공하셨는가?"[2183]

"列子, 烈圉寇(列禦寇, 열어구)의 가르침을 배웠습니다."[2184]

2182 史疾爲韓使楚 – 年代를 확정할 수 없지만, 그 시절 도적이 횡행하는
말기적 현상이 있었다는 것을 알 수 있다.

2183 원문 客何方所循?" – 여기 方은 학술(術也). 循은 따를 순. 전공하다.

"무엇을 귀히 여기는가?"

"正을 중시합니다."

"正으로 治國할 수 있는가?"

"할 수 있습니다."

"楚國에 도적이 많은데 正으로 도적을 막을 수 있겠는가?"

"막을 수 있습니다."

"正으로 盜(도)를 어떻게 막겠는가?"

그때 까치 한 마리가 옥상에서 울었다.

"이 새를 楚人은 무엇이라 부릅니까?"

"까치라〔鵲(작)〕부르네."

"까마귀라고〔烏(오)〕할 수 있습니까?"

"불가하오."

"지금 王의 나라에는 柱國, 令尹, 司馬, 典令(전령, 이상 모두 楚의 官名)의 관리를 두고 임무를 수행합니다. 그러면서 必히 청렴결백하고 임무를 완수한다고 말합니다. 지금 도적이 공공연히 횡행하는데 금할(막다) 수도 없습니다. 이는 까마귀를 까마귀라 부를 수 없고, 까치를 까치라 부르지 못하는 것과 같습니다."

2184 《列子》8편은 魏晉 시대의 僞作이라 알려졌다. 《列子》일명 《沖虛眞經》. 저자는 鄭人 列禦寇(열어구)로, 莊子보다 先代이다. 〈天瑞〉, 〈黃帝〉, 〈周穆王〉, 〈仲尼〉, 〈湯問〉, 〈力命〉, 〈楊朱〉, 〈說符〉 等 8편. 寓言과 故事가 많다. 우리에게 잘 알려진 '愚公移山(우공이산)', '杞人憂天(기인우천)', '歧路亡羊(기로망양)', '男尊女卑', '朝三暮四' 등이 있다. 唐代에는 《道德經》, 《莊子》, 《文子》, 《列子(沖虛眞經)》를 道教 4部 經典이라 했다.

417/ 韓傀相韓

{原文} 韓傀相韓, 嚴遂重於君, 二人相害也. 嚴遂政議直指, 舉韓傀之過. 韓傀以之叱之於朝. 嚴遂拔劍趨之, 以救解. 於是嚴遂懼誅, 亡去游, 求人可以報韓傀者.

至齊, 齊人或言, "軹深井里聶政, 勇敢士也, 避仇隱於屠者之間."

嚴遂陰交於聶政, 以意厚之. 聶政問曰, "子欲安用我乎?"

嚴遂曰, "吾得爲役之日淺, 事今薄, 奚敢有請?"

於是嚴遂乃具酒, 觴聶政母前. 仲子奉黃金百鎰, 前爲聶政母壽. 聶政驚, 愈怪其厚, 固謝嚴仲子. 仲子固進, 而聶政謝曰,

"臣有老母, 家貧, 客游以爲狗屠, 可旦夕得甘脆以養親. 親供養備, 義不敢當仲子之賜."

嚴仲子辟人, 因爲聶政語曰,

"臣有仇, 而行游諸侯衆矣. 然至齊, 聞足下義甚高. 故直進百金者, 特以爲夫人麤糲之費, 以交足下之驩, 豈敢以有求邪?"

聶政曰, "臣所以降志辱身, 居市井者, 徒幸而養老母. 老母在, 政身未敢以許人也."

嚴仲子固讓, 聶政竟不肯受. 然仲子卒備賓主之禮而去.

韓傀(한괴)가 韓의 相이 되었고,

{국역} 韓傀(한괴)가 韓의 相이 되었고,[2185] 嚴遂(엄수)는 君王(哀侯)의 총애를 받았는데 두 사람은 서로를 비방하였다(相害也). 嚴遂(엄수)가 국사를 논의하며 손가락으로 가리키며 한괴의 잘못을 지적하였다. 이에 한괴는 (엄수가) 조정에서 자신을 질책했다고 말했다. 그러자 嚴遂가 칼을 뽑아들고 한괴를 추격했고 (다른 사람이) 한괴를 구해주었다(得解). 이후 엄수는 처벌이 겁나서 망명하여 (각지를) 떠돌며 한괴에게 복수해줄만한 사람을 찾아다녔다.

齊나라에 갔을 때, 어떤 齊人이 말했다.

"(河內郡) 軹縣(지현)[2186] 深井里(심정리)의 聶政(섭정)은 용감한 士人인데, 원수를 피해(避仇) 屠畜(도축)하는 사람들 틈에 숨어 있습니다."

엄수는 은밀히 섭정과 가까이 교제하며 후하게 대우하였다. 섭정이 물었다.

"그대는 나를 어디에 쓰려 하십니까?"

그러자 엄수가 말했다.

"내가 당신을 알고 가까이 한 기간도 얼마 안 되고, 지금껏 해드린 것도 없는데(事今薄), 어찌 감히 청이 있겠습니까?"[2187]

2185 韓傀相韓 – 본 장은 그대로 하나의 단편소설이다. 이처럼 실감나게 전개된 이야기는 많지 않다. 司馬遷의 《史記 86권 刺客列傳》에는 韓傀(한괴)가 韓의 相이 아니고, 俠累(협루)를 韓의 相이라 하였다. 이는 韓哀侯 6년 前 371년의 사건이다.

2186 軹縣(지현) – 今 河南省 북부 焦作市 관할 濟源市.

聶政(섭정, ? - 前 397년)
전국시대 유명한 자객,《史記刺客列傳》

　　이에 엄수는 술자리를 준비하고서 섭정 모친에게 술을 올렸다. 仲子(중자, 嚴遂의 字)는 黃金 1百 鎰(일)을 앞으로 놓으며(前) 섭정 모친께 祝壽(축수)하였다. 섭정은 놀라며(驚), 더욱 그 厚誼(후의)를 이상하게 생각하며 굳이 嚴仲子(엄중자)에게 사양하였다. 엄중자가 꼭 드리려 하자, 섭정이 사례하며 말했다.

　　"臣에게 老母가 계시고, 家貧하여 떠돌며 개 잡는 일을 하고 있습니다만, 그래도 조석으로 좋은 음식으로 모친을 봉양하려 합니다. 모친을 봉양할 물건을 갖추려는 뜻이겠지만, 그래도 의리상 당신의 하사를 받지 못하겠습니다."

2187 원문 奚敢有請? - 奚는 어찌 해. 아직은 부탁 말을 하지 못하겠다는 완곡한 표현.

嚴仲子는 사람을 물리치고(辟人, 屛闢去之) 섭정에게 말했다.

"臣에게 원수가 있어 그간 여러 제후들 사이를 떠돌았습니다. 그러다가 齊에 이르렀고 足下의 大義가 아주 높다는 말을 들었습니다. 그래서 바로 1百 金을 올린 것은 어른의 식사 비용과[2188] 足下의 교제비 용으로 드리는 것이지 어찌 다른 것을 바라겠습니까?"

聶政이 말했다.

"臣은 뜻을 굽히고 거친 일을 하고(降志辱身), 市井에 살며 다행히도 노모를 봉양하고 있습니다. 老母가 계시기에, 저는 목숨을 남에게 허락할 수 없습니다."

엄중자는 굳이 드리려 했고, 섭정은 끝까지 받지 않으려 했다. 그러나 엄중자는 결국 賓主(빈주: 손님)의 禮를 다 갖춘 뒤에 떠나갔다.

{原文} 久之, 聶政母死, 旣葬, 除服. 聶政曰,

"嗟乎! 政乃市井之人, 鼓刀以屠, 而嚴仲子乃諸侯之卿相也, 不遠千里, 枉車騎而交臣, 臣之所以待之至淺鮮矣. 未有大功可以稱者, 而嚴仲子擧百金爲親壽, 我雖不受, 然是深知政也. 夫賢者以感忿睚眦之意, 而親信窮僻之人, 而政獨安可嘿然而止乎? 且前日要政, 政徒以老母. 老母今以天年終, 政將爲知己者用."

遂西至濮陽, 見嚴仲子曰, "前所以不許仲子者, 徒以親

2188 特以爲夫人麤糲之費 – 特은 다만. 夫人은 老夫人. 麤는 거칠 추. 糲는 현미 려. 麤糲(추려)는 거친 음식.

在. 今親不幸, 仲子所欲報仇者爲誰?"

嚴仲子具告曰, "臣之仇韓相傀. 傀又韓君之季父也, 宗族
盛, 兵衛設, 臣使人刺之, 終莫能就. 今足下幸而不棄, 請益
具車騎壯士, 以爲羽翼."

政曰, "韓與衛, 中間不遠, 今殺人之相, 相又國君之親,
此其勢不可以多人. 多人不能無生得失, 生得失則語泄, 語
泄則韓擧國而與仲子爲讎也, 豈不殆哉!"

遂謝車騎人徒, 辭, 獨行仗劍至韓.

{국역} 얼마 뒤에, 聶政의 모친이 죽었고 장례를 치렀으며, 복상도
마쳤다. 그리고 聶政(섭정)이 말했다.

"아!(嗟乎!) 나는 市井에서 짐승이나 잡는 사람이나, 嚴仲子는 諸
侯의 卿相인데, 천리를 멀다 아니하고, 수레로 왕림하여 나와 사귀
었는데, 내가 그를 대한 것은 너무 미천했었다. 그의 厚意에 알맞은
보답도 없었는데, 엄중자는 1백 金으로 모친을 위해 축수하였으니,
내 비록 받지는 않았더라도 그는 나를 진정으로 알아주었다. 賢者가
자신을 무시한 자에게 분노하며[2189] 이렇게 궁벽한 곳에 사는 나를
찾아와 신뢰하였으니, 나 섭정이 어찌 침묵하며 가만히 있어야 하겠
는가?[2190] 또 지난날에 나를 필요로 했었지만, 나는 다만 노모를 모

2189 원문 以感忿睚眥之意 - 感은 마음이 움직이다. 감동하다. 睚眥(애자)는
      화가 나서 노려보다(怒視也). 睚는 눈초리 애. 눈을 치켜뜨다(擧眼也).
      眥는 흘길 자.

2190 원문 而政獨安可嘿然而止乎? - 政은 聶政. 安은 어찌? 의문사. 嘿은

셔야만 했다. 노모는 이제 천수를 누리셨으니, 이제 나는 나를 알아
주는 사람을 위해 할 일을 해야 한다."[2191]

섭정은 마침내 서쪽으로 濮陽(복양)[2192]에 찾아가서 嚴仲子를 만
나 말했다.

"앞서 당신에게 이 몸을 不許한 것은 다만 모친이 계셨기 때문이
었습니다. 지금 母親께서 불행히도 돌아가셨습니다만, 이제 仲子께
서 갚고자 하시는 원수가 누구입니까?"[2193]

嚴仲子(嚴遂)는 모두를 다 알려준 다음에 말했다.

"臣의 원수(仇)는 韓의 相인 韓傀(한괴)인데. 지금 韓 君王의 작은
아버지(季父)이며, 그 종족은 융성하고, 그 호위가 엄중하여(兵衛
設) 臣이 사람을 시켜 척살하려 했지만 끝내 이룰 수 없었습니다. 지
금 足下께서 다행히도 (저를) 버리지 않으셨으니 수레나 필요한
장비와 壯士(장사)를 보내 도와드리겠습니다."

섭정이 말했다.

"韓과 衛[濮陽(복양)]는 거리가 멀지 않습니다. 지금 죽여야 할 상
대는 나라의 相國이고 國君의 혈친이며, 또 그 형세가 사람이 많을
필요는 없습니다. 사람이 많으면 그 이해득실이 아니 생길 수 없고,
이해득실 관계가 있으면 말이 누설될 수 있으며, 말이 새나가면 韓

　　　고요할 묵. 嘿然은 침묵하다.
2191 士爲知己者死 女爲悅己者容 – 志士는 知己를 위해 죽을 수 있고, 여자
　　　는 자신을 기쁘게 해주는 사람을 위하여 화장을 한다.
2192 濮陽(복양) – 春秋時代의 帝丘. 漢代 東郡 濮陽縣(복양현)은, 今 河南省
　　　동북부, 황하 북안의 濮陽市(복양시).
2193 所欲報仇者爲誰? – 원한을 갚아 줘야 할 자. 원수. 誰는 누구 수.

의 온 나라가 당신을 원수로 생각할 것이니 어찌 위험하지 않겠습니까!'

결국 수레나 기마, 여러 사람을 마다하고 인사를 한 뒤, 홀로 칼한 자루만을 품고 韓으로 갔다.

{原文} 韓適有東孟之會, 韓王及相皆在焉, 持兵戟而衛者甚衆. 聶政直入, 上階刺韓傀. 韓傀走而抱哀侯, 聶政刺之, 兼中哀侯, 左右大亂. 聶政大呼, 所殺者數十人. 因自皮面抉眼, 自屠出腸, 遂以死. 韓取聶政屍於市, 縣購之千金. 久之莫知誰子.

政姊聞之, 曰, "弟至賢, 不可愛妾之軀, 滅吾弟之名, 非弟意也."

乃之韓. 視之曰, "勇哉! 氣矜之隆. 是其軼賁, 育而高成荊矣. 今死而無名, 父母旣歿矣, 兄弟無有, 此爲我故也. 夫愛身不揚弟之名, 吾不忍也."

乃抱屍而哭之曰,

"此吾弟軹深井裡聶政也."

亦自殺於屍下.

晉,楚,齊,衛聞之曰, "非獨政之能, 乃其姊者, 亦列女也."

聶政之所以名施於後世者, 其姊不避菹醢之誅, 以揚其名也.

{국역} 韓에서는 마침 東孟(동맹)의 행사가 있어[2194] 韓王과 相이 모두 함께 모였고, 병기를 잡고 호위하는 병사도 매우 많았다. 섭정은 곧장 들어가서 계단을 뛰어올라 한괴를 찔렀다. 한괴는 달아나 (王) 哀侯를 껴안았지만, 섭정이 그를 찌르면서 哀侯까지 상처를 입자, 左右가 大亂하였다. 섭정은 큰 소리를 지르며 달려드는 자를 10여 명이나 죽였다. 그리고 스스로 자기 얼굴을 칼로 긋고, 눈을 파내었으며(抉眼),[2195] 스스로 배를 찔러 내장을 잡아 꺼내고(自屠出腸) 죽었다.

韓에서는 섭정의 시신을 시장 바닥에 내놓고 천금의 상을 내걸었다. 그러나 오래도록 누구인지 아는 자가 없었다.

섭정의 누나(姊, 姉)가[2196] 소문을 듣고서는 말했다.

"내 동생은 아주 현명한 사람이니, 내가 이 몸뚱이를 아껴 내 동생의 이름을 사라지게 할 수는 없다. 그러나 이것이 내 동생의 뜻은 아니다."

그리고서는 韓으로 갔다. 동생 시신을 보고서는 말했다.

"용기로다! 드높은 긍지로다. 孟賁(맹분)이나 夏育(하육)보다도 뛰어나고,[2197] 成荊(성형)보다도 드높구나.[2198] 지금 죽었어도 이름이

2194 원문 適有東孟之會 – 適은 갈 적. 이르다. 마침. 東孟(동맹)은 酸棗縣(산조현). 今 河南省 북부 新鄉市 관할 延津縣.

2195 抉眼 – 抉은 도려낼 결. 파내다.

2196 政姊聞之 – 姊는 손윗누이 자(姊와 同). 손위 누나의 이름이 嫈(예쁠 앵)이라는 판본도 있다. 《史記》에는 「榮」으로 기록. 《列女傳》에도 이름은 없다.

2197 원문 是其軼賁,育 – 軼은 번가를 질(車相出也). 앞지를 일. 賁,育은 孟賁과 夏育. 모두 용사의 이름.

없지만, 부모님이 모두 돌아가셨고 형제가 없는 것이, 모두 나를 지켜주려는 뜻이로다. 그러나 어찌 내 몸을 아껴 내 동생 이름을 알리지 않을 수 있겠는가?"

그리고는 시신을 껴안고 울면서 말했다.

"이 사람은 내 동생이니, 軹縣(지현) 深井里의 聶政(섭정)입니다."

그리고서는 시신 곁에서 자살하였다.

晉(韓, 魏, 趙)과 楚, 齊, 衛의 사람들이 이를 전해 듣고서는 말했다.

"오직 섭정만이 훌륭한 것이 아니고, 그 누나 또한 烈女이다."

聶政(섭정)의 이름이 후세에 알려질 수 있었던 것은 그 누나가 처형되어 젓을 담그는 형벌을 두려워하지 않았기 때문이었다.[2199]

2198 高成荊矣 - 成荊(성형)은 古代의 勇士.

2199 其姉不避菹醢之誅 - 菹는 채소 절임 저. 醢는 젓갈 해. 肉醬(육장). 菹醢(저해)는 죽여 시신을 젓으로 담그다. 최고의 혹형.

28.《戰國策》卷二十八 韓策 三

418/ 或謂韓公仲

{原文} 或謂韓公仲曰,

"夫孿子之相似者, 唯其母知之而已. 利害之相似者, 唯智者知之而已. 今公國, 其利害之相似, 正如孿子之相似也. 得以其道爲之, 則主尊而身安, 不得其道, 則主卑而身危. 今秦, 魏之和成, 而非公適束之, 則韓必謀矣. 若韓隨魏以善秦, 是爲魏從也, 則韓輕矣, 主卑矣. 秦已善韓, 必將欲置其所愛信者, 令用事於韓以完之, 是公危矣. 今公與安成君爲秦, 魏之和, 成固爲福, 不成亦爲福. 秦, 魏之和成, 而公適束之, 是韓爲秦, 魏之門戶也, 是韓重而主尊矣. 安成君東重於魏, 而西貴於秦, 操右契而爲公責德於秦, 魏之主, 裂地而爲諸侯, 公之事也. 若夫安韓, 魏而終身相, 公之下服, 此主尊而身安矣. 秦, 魏不終相聽者也, 齊怒於不得魏, 必欲善韓以

塞魏, 魏不聽秦, 必務善韓以備秦, 是公擇布而割也. 秦,魏
和, 則兩國德公, 不和, 則兩國爭事公. 所謂成爲福, 不成亦
爲福者也. 願公之無疑也."

或人이 韓公仲에게 말했다.

{국역} 어떤 사람(或人, 說客)이 韓 公仲(공중, 公中)에게 말했다.[2200]
"쌍둥이가 아주 비슷하나 그 어미는 가려낼 줄 압니다.[2201] 利害
관계가 비슷한 것 같아도 智者는 알고 있습니다. 지금 公과 나라의
利害가 비슷한 것이 꼭 쌍둥이가 닮은 것과 같습니다. 正道를 따라
대처한다면(爲之), 君主는 존중받고 一身도 평안합니다. 정도를 따
르지 못한다면 君主는 卑下(비하)되고, 일신도 위험에 처합니다. 지
금 秦과 魏의 講和(강화, 和解)를 公이 주선하지 않는다면, 韓은 그들
策謀에 휩쓸릴 것입니다. 만약 韓이 魏를 따라 秦과 善交한다면, 이
는 魏를 따라가는 것이라서 韓은 輕視(경시)되고 君王도 卑下(비하)
됩니다. 秦이 善韓하면, 必히 秦에서 愛信하는 자를 골라 임용케 하
면서 韓의 권력을 행사할 것이니(用事), 이는 公에게 위험할 뿐입니

2200 或謂韓公仲 - 公仲(공중, 公中)은 韓의 相國인 韓朋(한붕). 韓侈(한치)로도
기록. 《史記》에는 韓馮(한풍)으로 기록되었다. 《史記 六國年表》에 周
赧王(난왕) 13년(前 302) 韓은 魏, 秦과 臨晉(임진)에서 會同했다. 본 章
은 이때의 기록이다. 어떤 사람이(或人) 公仲에게 건의한 내용은 그저
一時의 安全 추구이다.
2201 원문 夫孿子之相似者 - 孿은 쌍둥이 연(련). 쌍둥이를 키우다(一乳兩
子). 似는 같을 사. 닮다.

다. 지금 公과 (韓人) 安成君(안성군)이 秦과 魏의 講和를 주선하면 성공하면 福이 되고, 성공하지 못해도 福이 될 것입니다. 秦과 魏의 화해를 公이 주선한다면, 韓은 秦과 魏의 (왕래하는) 門戶(문호 : 대문)가 될 것이니, 이로써 韓은 주요국이 되고 군왕의 지위도 높아질 것입니다. 安成君은 동쪽으로 魏의 주요 인물이 되고, 서쪽 秦에서도 귀인이 되어, 계약의 한쪽을 각각 잡고 公을 위하여 秦과 魏 양국으로부터 땅을 할양받아 公의 封地로 만들어 公을 섬길 것입니다. 그리하여 만약 韓과 魏를 안정케 하면 종신토록 相이 되어 아래를 부릴 수 있고 군주를 받들면서 일신도 평안할 것입니다. 그러나 秦과 魏가 公의 뜻을 따라주지 않는다면(강화가 성립되지 않는다면), 齊는 魏를 끌어들이지 못해 분노하면서 韓과 친선하며 魏를 막으려 할 것이고, 魏가 秦의 제안에 따르지 않는다면, 必히 韓과 善交에 힘쓰면서 秦에 대비할 것이니, 이렇게 되더라도 公은 은택을 널리 베풀면서 땅을 받을 것입니다. 秦과 魏의 화해가 성립된다면, 양쪽 나라에서 公의 덕택이라며 받들 것이고, 不和하더라도 兩國에서는 다투듯 公을 섬길 것입니다. 이러하기에 (강화가) 성립되어도 福이 되고, 不成하여도 역시 福이 될 것입니다. 公께서는 의심하지 마십시오."

419/ 或謂公仲

{原文} 或謂公仲曰,

　"今有一擧而可以忠於主, 便於國, 利於身, 願公之行之也. 今天下散而事秦, 則韓最輕矣. 天下合而離秦, 則韓最弱矣. 合離之相續, 則韓最先危矣. 此君國長民之大患也. 今公以韓先合於秦, 天下隨之, 是韓以天下事秦, 秦之德韓也厚矣. 韓與天下朝秦, 而獨厚取德焉, 公行之計, 是其於主也至忠矣. 天下不合秦, 秦令而不聽, 秦必起兵以誅不服. 秦久與天下結怨構難, 而兵不決, 韓息士民以待其釁, 公行之計, 是其於國也, 大便也. 昔者, 周佼以西周善於秦, 而封於梗陽, 周啓以東周善於秦, 而封於平原. 今公以韓善秦, 韓之重於兩周也無計, 而秦之爭機也, 萬於周之時. 今公以韓爲天下先合於秦, 秦必以公爲諸侯, 以明示天下, 公行之計, 是其於身大利也. 願公之加務也."

어떤 사람이 公仲에게 말했다.

{국역} 어떤 사람이 한나라 재상인 公仲에게 말했다.[2202]

"지금 一擧(일거)에 주군에게 충성하면서, 나라에 도움이 되고, 一身에도 유리한 방책이 있으니 公께서 실행하기 바랍니다. 지금 천하대세에 따라 여러 나라가 秦을 섬기지만, 韓은 가장 홀대받고 있습니다(韓最輕矣). 지금 천하가 합종하여 秦과 분리하더라도 韓은 가

2202 或謂公仲曰 - 《史記 六國年表》에 周 赧王(난왕) 27년(前 288) 趙國 칸에「秦拔我梗陽」이라 하였다. 本 章은 그 당시에 대한 서술이다. 본 章의 유세 내용은 秦을 위한 유세이다.

장 약한 나라입니다. 합종과 연횡의 방책이 이어지고 바뀌더라도 韓은 언제나 위태합니다. 이는 韓 군주나 高官(長民)의 큰 걱정거리입니다. 지금 公은 韓으로 하여금 먼저 秦과 연합하여 천하가 따라오도록 한다면, 韓이 천하를 이끄는 것이니 秦은 韓의 덕을 보는 것이라서 韓을 厚待(후대)할 것입니다. 公이 이 방책을 추진하면, 이는 또한 주군에게 충성하는 길입니다. 천하가 秦에 不合한다면, 秦의 명령을 따르지 않는 것이니 秦은 必히 起兵하여 不服하는 나라를 정벌할 것입니다. 秦은 오랫동안 천하 여러 나라와 원한 관계가 있어 싸움이 이어졌고 전쟁으로 결판이 나지 않았지만, 韓은 백성을 쉬게 하면서 秦과 여러 나라 간 불화의 틈을 이용할 수 있으니,[2203] 公께서 이 방책을 시행한다면 나라에 큰 이득이 될 것입니다. 옛날에 (西周 臣) 周佼(주교)는 (제후국) 西周로 하여금 秦과 善交하게 하여 梗陽(경양) 땅에 封해졌으며, (제후국 東周의 臣) 周啓(주계)는 東周와 秦의 友好를 주선하여 平原(평원) 땅에 봉해졌습니다. 지금 公이 韓과 秦의 우호를 주선한다면 韓의 比重은 兩 周에 비교가 안될 만큼 클 것이며, 지금 秦이 노리고 있는 기회를 고려하더라도 (東, 西의) 周에 비하여 1만 배는 될 것입니다. 지금 公께서 韓으로 하여금 천하의 여러 나라보다 먼저 秦과 연합한다면 秦은 必히 公을 제후국으로 만들어서온 천하에 드러낼 것이니(以明示天下), 公의 이런 行計(행계: 계획을 실행하다)는 一身에 大利(크게 이롭다)가 됩니다. 公께서 힘써 노력하기 바랍니다."

2203 원문 韓息士民以待其釁 - 釁은 틈 흔. 鬨와 同(틈 하).

420/ 韓人攻宋

{原文} 韓人攻宋, 秦王大怒曰,

 "吾愛宋, 與新城,陽晉同也. 韓珉與我交, 而攻我甚所愛, 何也?"

 蘇秦爲韓說秦王曰, "韓珉之攻宋, 所以爲王也. 以齊之强, 輔之以宋, 楚,魏必恐. 恐, 必西面事秦. 王不折一兵, 不殺一人, 無事而割安邑, 此韓珉之所以禱於秦也."

 秦王曰, "吾固患韓之難知, 一從一橫, 此其說何也?"

 對曰, "天下固令齊可知也. 齊故事秦, 以萬乘自輔, 不西事秦, 則宋地不安矣. 中國白頭游敖之士, 皆積智欲離秦,韓之交. 伏軾結靷西馳者, 未有一人言善齊者也. 伏軾結靷東馳者, 未有一人言善秦者也. 皆不欲齊,秦之合者何也? 則晉,楚智而齊,秦愚也. 晉,楚合, 必伺齊,秦. 齊,秦合, 必圖晉,楚. 請以決事."

 秦王曰, "善."

韓人이 宋을 공격하다.

{국역} 韓人〔韓珉(한민)〕이 宋을 공격하자,[2204] 秦王(昭王)이 大怒하

 2204 韓人攻宋 - 이는 齊 閔王(재위 前 300 - 284년)이 宋을 공격하던 前

며 말했다.

"내가 宋을 아끼는 것은 新城(신성)이나 陽晉(양진)과도 같다. (齊
相) 韓珉(한민)은 나와 잘 통하면서도 내가 그토록 아끼는 宋을 공격
했으니 왜 그런가?"

이에 蘇秦(蘇代?)이 韓珉(한민)을 위하여 진왕을 설득하였다.

"한민이 宋을 공격한 것은 대왕을 위한 일입니다. (한민이) 강한
齊를 이용하여 宋을 돕는다면 楚와 魏는 必히 두려워할 것입니다.
그들이 두려우면 必히 서쪽을 향하여 秦을 섬길 것입니다. 왕은 칼
한 자루 버리지 않고, 병사 한 사람도 죽지 않으면서 아무 일 없이
安邑(안읍)을 할양받을 수 있으니, 이는 한민이 秦을 섬기는 방법입
니다."

秦王이 말했다.

"나는 사실 한민을 이해할 수 없어 걱정이 되니, 합종하다가 연횡
하는 일들을 어떻게 설명하겠는가?"

"(합종 연횡의 이치는) 천하가 齊를 통해 알 수 있습니다. 齊가 정
말로 宋을 치더라도 서쪽으로 秦을 섬기려 하는 것은 萬乘之國의
(秦) 힘으로 자신을 튼튼히 하려는 뜻입니다. 서쪽 秦을 섬기지 않
고서는 宋地를 차지하여도 불안합니다. 中國(中原)에서 白頭로 유

286년의 일이다. 蘇秦은 燕을 위한 反間策으로 齊가 宋을 침략하도록
만들어 齊를 피폐하게 할 목적이었다. 이에 대하여 秦 昭王이 노했고,
소진은 소기의 목적을 秦이 방해할까 걱정되어 秦王을 설득했다. 여
기 韓人은 나라 이름 韓이 아니다. 본 章의 내용은 齊의 宋 침공에 대
한 蘇秦과 秦王의 대화이고, 韓나라가 아닌 齊의 相 韓珉(한민)이다. 본
장은 내용상 〈韓策〉에 포함된 것은 오류라는 주석이 있다.

세하는 자라면(游敖, 出遊也), 모두가 지혜를 짜내서 秦과 齊의 외교를 막으려 합니다. 수레를 몰아 서쪽으로 달려오는 세객들이[2205] 齊를 좋게 말하는 자가 한 사람도 없고, 수레를 타고 동쪽으로 달려 나가는 자는 모두가 齊와 秦의 결합을 좋게 말하는 자가 없는 것은 왜 그렇겠습니까? 晉(魏)과 楚의 결합은 지혜롭고 齊와 秦의 연합은 어리석다고 생각하는 것입니다. 晉(魏)과 楚가 연합하면 틀림없이 齊와 秦을 엿봐야 하고, 齊와 秦이 연합한다면 반드시 다른 나라(위·초 두 나라)를 정벌할 것이라 생각하기 때문입니다. 그러니 왕께서 결단하시기 바랍니다."

秦王은 "옳은 말이다."라고 말했다.

421/ 或謂韓王

{原文} 或謂韓王曰,

"秦王欲出事於梁, 而欲攻絳,安邑, 韓計將安出矣? 秦之欲伐韓, 以東闚周室, 甚唯寐忘之. 今韓不察, 因欲與秦, 必爲山東大禍矣. 秦之欲攻梁也, 欲得梁以臨韓, 恐梁之不聽也, 故欲病之以固交也. 王不察, 因欲中立, 梁必怒於韓之

2205 伏軾結靷西馳者 − 軾은 수레 앞턱 가로 나무 식. 서서 수레를 탈 때 잡고서는 손잡이. 伏軾(복식)은 수레를 타다. 靷은 가슴걸이 인. 소나 말에 매어 쟁기나 수레를 끄는 기구. 馳는 달릴 치.

不與己, 必折爲秦用, 韓必擧矣. 願王熟慮之也. 不如急發
重使之趙,梁, 約復爲兄弟, 使山東皆以銳師戍韓,梁之西邊,
非爲此也, 山東無以救亡, 此萬世之計也. 秦之欲並天下而
王之也, 不與古同. 事之雖如子之事父, 猶將亡之也. 行雖
如伯夷, 猶將亡之也. 行雖如桀,紂, 猶將亡之也. 雖善事之
無益也. 不可以爲存, 適足以自令亟亡也. 然則山東非能從
親, 合而相堅如一者,必皆亡矣."

어떤 사람이 韓王에게 말했다.

{국역} 어떤 사람이 韓王(襄王, 前 311 - 296年)에게 말했다.[2206]

"秦王(昭王)이 梁(魏)과 전쟁을 벌려 絳(강)과 安邑(안읍)을 정벌
하려 하는데, 韓에서는 앞으로 어떤 계획을 갖고 계십니까? 秦이 韓
을 정벌하려는 마음은 동쪽으로 周室을 엿보는 것인데, 이는 잠을
잘 때나 잊을 수 있을 정도입니다. 지금 韓이 이를 살펴 알지 못하고
秦과 연합하려 하는데, 이는 山東 여러 나라에 큰 재앙이 될 것입니
다. 秦이 梁(魏)을 공격하려는 뜻은 魏를 차지하여 韓을 압박하려는
뜻인데, 魏가 따르지 않자, 이를 마음 아파하며 확실하게 내 편으로
만들려는 것입니다. 왕께서 이를 알지 못하고 中立을 지키겠다면,

2206 或謂韓王曰 - 본 章에서는 韓王에게 魏와 趙의 화친을 강조하였다. 많
은 사람들이 이를 陳軫(진진)의 말일 것이다. 《史記 六國年表》에 의하
면, 前 298년에 齊, 韓, 魏가 연합하여 秦의 函谷關(함곡관)을 공격하는
데, 이도 陳軫 유세의 결과라고 본다.

魏에서는 韓이 출병하여 돕지 않는 것에 원한을 갖고 秦에 붙어 韓을 공격할 것입니다. 그러니 왕께서는 심사숙고하시기 바랍니다. 왕께서는 급히 趙와 魏에 사신을 보내 형제의 맹약을 복원하며 山東의 정예군을 뽑아 韓과 魏의 서쪽 변경을 지키는 것이 가장 좋은 방책이며, 이를 실행할 수 없다면 山東의 멸망을 막을 수 없으니, 이는 萬世의 大計일 것입니다. 秦이 천하를 다 차지하고 王者로 군림한다면, 이는 옛 제도와 같지 않을 것입니다. (秦은) 아들이 부친을 섬기듯 섬길 것을 요구하며 (따르지 않으면) 멸망시킬 것입니다. 伯夷(백이)와 같은 의로운 행실이라도 멸망시킬 것입니다. 또 桀(걸)과 紂王(주왕) 같은 나라 역시 멸망시킬 것입니다. 秦을 아무리 잘 섬기더라도 아무 이익이 없을 것입니다. 살아남을 수가 없다면 스스로 빨리 망하는 것이 나을 것입니다. 그러한즉 山東 여러 나라가 합종으로 친하지 않으면, 합종으로 견고하게 하나가 되지 않는다면 틀림없이 모두 망할 것입니다."

422/ 謂鄭王

{原文} 謂鄭王曰,

"昭釐侯, 一世之明君也, 申不害, 一世之賢士也. 韓與魏敵侔之國也, 申不害與昭釐侯執珪而見梁君, 非好卑而惡尊也, 非慮過而議失也. 申不害之計事, 曰, '我執珪於魏, 魏

君必得志於韓, 必外靡於天下矣, 是魏弊矣. 諸侯惡魏必事
韓, 是我免於一人之下, 而信於萬人之上也. 夫弱魏之兵,
而重韓之權, 莫如朝魏.' 昭釐侯聽而行之, 明君也, 申不害
慮事而言之, 忠臣也. 今之韓弱於始之韓, 而今之秦强於始
之秦. 今秦有梁君之心矣, 而王與諸臣不事爲尊秦以定韓
者, 臣竊以爲王之明爲不如昭釐侯, 而王之諸臣忠莫如申不
害也."

혹자가 鄭王(韓王)에게 말하다.

{국역} 혹자가 鄭王(韓王)에게 말했다.[2207]

"韓 昭釐侯(소희후, 昭侯, 재위 前 358 - 333년)는 一世의 明君이었고,
申不害(신불해)는 一世의 賢士이었습니다. 韓과 魏는 엇비슷한 나라
(敵侔之國)였는데, 신불해와 소희후(昭侯)가 직접 執珪〔집규: 천자가
제후(諸侯)를 봉할 때 내리던 신인(信印)을 잡다. 홀을 잡다〕하고 梁君(魏
王, 梁惠王)을 알현한 것은 낮은 곳을 좋아하고 높은 곳을 싫어한 것
이 아니며, 사려가 지나치거나 논의가 잘못되어서가 아니었습니다.

2207 謂鄭王曰 - 여기 鄭王은 韓王이다. 魏의 도읍 이름 大梁이 國名으로
통하듯, 韓이 鄭을 멸망시키고 도읍을 옮겨 新鄭이라 하였는데, 新鄭
의 왕은 韓王이다. 韓은 哀侯(재위 前 376 - 374년) 2년(前 375년)에
鄭을 병합하였다. 漢代 郡名 대신 郡 治所가 있는 縣이름을 郡名으로
통용한 것도 같은 용법이다. 본 章의 韓王은 桓惠王(환혜왕, 재위 前 272
- 239년)으로 그 19년인 前 254년이라는 주석이 있다. 釐(姓氏일 때 길
할 희로 읽음)

신불해가 일을 계획하면서 말했습니다. '내가 魏王에게 (신하처럼) 執珪(집규)하면, 魏君은 韓이 자신을 섬긴다고 우쭐하면서(得志) 천하를 우습게 보게 되는데, 이렇게 되면 魏는 피폐하게 됩니다. 諸侯들은 魏가 韓을 섬기려 한다면 싫어할 것이니, 내가 한 사람에게 몸을 굽혀 만인의 위에 올라서는 길입니다. 魏의 군사력을 약하게 하고 韓의 권력을 강화하는 방법으로는 魏에 입조하는 방법이 가장 좋습니다.' 소희후는 이러한 신불해의 말을 듣고 실천하였으니 明君입니다. 신불해는 일을 깊이 생각한 뒤에 말했으니 忠臣입니다. 지금의 韓은 초기의 韓보다 약해졌고, 지금의 秦은 초기보다 강해졌습니다. 지금의 秦은 魏王과 같은 마음을 갖고 있습니다. 지금 (韓의) 왕과 여러 신하들은 강한 秦을 섬겨 韓을 안정시키려 하지 않으니, 臣의 생각에 大王의 총명은 昭釐侯(소희후)만 못하고 대왕의 諸臣의 충성은 신불해만 못하다고 생각합니다."

{原文} "昔者, 穆公一勝於韓原而霸西州, 晉文公一勝於城濮而定天下, 此以一勝立尊令, 成功名於天下. 今秦數世强矣, 大勝以千數, 小勝以百數, 大之不王, 小之不霸, 名尊無所立, 制令無所行, 然而春秋用兵者, 非以求主尊成名於天下也. 昔先王之攻, 有爲名者, 有爲實者. 爲名者攻其心, 爲實者攻其形. 昔者, 吳與越戰, 越人大敗, 保於會稽之上. 吳人入越而戶撫之. 越王使大夫種行成於吳, 請男爲臣, 女爲妾, 身執禽而隨諸御. 吳人果聽其辭, 與成而不盟, 此攻其心者也. 其後越與吳戰, 吳人大敗, 亦請男爲臣, 女爲妾, 反

以越事吳之禮事越. 越人不聽也, 遂殘吳國而禽夫差, 此攻
其形者也. 今將攻其心乎, 宜使如吳, 攻其形乎, 宜使如越.
夫攻形不如越, 而攻心不如吳, 而君臣,上下,少長,貴賤, 畢
呼霸王, 臣竊以爲猶之井中而謂曰, '我將爲爾求火也.'"

{국역} "옛날에 (秦) 穆公(목공)은 (晉의) 韓原(한원, 韓城)에서 싸워
이겨서 西州(西方)의 霸者(패자)가 되었고, 晉 文公은 城濮(성복)에서
이겨 천하를 평정하였으니, 이처럼 한 번의 성공으로 천하에 功名을
이루었습니다. 지금 秦은 여러 대에 걸쳐 강성한 나라인데, 그간 큰
전쟁에서 10여 차례의 승리와 1백 번이 넘는 작은 승리를 거두었지
만 큰 전쟁에서 이기고도 王者가 되지 못하였고, 작은 전투에서 이
겼다 하여 霸者(패자)가 되지 못했으며, 존귀한 이름을 성취하거나
制令(제도와 법령)을 시행하지도 못했습니다. 그렇더라도 春秋시대
의 用兵이 천하의 군주를 존중하거나 大名을 얻으려는 전쟁은 아니
었습니다. 옛 先王이 침공했다면 그것은 名分이 있었고 실질적 결과
가 있었습니다. 명분을 위한 것이라면 상대를 心服하게 하려는 공격
이었고, 그 실질을 거두었다는 것은 그 외형을 공격했기 때문입니
다. 옛날에 吳와 越의 싸움에서 越人은 大敗하였지만, 그래도 會稽
(회계)에서 나라를 유지하였습니다. 吳의 군사는 越에 들어와 백성
을 慰撫(위무)하였습니다. 越王은 大夫 文種(문종)을 吳에 보내 강화
를 요청하며 남자는 신하가 되고, 여자는 婢妾(비첩)이 되어 섬길 것
이며, 자신도 새를 잡아 바치면서 마부처럼 모시겠다고 약속하였습
니다. 吳人은 그 말을 믿었고 맹세를 요구하지 않았던 것은 그들 越
人의 마음을 심복시켰기 때문이었습니다. 그 뒤에 越과 吳는 다시

전쟁을 벌였고 이번에는 吳人이 大敗하였는데, (吳가) 역시 강화를 청하면서 남녀가 臣妾이 되고, 越이 吳에 했던 것처럼 吳가 越을 섬기겠다고 하였지만 越은 받아들이지 않았습니다. 결국 吳國을 섬멸하면서 王 夫差(부차)를 사로잡았으니, 이는 그 외형을 공격한 것입니다. 지금 그 마음을 공격하여 吳와 같이 하시겠습니까? 아니면 그 외형을 공격하여 越처럼 하시겠습니까? 지금 외형을 공격하여도 越만 못하고, 마음을 공격하여도 吳만 못할 것입니다. 그런데도 君臣이나 上下 관리, 젊은이나 어른(少長), 貴人이나 천민이 모두 霸王의 사업을 끝냈다고 부르짖는 것은 臣이 생각할 때, 마치 사람이 우물에 들어가면서 '내가 장차 너를 위해 불을 구해오겠다.'고 말하는 것과 같습니다."

423/ 東孟之會

{原文} "聶政,陽堅刺相兼君. 許異蹴列侯(哀侯)而殪之, 立以爲鄭君. 韓氏之衆無不聽令者, 則許異爲之先也. 是故哀侯爲君, 而許異終身相焉. 而韓氏之尊許異也, 猶其尊哀侯也. 今日鄭君不可得而爲也, 雖終身相之焉, 然而吾弗爲雲者, 豈不爲過謀哉! 昔齊桓公九合諸侯, 未嘗不以周襄王之命. 然則雖尊襄王, 桓公亦定霸矣. 九合之尊桓公也, 猶其尊襄王也. 今日天子不可得而爲也, 雖爲桓公吾弗爲云者, 豈不爲過謀而不知尊哉! 韓氏之士數十萬, 皆戴哀侯以爲君, 而許異獨取相焉者, 無他, 諸侯之君, 無不任事於周室也, 而桓公獨取霸者, 亦無他也. 今强國將有帝王之疊, 而以國先者, 此桓公,許異之類也. 豈可不謂善謀哉? 夫先與强國之利, 强國能王, 則我必爲之霸. 强國不能王, 則可以辟其兵, 使之無伐我. 然則强國事成, 則我立帝而霸, 强國之事不成, 猶之厚德我也. 今與强國, 强國之事成則有福, 不成則無患, 然則先與强國者, 聖人之計也."

東孟(동맹)의 大會

{국역} "(韓의) 東孟(동맹)의 大會에서,[2208] 聶政(섭정)과 陽堅〔양견, 陽豎(양수)〕이 相인 韓傀(한괴)와 君王(哀侯)를 찔렀습니다. (韓人) 許異(허이)는 哀侯를 발로 차서 죽이고[2209] 새로 鄭君(韓王)을 옹립했습

2208 원문 東孟之會 – 본권, **417** 韓傀相韓 章 참고. 위 내용의 연속이다. 본 서에서는 별도의 章으로 독립시킨 판본에 따랐다.

2209 許異蹴列侯(哀侯)而殪之 – 聶政이 韓傀(한괴)를 척살할 때, 한괴가 찔린 상태로 애후에 매달렸고 한괴를 죽이는 과정에서 哀侯도 부상을 입고 쓰러졌을 것이다. 許異(허이)는 애후를 발로 차서 쓰러트렸고, 애후는 죽은 척하여 목숨을 유지했고, 허이는 그 공으로 相이 되었다.
《史記 韓世家》에서는 前 371년에 韓嚴(한무)가 君 哀侯를 시해했고, 애후의 아들 懿侯(의후, 或作 莊侯)가 繼位했고 陽翟(양책)으로 천도한 것으로 되어있다.
《資治通鑑》에는 前 374年 嚴遂(엄수)가 殺手(聶政)이 조정에서 韓傀를 찔렀고, 한괴가 애후에게 달려가 피하자, 자객이 한괴를 죽이면서 애후도 죽인 것으로 기록했다.

니다. 韓나라 백성들은 許異(허이) 명을 따르지 않는 자가 없었는데, 그것은 許異(허이)가 왕을 세우는 일을 우선했기 때문입니다. 이에 哀侯〔懿侯(의후)의 誤記〕는 韓의 君王이 되었고, 許異는 終身토록 相이 되었습니다. 韓나라에서 허이를 존중하는 것은 그가 애후(의후)를 존중했기 때문입니다. 今日에 鄭君(韓王)은 아무것도 할 것이 없고, 종신토록 相을 할 수 있지만, 나는 하지 않겠다고 말한다면 어찌 잘못된 말이 아니겠습니까![2210] 옛날 齊 桓公(환공)은 아홉 번이나 諸侯를 모아 會盟을 하면서도 周 襄王(양왕)의 명을 따르지 않은 적이 없었습니다. 그러한즉, 비록 襄王을 받들면서도, 桓公은 역시 패자가 되었습니다. 아홉 번의 제후 會盟은 환공을 높인 것이면서 동시에 襄王을 받드는 것이었습니다. 요즈음에 天子가 할 수 있는 일이 없다 하여 그렇다고 환공과 같은 패자가 되라고 할 수는 없으니, 어찌 지나친 모책으로 존중할 대상을 누구인지 모르는 것이 아니겠습니까? 韓의 士人 수십 만인이 모두 哀侯를 군왕으로 추대하였는데, 許異(허이)만이 홀로 相이 된 까닭은 다른 이유가 아닙니다. 諸侯의 君王 모두가 周 왕실을 섬기지 않는 사람이 없었지만, 환공만이 패자가 된 것도 다른 이유가 있는 것이 아닙니다. 지금의 强國 중에서 帝王이 될 만한 징조를 살펴 그런 나라를 우선 도와야 하는 것이니, 이는 桓公이나 許異(허이)와 같은 부류일 것입니다. 이 어찌 훌륭한 책모라 아니할 수 있겠습니까? 강국이 될 유리한 조건을 먼저 내세워 밀어주고, 이어 강국이 능히 王者가 될 수 있다면, 나는 우선 패자가

2210 이 부분은 文理가 통하지 않는다. 지금 알려진 史實을 가지고, 문리가 통하도록 문장을 해석하기가 매우 어렵다. 분명 많은 착오가 있을 것이다.

되어야 한다고 생각합니다. 강국이라도 나중에 王者로 발전할 수 없다면 그들이 야기하는 兵禍를 피할 수 있으며, 나를 감히 벌하지는 못하게 해두는 방법입니다. 그러하니 强國으로 성공할 수 있다면, 우리 韓에서는 제왕으로 받들어 우선 패업을 성취토록 도와야 할 것입니다. 강국의 사업이 성취하지 못한다면, 그래도 우리에게 후한 덕을 베풀 것입니다. 지금 韓이 강국으로 발전한다면 복을 받는 것이지만, 강국이 되지 못하더라도 환난은 없을 것입니다. 그러니 먼저 강국의 편에 서서 밀어주는 방책이 바로 聖人의 대책이 아니겠습니까?"

424/ 韓陽役於三川而欲歸

{原文} 韓陽役於三川而欲歸, 足强爲之說韓王曰,

"三川服矣, 王亦知之乎? 役且共貴公子."

王於是召諸公子役於三川者而歸之.

韓陽(한양)이 三川의 싸움 뒤에 돌아가려 했다.

{국역} (韓 公子) 韓陽(한양)이 三川(삼천, 수 洛陽市)에서 전투를 마치고 돌아가려 했는데,[2211] 足强(족강, 人名. 韓人)이 한양을 위해 韓王에

2211 원문 韓陽而欲歸 - 韓陽(한양)은 인명. 韓 公子. 본 章은 시기를 알 수 없다. 役이 작은 규모 전쟁인지? 아니면 어떤 세력을 懲罰(징벌)하기

게 말했다.

"三川 지역이 복속(평정됨)하였다는데 왕께서도 아시겠지요? 役
人(부역하던 사람) 모두가 公子(한양)를 높이 받들고 있답니다."[2212]
王은 이에 三川에 나갔던 모든 공자를 불러들였다.

425/ 秦, 大國也

{原文} 秦, 大國也, 韓, 小國也. 韓甚疏秦. 然而見親秦之計,
非金無以也, 故賣美人. 美人之賈貴, 諸侯不能買, 故秦買
之三千金. 韓因以其金事秦, 秦反得其金與韓之美人. 韓之
美人因言於秦曰, "韓甚疏秦."

從是觀之, 韓之美人與金, 其疏秦乃始益明. 故客有說韓
者曰,

"不如止淫用, 以是爲金以事秦, 是金必行, 而韓之疏秦亦
明. 美人知內行者也. 故善爲計者, 不見內行."

위한 출정인지 알 수 없다.
2212 원문 役且共貴公子 – 役은 役人. 公子는 韓陽(한양). 貴는 君王으로 내
세우다.

秦은 大國이고,

{국역} 秦은 大國이고,[2213] 韓은 小國이다. 韓은 秦을 매우 멀리했다.
그러나 秦과 친해야만 했는데, 親秦之計로 黃金 제공 외에 방법이 없
었다. 그래서 美人을 팔기로 했다. 美人의 가격이 비싸 제후들은 韓
의 미녀를 살 수 없었는데, 秦은 미인들을 3千金에 사들였다. 韓은 그
금으로 秦을 섬겼기에 秦에서는 金과 미인을 모두 다 가질 수 있었
다. 韓의 미녀들은 秦에 들어가서 "韓에서는 秦을 매우 싫어한다."고
말했다. 이를 통해서 본다면, 韓의 美人과 金은 韓과 秦을 더욱 소원
하게 만든 것이 분명하다. 그래서 어떤 說客이 韓에 말했다.

"비용을 많이 쓰지 말아야 합니다.[2214] 金으로 秦을 섬기려 했으
니, 金이 흘러들어가면서 韓과 秦의 관계가 소원해진 것은 분명합니
다. 그런데 미인은 (韓의) 내부 사정을 잘 알고 있습니다. 그래서 좋
은 계책을 쓰는 사람은 내부 사정에 밝은 자(內行)를 적에게 보내지
않을 것입니다."

2213 秦, 大國也 – 본 章은 근거가 있는 기록은 아닌 것 같다. 의탁이거나 지
어낸 이야기 같다.

2214 不如止淫用 – 淫用은 과다한 비용. 이때 淫은 지나치다. 넘치다.

426/ 張丑之合齊楚,

{原文} 張丑之合齊,楚講於魏也, 謂韓公仲曰,

"今公疾攻魏之運, 魏急, 則必以地和於齊,楚, 故公不如勿攻也. 魏緩則必戰. 戰勝, 攻運而取之易矣. 戰不勝, 則魏且內之."

公仲曰,"諾." 張丑因謂齊,楚曰,

"韓已與魏矣. 以爲不然, 則蓋觀公仲之攻也."

公仲不攻, 齊,楚恐, 因講於魏, 而不告韓.

張丑(장추)가 齊와 楚를 연합하여,

{국역} (齊人) 張丑(장추)가 齊와 楚를 연합하여 魏와 강화하게 하려고,[2215] 韓의 公仲에게 말했다.

"지금 公은 魏의 運(운, 鄆?)을 猛攻(맹공)하시는데, 魏가 다급할 경우 땅을 내주고서라도 齊와 楚에 강화할 수도 있으니, 공께서는 공격을 멈추는 것이 더 나을 것입니다. 魏에서는 여유가 있으면 필히 齊나 楚와 다시 전투를 계속할 것입니다. 그래서 魏가 싸움에서 이기면 (魏는 지쳐있기에, 그때 가서) 運(운)을 공격하면 쉽게 차지할 수 있을 것입니다. 魏가 싸워 이기지 못하면, 魏는 그때 運(운)을 韓

2215 원문 張丑之合齊,楚講於魏也 – 丑은 소 축. 사람 이름 추. 그저 평범한 말이나 내용에 과장이 심한 것 같다.

에 바칠 것입니다."

公仲은 "옳은 말이다."라고 말했다.

그러자 장추는 이어 齊와 楚에 가서 말했다.

"韓은 이미 魏와 한편이 되었습니다. 그렇지 않다고 생각되시면, 公仲의 공격이 어떠한 가를 보면 알 수 있습니다."

公仲이 不攻하는 것을 보고 齊와 楚는 두려워하면서, 魏와 강화했지만 韓에는 알려주지 않았다.

427/ 或謂韓相國

{原文} 或謂韓相國曰,

"人之所以善扁鵲者, 爲有臃腫也. 使善扁鵲而無臃腫也, 則人莫之爲之也. 今君以所事善平原君者, 爲惡於秦也, 而善平原君乃所以惡於秦也. 願君之熟計之也."

어떤 자가 韓相國에게 말했다.

{국역} 或人이 韓의 相國인 公仲(공중)에게 말했다.[2216]

"사람들이 扁鵲(편작)을 잘 대우하는 것은[2217] 몸에 부스럼 같은

2216 或謂韓相國曰 - 연대와 相國이 누구인지 알 수 없다. 韓과 趙를 이간 시키려는 의도가 엿보인다.

병이 있기 때문입니다.[2218] 편작을 잘 대우하게 하여 부스럼 병이 없어지면, 편작을 우대하는 사람이 없습니다.[2219] 지금 君께서 (趙의) 平原君(평원군)을 우대하는 것은 秦을 미워하기 때문이지만, (그러나 君이) 平原君을 우대하기 때문에 秦에서 미움을 받는 것입니다. 그러니 君께서는 이 점을 숙고하시기 바랍니다."

2217 人之所以善扁鵲者 — 黃帝 시대에는 神醫를 扁鵲(편작, 넓적할 편, 까치 작)이라 불렀다고 한다. 본 장의 편작은 의원을 지칭. 扁鵲(편작, 前 401?-310년)은 姓秦, 名은 越人(월인). 一名 緩(완), 扁鵲은 綽號(작호). 戰國 시대의 醫師이다. 姜齊의 勃海郡 莫州(今 河北省 任丘市 鄚州鎭) 사람이라 알려졌다. 扁鵲은 中醫學에서 脈을 짚어 진단하는 방법을 개척한 사람으로 알려졌다. 《漢書 藝文志》에는 《內經》과 《外經》을 저술했으나 失傳되었고 《難經》이 扁鵲의 저서로 알려졌다. 扁鵲이 秦國 武王(재위 前 310 - 307년)을 치료했으나, 太醫令 李醯(이혜)의 투기를 받아 驪山(여산, 今 陝西省 西安市 臨潼區) 북쪽을 지나다가 자객에게 피살되었다고 한다. 후한의 華佗(화타, 145 - 208), 董奉(동봉), 張仲景(장중경, 150 - 219년, 名은 機, 字는 仲景)을 '(後漢) 建安三神醫' 라 칭한다. 또 전설상의 扁鵲(편작), 후한의 華佗와 張仲景, 明朝의 李時珍(이시진)을 古代 四大名醫라고 부른다. 宋代 이후 醫員의 스승을 보통 扁鵲이라 통칭했다. 《史記 扁鵲倉公列傳》참고.

2218 원문 爲有癰腫也 — 爲는 이유를 설명. 癰은 부스럼 옹. 피부병의 일종. 腫은 부스럼 종. 종기. 옛날에는 아주 흔한 피부병이었다.

2219 원문 則人莫之爲之也 — 사람들 누구도 편작을 잘 대우하지 않는다(無爲善之).

428/ 公仲使韓珉之秦

{原文} 公仲使韓珉之秦求武隧, 而恐楚之怒也. 唐客謂公仲
曰,

"韓之事秦也, 且以求武隧也, 非弊邑之所憎也. 韓已得武
隧, 其形乃可以善楚. 臣願有言, 而不敢爲楚計. 今韓之父
兄得衆者毋相, 韓不能獨立, 勢必善楚. 王曰, '吾欲以國輔
韓珉而相之可乎? 父兄惡珉, 珉必以國保楚.' "

公仲說, 仕唐客於諸公, 而使之主韓, 楚之事.

公仲(공중)이 韓珉(한민)을 秦에 사신으로 보내어,

{국역} 公仲(공중)이 韓珉(한민)을 秦에 사신으로 보내어,[2220] 武隧
(무수, 武遂)를 돌려달라고 하면서 楚에서 분노할까 걱정하였다. (楚
人, 說客) 唐客(당객, 唐且?)이 公仲(공중)에게 말했다.

"韓이 事秦(진나라를 섬기다)하여 武隧(무수)의 땅을 돌려받는 것
을 우리 楚에서 싫어할 일이 아닙니다. 韓이 무수를 돌려받은 뒤에
그 형세로 보아 오히려 楚와 더 잘 지낼 수 있습니다. 제가 말씀드리
고 싶은 것은 楚를 위한 계책이라 할 수 없습니다. 지금 韓의 원로로

2220 원문 公仲使韓珉之秦求武隧 -《史記 六國年表》에 의하면, 前 306년에
　　　秦은 점령했던 武隧(무수, 武遂)를 韓에 돌려주었다. 說客인 唐客(당객)
　　　의 요점은 楚와의 善交이다. 隧는 길 수. 굴, 터널을 隧道라 한다.

백성의 신임을 받으면서 相이 되지 못하고, 韓이 獨立하지 못하니, 그 형세가 楚와 가깝지 않기 때문입니다. 楚王(懷王)은 '내 생각에 우리나라가 韓珉(한민)을 도와주면 相이 될 수 있겠는가? (韓의) 원로(父兄)가 한민을 미워하면, 한민은 틀림없이 나라를 다스리면서 楚를 위할 것이다.' 라고 말했었습니다."

이에 公仲은 기뻐하면서 唐客을 여러 公子에 천거하였고, 韓과 楚에 관련한 업무를 주관케 하였다.

429/ 韓相公仲珉使韓侈之秦

{原文} 韓相公仲珉使韓侈之秦, 請攻魏, 秦王說之. 韓侈在唐, 公仲珉死. 韓侈謂秦王曰,

"魏之使者謂後相韓辰曰, '公必爲魏罪韓侈.' 韓辰曰, '不可. 秦王仕之, 又與約事.' 使者曰, '秦之仕韓侈也, 以重公仲也. 今公仲死, 韓侈之秦, 秦必弗入. 入, 又奚爲挾之以恨魏王乎?' 韓辰患之, 將聽之矣. 今王不召韓侈, 韓侈且伏於山中矣."

秦王曰, "何意寡人如是之權也! 今安伏?"

召韓侈而仕之.

韓相인 公仲珉(공중민)이 韓侈(한치)를 秦에 보내어,

{국역} 韓相 公仲珉(공중민)이 전 相(상)이었던 韓侈(한치)를 秦에 보내어,[2221] 魏를 공격해 달라고 요청하자, 秦王(昭王)은 좋아하였다. 韓侈(한치)가 唐(당, 晉陽 ?)에 있을 때, 公仲珉(공중민)이 죽었다. 그러자 韓侈(한치)가 秦王에게 말했다.

"魏의 使者가 (?) 다음에 相이 된(後相) 韓辰(한진)에게 말했습니다. '公은 必히 魏를 위하여 韓侈(한치)에게 罪를 덮어씌워 주십시오.' 그러자 韓辰이 말했습니다. '不可합니다. 秦王이 이미 벼슬을 주었고, 또 (魏를 공격하기로) 이미 약속하였습니다.' 그러자 사자가 말했습니다. '秦이 韓侈(한치)를 등용한 것은 公仲珉(공중민)을 중히 여겼기 때문입니다. 지금 公仲珉이 죽었고, 韓侈는 秦에 갔으나 秦에서는 틀림없이 입국시키지 않을 것입니다. 또 (秦에서) 왜 그런 일에 끼어들어서 魏王의 원한을 사겠습니까? 그러자 韓辰은 이를 걱정하면서 그의 말을 따르려 하였습니다. 지금 왕께서 한치를 불러주지 않으면 한치는 아마 산속으로 숨어버릴 것입니다."

2221 원문 韓相公仲珉使韓侈之秦 - 본 章의 人物名부터 여러 주석이 다르다. 그러니 내용을 어찌 확정할 수 있겠는가? '문장 역시 이해하기 어렵다(文亦多難通).' 는 주석이 있으니, 누락된 부분이 있을 것이다. 본 章은 前 290년 韓珉(한민)이 齊의 相이 되기 전의 서술이라는 주석이 있다. 公仲珉(공중민)은 公仲에 珉은 필요 없이 들어간 글자라는 주석이 있다. 公仲珉은 公仲과 다른 사람이라는 주석도 있다. 公仲은 公仲侈이라는 주석이 있다. 물론 이들은 모두 韓氏이다. 이 공중치와 韓侈는 같은 사람이라는 주석과 다른 사람이라는 주석이 있다. 하여튼 난해한 章이다.

이에 진왕이 말했다.

"왜 寡人이 이처럼 마음이 변할 것이라고 생각하는가?[2222] 그가 지금 어디에 머무르고 있는가?"

그리고는 한치를 불러 出仕(출사: 벼슬하여 관아에 나감)하게 하였다.

430/ 客卿爲韓謂秦王

{原文} 客卿爲韓謂秦王曰,

"韓珉之議, 知其君不知異君, 知其國不知異國. 彼公仲者, 秦勢能詘之. 秦之强, 首之者, 珉爲疾矣. 進齊,宋之兵至首垣, 遠薄梁郭, 所以不及魏者, 以爲成而過南陽之道, 欲以四國西首也. 所以不者, 皆曰以燕亡於齊, 魏亡於秦, 陳,蔡亡於楚, 此皆絶地形, 群臣比周以蔽其上, 大臣爲諸侯輕國也. 今王位正, 張儀之貴, 不得議公孫郝, 是從臣不事大臣也. 公孫郝之貴不得議甘茂則大臣不得事近臣矣. 貴賤不相事, 各得其位, 輻湊以事其上, 則群臣之賢不肖, 可得而知也. 王之明一也. 公孫郝嘗齊, 韓而不加貴, 則爲大臣不敢爲諸侯輕國矣. 齊,韓嘗因公孫郝而不受, 則諸侯不敢因群臣

2222 원문 如是之權也! - 여기 權은 권력이라는 의미가 아니다. 곧 權變(권변)이다. 권변은 상황에 따라 임시로 變通, 또는 變容한다는 의미이다.

以爲能矣. 外內不相爲, 則諸侯之情僞可得而知也. 王之明二也. 公孫郝,樗里疾請無攻韓, 陳而辟去, 王猶攻之也. 甘茂約楚,趙而又敬魏, 是其講我, 茂且攻宜陽, 王猶校之也. 群臣之知, 無幾於王之明者, 臣故願公仲之國以侍於王, 而無自左右也."

客卿이 韓을 위해 秦王에게 말했다.

{국역} (韓의 어떤) 客卿(객경)이 韓을 위하여 秦王(武王, 재위 전 310 – 301년)에게 말했다.[2223]

"(韓나라) 韓珉(한민)[2224]의 의논을 보면, 그 主君은 알지만 다른 군왕에 대해서는 모르고, 그 나라는 알지만 다른 나라에 대해서는 아는 것이 없습니다. (韓의) 公仲(공중)이란 사람은 秦의 세력으로 능히 굴복시킬 수 있습니다〔詘은 貶下(폄하)〕. 강대한 秦 군사가 나가는 길목에(首之, 곧 向之) 한민 같은 자는 제거될 것입니다.[2225] (한민은 韓이) 齊와 宋의 군사와 함께 (魏나라) 首垣(수원, 지명)과 멀

2223 원문 客卿爲韓謂秦王 – 본 章은 秦 武王이 甘茂(감무)를 축출하기 직전의 상황이다. 韓 公仲은 事秦 정책을 추진했고, 그에 반해 韓珉(한민)은 攻秦을 주장했었다.

2224 韓珉(한민, 생졸년 미상) – 戰國時期 韓國人. 《戰國策》에서도 公仲珉으로도 표기. 《史記》에는 韓聶(한섭). 《戰國縱橫家書》에는 韓暈(한량)으로 기록되었다.

2225 원문 珉爲疾矣 – 疾은 질병. 병들어 힘을 못 쓴다. 쉽게 제거될 것이라는 뜻.

리 (魏都) 大梁(대량)의 외곽까지 진격했지만, 魏를 어쩌지 못하고 강화하였으며, 南陽의 도로를 따라 돌아온 것은 四國(韓, 宋, 齊, 魏)이 서쪽으로 우리 진나라로 진격해왔기 때문이라 하였습니다. (韓이) 뜻을 이루지 못한 것을 燕이 齊를 멸망 직전까지 몰고 갔기 때문이며, 魏가 秦에 멸망할 수 있거나, 陳이나 蔡(채)가 楚에 멸망한 것은 모두 지형이 그러하며, 群臣이 무리를 지어(比周) 주군의 판단을 가리거나 大臣이 제후가 되어 나라를 경시하기 때문이라고 생각하고 있습니다. 지금 대왕께서는 지위에 따른 귀천을 바로잡아놓으셨기에[2226] 총애를 받는(貴) 張儀가 公孫郝(공손학)을 비판하지 못한 것은 從臣(張儀)이 大臣(공손학)의 일에 간여하지 못하게 하는 원칙 때문이며, 公孫郝(공손학)이 높은 지위이나 甘茂(감무)의 일을 논의하지 못하는 것은 大臣일지라도 近臣의 일에 간여할 수 없기 때문이었습니다. 貴賤의 지위가 다르기에 서로 간여하지 않고 각자 지위의 일을 수행하며 중앙으로 보고가 모여들게 하여 윗사람을 섬기기에, 모든 신하들의 賢明과 不肖(불초)를 알 수가 있습니다. (바로 이것이) 대왕의 첫째의 현명이십니다. 공손학은 이미 齊와 韓에 출사하였지만 총애를 받지 못했는데, 그것은 大臣이라도 제후의 나라를 가벼이 볼 수 없었기 때문이었습니다. 齊와 韓에서 공손학이 받아들여지지 못한 것은 그 나라의 제후가 (조정) 여러 신하의 능력을 간섭하는 것을 받아들일 수 없었기 때문입니다. 이처럼 조정과(內) 지방 제후가(外) 서로를 위해 주지 않았기에 제후의 實情과 거짓을 사실대로 알 수 있었습니다. 이것이 대왕의 두 번째 총명입니다. 공손학

2226 원문 今王位正 – 武王이 貴賤의 지위를 바로 세웠다.

이나 樗里疾(저리질)이 韓을 공격하지 말고 軍陣을 물리자고 하였을 때 한나라가 사방으로 물러가자, 대왕께서는 오히려 공격을 가했습니다.[2227] 甘茂가 楚및 趙와 (魏를 공격하자는) 약조를 맺고 오히려 魏를 존중하였기에 우리는 (魏와) 유리하게 강화할 수 있었습니다. 감무가 또 한나라 宜陽(의양)을 공격하려 하자, 대왕께서는 오히려 이해득실을 비교하도록 지시하셨습니다. 群臣의 지혜로 대왕의 현명한 뜻을 아는 자가 거의 없었습니다. 그래서 저는 (韓의) 公仲이 그 나라를 가지고 대왕을 받들 수 있도록 좌우 신하의 여러 말을 따르지 말라고 말씀드립니다."

431/ 韓珉相齊

{原文} 韓珉相齊, 令吏逐公疇豎, 又怒於周之留成陽君也. 謂韓珉曰,

"公以二人者爲賢人也, 所入之國, 因用之乎? 則不如其處小國. 何也? 成陽君爲秦去韓, 公疇豎, 楚王善之. 今公因逐之, 二人者必入秦, 楚, 必爲公患. 且明公之不善於天下. 天下之不善公者, 與欲有求於齊者, 且收之, 以臨齊而市公."

2227 원문 王猶攻之也 - 이는 宜陽之役을 언급한 것이다.

韓珉(한민)이 齊의 相이 되자,

{국역} 韓珉(한민)이 齊의 相이 되자,[2228] 관리를 시켜 公疇豎(공주수, 齊人)를 방출케 하였고, 또 秦(진)의 成陽君(성양군)을 억류한 周에도 화를 내었다. 어떤 사람이 한민에게 말했다.

"公은 그 두 사람(공주수와 성양군)이 현인이기에 입국하는 나라에서 중히 등용되었다고 보십니까? 그렇다면 (周 같은) 소국에 머무르는 것이 좋을 것입니다. 안 그렇겠습니까? 成陽君은 秦을 위하여 韓을 떠났고, 공주수는 楚王(頃襄王)에게 우대를 받았습니다. 지금 公은 그들을 방축케 하시는데, 그렇다면 그 두 사람은 틀림없이 秦이나 楚를 찾아갈 것이고, 必히 公의 걱정거리가 될 것입니다. 또 明公은 천하의 여러 나라와 잘 교제하지 못한다고 알려질 것입니다. 천하에 公과 사이가 안 좋은 사람들은 모두 齊에 모여들 것이고, 齊에 받아들여지면서 公에 대하여 흥정을 벌릴 것입니다."

432/ 或謂山陽君

{原文} 或謂山陽君曰, "秦封君以山陽, 齊封君以莒. 齊,秦非重韓則賢君之行也. 今楚攻齊取莒, 上不交齊, 次弗納於君, 是棘齊,秦之威而輕韓也."

2228 韓珉相齊 – 이는 前 288년. 秦 昭王, 齊 閔王 때의 일이다.

山陽君因使之楚.

어떤 사람이 山陽君에게 말했다.

{국역} 어떤 사람이 (韓人) 山陽君에게 말했다.[2229]

"秦에서는 君을 山陽〔兗州郡(연주군)〕에 封했고, 齊에서는 君을 莒(거)에 봉하였습니다. 齊와 秦에서는 韓을 중히 여겨서가 아니라 君의 행실을 현명하다 생각한 것입니다. 지금 楚에서는 齊를 공격하여 莒(거)를 점령하고서도, 위로는 齊와 교류하지도 않고, 아래로는 君도 거 땅에 받아들이려 하지 않고 있으니, 이는 齊와 秦의 위세를 꺾고 君을 (韓나라를) 무시하려는 뜻입니다."

그러자 韓人 산양군은 楚에 사신으로 가겠다고 자원하였다.

433/ 趙魏攻華陽

{原文} 趙, 魏攻華陽, 韓謁急於秦. 冠蓋相望, 秦不救.

韓相國謂田苓曰, "事急, 願公雖疾, 爲一宿之行."

田苓見穰侯, 穰侯曰, "韓急乎? 何故使公來?"

2229 或謂山陽君曰 - 山陽君은 韓釐王(재위 前 295 - 273年)이 封한 인물. 이는 前 273년의 일로 알려졌다. 山陽은 漢代에 河內郡 山陽縣일 것이다. 또 山陽郡도 있었다.

田苓對曰, "未急也."

穰侯怒曰, "是何以爲公之王使乎? 冠蓋相望, 告弊邑甚急, 公曰未急, 何也?"

田苓曰, "彼韓急, 則將變矣."

穰侯曰, "公無見王矣, 臣請今發兵救韓."

八日中, 大敗趙,魏於華陽之下.

趙와 魏가 華陽을 침공하자,

{국역} 趙와 魏가 (韓의) 華陽(화양)을 침공하자,[2230] 韓은 秦에 위급을 알리고 구원을 요청하였다. 사신의 수레가 이어졌으나 秦에서는 구원군이 오지 않았다.

韓 相國이 田苓(전령)[2231]에게 말했다.

"사태가 다급하니 公이 비록 병중이나 하루라도 다녀오기 바랍니다."

田苓(전령)이 穰侯(양후, 위염)를 만나자, 양후가 물었다.

"韓이 그렇게 급합니까? 무슨 이유로 公까지 사신으로 오셨습니까?"

전령이 대답했다.

2230 趙,魏攻華陽 - 본 章은 〈韓策 而〉 **396** 楚圍雍氏五月 章과 동일한 내용이니 張翠(장취)의 언행을 본뜬 作文이다.

2231 田苓(전령) -《史記 韓世家》에는 陳筮(진서)로 기록.

아직 "급하지 않습니다."

양후가 화를 내며 말했다.

"그러면(是) 무슨 일로 왕의 사신으로 왔습니까? 사신의 행차가 줄을 이어 우리나라에 위급을 알렸는데, 공은 다급하지 않다니 무슨 말입니까?"

"그렇게 韓이 다급했으면 바로 변절했을 것입니다."

"公께서는 왕을 알현 안 하셔도 좋습니다. 臣이 바로(今) 發兵하여 韓을 구원토록 주청하겠습니다."

그리고 8일 안에 (秦은) 趙와 魏의 군사를 華陽 근처에서 대패시켰다.

434/ 秦招楚而伐齊

{原文} 秦招楚而伐齊, 冷向謂陳軫曰,

"秦王必外向. 楚之齊者知西不合於秦, 必且務以楚合於齊. 齊,楚合, 燕,趙不敢不聽. 齊以四國敵秦, 是齊不窮也."

向曰, "秦王誠必欲伐齊乎? 不如先收於楚之齊者, 楚之齊者先務以楚合於齊, 則楚必卽秦矣. 以强秦而有晉,楚, 則燕,趙不敢不聽, 是齊孤矣. 向請爲公說秦王."

秦이 楚를 불러 함께 伐齊하려 하자,

{국역} 秦이 楚를 불러 함께 齊를 정벌하려 하자,[2232] (韓의) 冷向(냉향, 泠向)이 (楚의 令尹) 陳軫(진진)에게 말했다.

"秦王(惠王)은 틀림없이 다른 나라와도 연합할 것입니다. 楚에서 齊와 가까운 사람들은 서쪽의 秦과 不合할 것을 알고 必히 楚를 齊에 연합하도록 힘쓸 것입니다. 齊와 楚가 결합한다면, 燕과 趙는 감히 그 뜻을 따르지 않을 수 없을 것입니다. 그러면 齊는 四國으로 秦과 대결하게 되니 齊는 결코 위기에 몰리지 않을 것입니다."

이에 냉향이 계속 말했다.

"秦王이 정말로 齊를 정벌하려 하십니까? 그러려면 먼저 楚에서 齊의 편에 설만한 사람들을 모두 불러들이는 것이 더 나을 것입니다. 楚에서 齊의 편에 서려는 자들이 楚에서 齊를 끌어들이려 힘을 쓴다면, 楚는 (그들을 견제하기 위하여) 곧바로 秦에 매달릴 것입니다. 강한 秦나라가 楚에 연합한다면 燕과 趙는 감히 아니 따를 수가 없을 것이니 齊는 고립됩니다. 저는 公께서 秦王을 설득시켜 주시길 바랍니다."

435/ 韓氏逐向晉於周

{原文} 韓氏逐向晉於周, 周成恢爲之謂魏王曰,

2232 秦招楚而伐齊 - 본 장은 후인의 가탁일 것이라는 주석이 있다.

"周必寬而反之, 王何不爲之先言? 是王有向晉於周也."

魏王曰, "諾." 成恢因爲謂韓王曰,

"逐向晉者韓也, 而還之者魏也, 豈如道韓反之哉! 是魏有向晉於周, 而韓王失之也."

韓王曰, "善." 亦因請復之.

韓이 向晉(상진)을 周에서 방축케 하자,

{국역} 韓이 向晉(상진, 周人)을 周에서 방출케 하자,[2233] 周에서는 成恢(성회)를 보내 魏王에게 말했다.

"周는 관대하기에 틀림없이 상진을 불러들일 것인데, 왕께서는 왜 미리 한 말씀을 안 해주십니까? 이는 왕께서 周에 상진을 심어 놓은 것입니다."

魏王은 "옳다."고 하였다. 성회는 다시 상진을 위하여 韓王에게 말했다.

"상진을 방축한 쪽은 韓이나 돌아오게 한 쪽은 魏입니다. 이것이 어찌 韓에서 돌려보내주라는 말만 하겠습니까! 이는 魏에서는 상진을 周에 심어놓았지만 韓王은 내 편을 잃은 것입니다."

韓王은 "옳은 말이요."라 했다. 그리고서는 다시 상진을 복귀시키라고 하였다.

2233 韓氏逐向晉於周 − 向晉(상진)은 人名, 周人. 向은 성씨 상. 본 章의 내용을 확인할 수 없다. 說客의 말 한 마디에 방출될 사람이 다시 등용된다? 假託일 것이다.

436/ 張登請費緤

{原文} 張登請費緤曰,

"請令公子牟謂韓王曰,'費緤, 西周讎之, 東周寶之. 此其家萬金, 王何不召之, 以爲三川之守. 是緤以三川與西周戒也, 必盡其家以事王. 西周惡之, 必效先王之器以止王.'韓王必爲之. 西周聞之, 必解子之罪, 以止子之事."

張登(장등)이 費緤(비설)에게 말했다.

{국역} (中山人) 張登(장등)이 (韓人) 費緤(비설)에게 말했다.[2234]
　"公子 牟(모)로 하여금 韓王에게 말하게 시켜주십시오. '費緤(비설)은 西周에서는 원수(讎)로 생각하나 東周에서 보배로 여깁니다. 그의 집은 萬金의 부자이니, 왕께서 왜 그를 불러 三川의 군수를 부탁하지 않으십니까? 그러면 비설은 三川에서 西周의 침략을 막아줄 것이요, 그의 재물을 다하여 왕을 섬길 것입니다. 그러면 서주에서는 그를 미워하여 그들 先王의 보배까지 왕께 바치면서 왕의 임명을 저지하려 할 것입니다.' 이렇게 말하면 韓王은 틀림없이 그렇게 할 것입니다. 西周에서 이를 알게 된다면 틀림없이 그대의 罪를 용서하며 그 자가 삼천 수령되는 것을 저지할 것입니다."

2234 張登請費緤 – 張登은 인명. 中山人. 〈中山策〉에 보인다. 請은 謂. 費緤(비설)은 인명. 費는 성씨. 緤은 고삐 설.

437/ 安邑之御史死

{原文} 安邑之御史死, 其次恐不得也. 輸人爲之謂安令曰,

　"公孫綦爲人請御史於王, 王曰, '彼固有次乎? 吾難敗其法.'"

　因遽置之.

安邑의 御史(어사)가 죽었는데,

{국역} (魏地) 安邑의 (屬官인) 御史(어사)가 죽었는데,[2235] 그 아랫사람이 그 자리에 올라가지 못할까 걱정하였다. 輸人(수인, 里名)이 그를 위하여 安邑令에게 말했다.

　"公孫綦(공손기)라는 사람이 남을 위하여 어사 자리를 위 왕에게 부탁하였습니다. 그러자 王이 말했습니다. '그 사람이 바로 그 다음 차례인가? 나는 그 순차를 어길 수 없다.' 고 하였습니다."

　그러자 안읍령은 그 다음 사람을 곧바로 어사에 임명하였다.

2235 安邑之御史死 – 이런 사소한 일은 아마 說客이 유세 자료로 꾸며 놓은 이야기일 것이다. 安邑은 魏의 도읍. 여기에서 大梁으로 천도했다. 安邑은, 今 山西省 서남부 運城市 鹽湖區 安邑古城 터.

438/ 魏王爲九重之盟

{原文} 魏王爲九重之盟, 且復天子. 房喜謂韓王曰,

"勿聽之也, 大國惡有天子, 而小國利之. 王與大國弗聽, 魏安能與小國立之."

魏王이 九重(王宮)에서 會盟하고서,

{국역} 魏王(安釐王, 재위 전 276 – 243년)이 九重에서 (제후를 모아) 會盟하고서 周나라 天子의 권위를 회복하려고 했다.[2236] (韓人, 說客) 房喜(방희)가 韓王에게 말했다.

"수락하지 마십시오. 周나라가 천자의 지위를 되찾는 것은 大國은 천자의 존재를 싫어하고, 小國은 이롭다 생각합니다. 王과 大國이 따라주지 않으면, 魏가 어찌 소국과 함께 주나라의 천자 권위를 세우겠습니까?"

2236 원문 魏王爲九重之盟 – 九重은 王城. 九里로 된 판본이 있다. 그런데 정말 이런 일이 있었다면 구리가 어디라는 보충이 있었을 것이다. 盟은 제후의 회맹. 회맹을 주관하려면 춘추 5패 정도의 영향력은 있어야 했다.

439/ 建信君輕韓熙

{原文} 建信君輕韓熙, 趙敖爲謂建信侯曰,

"國形有之而存, 無之而亡者, 魏也. 不可無而從者, 韓也. 今君之輕韓熙者, 交善楚, 魏也. 秦見君之交反善於楚, 魏也, 其收韓必重矣. 從則韓輕, 橫則韓重, 則無從輕矣. 秦出兵於三川, 則南圍鄢, 蔡, 邵之道不通矣. 魏急, 其救趙必緩矣. 秦擧兵破邯鄲, 趙必亡矣. 故君收韓, 可以無釁."

建信君(건신군)이 韓熙(한희)를 무시하자,

{국역} (趙나라 재상) 建信君(건신군)이 韓熙(한희)를 무시하자,[2237] 조나라 신하 趙敖(조오)란 사람이 建信侯(군)에게 말했다.

"우리의 나라(國) 형세를 보면 그들이 있어야만 (우리도) 존재하고, 없으면 망하는 것이 魏나라입니다. 합종이 없을 수는 없지만 (그래도) 우리를 따라오는 것이 韓입니다. 지금 君께서 韓熙(한희)를 경시하는 것은, 그가 楚나 魏와 좋은 관계를 유지하기 때문입니다. 秦에서 보아 君이 외교하면서 반대로 楚나 魏와 善交한다면, 아마 韓을 끌어들여 틀림없이 중시할 것입니다. 이처럼 산동이 합종에서 韓

2237 원문 建信君輕韓熙 – 본 章의 연대를 알 수 없다. 建信君은 趙人. 趙 孝成王(재위 前 265 – 245년)의 相이라는 주석이 있다. 輕은 경시하다. 깔보다. 韓熙(한희)는 韓人, 高官이었을 것이다.

을 경시한다면, 진나라와 한나라가 連橫에서는 韓을 중시할 것이니 (韓에서는) 자신을 무시하는 합종을 따르지 않을 것입니다. 秦이 三川 지역에 출병하여 南쪽으로 鄢(언, 穎川 鄢陵)을 포위하면, (汝南의) 上, 下蔡와 邵陵(소릉)의 通路가 막힙니다. 魏가 위급하거나 (제후의) 趙나라 구원도 늦을 수밖에 없습니다. 秦이 擧兵하여 邯鄲(한단)을 포위한다면 趙는 틀림없이 멸망할 것입니다. 그러니 君은 韓을 끌어들여야 하고 그들과 틈이 없어야 합니다."

440/ 段産謂新城君

{原文} 段産謂新城君曰,

"夫宵行者能無爲姦, 而不能令狗無吠己. 今臣處郎中, 能無議君於王, 而不能令人毋議臣於君. 願君察之也."

段産(단산)이 新城君에게 말했다.

{국역} (秦人) 段産(단산)이 진나라 재상 新城君〔신성군 羋戎(미융)〕에게 말했다.[2238]

"밤길을 가는 자는 나쁜 짓을 할 수 없는 것은, 개가 자신에게 짖

2238 段産謂新城君 - 본 장은 〈魏策 四〉 **350** 白珪謂新城君 章과 같다.

어대지 못하게 할 수 없기 때문입니다. 지금 臣이 郎中으로 재직하며 王에게 君에 대한 비방의 말이 못들어가게 할 수는 있지만, 다른 사람에게 君에 대한 나쁜 논의를 못하게 할 수는 없습니다. 君께서는 이점을 살펴주십시오."

441/ 段干越人謂新城君

{原文} 段干越人謂新城君曰,

"王良之弟子駕, 云取千里馬, 遇造父之弟子, 造父之弟子曰, '馬不千里.' 王良弟子曰, '馬, 千里之馬也, 服, 千里之服也. 而不能取千里, 何也?' 曰, '子縆牽長. 故縆牽於事, 萬分之一也, 而難千里之行.' 今臣雖不肖, 於秦亦萬分之一也, 而相國見臣不釋塞者, 是縆牽長也."

段干(단간)의 越人이 新城君에게 말했다.

{국역} (魏邑) 段干(단간)의 越(월) 사람이 진나라 재상 新城君에게 말했다.[2239]

2239 段干越人謂新城君曰 – 본 章은 창작된 이야기이다. 王良(왕량)은 趙簡子의 馭車(어거)이고, 造父(조보)는 周 穆王의 마부인데, 그 제자들이 어찌 만날 수 있겠나? 그러나 유명인의 문답을 만들어 정확하고 깊은 의

"〔趙簡子의 馭車(어거)〕王良(왕량)의 弟子가 말을 몰면서〔駕(멍에가)〕(자신의 말이) 千里馬라고 말하였는데, 그가 만난 (周 穆王의御) 造父(조보)의 弟子는 '이 말은 천리를 달릴 수 없다.' 고 말했습니다. 그래서 王良의 弟子가 물었습니다. '내 말은 천리마입니다. 그리고 안쪽의 말도(服), 千里를 가는 服馬입니다. 그런데 천리를 갈수 없다는 말은 무슨 까닭입니까?

그러자 조보의 제자가 말했습니다.

'당신은 말고삐〔繮(고삐 묵), 노끈〕를 길게 매었습니다. 말고삐는 천리를 가는데 만분의 일 밖에 안 되지만 천리를 못 가게 할 수도 있습니다.'

지금 臣이 비록 불초합니다만, 그래도 秦을 위해서라면 1만분의 일이라도 할 일이 있습니다. 그러나 相國께서는 臣을 불러 매인 것을 풀어주지 않으시니, 이는 길게 맨 말고삐와 같을 것입니다."

미로 비유하였다.

29.《戰國策》卷二十九 燕策 一

※ 燕의 역사 개관

다음은《三國演義》의 한 장면이다.

「그때 옆에서 한 장수가 둥그렇게 큰 눈과(圓睜環眼) 곤두 선 호랑이 수염으로(倒豎虎鬚) 丈八蛇矛(장팔사모)를 휘두르며 말을 달려 나오면서 소리쳤다. "姓이 셋이나 되는 종놈은 도망가지 말라!(三姓家奴休走! /呂布) 燕人(연인) 張飛(장비)가 여기 있다!(燕人張飛在此!)"」

옛날 사람들은 자기 출신 지역을 자랑했다. 예를 들어 趙雲(조운)은 '常山 趙子龍'이라 했는데, 常山은 漢代 郡國名이다. 燕(연)은 春秋戰國時代의 國名이다. 옛 燕의 땅이었던 현재의 北京市와 그 주변을 지칭한다. 明·淸代에 北京을 燕京(연경)이라 통칭했다. 지금의 北京市에서 遼東(요동) 반도 일원이 춘추 전국시대 燕의 세력권이었다. 前漢과 後漢에 걸쳐 낙랑군 지역을 포함한 이 지역은 幽州刺史部(유주자사부)의 관할 지역이었다.

燕國은 周 武王이 동생 召公 奭(석)을 봉한 나라인데, 姬姓에 臣氏

(신씨)이며 爵位(작위)는 侯에서 伯이 되었다가 前 323年에 稱王하였다. 國都는 亳(박)이었다가 薊(계)로 옮겼고, 燕代에는 보통 上都(상도)로 불렸다. 기원 前 11세기에서 前 222년까지 존속했는데(마지막 왕은 燕王 喜), 戰國七雄의 하나로 나라가 43王 800年에 걸쳐 존속했었다. 燕에 관한 주요 사료는 《史記 34권 燕召公世家》이다.

○ 春秋時代의 燕

燕國은 건국 이후 지리적 위치 때문에 中原 여러 나라와 왕래가 매우 적었다. 문화적으로도 중원 여러 나라에 비하여 낙후되었다. 춘추 초기에 북쪽 山戎族(산융족)의 침략에 시달렸다. 燕 莊公 재위 중(前 690 – 658년) 山戎이 침입하자, 莊公은 대적하지 못하고 齊國에 구원을 요청했고, 齊國 '尊王攘夷(존왕양이)'의 방책에 의거 망국의 액운을 면했다. 이어 齊 桓公(환공)은 燕을 도와 산융을 정벌하면서 齊와 燕 주변의 孤竹(고죽), 令支(영지), 無終(무종) 등 소국을 병합하였다. 燕 惠公 때의 내분과 燕 悼公(도공, 재위 前 535 – 529년)을 거치면서 齊國의 도움으로 명맥을 유지하였다.

○ 戰國時代의 燕

전국시대 여러 나라가 부국강병을 추진할 때도 燕은 별다른 개혁이나 變法(변법)이 없었다. 燕은 남쪽 齊나라의 北進에 밀려 前 380년에는 桑丘(상구)의 땅을 빼앗겼다. 그러다가 前 373년에, 燕은 林營(林狐)에서 齊와 싸워 이겼고, 前 355년에 齊國이 燕國의 易水(역수) 지역을 침략하자, 燕은 韓, 趙, 魏 등 3국의 도움을 받으면서 齊

軍을 격퇴하며 그 야심을 꺾었다. 燕은 북방 東胡族(동호족)의 침략에 시달리기도 했다.

戰國 초기 燕國의 영역은 대략, 今 河北省의 북부와 山西省의 동북 지역 일부였다. 燕의 영역은 동북으로는 東胡族과 접경했고, 서쪽으로는 中山國 및 趙와 접경했다. 그리고 남쪽은 바다와 바다 건너 齊를 마주보고 있었다. 나중에 遼東(요동)과 이어 한반도와 접경했었다.

○ 燕의 내분(燕噲讓國)

前 323년에, 燕 易王(재위 前 332 – 321년)은 公孫衍(공손연)이 주창한 韓, 魏, 趙, 燕, 中山의 '五國相王'에 동참하며 稱王했다. 易王이 죽자, 아들 噲(쾌, 재위 前 320 – 前 312年, 史記)가 계위했다. 前 318년, 燕王 噲(쾌)는 堯를 흉내내며, 왕위를 상국(名은 子之)에게 禪讓(선양)하였고, 3백석 이상 고관의 인수를 전부 회수하여 子之에게 넘겨주었다. 이에 구 귀족의 불복과 반발을 불러와 燕은 큰 내분에 휩쓸렸다. 齊의 宣王(선왕, 재위 前 319 – 301년)은 이 기회를 이용하여 燕을 공격하여 50일도 안 되어 燕의 주요 지역을 점령했는데, 이에 燕王 噲(쾌)와 상국인 子之(자지)가 피살되었다. 동시에 中山國도 출병하여 燕의 서남 지역을 점령하였다. 이렇게 되자, 燕人이 스스로 봉기하여 齊軍과 싸웠고, 秦과 趙는 齊의 강성을 그대로 좌시하지 않았다. 결국 齊는 대패하면서 齊는 燕에서 쫓겨났다. 이어 燕의 昭王이 즉위한다(재위 前 311 – 279년).

○ 燕 昭王의 강성

燕王으로서 나라의 안정과 부흥, 복수와 雪恥(설치)를 생각 안할 수 있겠나? 昭王은 郭隗(곽외)의 건의를 받아들여 招賢(초현: 賢者를 초청하다)하고 納士(납사: 선비들을 받아 들이다)하였다. 소왕은 자신을 낮추고(卑身) 후한 예물로(厚幣) 招賢하였고, 黃金臺(황금대)를 짓고 '千金으로 買骨하니' 각국의 士人이

燕 昭王(연, 소왕, 재위 前 311 - 279년)

다투어 燕으로 모여들었고, 燕은 단시일에 다방면의 인재를 확보할 수 있었다. 바로 劇辛(극신),[2240] 樂毅(악의),[2241] 鄒衍(추연)[2242] 등이 그

2240 劇辛(극신, ? - 前 242년) - 劇子로도 호칭. 戰國 시대 燕國의 장군, 前 242년 趙國의 龐煖(방난, 龐援)에게 패전, 전사했다.

2241 樂毅(악의, 생졸년 미상) - 燕國 명장. 齊의 70여 성을 탈취(前 284년). 法家 代表 人物 중 한 사람.

2242 鄒衍(추연, ? 前 305 - 240년) - 齊人. 燕 昭王의 사부. 稷下의 학궁에서 研學. 號는 談天衍(담천연). 鄒衍(추연)은 戰國 시대 陰陽家의 創始者이고 대표적 인물이다. 추연의 주요 學說은 '五德終始說'인데, 이는 후대에 정말 큰 영향을 끼쳤고 논쟁거리를 제공하였다. 五德終始(5덕종시)의 歷史觀, 곧 모든 물질은 金, 木, 水, 火, 土로 구성되었고 사물의 변화 발전 과정에서 5行이 相剋(상극)하고 相生하며 순환 발전하는데, 이는 必然이며 自然이라고 주장하였다. 《史記 孟子荀卿列傳》에서는 추연의 저서가 《終始》, 《大聖》 등 10여만 자라고 했다.

런 인재였다. 소왕 치세 기간에 燕은 약소국에서 강국으로 변모했고, 이는 齊에 대한 위협이 되었다.

昭王은 蘇秦을 齊國에 보내 이전에 齊 宣王이 탈취했던 10여 성에 대한 반환을 요구했다. 그러면서 齊와 趙의 관계를 이간시키면서, 趙 武靈王, 魏의 襄王, 楚의 懷王(회왕), 韓의 襄王(양왕) 등과 多者 외교를 전개하였다. 前 286년, 齊國이 宋國을 멸망시키자, 反齊 연맹이 형성되었다. 前 284년, 昭王은 樂毅(악의)를 上將軍에 임용했고 秦, 韓, 趙, 魏 등 5국의 연합으로 齊를 정벌하고 대승을 거두면서 5년간 齊國 70여 성을 점령하여 옛 치욕을 씻었다. 齊國은 겨우 莒(거, 수 山東省 동남부 日照市 莒縣)와 卽墨(즉묵) 등 3城으로 명맥을 유지했다.

燕 昭王 때, 燕將 秦開(진개)는 東胡와 朝鮮 지역을 정벌하여 燕의 영역을 크게 넓혔다.

燕 昭王이 죽은 뒤, 燕 惠王(혜왕, 前 278 - 272년 史記)이 즉위한다. 惠王은 태자 시절부터 樂毅(악의)와 不合했다. 齊國의 田單(전단)은 이를 알고 반간계를 쓰자, 燕 惠王은 걸려들었고 악의를 소환하자, 악의는 趙國으로 도망쳤다. 前 272년, 燕에 내분이 일어났고 惠王이 燕相 公孫操(공손조)에게 피살되었으며, 燕 武成王이 즉위하였으나 허수아비였다.

○ 燕의 쇠퇴와 멸망

燕의 말기 武成王(재위 前 271 - 256년), 孝王(前 257 - 255년), 王 喜(희, 前 254 - 222년)의 三代에 걸쳐 燕과 趙는 계속 싸웠다. 趙는 秦과 前 259年에, 長平之戰에서 大敗했고 燕은 이를 이용하며 趙를 침략했었다. 결국 燕과 趙 모두 지칠 수밖에 없었고 이런 소모 전쟁은 자연스레 망국으로 이어진다. 前 230年, 秦國은 韓國을 멸망시킨다. 前228年, 秦國은 趙國 都城 邯鄲(한단)을 점령하고 燕國에 압력을 가한다. 燕國에서는 2가지 작전을 생각한다. 趙의 잔여 세력과 연합하여 秦에 대항하기!

다른 하나는 秦王의 암살이었다. 그 주동 인물은 과거 秦에 인질로 잡혀 있다가 돌아온 太子 旦(단)이었다. 丹은 자객 荊軻(형가)를 모셨다.[2243] 前 227년, 太子 丹은 형가를 易水(역수)에서 전송한다. 荊軻는 「風蕭蕭兮에 易水는 寒한데, 壯士一去兮에 不復還이라.」라고 노래했다.

咸陽에 들어간 형가는 다시 돌아오지 못했지만, 이는 秦國에게 燕國을 침략할 구실이 되었다. 前 227년, 秦王은 大將 王翦(왕전)과 辛勝(신승)을 보내 燕을 공격한다. 燕은 易水의 서쪽에서 大敗했고, 秦軍은 燕의 태반을 점령한다. 前 226년, 秦은 燕都 薊城(계성)을 공격 점령했다. 燕王 喜(희)와 太子 丹(단)은 정병을 거느리고 遼東을 지켰으나 秦將 李信(이신)은 추격을 계속한다. 燕王은 太子 丹을 죽여 그 首級을 헌상하며 강화를 요청한다. 秦은 燕의 땅에 漁陽郡, 右北平郡, 遼西郡을 설치하고, 이어 上谷郡, 廣陽郡을 설치하여 통치했다. 前 222년, 秦은 다시 王賁(왕분)을 보내 遼東을 공격했고, 燕軍이 戰敗하며 燕王 喜(희)는 포로로 잡힌다. 그 지역에는 遼東郡이 설치된다.

2243 荊軻(형가, ?－前 227년) － 戰國 말 衛國 사람. 荊卿(형경)으로 불림. 司馬遷의 《史記 刺客列傳》에 立傳. '圖窮匕見(도궁비현: 도모한 비수가 드러났다는 말이며 꾸민 음모가 폭로되었다는 뜻이다)'의 成語. 형가를 노래한 시가 중 가장 잘 알려진 것은 唐 駱賓王(낙빈왕)의 五言絶句 〈於易水送人〉이다. 「此地別燕丹, 壯士髮衝冠. 昔時人已沒, 今日水猶寒.」

燕國君主列表

(※《史記 燕世家》를 중심으로 작성 / 춘추시대 중기 이전은 생략.)

侯 / 王	재위 기간	관계
召康公 奭(석)	周 武王 - 康王.	武王 弟. 始祖
18. 燕莊公	前 690 - 658년	燕桓侯 子
19. 燕 襄公	前 657 - 618년	燕莊公 子
20. 燕 桓公	前 617 - 602년	
21. 燕 宣公	前 601 - 587년	
22. 燕 昭公	前 586 - 574년	
23. 燕 武公	前 573 - 555년	
24. 燕 文公	前 554 - 549년	
25. 燕 懿公(의공)	前 548 - 545년	
26. 燕 惠公	前 544 - 536년	燕懿公 子
27. 燕 悼公(도공)	前 535 - 529년	
28. 燕 共公	前 528 - 524년	
29. 燕 平公	前 523 - 505년	
30. 燕 簡公	前 504 - 493년	
31. 燕 孝公(考)	前 492 - 450년	
32. 燕 成公	前 449 - 434년	
33. 燕 閔公	前 433 - 403년	
34. 燕 簡公	前 402 - 373년	
35. 燕 桓公	前 372 - 362년	
36. 燕 文公	前 361 - 333년	
37. 燕 易王	前 332 - 321년	燕文公 子
38. 燕王 噲(쾌)	前 320 - 312년	
子之	前 317 - 312년?	
39. 燕 昭王	前 311? - 279년	
40. 燕 惠王	前 278 - 272년	
41. 燕 武成王	前 271 - 258년	
42. 燕 孝王	前 257 - 255년	燕 武成王 子
43. 燕王 喜(희)	前 254 - 222년	燕 孝王 子

442/ 蘇秦將爲從北說燕文侯

{原文} 蘇秦將爲從, 北說燕文侯曰,

"燕東有朝鮮,遼東, 北有林胡,樓煩, 西有雲中,九原, 南有呼沱,易水. 地方二千餘里, 帶甲數十萬, 車七百乘, 騎六千匹, 粟支十年. 南有碣石,鴈門之饒, 北有棗栗之利, 民雖不由田作, 棗栗之實, 足食於民矣. 此所謂天府也. 夫安樂無事, 不見覆軍殺將之憂, 無過燕矣. 大王知其所以然乎? 夫燕之所以不犯寇被兵者, 以趙之爲蔽於南也. 秦,趙五戰, 秦再勝而趙三勝. 秦,趙相弊, 而王以全燕制其後, 此燕之所以不犯難也. 且夫秦之攻燕也, 蹂雲中,九原, 過代,上谷, 彌地踵道數千里, 雖得燕城, 秦計固不能守也. 秦之不能害燕亦明矣. 今趙之攻燕也, 發興號令, 不至十日, 而數十萬之衆, 軍於東垣矣. 度呼沱, 涉易水, 不至四五日, 距國都矣. 故曰, 秦之攻燕也, 戰於千里之外, 趙之攻燕也, 戰於百里之內. 夫不憂百里之患, 而重千里之外, 計無過於此者. 是故願大王與趙從親, 天下爲一, 則國必無患矣."

燕王曰, "寡人國小, 西迫强秦, 南近齊,趙. 齊,趙, 强國也, 今主君幸敎詔之, 合從以安燕, 敬以國從."

於是齎蘇秦車馬金帛以至趙.

蘇秦이 合從하려고 北으로 燕 文侯에게 유세했다.

{국역} 蘇秦(소진)이 합종하려고 북으로 가서 燕의 文侯(文公, 재위 前 361-333년)에게 말했다.[2244]

"燕의 동쪽으로는 朝鮮(조선)과 遼東(요동)[2245]이 있고, 북쪽으로는 林胡(임호)와 樓煩(누번)[2246]의 땅이 있으며, 西로는 雲中(운중)과 九原(구원)[2247]의 땅이 있고 남쪽으로는 呼沱(호타)와 易水(역수)가 흐르는[2248] 地方 2천여 리가 넘는 땅에, 무장 병사가 수십 만이며, 戰車

2244 원문 蘇秦將爲從, 北說燕文侯曰 - 본 章은《史記 蘇秦列傳》에도 실려 있다.《史記 六國年表》에는 周 顯王 35년(前 334)에「蘇秦說燕」이라 기록되었다. 그러나 본 章은 擬作이라고 알려졌다. 周 현왕 35년은 魏와 齊가 徐州에서 회담하며 相王을 논의하며 국세가 한창 성할 때라서 굳이 合從을 강구할 필요가 없었으며, 秦과 燕은 거리가 멀어 燕에서 굳이 三晉을 넘어 秦을 섬기거나 두려워할 이유가 없었다. 그리고 三晉과 燕, 中山 5國相王은 이보다 11년이니, 소진이 燕 文公에게 어찌 대왕이라는 칭호를 쓸 수 있겠는가? 그래서 이 策文은 虛構라고 인정되었다.

2245 朝鮮은 당시 箕子(기자)를 봉한 나라라 알려졌지만, 燕의 땅은 아니었다. 요동은 遼河(요하)의 동쪽이란 뜻으로, 今 遼寧省의 서남부이다. 遼河(요하)는, 今 河北省, 內蒙古, 吉林省, 遼寧省에 걸친 길이 1,390km의 큰 강이다.

2246 林胡(임호)와 樓煩(누번) - 둘 다 종족 이름인데, 이들의 땅은 수 내몽고의 서남 지역으로 당시에도 燕의 땅이라 할 수 없는 지역이었다.

2247 雲中과 九原 - 이는 趙의 郡으로 燕의 땅이 아니었다.

2248 呼沱(호타)와 易水(역수) - 呼沱(호타)는, 今 河北省 서북부를 흐르는 강인데 山西省 五臺山 동북에서 발원한다. 易水(역수)는 河北省 중서부 保定市 관할 易縣, 곧 太行山 東麓에서 발원하는 강이다.

가 7백 乘에 말이 6천 필이고, 군량은 10년을 버틸 수 있습니다. 그리고 南으로는 풍요로운 碣石(갈석)과 鴈門(안문)[2249]의 땅이 있고, 北으로는 대추(棗)와 밤〔栗(율)〕의 생산이 많은데(利), 백성이 田作을 하지 않더라도 대추와 밤으로 양식을 대신할 수 있습니다. 이는 바로 하늘이 낸 풍요의 땅입니다(天府也). (나

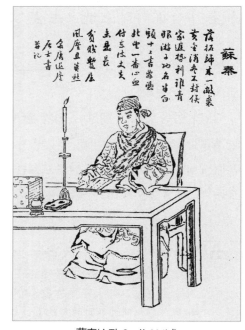

蘇秦(소진, ? - 前 284년)

라가) 安樂하고 無事하며, 군사가 패전하거나 장수가 죽을 걱정도 없으니 이렇게 燕보다 더 좋은 나라는 없습니다. 大王께서는 그런 까닭을 아십니까? 이처럼 燕이 외적의 노략질이나 다른 나라 군사의 침략이 없는 것은 趙나라가 남쪽을 가려주기 때문입니다. (가령) 秦과 趙가 전쟁을 5번을 한다면, 秦이 2번, 趙가 3번을 이겼습니다. 이처럼 秦과 趙가 (서로 싸워) 피폐하더라도 王께서는 燕을 보전하면서 사후의 사태를 제압할 수 있어 燕은 정말 침범하기 어려운 나

2249 碣石(갈석)과 鴈門(안문) - 碣石山(갈석산)은 燕의 동남에, 鴈門山(안문산)은 燕의 서남에 있다. 饒는 넉넉할 요.

라입니다. 게다가 秦이 燕을 공격하려면, 雲中(운중)과 九原(구원)의 땅을 통과하고〔踰(넘을 유)〕, 代(대)와 上谷(상곡)을 지나야 하며, 그 길이 수천 리에 이어지기에[2250] 燕의 城을 차지했다 하더라도 秦으로서는 지킬 수가 없습니다. 이러니 秦은 燕에 해악을 끼칠 수가 분명 없습니다. 지금 (만일) 趙가 燕을 공격하려고 군사를 동원한다면 열흘도 걸리지 않아 십수만의 군사가 燕의 (東邑인) 東垣(동원)에 집결할 것입니다. 그리고서 呼沱河(호타하)와 易水(역수)를 건너면, 4, 5일이 안 걸려 國都에 다다를 것입니다. 그래서 秦의 燕나라 공격은 천리 밖에서 싸움이 벌어지나 趙의 燕나라 공격은 1백 리 안에서 싸움이 벌어진다고 말할 수 있습니다. 그렇다면 1백 리 이내의 환난을 우려하지 않고 천리 밖의 싸움을 더 크게 걱정한다면, 이는 크게 잘못된 것입니다. 그러니 바라옵건대, 대왕께서는 趙와 합종으로 친하면서, 천하가 하나로 된다면 나라에는 아무 걱정이 없을 것입니다."

이에 연왕이 말했다.

"寡人의 나라도 작은데, 서쪽으로는 강한 秦이, 남쪽으로는 趙와 齊가 가까운데, 齊와 趙 또한 강국입니다. 지금 君께서 친히 일러 가르쳐서 合從으로 燕을 안전케 하니, 삼가 나라와 함께 따를 것입니다."

그리고는 蘇秦에게 車馬(거마)에 金錢과 비단을 주어 趙로 가게 하였다.

2250 원문 彌地踵道 - 彌는 두루 미. 걸치다. 달하다(亘은 궁). 踵은 발꿈치 종(足後也). 연결되다(繫也).

443/ 奉陽君李兌甚不取於蘇秦

{原文} 奉陽君李兌甚不取於蘇秦. 蘇秦在燕, 爲蘇秦謂奉陽君曰,

"齊,燕離則趙重, 齊,燕合則趙輕. 今君之齊, 非趙之利也. 臣竊爲君不取也."

奉陽君曰, "何吾合燕於齊?"

對曰, "夫制於燕者蘇子也. 而燕弱國也, 東不如齊, 西不如趙, 豈能東無齊,西無趙哉? 而君甚不善蘇秦, 蘇秦能抱弱燕而孤於天下哉? 是驅燕而使合於齊也. 且燕亡國之餘也, 其以權立, 以重外, 以事貴. 故爲君計, 善蘇秦則取, 不善亦取之, 以疑燕,齊. 燕,齊疑, 則趙重矣. 齊王疑蘇秦, 則君多資."

奉陽君曰, "善." 乃使使與蘇秦結交.

奉陽君 李兌(이태)가 蘇秦을 매우 싫어하였다.

{국역} (趙의) 奉陽君 李兌(이태)가 蘇秦(소진)을 매우 싫어하였다.[2251] 이때 蘇秦은 燕에 있었는데, (혹자가) 蘇秦을 위하여 奉陽君

2251 원문 奉陽君李兌甚不取於蘇秦 – 본 장은 前 288년의 일이었고, 蘇秦은 趙에서 奉陽君에게 억류되었다가 燕王(昭王)의 부름이 있어 풀려나 燕으로 돌아왔다. 소진이 燕에 왔을 때, 세객이 봉양군에게 소진과의

에게 말했다.

"齊와 燕이 분리되면 趙가 重視되지만, 齊와 燕이 연합하게 되면 趙는 輕視됩니다. 지금 君께서 연을 위하여 齊에 가려고 하는데, 그것은 趙에 이득이 되지 않습니다. 臣은 君께서 취할 방책이 아니라고 생각합니다."

그러자 奉陽君이 물었다.

"왜 내가 燕을 齊에 연합시키려 하겠는가?"

"(지금) 燕을 제압하고(조정하고) 있는 사람은 蘇子(蘇秦)입니다. 燕은 弱國으로, 東으로는 齊만 못하고 西로는 趙만 못한데, 어찌 (燕이) 東의 齊, 西에 趙가 없이 버틸 수(自存) 있겠습니까? 그런데 지금 君께서는 蘇秦을 매우 싫어하시니, 蘇秦이 약한 燕을 끼고서 천하에 고립되어 생존할 수 있겠습니까? 이는 燕을 몰아가서 齊와 연합시키려는 것과 같습니다. 게다가 燕(昭王)은 亡國을 경험했던 잔여 세력입니다. 임시 적통을 이었기에 외국 세력을 중시하고 귀족들을 떠받들고 있습니다. 그래서 君을 위한 계책으로는 蘇秦을 좋더라도 받아들이고, 소진이 밉더라도 역시 소진을 포용하면서 燕과 齊가 서로를 의심케 만들어야 합니다. 燕과 齊가 서로를 믿지 않으면 趙는 重해집니다. 齊王이 소진을 의심한다면 君에게는 큰 이득입니다."

奉陽君은 "옳은 말이요."라고 했다. 이어 사람을 보내 소진에게 結交(교류를 맺기로 하다)를 청했다.

善交를 설득하였다. 奉陽君 李兌(이태)는 趙 惠文王(재위 298 – 266년)의 相이었다. 또 여기 蘇秦이 아니라 蘇代이어야 한다는 주석이 있다. 또 蘇秦에 관한 기록에 사마천의 오류가 많다는 주석도 있다.

444/ 權之難燕再戰不勝

{原文} 權之難, 燕再戰不勝, 趙弗救. 郭任謂昭王曰,

"不如以地請合於齊, 趙必救我. 若不吾救, 不得不事."

文公曰, "善." 令郭任以地請講於齊. 趙聞之, 遂出兵救燕.

權(권)의 싸움에서 燕은 再戰하여 不勝했는데,

{국역} 權(권, 地名)의 싸움에서 燕은 (齊와) 再戰하여 이기지 못했는데,[2252] 趙는 (燕을) 구원하지 않았다. 郭任(곽임)이 昭王(재위 前 311 - 279년)에게 말했다.

"割地(땅을 떼어주다)하여 齊에 주면서 강화를 요청하면 趙에서는 必히 우리를 도울 것입니다. 만약 (趙에서) 우리를 구원하지 않으면 不得不(부득불) 齊를 섬겨야 합니다."

昭王이 말했다. "옳다."

郭任을 보내 땅을 갈라주면서 齊에 강화를 요청케 하였다. 趙에서 이를 알고서 바로 출병하여 燕을 구원했다.

2252 權之難, 燕再戰不勝 - 權(권)은 지명이다. 今 河北省 太行山 동쪽 기슭 保定市 관할 順平縣에 해당한다. 이는 前 296년의 일이다. 燕의 내분을 틈타서 齊가 침공했고, 燕은 두 차례 전투에서 모두 패했다. 趙에서 안 도와주니 齊에 땅을 떼어주고 강화하자는 전략이다. 그러면 齊만 강해진다. 그래서 趙의 구원을 이끌어내었다.

445/ 燕文公時

{原文} 燕文公時, 秦惠王以其女爲燕太子婦. 文公卒, 易王立. 齊宣王因燕喪攻之, 取十城.

武安君蘇秦爲燕說齊王, 再拜而賀, 因仰而弔. 齊王桉戈而卻曰,

"此一何慶弔相隨之速也?"

對曰, "人之飢所以不食烏喙者, 以爲雖偸充腹, 而與死同患也. 今燕雖弱小, 强秦之少婿也. 王利其十城, 而深與强秦爲仇. 今使弱燕爲鴈行, 而强秦制其後, 以招天下之精兵, 此食烏喙之類也."

齊王曰, "然則奈何?"

對曰, "聖人之制事也, 轉禍而爲福, 因敗而爲功. 故桓公負婦人而名益尊, 韓獻開罪而交愈固, 此皆轉禍而爲福, 因敗而爲功者也. 王能聽臣, 莫如歸燕之十城, 卑辭以謝秦. 秦知王以己之故歸燕城也, 秦必德王. 燕無故而得十城, 燕亦德王. 是棄强仇而立厚交也. 且夫燕, 秦之俱事齊, 則大王號令天下皆從. 是王以虛辭附秦, 而以十城取天下也. 此霸王之業矣. 所謂轉禍爲福, 因敗成功者也."

齊王大說, 乃歸燕城. 以金千斤謝其後, 頓首塗中, 願爲兄弟而請罪於秦.

燕 文公 재위할 때,

{국역} 燕의 文公 재위 중에(前 361 – 333년),[2253] 秦 惠王(재위 전 338 – 311년)은 딸을 燕 太子와 결혼시켰다. 文公이 죽고, 易王(역왕, 재위 前 33 – 321년)이 즉위했다. 齊 宣王(재위 前 319 – 301)은 燕의 國喪을 틈타 燕에 침공하여 10개 성을 탈취하였다.

武安君인 蘇秦(소진)이 燕을 위하여 齊王에게 유세하였는데, 再拜하면서 賀禮하고서는 하늘을 우러러 弔問(조문)하였다. 齊王은 창(戈)을 잡고, 한발 물러서며 말했다.

"왜 이렇듯 축하와 조문을 한꺼번에 빨리 하는가?"

소진이 대답하였다.

"사람이 굶주려도 烏喙(오훼, 독초인 烏頭, 一名 天雄)를 먹지 않는 것은 잠깐 동안은 배가 부르지만 죽을 듯 배가 아프기 때문입니다. 지금 燕이 비록 약소국이지만 강한 秦나라의 어린 사위 나라입니다. 王께서 10개 城의 이득을 챙겼지만 강한 진나라의 큰 원한을 산 것입니다. 지금 약한 燕을 기러기 날아가듯 앞서 보내고 강한 秦나라가 그 뒤를 제압할 것이니, (齊는) 천하 정예군의 침공을 자초하였습니다. 이는 (毒草인) 오훼를 먹은 것과 같습니다."

齊王이 물었다. "그러니 어찌해야 하는가?"

2253 燕文公時 – 본 장의 '轉禍爲福(전화위복)' 고사는 잘 알려진 이야기이다. 그러나 본 章은 史實과 크게 다르다. 燕 易王과 齊 宣王 시에 소진이 활동하지 않았다. 燕의 국상과 齊 宣王 재위 기간이 맞지 않는다. 燕의 10개 성을 탈취한 사실도 없다. 齊 宣王이 秦王에게 머리를 진흙에 처박으며 사죄했다는 서술은 너무 과장되었고, 그럴 형세도 아니었다.

"聖人은 일을 처리할 때(制事) 轉禍(전화)하여 爲福(위복)하고 패배를 딛고서 성공합니다. 그래서 (齊) 桓公(환공)을 (蔡의) 여인을 방출하고서 명성이 더욱 높아졌고,[2254] (晉 나라의) 韓獻(한헌, 獻子 韓厥)은 죄를 짓고도(開罪, 得罪)〔상관인 趙盾(조돈)과의〕교제는 더욱 공고해졌으니, 이 모두는 轉禍爲福이고 실패를 성공으로 바꾼 것입니다. 王께서 臣의 말을 따르시겠다면, 우선 燕에 10개 城을 돌려주는 것이 좋을 것이며, 이어 아주 겸손한 말로 秦에 사죄하십시오. 秦에서는 왕께서 秦이 두려워 燕에 城을 돌려준 사실을 알고 왕을 고맙게 여길 것입니다. 燕에서는 아무 일도 없이 잃었던 성을 돌려받으니 왕에게 고맙다고 할 것입니다. 이는 강력한 秦의 원한을 해소하면서 오히려 秦과 확실한 親交를 맺는 것입니다. 그리고 燕과 秦이 함께 齊를 섬기게 되니, 이는 대왕의 호령에 천하가 모두 따라오는 것입니다. 이렇게 하면 왕은 그저 빈말로 秦과 가까워지고 (남의 나라) 10개 성을 가지고 천하를 호령할 수 있으니, 이런 것이 바로 霸王(패왕)의 大業이고 이른바 轉禍爲福이며 패배를 딛고 성공하는 길입니다."

齊王은 크게 기뻐하며 燕에 城을 돌려주었고, 이어 나중에 金 1千斤으로 사과하였다. 齊王은 진흙에 머리를 조아리며 형제가 되고 싶다고 秦에게 사죄하였다.

2254 故桓公負婦人而名益尊 - 桓公이 蔡姬(채희)와 뱃놀이를 하는데, 채희가 배를 흔들어 환공을 겁먹게 했다. 환공은 채희를 蔡國에 돌려보냈지만 이혼은 아니었다. 蔡에서는 그 여인을 다른 나라에 시집보냈다. 환공은 나중에 채를 멸망시켰고, 이어 楚를 정벌하며 패자로서의 명성을 높였다. 盾(방패 순. 벼슬 이름 윤. 별 이름 돈, 사람 이름 돈)

446/ 人有惡蘇秦於燕王者

{原文} 人有惡蘇秦於燕王者, 曰,

"武安君, 天下不信人也. 王以萬乘下之, 尊之於廷, 示天下與小人群也."

武安君從齊來, 而燕王不館也. 謂燕王曰,

"臣東周之鄙人也, 見足下身無咫尺之功, 而足下迎臣於郊, 顯臣於廷. 今臣爲足下使, 利得十城, 功存危燕, 足下不聽臣者, 人必有言臣不信, 傷臣於王者. 臣之不信, 是足下之福也. 使臣信如尾生, 廉如伯夷, 孝如曾參, 三者天下之高行, 而以事足下, 不可乎?"

燕王曰, "可."

曰, "有此, 臣亦不事足下矣."

蘇秦曰, "且夫孝如曾參, 義不離親一夕宿於外, 足下安得使之之齊? 廉如伯夷, 不取素飡, 汙武王之義而不臣焉, 辭孤竹之君, 餓而死於首陽之山. 廉如此者, 何肯步行數千里, 而事弱燕之危主乎? 信如尾生, 期而不來, 抱樑柱而死. 信至如此, 何肯楊燕,秦之威於齊而取大功乎哉? 且夫信行者, 所以自爲也, 非所以爲人也. 皆自覆之術, 非進取之道也. 且夫三王代興, 五霸迭盛, 皆不自覆也. 君以自覆爲可乎? 則齊不益於營丘, 足下不踰楚境, 不窺於邊城之外. 且臣有老母於周, 離老母而事足下, 去自覆之術, 而謀進取之道, 臣

之趣固不與足下合者. 足下皆自覆之君也, 僕者進取之臣
也, 所謂以忠信得罪於君者也."

어떤 사람이 燕王에게 소진을 헐뜯었다.

{국역} 어떤 사람이 燕王에게 蘇秦을 헐뜯었다.[2255]

"武安君(蘇秦)은 천하에 믿지 못할 사람입니다. 王께서는 萬乘
대국의 군왕으로 자신을 낮춰 조정에서 그를 높였으니, 온 천하에
(王이) 소인과 같은 사람이라고 보여준 것입니다."

무안군이 (소진) 齊에서 돌아왔지만 燕王은 소진의 숙소도 내주
지 않았다.[2256] 이에 소진이 연왕을 찾아와 말했다.

"臣은 東周의 미천한 사람〔鄙人(비인)〕으로, 足下(王)를 처음 알
현할 때, 저 자신이 아무런 功도 없었지만 足下께서는 저를 郊外(교
외)에서 영접하셨고 조정에서 저를 크게 높여주셨습니다. 지금 臣은
족하의 사신으로 나가서 10개 城을 되찾았고 위기에 처한 나라를
안정시켰지만, 족하께서는 저의 말을 듣지 않으려 하시니, 이는 누군
가가 저를 '믿을 수 없는 사람'이라고 왕께 헐뜯었을 것입니다. 臣
이 不信한 사람이라면 이는 족하에게는 福입니다. (왕께서) 저를 尾
生(미생)처럼 신의가 있고, 伯夷(백이)처럼[2257] 청렴하고도 曾參(증삼,

2255 원문 人有惡蘇秦於燕王者 - 본 章은 《史記 蘇秦列傳》에도 수록되었
다. 이는 燕 昭王 5년 前 307년의 일로 알려졌고 齊에 대한 대책과는
별 상관이 없다.

2256 원문 而燕王不館也 - 《史記 蘇秦列傳》에는 「不官」으로 기록했다.

2257 伯夷(백이, 생졸년 미상) - 子는 姓, 墨胎氏(묵태씨), 名은 允. 商 紂王(주왕)

증자)처럼 효행이 있다고 믿으신다면, 이 세 사람과 같은 천하의 高
行인 사람만이 왕을 섬길 수 있고, 그렇지 않으면 안 됩니까?'

연왕은 "그렇소."라고 말했다. 그러자 소진이 대답했다.

"그러하다면 저 역시 족하를 섬길 수가 없을 것입니다."

이어 소진이 말했다.

"정말 증삼처럼 부모에게 효도하는 사람이라면, 그런 孝義로는
단 하루라도 집을 떠나 잘 수가(宿) 없는데, 왕께서는 저를 어떻게 齊
에 사신으로 보낼 수 있겠습니까? 伯夷는 청렴하기에 가장 소박한
식사도 안 하고 周 武王을 不義하다고 섬기지 않았으며, 孤竹國(고죽
국)의 君의 자리도 마다하고 首陽山(수양산)에서 굶어죽은 사람인데,
그처럼 청렴한 사람이 어찌 수천 리를 걸어와서 약소한 燕나라의 위
기에 처한 君王을 섬기겠습니까? 그 신의가 尾生(미생)과 같다면, 약
속하고서도(期) 오지 않았기에 교각 기둥을 끌어안고 죽은 사람입
니다. 그렇게 신의를 지키는 사람이라면, 어떻게 燕나라의 위세를 齊
에 날리게 하여 큰 공을 세울 수 있었겠습니까? 이렇듯 믿을 수 있는

시기, 孤竹國 군주의 長子, 弟는 仲馮(중풍)과 叔齊(숙제). 백이는 부친의
뜻에 따라 仲馮(중풍)에 양위했고, 숙제도 백이의 뜻에 따랐다. 伯夷와
叔齊는 西伯 姬昌(文王)이 賢者를 잘 대우한다는 말을 듣고 찾아가 의
지했다. 문왕이 죽고, 아들 發(발)이 紂王(주왕)을 정벌하려 하자 藩國이
주군을 정벌할 수 없다며 叩馬(고마)하며 적극 諫言(간언)을 올렸다. 周
武王이 克殷(극은)하자, 두 사람은 周粟(주속)을 不食한다면서 殷商의 옛
근거지인 首陽山(수양산, 洛陽市)에 은거하며 〈采薇歌(채미가)〉를 불렀고,
결국 餓死(아사)했다. 《史記》 70열전은 〈伯夷列傳〉으로 시작한다. 首
陽山은 河南省 洛陽市 동쪽 30km, 偃師縣(언사현)에 위치. 해발
359.1m. '日出之初에 光必先及'이라 하여 首陽이라 명명했다고 한다.

사람들은 모두 자신을 위한 행동이었지 남을 위한 행위가 아니었습니다. 모두가 자신을 지키기 위한 방책이었을 뿐,[2258] 進取的인 행동이 아니었습니다. (그 옛날) 三王(夏, 殷, 周)이 교대로 흥기하고, 五霸(오패)가 교체되며 번성했던 것도 자신만을 위해서가 아니었습니다. 그런데 지금 왕께서는 자신만을 위하고 계십니까? 그렇다면 齊나라는 (최초 도읍) 營丘(영구)에서 더 발전하지 못했고, 족하께서는 楚의 국경을 넘어본 적도, 또 변경 밖을 넘겨보지도 못했을 것입니다. 또 臣도 周에 노모가 계시는데, 노모를 떠나 足下를 섬기는 것은 나만을 지키려는 태도를 버린 진취적 길을 취한 것이니, 이 또한 족하를 섬기기에 정말 부족한 것입니다. 그러니 왕께서는 왕 자신만을 위하는 군주이고 저는 진취적 태도를 취하고 있으니, 저는 주군에게 忠信(충성과 믿음)을 지켜 득죄(죄를 얻게 된 것)한 것입니다."

{原文} 燕王曰, "夫忠信, 又何罪之有也?"

對曰, "足下不知也. 臣鄰家有遠爲吏者, 其妻私人. 其夫且歸, 其私之者憂之. 其妻曰, '公勿憂也, 吾已爲藥酒以待之矣.' 後二日, 夫至. 妻使妾奉巵酒進之. 妾知其藥酒也, 進之則殺主父, 言之則逐主母, 乃陽僵棄酒. 主父大怒而笞之. 故妾一僵而棄酒, 上以活主父, 下以存主母也. 忠至如此然不免於笞, 此以忠信得罪者也. 臣之事, 適不幸而有類妾之棄酒也. 且臣之事足下, 亢義益國, 今乃得罪, 臣恐天

下後事足下者, 莫敢自必也. 且臣之說齊, 曾不欺之也. 使
之說齊說, 莫如臣之言也, 雖堯,舜之智, 不敢取也."

{국역} 燕王이 말했다.

　"忠과 信을 행하는 사람이라면 무슨 죄를 짓겠는가?"

　"足下께서는 잘 모르십니다. 臣의 이웃에 멀리 나가 관리가 된 사
람이 있었는데, 그 처는 몰래 다른 사람과 정을 통했습니다. 남편이
귀가할 때가 되자 그 숨겨 놓은 사람은 걱정이 되었습니다. 그 아내
가 말했습니다. '당신은 걱정하지 마세요. 내가 이미 藥酒(毒藥酒)
를 준비했으니 남편에게 먹일 것입니다.' 그 이틀 뒤에 남편이 돌아
왔습니다. 아내는 첩을 시켜 준비한 술을 잔에 따라서 올렸습니다.
첩은 독약의 술인 줄 알았으니 그대로 올리면 主父를 죽이고, 이를
말한다면 본처를 죽이는 것이라서 일부러 넘어져 술을 엎어버렸습
니다.[2259] 主父는 大怒하며 첩을 매질하였습니다. 첩이 넘어져 술을
엎어버렸기에, 위로는 主父를 살렸고 아래로는 主母의 목숨을 건졌
습니다. 그 忠信이 이와 같았지만 笞刑(태형)을 면할 수 없었으니, 이
런 경우가 바로 忠信으로 得罪한 것입니다. 臣의 事君은 꼭 불행히
도 술을 엎어버린 첩과 같은 경우입니다. 그리고 臣이 足下를 섬기
는 일은 大義로 나라에 도움을 주려 했지만[2260] 지금 이처럼 得罪하
니, 臣은 천하에서 뒷날 足下를 섬기려는 자가 있어도 나와 필히 똑

2259 원문 乃陽僵棄酒 － 陽은 거짓으로, 僵은 쓰러질 강. 빳빳해지다. 棄는
　　　버릴 기. 쏟아버리다.

2260 원문 亢義益國 － 亢은 목 항. 높은. 高極也. 亢義는 대의를 높이다. 대
　　　의를 크게 실천하다.

같지 않을까 걱정이 됩니다. 또 臣은 齊에 유세하면서 남을 속인 바가 없습니다. 사자로 나가서 齊에 유세하면서 臣과 같은 언변이 아니라면, 설령 堯나 舜과 같은 지혜가 있더라도 저의 유세를 받아들이지 못할 것입니다."

447/ 張儀爲秦破從連横~

{原文} 張儀爲秦破從連横, 謂燕王曰,

"大王之所親, 莫如趙. 昔趙王以其姊爲代王妻, 欲並代, 約與代王遇於句注之塞. 乃令工人作爲金斗, 長其尾, 令之可以擊人. 與代王飲, 而陰告廚人曰, '卽酒酣樂, 進熱歠, 卽因反斗擊之.' 於是酒酣樂進取熱歠. 廚人進斟羹, 而擊之, 代王腦塗地. 其姊聞之, 摩笄以自刺也. 故至今有摩笄之山, 天下莫不聞."

"夫趙王之狼戾無親, 大王之所明見知也. 且以趙王爲可親邪? 趙興兵而攻燕, 再圍燕都而劫大王, 大王割十城乃卻以謝. 今趙王已入朝澠池, 效河間以事秦. 大王不事秦, 秦下甲雲中, 九原, 驅趙而攻燕, 則易水, 長城非王之有也. 且今時趙之於秦, 猶郡縣也, 不敢妄興師以征伐. 今大王事秦, 秦王必喜, 而趙不敢妄動矣. 是西有强秦之援, 而南無齊, 趙

之患, 是故願大王之熟計之也."

燕王曰, "寡人蠻夷辟處, 雖大男子, 裁如嬰兒, 言不足以求正, 謀不足以決事. 今大客幸而敎之, 請奉社稷西面而事秦, 獻常山之尾五城."

張儀가 秦을 위하여 합종을 깨고 연횡책을~

{국역} 張儀(장의)가 秦을 위하여 합종을 깨고 연횡책을 쓰도록,[2261] 燕王에게 말했다.

"大王에게 趙만큼 가까운 나라는 없습니다. 옛날 趙王(趙襄子)은 그 손윗누이(姉)를 代王의 아내로 주었는데, 代를 병합하려고 代王과 句注山(구주산)[2262]의 요새에서 만나기로 하였습니다. 그리고 工人을 시켜 쇠(銅)로 국자(斗)의 자루를 길게, 사람을 때릴 수 있게 만들라 하였습니다. 조양자가 代王과 술을 마시면서 몰래 주방에 알려 '술이 한창 취하거든 뜨거운 국물을〔歠(마실 철)〕 올리면서 국자로 대왕을 후려치라.'고 시켰습니다. 그리고는 술이 얼큰해지자, 뜨거운 국을 올리라 했습니다. 요리하는 사람이 국을 올리면서 국자 자루를 잡고 대왕을 내리치자, 代王의 머리가 터져 땅을 적셨습니다. 그 누이는 소식을 듣고서는 비녀〔笄(계)〕를 뾰쪽하게 갈아 스스로

2261 張儀爲秦破從連橫 - 이는 燕 昭王 원년(前 311년)의 일로 알려졌다. 본 章은 후인의 의탁이라는 주석이 있다.

2262 句注山(구주산, 今 山西省 북부 朔州市 관할 代縣 소재) - 雁門山(안문산), 恒山 山脈의 중간 척추 부분, 古代 九塞의 하나, 雁門關이 있다.

찔러 죽었습니다. 그래서 지금도 摩笄山(마계산)이 있으니, 천하에 이를 모르는 사람이 없습니다."[2263]

"(지금) 趙王(武靈王, 재위 前 325 - 299년)도 잔인하여 가까운 사람이 없는 것은 대왕께서도 분명히 알고 있는 바입니다. 그런 趙王과 가히 친할 수 있겠습니까? 趙가 興兵(군대를 일으키다)하여 攻燕(연나라를 공격하다)하며, 燕都를 포위하고 대왕을 겁박하자, 대왕은 10개의 성을 떼어주며 사과하였습니다. 지금 趙王은 이미 澠池(민지)의 회합에 참여하여 河間(하간)의 땅을 떼어주고 秦을 섬기기로 하였습니다. 대왕이 秦을 섬기지 않겠다면, 秦은 군사를 雲中(운중)과 九原(구원) 일대에 보내 趙를 앞세워 燕을 공격할 것이니, 그럴 경우 易水(역수)와 長城(장성)은 王의 땅이 아닙니다. 또 지금 趙는 이미 秦의 군현과 같기에 감히 군사를 일으켜 정벌하겠다고 나설 수도 없습니다. 지금 대왕께서 秦을 섬기겠다고 하면, 秦王(昭王)은 틀림없이 기뻐하며 趙가 망동하지 못하게 할 것입니다. 이는 (燕이) 서쪽에서 강한 秦의 원조를 받고, 南으로는 齊와 趙의 환난을 제거하는 길이니 대왕께서 이를 숙고하시기 바랍니다."

이에 燕王이 말했다.

"寡人은 후진 변방의 蠻夷(만이)로 비록 다 장성한 남자라지만 (생각은) 겨우 어린아이와 같아, 말을 하여도 바른길을 모르고 謀事하더라도 결단을 내리지 못했습니다. 지금 大客께서 이렇게 친히 가르쳐주시니 社稷을 받들어 서쪽을 바라보며 秦을 섬기겠으며, 常山(상산, 恒山)의 끝자락에 있는(燕의 서남방) 5개 城을 헌상하겠습니다."

2263 天下莫不聞 – 이는 《史記 趙世家》에도 수록되었다.

448/ 宮他爲燕使魏

{原文} 宮他爲燕使魏, 魏不聽, 留之數月. 客謂魏王曰,

　"不聽燕使何也?"

　曰, "以其亂也."

　對曰, "湯之伐桀, 欲其亂也. 故大亂者可得其地, 小亂者可得其寶. 今燕客之言曰, '事苟可聽, 雖盡寶, 地, 猶爲之也.' 王何爲不見?"

　魏王說, 因見燕客而遣之.

宮他(궁타)가 燕을 위하여 魏에 사신으로 갔지만,

{국역} 宮他(궁타, 본래 周王 신하 출신)가 燕을 위해 魏에 사신으로 갔지만,[2264] 魏에서는 들어주지 않으면서 여러 달을 억류하였다. 어떤 객인이 魏王(襄王)에게 말했다.

　"왜 燕使의 요청을 수락하지 않습니까?"

　"燕에서 내란이 일어났기 때문이다."

　"(殷) 湯王이 (夏의) 桀王(걸왕)을 정벌할 때, 내란이 일어나길 기대했습니다. 大亂일 경우 그 땅을 얻을 수 있고 小亂이라면 그 나라

2264 원문 宮他爲燕使魏 – 내용상 燕王 噲(쾌)의 내분 직후의(前 315?) 일이라는 주석이 있다. 사신으로 간 宮他(궁타)의 언행은 매국 행위가 아니겠는가?

의 보물을 차지할 수 있습니다. 지금 燕客(곧 宮他)이 하는 말대로
라면 '요구만 수락한다면 보물이나 땅이라도 다 들어줄 수 있다.' 고
한다니, 왕께서는 왜 만나보지 않으십니까?'

魏王은 기뻐하면서 燕의 宮他를 만난 뒤에 돌려보냈다.

449/ 蘇秦死,

{原文} 蘇秦(死, 其弟蘇代欲繼之, 乃)北見燕王噲曰,

"臣東周之鄙人也, 竊聞王義甚高甚順, 鄙人不敏, 竊釋鉏
耨而干大王. 至於邯鄲, 所聞於邯鄲者, 又高於所聞東周.
臣竊負其志, 乃至燕廷, 觀王之群臣下吏, 大王天下之明主
也."

王曰, "子之所謂天下之明主者, 何如者也?"

對曰, "臣聞之, 明主者務聞其過, 不欲聞其善. 臣請謁王
之過. 夫齊,趙者, 王之仇讎也, 楚,魏者, 王之援國也. 今王
奉仇讎以伐援國, 非所以利燕也. 王自慮此則計過. 無以諫
者, 非忠臣也."

王曰, "寡人之於齊,趙也, 非所敢欲伐也."

曰, "夫無謀人之心, 而令人疑之, 殆. 有謀人之心, 而令
人知之, 拙, 謀未發而聞於外, 則危. 今臣聞王居處不安, 食
飮不甘, 思念報齊, 身自削甲扎, 曰有大數矣, 妻自組甲絣,

曰有大數矣, 有之乎?"

王曰, "子聞之, 寡人不敢隱也. 我有深怨積怒於齊, 而欲報之二年矣. 齊者, 我讎國也, 故寡人之所欲伐也. 直患國弊, 力不足矣. 子能以燕敵齊, 則寡人奉國而委之於子矣."

蘇秦이 죽은 뒤,

{국역} 蘇秦(소진)이 (소진은 이미 죽었다. 그의 동생 蘇代(소대)가 그의 뒤를 잇고자 하여, 이에) 북으로 燕王 噲(쾌, 昭王)를 찾아와 말했다. [2265]

"臣은 東周의 시골 사람으로, 대왕의 義氣가 매우 높고 順理를 따르신다는 말을 들었기에, 미천하고 우둔하지만, 농사짓던 호미와 쟁기를 놓고 대왕을 찾아왔습니다. 臣이 (趙의) 邯鄲(한단)에 와서 한단 사람들한테 들은 바는, 제가 東周에서 듣던 말보다 (대왕에 대한 평가가) 더 훌륭하였습니다. 그래서 臣은 자부심을 가지고 燕의 조정에 들어왔고, 王의 여러 신하와 관리들을 보고서도 대왕께서 천하의 明主라고 확신하였습니다."

燕王이 물었다.

"그대가 말하는 天下의 明主란 어떤 사람을 말하는가?"

[2265] 蘇秦死 – 본 章은 두 문단으로 나누었다. 전반은 소진이 燕王을 처음 찾아와 유세하는 장면이고, 후반은 齊가 宋을 멸망시키는 직전의 일을 설명하였다. 燕王 噲(쾌)가 아니고 昭王이며, 蘇代가 아니라 蘇秦이 분명하다는 주석에 따른다.

"臣이 알기로, 明主는 그 잘못에 대하여 들으려 애쓰고 칭찬의 말을 들으려 하지 않는다고 하였습니다. 그래서 臣은 대왕의 過誤(과오)를 말씀드리겠습니다. 대체로 齊와 趙는 대왕의 원수〔仇讎(구수)〕입니다. 楚와 魏는 대왕의 후원국입니다. 지금 왕께서는 원수의 나라를 받들면서 후원국을 정벌하려 하시니, 이는 燕에 도움이 되지 않습니다. 이를 왕께서 생각하셨다면, 이는 잘못된 계책입니다. 이에 대하여 간언하지 않는다면 충신이 아닙니다."

　"寡人은 齊와 趙에 대하여 정벌을 안 하려는 것이 아니오."[2266]

　"남을 치려는 계획을 생각지도 않았는데, 남의 의심을 산다면 그것은 위태로운 일입니다.〔殆(위태할 태)〕. 남을 치려는 마음이 있는데 상대가 알게 되었다면 그것은 못난 짓입니다〔拙(졸렬할 졸), 서투르다〕. 모의를 시작하지도 않았는데 밖으로 알려졌다면, 이는 위험한 짓입니다(危). 지금 臣이 알기로, 王께서는 일상생활이 불안하고, 음식을 먹어도 맛을 모르며(食飮不甘), 생각은 齊에 대한 보복뿐이라서 몸에 갑옷을 입으면서도 '좋은 수가 있을 거야!' 라고 말하시며, 妻妾(처첩)이 갑옷이나 띠를 만들면서도 '좋은 수가 있을 거야!' 라고 말한다고 들었는데, 정말 그렇습니까?"

　"그대가 그렇게 알고 있는데 나도 숨길 수가 없소. 과인은 齊에 대하여 아주 깊은 원한이 있고 원수를 갚으리라 생각한 지 몇 년이나 되었소. 齊는 우리의 원수 나라이기에 과인이 꼭 정벌하려는 것이오. 다만 나라가 피폐하고 국력이 부족한 것이 걱정일 뿐이오. 그대가 우리 燕이 제에 대해 복수만 할 수 있게 해준다면, 과인은 나라

2266 非所敢欲伐也 - 원수라는 것을 분명히 알고 있으나, 상대가 강하기에 정벌하지 못한다는 뜻.

를 그대에게 위임하고 싶소이다."

{原文} 對曰, "凡天下之戰國七, 而燕處弱焉. 獨戰則不能, 有所附則無不重. 南附楚則楚重, 西附秦則秦重, 中附韓,魏 則韓,魏重. 且苟所附之國重, 此必使王重矣. 今夫齊王, 長 主也, 而自用也. 南攻楚五年, 稽積散. 西困秦三年, 民憔瘁, 士罷弊. 北與燕戰, 覆三軍, 獲二將. 而又以其餘兵南面而 擧五千乘之勁宋, 而包十二諸侯. 此其君之欲得也, 其民力 竭也, 安猶取哉? 且臣聞之, 數戰則民勞, 久師則兵弊."

王曰, "吾聞齊有清濟,濁河, 可以爲固, 有長城,鉅防, 足以 爲塞. 誠有之乎?"

對曰, "天時不與, 雖有清濟,濁河, 何足以爲固? 民力窮 弊, 雖有長城,鉅防, 何足以爲塞? 且異日也, 濟西不役, 所以 備趙也, 河北不師, 所以備燕也. 今濟西,河北, 盡以役矣, 封 內弊矣. 夫驕主必不好計, 而亡國之臣貪於財. 王誠能毋愛 寵子,母弟以爲質, 寶珠玉帛以事其左右, 彼且德燕而輕亡 宋, 則齊可亡已."

王曰, "吾終以子受命於天矣!"

曰, "內寇不與, 外敵不可距. 王自治其外, 臣自報其內, 此乃亡之之勢也."

{국역} 소진이 대답하였다.

"지금 천하의 戰國 7國 중에서 燕의 처지는 약합니다. 홀로 싸우는 것은 불가능하지만, 다른 나라와 함께 한다면 어느 나라이건 막중한 나라가 될 것입니다. (燕이) 남쪽으로 楚와 결합한다면, 楚는 막강한 나라가 되고, 서쪽으로 秦과 연합한다면 秦은 강대해지며, 중간에 韓이나 魏와 연합한다면, 韓과 魏는 중요한 나라가 될 것입니다. 그런 나라들이 중대한 나라가 되면 틀림없이 왕을 중시할 것입니다. 지금 齊王(閔王)은 강력한 군주(長主)이지만 자신만을 믿고 있습니다(自用也). (齊가) 남으로 楚를 침공하기 5년간에 나라의 비축은 바닥이 났습니다. 서쪽의 秦에게 시달리기 3년에[2267] 백성은 憔瘁(초췌)해졌고 士卒(사졸 : 병졸, 병사)도 피폐해졌습니다. (齊가) 北으로 燕과 싸우면서 三軍을 전멸시키고 장수 2명을 생포하였지만,[2268] 다시 그 남은 군사를 모아, 5천 乘을 동원할만한 강력한 宋을 공격하였고 12제후를 병합하였습니다.[2269] 이처럼 齊의 군왕은 얻으려는 것을 얻었지만 그 백성은 완전히 힘이 고갈되었으니, 어찌 무엇을 얻었다 하겠습니까? 그리고 臣이 알기로, 전쟁을 자주 벌이면 民力이 고갈되고, 계속되는 전투에 군사는 피폐해진다고 하였습니다."

燕王이 말했다.

"과인이 알기로, 齊에는 강물이 맑은 濟水(淸濟)와 혼탁한 河水(濁河)가 있어 견고한 방어가 되고, 또 긴 성곽(長城)이나, 큰 방어

2267 이는 前 298 - 296년간의 濟, 韓, 魏 3국의 군사가 함곡관을 침공한 전투이다.

2268 覆三軍 殺二將 - 이는 前 296년의 燕과 濟의 權(권)의 전투이다.

2269 十二諸侯 - 이는 淮水와 泗水(사수) 일대의 조그만 약소 후국을 병합한 것이다.

시설〔鉅防(거방)〕들이이 요새와 같다는데 정말 그러합니까?"

"天時가 따라주지 않는다면(不與), 비록 淸濟(청제)나 濁河(탁하)가 있다 하여도 어찌 견고하겠습니까? 民力이 다하고 피폐했다면, 長城이나 어마어마한 방어 시설이 있다한들 어찌 요새가 되겠습니까? 또 그전에(異日也), 濟水(濟州) 서쪽의 백성은 부역에 동원하지 않았는데, 이는 趙의 침공에 대비하기 위한 것이었고, 河水 북쪽의 백성을 군졸로 차출하지 않은 것은 燕에 대비하기 위한 조치였습니다. 그러나 지금은 濟西이건 河北이건 모두 동원하였고 전 지역이 피폐해졌습니다. 교만한 군주라면 장기 계책을 좋아하지 않고, 亡國之臣은 재물을 탐한다고 하였습니다. 대왕께서 총애하는 公子나 아우들은 사랑만 하지 마시고 이들을 제나라에 인질로 보낼 수 있고, 寶珠나 玉帛(옥백) 같은 재물을 (상대 국왕의) 측근에게 뿌릴 수 있다면 그런 자들은 燕을 고마워하면서 멸망한 宋처럼 경시할 것이니, 나라와 백성은 더욱 피폐하여져 齊는 스스로 멸망하게 할 것입니다."

燕王이 말했다.

"내가 죽는다면 그대가 천명을 받을 것이요!"

이에 소진이 말했다.

"내란과 불화로는 외적을 막을 수 없습니다.[2270] 王께서는 外交를 담당하시고, 臣은 적의 內部를 도모(움직이다)한다면, 적을 멸망시킬 형세를 만들 수 있을 것입니다."

2270 內寇不與, 外敵不可距 — 內寇(내구)는 內亂. 不與는 不和. 距는 拒는 막을 거.

450/ 燕王噲旣立

{原文} 燕王噲旣立, 蘇秦死於齊. 蘇秦之在燕也, 與其相子之爲婚, 而蘇代與子之交. 及蘇秦死, 而齊宣王復用蘇代.

燕噲三年, 與楚,三晉攻秦, 不勝而還. 子之相燕, 貴重主斷. 蘇代爲齊使於燕, 燕王問之曰, "齊宣王何如?"

對曰, "必不霸."

燕王曰, "何也?"

對曰, "不信其臣."

蘇代欲以激燕王以厚任子之也. 於是燕王大信子之. 子之因遺蘇代百金, 聽其所使.

鹿毛壽謂燕王曰, "不如以國讓子之. 人謂堯賢者, 以其讓天下於許由, 由必不受, 有讓天下之名, 實不失天下. 今王以國讓相子之, 子之必不敢受, 是王與堯同行也."

燕王因擧國屬子之, 子之大重.

燕王 噲(쾌)가 즉위한 뒤에,

{국역} 燕王 噲(쾌)가 즉위한 뒤에,[2271] 蘇秦은 齊에서 죽었다. 蘇秦

2271 燕王噲旣立 - 燕王 噲(쾌, 목구멍 쾌. ?-前 314年. 재위 前 320-316)는 燕易王의 子. 본 章은 〈燕世家〉의 문장을 인용하였으나 蘇秦 형제에 대한 언급이 많다.

이 燕에 머물던 시기에 소진과 연나라 相인 子之(자지)는 (자녀 간) 혼인을 하였고 (소진의 동생) 蘇代(소대)도 子之와 친교가 있었다. 蘇秦이 죽자, 齊 宣王(재위 前 319 – 301)은 다시 소대를 등용하였다.

燕王 噲(쾌)가 즉위한 3년에 楚와 三晉(韓, 魏, 趙) 등 네 나라와 함께 秦을 공격하였지만 이기지 못하고 돌아왔다. 子之(자지)가 燕의 相이 되면서 귀한 자리에서 정사를 독단하였다. 蘇代가 齊使로 燕에 오자, 燕王이 물었다.

"齊 宣王은 어떤 사람입니까?"

"패권을 잡으려 하지는 않을 것입니다."

"왜 그럴까요?"

"그는 신하를 믿지 못합니다."

蘇代는 그렇게 하여 燕王이 相인 子之를 충분히 신뢰케 하려고 하였다. 이에 연왕은 子之를 크게 신뢰했다. 子之는 이에 蘇代에게 百金을 주었고 소대의 말을 잘 따라주었다.

또한 같은 부류인 鹿毛壽(녹모수)가 燕王에게 말했다.

"子之에게 국권을 선양하는 것이 좋을 것입니다. 사람들이 堯(요)를 賢者라 하는 이유는, 요가 許由(허유)에게 선양하려 했으나 허유가 끝내 받지 않았지만, 그래도 (堯는) 천하를 양보하려 했다는 명분을 얻었고 실제 천하를 잃지도 않았습니다. 지금 王께서 나라를 相인 子之에게 선양하더라도, 子之는 틀림없이 감히 받을 수가 없을 것이니 왕께서는 堯와 같을 것입니다."

燕王은 이에 나라를 子之에게 선양하였고, 子之는 막강한 권력을 잡았다.

{原文} 或曰, "禹授益而以啓爲吏, 及老, 而以啓爲不足任天下, 傳之益也. 啓與支黨攻益而奪之天下, 是禹名傳天下於益, 其實令啓自取之. 今王言屬國子之, 而吏無非太子人者, 是名屬子之, 而太子用事."

王因收印自三百石吏而效之子之. 子之南面行王事, 而噲老不聽政, 顧爲臣, 國事皆決子之.

子之三年, 燕國大亂, 百姓恫怨. 將軍市被, 太子平謀, 將攻子之. 儲子謂齊宣王,

"因而仆之, 破燕必矣."

王因令人謂太子平曰, "寡人聞太子之義, 將廢私而立公, 飭君臣之義, 正父子之位. 寡人之國小, 不足先後. 雖然, 則唯太子所以令之."

太子因數黨聚衆, 將軍市被圍公宮, 攻子之, 不克. 將軍市被及百姓乃反攻太子平. 將軍市被死已殉, 國構難數月, 死者數萬衆, 燕人恫怨, 百姓離意.

孟軻謂齊宣王曰, "今伐燕, 此文,武之時, 不可失也."

王因令章子將五都之兵, 以因北地之衆以伐燕. 士卒不戰, 城門不閉, 燕王噲死. 齊大勝燕, 子之亡. 二年, 燕人立公子平, 是爲燕昭王.

{국역} 또 다른 자가 말했다.

"禹(우)는 益(익)에게 천하를 위임하고 (아들) 啓(계)는 관리에 임용했다가 늙게 되자, 啓(계)에게 천하를 맡기기 부족하다 생각하여 益(익)에 전위하였는데, 아들 啓와 그 일당이 益을 공격하여 천하를 탈취하였으니, 이는 禹가 명분은 益에게 선양하였지만 사실은 啓가 스스로 탈취했습니다. 지금 王께서 나라를 子之에게 인계하였으나 관리 중에 태자의 편에 서지 않은 자가 없습니다. 그래서 명분상 子之에게 선양했으나 실제로는 太子가 권력을 행사하고 있는 것입니다."

王은 이에 (秩祿 질록) 3百石 이상 관리의 인수를 걷어 子之에게 넘겨주었다. 이에 子之는 마치 南面한 듯 王權을 행사하였고, 燕噲(연쾌)는 늙었다 하여 정사를 보고 받지도 않았고, 신하처럼 생각되었으며, 모든 國事는 相인 子之가 결단하였다.

子之의 국정 3년에, 燕國은 크게 혼란하였고 백성은 크게 원망하였다.〔恫怨(통원)〕將軍인 市被(시피)와 太子인 (長男) 平이 모의하여 子之를 공격하였다. (齊의) 상국인 儲子(저자)란 사람이 齊 宣王에게 말했다.

"이 기회에 (燕) 子之를 엎어버리면〔仆, 扑(칠 복)과 同〕틀림없이 燕을 격파할 수 있습니다."

이에 齊王은 사람을 보내 (燕) 太子 平에게 말했다.

"寡人은 太子의 大義를 익히 들었는바, 廢私(폐사: 사사로움을 폐하다)하고 立公(공을 받들다)하며, 君臣의 義를 엄히 지키고, 父子의 지위를 바로 세우려 한다고 들었습니다. 과인의 나라가 작다지만 그래도 부족하나마 도와드릴 수 있습니다(先後). 그러나 오직 태자의 말씀만 따르겠습니다."

太子는 이에 자주 무리를 모았고 將軍인 市被(시피)는 公宮을 포위하고 (相인) 子之를 공격하였으나 이기지 못했다. 장군 시피 및 백성들은 도리어 태자 太子 平을 공격하였다. 장군 시피는 이미 죽었고 나라는 여러 달에 걸쳐 싸움에 휘말렸으며, 죽은 사람이 수만 명에 달하면서 백성은 원한에 사무쳐 백성들은 (나라를) 태자에게 배반하려 했다.

이에 孟軻(맹가, 孟子)가 齊 宣王에게 말했다.[2272]

"지금 燕을 정벌한다면, 이는 (周의) 文王 및 武王이 紂(주) 같은 폭군을 칠 때와 같으니 놓칠 수 없습니다."

齊 선왕은 章子(장자)에게 명하여 五都(5개의 大邑)의 군사를 거느리고 북쪽 지역의 백성과 함께 燕을 정벌케 하였다. (燕의) 士卒은 맞서 싸우지도, 성을 닫아놓지도 않았으며 燕王 噲(쾌)도 죽었다.[2273]

2272 孟軻謂齊宣王曰 -《孟子》에는 이와 관련한 구절이 없다. 孟子가 이런 일에 관여하여 齊王에게 정벌을 권유했을 리가 없다. 뒷날 후인이 추가했을 것이라는 주석이 있다. 孟子(名은 軻. 前 372 - 289, 軻는 수레의 굴대 가) - 鄒邑人(추읍인, 今 山東省 鄒城市), 子思의 弟子, 戰國 時期 儒家의 대표 인물. '亞聖'의 尊稱. 孔子와 합칭하여 '孔孟.'《史記 孟子荀卿列傳 十四》에 입전. 性善論을 주장, 仁政, 왕도 정치를 강조. 唐의 韓愈(한유)가 맹자를 아주 높게 평가했다. 孟子의 弟子 萬章(만장) 등이《孟子》를 저술. 孔子의 思想을 계승, 발양했다. 저서로《孟子》는 7篇〈梁惠王〉上, 下.〈公孫丑(공손추), 축이 아님〉上, 下.〈滕文公(등문공)〉上, 下.〈離婁(이루)〉上, 下.〈萬章〉上, 下.〈告子〉上, 下.〈盡心진심〉上, 下로 구성되었다. 총 261章, 34,685字. 外篇인〈性善〉,〈辯文〉,〈說孝經〉,〈爲正〉은 후인의 僞作이라 인정한다. 南宋의 朱熹(주희)는《論語》,《大學》,《中庸》,《孟子》를「四書」로 지칭하였다. 淸末까지《四書》는 科擧(과거)의 科目이었다.

2273 연왕 噲(쾌)는 七國의 가장 멍청한 군주(愚主)였다. 삼국시대 蜀漢의

齊는 燕에 대승하였고 子之도 죽었다. 그 2년 뒤에 燕人들이 公子 平(평 / 職이어야 한다)을 옹립하니,[2274] 이가 燕 昭王(소왕, 재위 前 311 – 279년)이다.

451/ 初蘇秦弟厲 ~

{原文} 初, 蘇秦弟厲因燕質子而求見齊王. 齊王怨蘇秦, 欲囚厲, 燕質子爲謝乃已, 遂委質爲臣. 燕相子之與蘇代婚, 而欲得燕權, 乃使蘇代持質子於齊. 齊使代報燕, 燕王噲問曰,

"齊王其伯也乎?"

曰, "不能."

曰, "何也?"

曰, "不信其臣."

於是燕王專任子之, 已而讓位, 燕大亂. 齊伐燕, 殺王噲,子之. 燕立昭王. 而蘇代,厲遂不敢入燕, 皆終歸齊, 齊善待之.

後主 劉禪(유선)보다 더 어리석은 것 같다. 그런 어리석은 군주한테는 꼭 간신이 달라붙게 되었다. 아마 이런 이치는 古今이 동일할 것이다.

2274 燕人立公子平 – 연왕 噲, 相인 子之, 太子 平(평)은 내란 중에 모두 죽었다. 《史記 六國年表》에 의하면, 이후 312년까지 그간 趙에 인질로 가 있던 왕자 職(직)이 귀국하자, 백성들이 옹립했고, 이가 昭王이다.

初에, 蘇秦의 동생 蘇厲(소려)가~

{국역} 그전에, 蘇秦의 동생 蘇厲(소려)가 燕의 왕자인 質子를 모시고 齊에 가서 齊王(閔王)을 알현하였다.[2275] 齊王은 蘇秦(소진)을 미워하였기에 소려를 억류하려 했지만 燕 質子(인질로 온 왕자)가 사죄하여 그만두었고, 나중에 소려 자신이 인질처럼 齊의 신하가 되었다.

　燕의 相인 子之(자지)는 蘇代(소대)와 혼인 관계가 있어, 燕의 권력을 장악하려고 소대가 燕의 인질을 데리고 齊에 다녀오게 했다. 齊에서는 소대에게 돌아가 연왕에게 보고하게 하였다. 연왕 噲(쾌)가 소대에게 물었다.

"齊王이 伯者(패자, 霸者)가 되려 하는가?"

"그럴 수 없을 것 같습니다."

"왜 그런가?"

"그 신하를 믿지 못합니다."

이에 燕王은 국정을 子之(자지)에게 전담케 하였다가, 얼마 뒤에 왕위까지 讓位(양위)하였으며 燕은 大亂에 빠졌다. 齊는 이를 틈타 燕을 공격하여 王 噲와 相 子之를 죽였다. 연에서는 昭王이 즉위했다. 소대와 소려는 결국 燕에 입국하지 못했고 모두 齊로 돌아가서, 제나라 신하가 되었으며 齊에서는 그들을 잘 대우하였다.

　2275 初, 蘇秦弟厲因燕質子而求見齊王 — 본 장은 《史記 蘇秦列傳》에 附會한 내용으로 蘇代, 蘇厲(소려)의 말 모두를 신뢰할 수 없다는 주석이 있다.

452/ 蘇代過魏,

{原文} 蘇代過魏, 魏爲燕執代. 齊使人謂魏王曰,

"齊請以宋封涇陽君, 秦不受. 秦非不利有齊而得宋地也, 不信齊王與蘇子也. 今齊,魏不和, 如此其甚, 則齊不欺秦. 秦信齊, 齊,秦合, 涇陽君有宋地, 非魏之利也. 故王不如東蘇子, 秦必疑而不信蘇子矣. 齊,秦不合, 天下無變, 伐齊之形成矣."

於是出蘇伐之宋, 宋善待之.

蘇代가 魏에 들리자,

{국역} 蘇代(소대)가 魏에 들리자,[2276] 魏에서는 燕을 위하여 소대를 억류하였다. 齊에서는 사람을 보내 魏王에게 말했다.

"齊가 宋地에 (秦의) 涇陽君(경양군, 昭襄王 同母弟)을 봉하려 했으나 秦은 받지 않았습니다. 이는 齊가 秦과 한편이 되어 宋을 차지한 것이 秦에 이롭지 않다고 생각하여 받지 않은 것이 아닙니다. 秦이 받지 않은 것은 齊王과 소대를 믿지 못하기 때문입니다. 지금 齊와 魏가 不合하는 정도가 이처럼 심하기에, 齊에서는 더 이상 秦을 속일 수가 없습니다. 秦은 이에 齊를 신뢰하고 齊와 秦이 결합하면서

2276 蘇代過魏 – 過는 단순한 通過하다의 뜻이 아닌, 방문하다. 찾아가다.
　　본 章은 〈魏策 一〉 300 蘇秦拘於魏 章과 겹쳤다.

경양군이 宋地를 차지한다면, 이는 魏에 유리한 것은 없습니다. 그러니 대왕께서는 소대를 다시 齊로 돌려보내면, 秦은 틀림없이 齊를 의심하며 소대를 믿지 못할 것입니다. 齊와 秦이 不合한다면, 天下는 변할 것이 없고, 秦이 齊를 공격하는 형세가 이뤄질 것입니다."

이에 魏에서는 소대를 풀어주어 宋에 가게 하니 宋에서도 소대를 우대하였다.

453/ 燕昭王收破燕後卽位

{原文} 燕昭王收破燕後卽位, 卑身厚幣, 以招賢者, 欲將以報讎. 故往見郭隗先生曰,

"齊因孤國之亂, 而襲破燕. 孤極知燕小力少, 敢問以國報讎者奈何?"

郭隗先生對曰,

"帝者與師處, 王者與友處, 霸者與臣處, 亡國與役處. 詘指而事之, 北面而受學, 則百己者至. 先趨而後息, 先問而後嘿, 則什己者至. 人趨己趨, 則若己者至. 馮几據杖, 眄視指使, 則廝役之人至. 若恣睢奮擊, 呴籍叱咄, 則徒隷之人至矣. 此古服道致士之法也. 王誠博選國中之賢者, 而朝其門下, 天下聞王朝其賢臣, 天下之士必趨於燕矣."

燕昭王이 부서진 燕을 수습하고 즉위하다.

{국역} 燕 昭王이 격파된 燕을 수습하고 즉위하였는데,[2277] 자신을 낮추고 후한 예물로 賢者를 초빙하며 (齊에 대한) 원수를 갚으려 했다(報讎). 그래서 (昭王은) 郭隗(곽외)[2278] 先生을 찾아 만나서 말했다.

"齊는 우리의 혼란을 틈타 습격하여 나라를(燕) 부수었습니다. 저는 우리가 소국이고 국력도 부족하여 복수할 힘이 모자라는 것을 잘 알고 있습니다. 그래서 賢士를 초빙하여 나라와 함께 先王의 치욕을 씻어내는 것이 저의 소원입니다. 나라를 위하여 복수하려면 어떻게 해야 합니까?'

郭隗(곽외) 선생이 대답하였다.

"제왕은 스승과 함께 거처하고, 王者는 벗과 함께, 霸者는 臣과 함께, 亡國者는 賤役(천역)에 종사하는 사람과 함께 생활한다고 하

2277 燕昭王收破燕後噲位 – 어리석은 燕王 噲(쾌)의 禪讓(선양) 소동은 齊의 침입과 내란으로 이어졌고, 前314년, 燕王 噲와 태자인 平, 相인 子之 등이 모두 피살되었다.《史記 六國年表》, 그리고 王의 空位 상태가 2년간 이어진다. 312년, 백성들은 연왕 쾌의 아들로 趙에 인질로 가 있던 왕자 職(직)을 왕으로 옹립한다. 원년은 前311년이다.(재위 前311 – 279년). 燕昭王은 재위 기간 중 장군 秦開(진개)가 東胡를 大破하였고 朝鮮 쪽으로도 영토를 확장하였다. 上將軍 樂毅(악의)는 주변 4국을 연합해서 五國이 齊를 정벌하여 齊의 영역 70여 성을 점령하고 莒(거)와 卽墨(즉묵)만을 남겨주는 등 燕國의 盛世를 이룩했다. 본 章의 요지는 소왕의 招賢이다. 招賢(현자를 초청하다)의 방법으로 스승 郭隗(곽외)의 千金買骨(천금매골: 천금을 주고 뼈를 산다는 말이며 간절히 인재를 구한다는 뜻이다)의 비유는 그야말로 天下之格言이라 아니할 수 없다.

2278 郭隗(곽외, 생졸년 미상. 隗는 험할 외, 郭隗) – 千金買骨의 주인공.

였습니다. 또 北面하여 스승에게 배우면 자신보다 백배 나은 사람이 (百己) 찾아온다고 하였습니다. 남보다 먼저 일하고, 남보다 나중에 쉬며(先趨而後息), 먼저 묻고 나중에 조용히 생각하면(先問而後嘿), 자신보다 열 배 나은 사람이(十己) 찾아온다고 하였습니다. 남이 일할 때 나도 일하면(人趨己趨), 자신과 같은 (수준의) 사람이 찾아옵니다. 안석에 기대앉아서, 막대기를 들고(馮几據杖) 눈을 부라리고 손가락으로 지시하면(眄視指使), 천한 사람들이 모여들 것입니다. 만약 방자하게 눈을 부라리고 화가 나 때리거나(恣睢奮擊), 발로 차거나 꾸짖기만 한다면〔呴籍叱咄(구적질돌)〕 노예 같은 자들만(徒隷之人) 곁에 있게 된다고 하였습니다. 이는 예로부터 道를 배우는 사람이(服道는 事道) 士人(선비)을 모으는 방법이라 하였습니다. 왕께서 진정으로 나라 안의 현자를 널리 모시려면 먼저 그 門下로 찾아가 뵈어야 합니다. 그러면 왕께서 賢臣을 모시려 한다고 천하가 알고, 천하의 인재들이 틀림없이 燕나라로 달려올 것입니다."

{原文} 昭王曰, "寡人將誰朝而可?"

郭隗先生曰,

"臣聞古之君人, 有以千金求千里馬者, 三年不能得. 涓人言於君曰, '請求之.' 君遣之. 三月得千里馬, 馬已死, 買其首五百金, 反以報君. 君大怒曰, '所求者生馬, 安事死馬而捐五百金?' 涓人對曰, '死馬且買之五百金, 況生馬乎? 天下必以王爲能市馬, 馬今至矣.' 於是不能期年, 千里之馬至者三. 今王誠欲致士, 先從隗始, 隗且見事, 況賢於隗者乎?

豈遠千里哉?"

　於是昭王爲隗築宮而師之. 樂毅自魏往, 鄒衍自齊往, 劇
辛自趙往, 士爭湊燕. 燕王弔死問生, 與百姓同其甘苦. 二
十八年, 燕國殷富, 士卒樂佚輕戰. 於是遂以樂毅爲上將軍,
與秦,楚,三晉合謀以伐齊. 齊兵敗, 閔王出走於外. 燕兵獨
追北入至臨淄, 盡取齊寶, 燒其宮室宗廟. 齊城之不下者,
唯獨莒,卽墨.

{국역} 昭王이 물었다.

　"寡人은 누구를 먼저 찾아뵈면 좋겠습니까?"

　곽외 선생이 말했다.

　"臣이 알기로, 옛날 어떤 군왕이 千金으로 천리마를 구하려 했지
만 3년이 지나도록 구하질 못했습니다. 어떤 涓人(연인, 하위 관직)이
그 군왕에게 '제가 천리마를 구해보겠습니다.' 라고 말하자, 그를 보
냈습니다. 3달이 지나 겨우 천리마를 찾았지만 이미 죽은 뒤라서,
죽은 천리마의 머리를 5백금에 사와서 왕에게 보고하였습니다.　군
왕이 대노하며 말했습니다. '살아 있는 말을 구해 와야지, 어찌 죽
은 말을 사는데 5백금을 버려야 하겠는가? [2279] 그러자 그 연인이 말
했습니다. '죽은 말도 5백금에 샀다면, 하물며 살아있는 말이라면?
세상 사람들은 틀림없이 왕이 천리마를 사려 한다는 것을 알고 지금
쯤 천리마가 오고 있을 것입니다.' 그리고서는 1년이 안 되어 천리

2279 원문 安事死馬而捐五百金? – 安은 어찌하여. 어찌? 의문사. 事는 쓰다
(用也). 捐은 버릴 연.

마가 3필이나 들어왔습니다. 지금 왕께서 뛰어난 인재를 부르고 싶다면 저 곽외부터 시작하십시오. 곽외도 등용되었는데, 저보다 뛰어난 사람이야? (그런 사람들이) 어찌 천리를 멀다고 생각하겠습니까?"

이에 昭王은 곽외를 위하여 새 집을 지어주고 스승으로 섬겼다. 이에 樂毅(악의)는 魏에서 왔고, 鄒衍(추연)은 齊에서, 劇辛(극신)은 趙에서 왔으니 인재들이 다투어 燕으로 모여들었다. 燕王은 死人에게 조의를 표하고 산 사람을 찾아 문안하며 백성과 함께 동고동락하였다. 그러하기 28년에, 燕國은 풍요롭고 부유하였으며 사졸들은 마음이 즐거우면서도 전투를 두려워하지 않았다. 이에 소왕은 마침내 樂毅(악의)를 上將軍으로 삼아 秦과 楚, 그리고 三晉(韓, 魏, 趙)과 함께 모의하여 齊를 정벌하였다. 齊兵은 패주하였고, 閔王은 도성 밖으로 도주하였다. 燕의 군사는 홀로 추격하여 북쪽으로는 臨淄(임치)에 들어가 齊의 보물을 모두 탈취했고 그 궁실과 종묘를 불태웠다. 齊의 城으로 함락되지 않은 곳은 오직 莒(거)[2280]와 卽墨(즉묵)[2281] 뿐이었다.

2280 莒(거) – 莒國(거국)은 己姓(기성) 前 431年 楚에게 멸망했다. 거국의 영토 대부분은 齊國이 점령했다. 莒(거)는, 今 山東省 동남부 日照市 관할 莒縣.

2281 卽墨(즉묵) – 漢代 膠東國(교동국)의 치소. 今 山東省 淸島市 관할 平度市.

454/ 齊伐宋宋急

{原文} 齊伐宋, 宋急. 蘇代乃遺燕昭王書曰,

「夫列在萬乘, 而寄質於齊, 名卑而權輕. 奉齊助之伐宋,
民勞而實費. 破宋, 殘楚淮北, 肥大齊, 讎强而國弱也. 此三
者, 皆國之大敗也, 而足下行之, 將欲以除害取信於齊也.
而齊未加信於足下, 而忌燕也愈甚矣. 然則足下之事齊也,
失所爲矣. 夫民勞而實費, 又無尺寸之功, 破宋肥讎, 而世
負其禍矣. 足下以宋加淮北, 强萬乘之國也, 而齊並之, 是
益一齊也. 北夷方七百里, 加之以魯,衛, 此所謂强萬乘之國
也, 而齊並之, 是益二齊也. 夫一齊之强, 而燕猶不能支也,
今乃以三齊臨燕, 其禍必大矣. 雖然, 臣聞知者之舉事也,
轉禍而爲福, 因敗而成功者也. 齊人紫敗素也, 而賈十倍.
越王勾踐棲於會稽, 而後殘吳霸天下. 此皆轉禍而爲福, 因
敗而爲功者也. 今王若欲轉禍而爲福, 因敗而爲功乎? 則莫
如遙伯齊而厚尊之, 使使盟於周室, 盡焚天下之秦符, 約曰
'夫上計破秦, 其次長賓之秦.' 秦挾賓客以待破, 秦王必患
之. 秦五世以結諸侯, 今爲齊下. 秦王之志, 苟得窮齊, 不憚
以一國都爲功. 然而王何不使布衣之人, 以窮齊之說說秦,
謂秦王曰, '燕,趙破宋肥齊尊齊而爲之下者, 燕,趙非利之
也. 弗利而勢爲之者, 何也? 以不信秦王也.'」

齊가 宋을 정벌하자 宋은 위급했다.

{국역} 齊가 宋을 정벌하자 宋은 위급한 상황이었다.[2282] 이에 蘇代
(소대)는 燕 昭王에게 서신을 보내 말했다.

「(燕은) 같은 萬乘之國으로 齊에 인질을 보냈으니 명성도 낮아졌
고 권한도 경미해졌습니다. 齊의 뜻에 따라 宋 정벌을 돕는 것은 백
성을 지치게 만들고 비용만 들어갑니다. 宋이 격파되면, 楚의 淮水
(회수) 북쪽 땅도 피폐하게 되어 齊만 肥大하게 되니, 곧 원수는 막강
해지고 燕나라는 약해집니다. 이런 3가지는 모두 (燕) 나라의 패착
인데, 지금 足下께서는 이를 실천하여 齊의 해악을 제거하고 齊의
신임을 얻으려 하지만, 齊는 足下를 더 신임하지도 않고 燕에 대한
기피는 더욱 심해질 것입니다. 그러니 足下께서 齊를 섬기는 일은
잘못된 일입니다. 백성을 피폐케 하고 비용만 들어가면서 나라에 한
자나 한 치의 도움도 안 되며, 宋은 격파되고 원수는 더욱 강대해진
다면 후손 대대로 재앙을 떠안게 될 것입니다. 足下께서 (만일) 宋을
차지하고 淮水 북쪽을 차지한다면, 燕은 강력한 만승의 나라가 되어
齊와 나란하게 되지만, 齊가 이를 차지한다면 (燕에게는) 또 하나의

2282 齊伐宋, 宋急 - 본 章은 蘇代의 글로 기록되었지만 정확한 작자는 미상
    이며, 서신의 내용도 사실과 많이 다르다는 주석이 있다. 宋國은 周朝
    의 諸侯國이었다. 國君은 子姓, 영역은, 今 河南省 동부 商丘市와 安徽
    省 淮北市 一帶였다. 이는 周에 멸망당한 商의 후손을 봉한 나라라서
    처음부터 무시당했던 나라였다. 각종 우화에서 宋나라 사람은 우둔한
    사람으로 묘사되는 경우가 많았다. 그러나 실제로는 中原의 요충지이
    고 교통의 요지라서 富商과 巨富들이 모여들었고, 宋人은 經商에 뛰어
    났었다. 前 286년에, 宋國은 齊에 합병 소멸했다.

齊가 보태지는 것입니다. (齊 桓公이 정벌한) 北夷[山戎(산융)]의 땅 7백 리에 (齊의 위협을 받는) 魯와 衛가 가세할 경우 이 또는 만승의 나라가 되는데, 이들이 齊와 한편이 된다면 이 또한 세 번째 齊가 될 것입니다. 齊 하나만으로도 강하여 燕이 감당할 수 없는데 3개의 齊가 燕을 에워싼다면 그 재앙은 정말 클 것입니다. 비록 그렇다 하지만 臣이 알기로, 知者란 일을 처리하며 轉禍(전화)하여 爲福(위복)하고 실패를 딛고 성공하는(因敗成功) 자입니다. 齊人은 흰색을 싫어하기에 거기에 紫色(자색)을 물들이면 가격이 10배가 됩니다. 越王 勾踐(구천)이 (吳에 패전하고) 會稽(회계)에 살았지만, 나중에는 吳를 격파하고 천하의 패권을 장악하였습니다. 이 모두는 전화위복(화를 돌려 복을 만든다)이며 실패를 딛고 성공한 사례입니다. 지금 王께서도 이처럼 轉禍爲福하고 因敗城功하시겠습니까? 그렇다면 먼저 멀리 齊의 패권을 인정하고 높이 받들면서 사신을 周에 보내 천하가 秦과 맺은 조약을 모두 불살라버리십시오. 그리고 새로이 제후들과 '上計는 破秦(진나라를 격파하다)이고 차선의 방책은 秦을 배제하기라.'고 맹약하십시오. 그러면 秦은 여러 빈객과 함께 격파 당할 날을 기다리게 되니 秦王(昭王)은 틀림없이 걱정하게 될 것입니다.[2283] 秦은 五代 이전부터 諸侯와 결합하였지만 지금은 齊의 아래에 있습니다.[2284] 秦王의 의지는 齊를 궁지에 몰아넣는 것이기에, 나라의 큰 城이라도 아까워하지 않고 내줄 것입니다. 그러하니 왕께서는 布衣라도 유능한 사람을(辯士) 골라 秦에 보내 齊를 궁지에 몰 방책으로

2283 원문 秦王必患之 – 논리의 비약이고, 空想이 지나치다고 아니할 수 없다.

2284 今爲齊下 – 秦이 동쪽의 齊보다 외교적 군사적으로 열세였던 적이 없었다. 현실 인식이 잘못되었다.

왜 秦王을 설득시키지 않으십니까? 곧 秦王에게 말하십시오.

　'燕과 趙가 宋을 격파하여 비대해지는 齊를 받들면서 그 아래에서 섬기는 것은 燕과 趙에 아무런 이득도 없습니다. 이득이 아니지만 형세에 따라 그렇게 하는 까닭은 무엇이겠습니까? 모두가 秦王을 못 믿기 때문입니다.'」

{原文}「今王何不使可以信者接收燕,趙. 今涇陽君若高陵君先於燕,趙, 秦有變, 因以爲質, 則燕,趙信秦矣. 秦爲西帝, 趙爲中帝, 燕爲北帝, 立爲三帝而以令諸侯. 韓,魏不聽, 則秦伐之. 齊不聽, 則燕,趙伐之. 天下孰敢不聽? 天下服聽, 因驅韓,魏以攻齊, 曰, 必反宋地, 而歸楚之淮北. 夫反宋地, 歸楚之淮北, 燕,趙之所同利也. 並立三帝, 燕,趙之所同願也. 夫實得所利, 名得所願, 則燕,趙之棄齊也, 猶釋弊躧. 今王之不收燕,趙, 則齊伯必成矣. 諸侯戴齊, 而王獨弗從也, 是國伐也. 諸侯戴齊, 而王從之, 是名卑也. 王不收燕,趙, 名卑而國危, 王收燕,趙, 名尊而國寧. 夫去尊寧而就卑危, 知者不爲也. 秦王聞若說也, 必如刺心則王何不務使知士以若此言說秦? 秦伐齊必矣. 夫取秦, 上交也, 伐齊, 正利也. 尊上交, 務正利, 聖王之事也.」

{국역}「지금 王께서는 왜 신뢰로 燕과 趙를 끌어들이지 않으십니까? 지금 (秦 昭王의 同母弟인) 涇陽君(경양군)과 高陵君(고릉군)을 먼저 燕과 趙에 보낸다면, 곧 秦의 태도 변화이니, 인질을 받은 燕과

趙는 秦을 신뢰할 것입니다.[2285] 그렇게 되면 秦은 西帝가, 趙는 中帝이고, 燕은 北帝가 되어 三帝가 제후들을 호령할 수 있을 것입니다. 韓과 魏가 따르지 않는다면, 곧 秦이 그들을 정벌하면 됩니다. 齊가 不聽한다면 燕과 趙가 정벌합니다. 그렇다면 천하의 누군가가 따르지 않겠습니까? 천하는 이를 恩德이라 생각할 것입니다. 동시에 韓과 魏를 몰아세워 齊를 공격하게 하면서 필히 宋의 땅을 돌려주고 楚의 淮水(회수) 이북의 땅을 반환하라고 명령하십시오. 宋地와 반환된 회수 이북의 땅은 燕과 趙에게 공동의 이득이 될 것입니다. 그리고 (秦, 趙, 燕) 三帝의 병립은 燕과 趙의 공동 소원입니다. 실질적인 이득을 공동으로 차지하고 원하는 명분을 얻을 수 있다면, 燕과 趙가 齊를 차버리는 것은 마치 헌 짚신을 버리는 것과 같을 것입니다.[2286] 지금 秦王께서 燕과 趙를 포용하지 않는다면 齊의 패권은 틀림없이 성취될 것입니다. 諸侯가 齊의 편에 서는데, 진왕께서만 홀로 따르지 않는다면 나라가 정벌 당하게 됩니다. 제후들이 齊의 편에 선다고 대왕께서 따른다면, 이는 명예가 깎이는 것입니다. 王께서 燕과 趙를 포용하지 않으니 명예가 낮아지고 나라가 위태로워집니다. 왕께서 燕과 趙를 포용한다면, 名尊(명예를 높이다)하고 나라가 평안합니다. 尊重과 安寧을 버리고 卑下(비하)와 危急을 선택하는 일을 知者는 하지 않을 것입니다.

(이렇게 설득하여) 秦王이 듣는다면 틀림없이 마음에 찔리는 것

2285 사실 당시의 형세로 秦이 그러할 이유나 가능성은 전혀 없었다. 그저 說客의 假定이었다.

2286 猶釋弊屣 — 猶는 같을 유. 釋은 풀 석. 벗다. 弊는 해질 폐. 屣는 짚신 사(革履).

이 있을 것이니, 王께서는(燕 昭王) 왜 빨리 똑똑한 士人을 골라 진왕을 설득하지 않으십니까? 秦은 필히 齊를 정벌할 것입니다. 秦과 외교는 가장 중요한 上交입니다. 그리고 伐齊(제나라를 치다)는 정당한 이득입니다. 上交(최선을 위해 힘쓰다)를 따르고, 정당한 이득을 얻으려 힘쓰는 것은 聖王의 事業입니다.」

{原文} 燕昭王善其書, 曰, "先人嘗有德蘇氏, 子之之亂, 而蘇氏去燕. 燕欲報仇於齊, 非蘇氏莫可."

乃召蘇氏, 復善待之. 與謀伐齊, 竟破齊, 閔王出走.

{국역} 燕 昭王은 (蘇代의) 서신을 옳다고 생각하며 말했다.

"先王도 蘇氏 형제의 덕을 많이 입었는데 子之(자지)의 亂에, 蘇氏가 燕을 떠나갔다. 燕이 齊에 복수하려 한다면 蘇氏가 없으면 안 될 것이다."

그리고는 蘇氏를 불러들여 다시 우대하였다. 昭王은 함께 齊 정벌을 도모하였고, 결국 齊를 격파하자 齊 閔王은 도성을 떠나 도주하였다.

455/ 蘇秦謂燕昭王

{原文} 蘇秦謂燕昭王曰,

"今有人於此, 孝如曾參,孝己, 信如尾生高, 廉如鮑焦,史鮑, 兼此三行以事王, 奚如?"

王曰,"如是足矣."

對曰,"足下以爲足, 則臣不事足下矣. 臣且處無爲之事, 歸耕乎周之上地, 耕而食之, 織而衣之."

王曰,"何故也?"

對曰,"孝如曾參,孝己, 則不過養其親耳. 信如尾生高, 則不過不欺人耳. 廉如鮑焦,史鰌, 則不過不竊人之財耳. 今臣爲進取者也. 臣以爲廉不與身俱達, 義不與生俱立. 仁義者, 自完之道也, 非進取之術也."

王曰,"自憂不足乎?"

蘇秦이 燕 昭王에게 말했다.

{국역} 蘇秦(소진)이 燕 昭王(소왕)에게 말했다.[2287]

"여기 지금 한 사람이 있는데 효도는 曾參(증삼)이나 孝己(효기)[2288]와 같고, 信義는 尾生高(微生高)와 같으며, 염치(청렴)는 鮑焦(포

2287 원문 蘇秦謂燕昭王曰 - 이는 앞서 나온 **445** 人有惡蘇秦於燕王者 장과 내용과 거의 같다. 一事兩傳일 것이다.

2288 孝己(효기,祖己. 생졸년 미상) - 殷王 高宗 戊丁(무정)의 嫡長子(적장자). 苦孝(고효)로 알려졌다. 효기는 모친이 일찍 돌아가셨는데, 事親하며 하룻밤에도 다섯 번을 일어나 부친의 옷이나 잠자리를 살폈다고 한다. 그러나 고종은 후처의 말에 현혹되어 효기를 방출하여 야외에서 죽게

초)²²⁸⁹나 史鰌(사추)²²⁹⁰와 같은데, 이런 3인을 합친 것 같은 사람이
대왕을 섬긴다면 어떻겠습니까?(奚如)”

소왕이 말했다. “그와 같다면 충분할 것이요.”

“足下(여기서는 王)께서는 만족하시겠지만 저로서는 왕을 섬기
지 못할 것입니다. 또 (그리해야 한다면) 臣은 아무 할 일도 없을 것
이니, 고향 周(東, 西周)에 귀향하여 농사를 지어 먹고 길쌈을 하여
옷을 입어야 할 것입니다.”

“왜 그러한가?”

“증삼이나 효기처럼 효도해야 한다면 봉양할 양친을 떠날 수가
없습니다. 尾生高(미생고)와 같은 신의라면 남을 속일 수도 없습니
다. 포초나 사추와 같은 염치와 결백이라면 남의 재물을 훔칠 수도
없습니다. 지금 臣은 적극적으로 나아가며 일을 해야 할 사람입니
다. 臣이 염치를 지켜야 한다면, 一身이 顯達(현달)할 수 없으며 의리
와 생명은 함께 존립할 수 없다고 생각합니다. 仁義란 자신을 완성
하려는 道(自完之道)이지, 진취적인 術數가 아닙니다.”

“자신의 완성(또는 自善)으로는 부족하다는 말인가?”

하였다.

2289 鮑焦(포초) – 鮑가 姓. 焦가 이름. 樵와 通. 周의 지조 있는 士人. 隱士.
　　도토리를 주워 먹고 살면서 제후와도 교제하지 않고 왕을 섬기지도 않
　　았고, 자식도 없는 청렴한 사람으로 나무를 껴안고 죽었다.《莊子 盜
　　跖(도척)》에 보인다.

2290 史鰌(사추. 史魚. 생졸년 미상. 字는 子魚. 鰌는 미꾸라지 초) – 春秋時期 衛國
　　大夫.《論語 衛靈公》에 보인다.「子曰, “直哉史魚! 邦有道, 如矢, 邦无
　　道, 如矢. 君子哉蘧伯玉! 邦有道, 則仕. 邦无道, 則可卷而怀之.”」

{原文} 對曰, "以自憂爲足, 則秦不出殽塞, 齊不出營丘, 楚不出疏章. 三王代位, 五伯改政, 皆以不自憂故也. 若自憂而足, 則臣亦之周負籠耳, 何爲煩大王之廷耶? 昔者楚取章武, 諸侯北面而朝. 秦取西山, 諸侯西面而朝. 曩者使燕毋去周室之上, 則諸侯不爲別馬而朝矣. 臣聞之, 善爲事者, 先量其國之大小, 而揆其兵之强弱, 故功可成, 而名可立也. 不能爲事者, 不先量其國之大小, 不揆其兵之? 弱, 故功不可成而名不可立也. 今王有東嚮伐齊之心, 而愚臣知之."

王曰, "子何以知之?"

對曰, "矜戟砥劍, 登丘東嚮而歎, 是以愚臣知之. 今夫烏獲擧千鈞之重, 行年八十, 而求扶持. 故齊雖强國也, 西勞於宋, 南罷於楚, 則齊軍可敗, 而河間可取."

燕王曰, "善. 吾請拜子爲上卿, 奉子車百乘, 子以此爲寡人東游於齊, 何如?"

對曰, "足下以愛之故與, 則何不與愛子與諸舅, 叔父, 負床之孫, 不得, 而乃以與無能之臣, 何也? 王之論臣, 何如人哉? 今臣之所以事足下者, 忠信也. 恐以忠信之故, 見罪於左右."

{국역} "자신에 대한 걱정으로(自憂) 만족한다면 秦은 殽山(효산)의 요새 밖으로 진출하지 않았을 것이며, 齊는 (최초 도읍) 營丘(영구)를 벗어날 수 없었으며, 楚에서는 疏章(소장, 지명 미상)을 벗어나지

못해야 합니다. 三王이 교대하여 즉위하거나 五伯(오패, 五霸)가 정치를 달리했던 것은 모두 자기만족이 아니었기 때문입니다. 만약 자신에 충실하고 만족해야 한다면, 臣 역시 周에서 대바구니(竹籠)를 짊어지고 다녀야 하지, 어찌 대왕의 조정에 서서 걱정을 하겠습니까? 옛날에 楚가 章武(장무)의 땅을 차지하자, 제후들은 北面하고 朝賀(조하: 받들다)하였습니다. 秦이 西山의 땅을 점거하자, 역시 제후들은 西面하여 조하하였습니다. 옛날에(曩者) 燕으로 하여금 周室에서 정해준 땅을 떠나지 않게 지켜주었더라면 諸侯들은 수레를 몰아 다른 나라에 입조하지 않아도 되었을 것입니다. 臣이 알기로, 일을 잘하는 사람은(善爲事者) 먼저 그 나라의 大小를 헤아리고, 그 병력의 강약을 가늠하고서 일을 처리하기에 功을 성취하고 명성을 날릴 수 있습니다. 일을 잘하지 못하는 사람은, 먼저 나라의 대소나 병력의 강약을 생각하지 않기 때문에 성공할 수도, 또 이름을 날릴 수도 없는 것입니다. 지금 대왕께서 동으로 나아가 齊를 정벌하고 싶은 마음은 어리석은 臣도 알고 있습니다."

"그대가 어떻게 알았는가?"

"자루에 창날을 꽂고〔矜戟(궁극)〕(숫돌에) 칼을 갈고〔砥劍(지검)〕언덕에 올라 동쪽을 바라보며 탄식하시니 臣도 알게 되었습니다. (장사) 烏獲(오획)은 1千 鈞(균)의 물건을 들어 올릴 수 있지만, 그가 나이 80이라면 남의 부축을 받아야 합니다. 齊가 비록 강대국이라지만 서쪽으로 宋과 싸워 지쳤고, 남쪽으로 楚에 시달렸으니, 지금 제를 치시면 齊軍을 격파할 수 있으며 河間(하간) 일대의 땅을 우리가 취할 수 있습니다."

燕王이 말했다.

"좋은 말이요. 과인은 당신을 上卿에 임명하고 그대에게 수레 1 백승을 준비해줄 것이니, 그대는 과인을 위하여 동쪽으로 齊에 유세할 수 있겠소? 어찌하겠소?"

"足下께서 저를 총애하여 그렇게 하시는 것입니까? 총애하기로 따지면 아들이나 여러 외척, 叔父, 나이 어린 손자(負床之孫)에게 맡길 수 있는데, 臣에게 맡기는 것은 무슨 까닭입니까? 왕께서 신하를 평가하실 때, 저는 어떤 사람입니까? 지금 臣이 왕을 섬길 수 있는 것은 (왕에 대한) 忠과 信입니다. 그러나 忠과 信 때문에 臣은 王의 측근으로부터 죄를 덮어쓰게 될 것입니다."

{原文} 王曰, "安有爲人臣盡其力, 竭其能, 而得罪者乎?"

對曰, "臣請爲王譬. 昔周之上地嘗有之. 其丈夫官三年不歸, 其妻愛人. 其所愛者曰, '子之丈夫來, 則且奈何乎?' 其妻曰, '勿憂也, 吾已爲藥酒而待其來矣.' 已而其丈夫果來, 於是因令其妾酌藥酒而進之. 其妾知之, 半道而立. 慮曰, '吾以此飮吾主父, 則殺吾主父. 以此事告吾主父, 則逐吾主母. 與殺吾父, 逐吾主母者, 寧佯躓而覆之.' 於是因佯僵而仆之. 其妻曰, '爲子之遠行來之, 故爲美酒, 今妾奉而仆之.' 其丈夫不知, 縛其妾而笞之. 故妾所以笞者, 忠信也. 今臣爲足下使於齊, 恐忠信不諭於左右也. 臣聞之曰, 萬乘之主, 不制於人臣. 十乘之家, 不制於衆人. 疋夫徒步之士, 不制於妻妾. 而又況於當世之賢主乎? 臣請行矣, 願足下之無制於群臣也."

{국역} 王이 말했다.

"신하가 되어 온 힘과 능력을 모두 바쳐 일하는데, 왜 득죄한다고 말하는가?"

"제가 왕을 위하여 비유로 말씀드리겠습니다. 옛날 周의 땅에 있었던 일입니다. 어떤 장부가 관리로 나가 3년간 돌아오지 못했고 그 妻는 남을 사랑하였습니다. 아내의 애인이 '그대 남편이 돌아온다니 어찌해야 하는가?' 아내가 말했습니다. '걱정하지 마오. 내가 이미 약이 든 술을 준비하여 돌아오기를 기다리고 있습니다.' 얼마 뒤에 그 남편이 돌아오자, 여인은 (남편의) 첩을 시켜 藥酒를 따라 올리게 하였습니다. 그 첩은 이를 알고 있었기에 가다가 멈췄습니다. 생각하며 중얼거렸습니다. '내가 이를 내 主父에게 올리면, 나의 主父를 죽이게 된다. 이를 主父에게 알리면, 나의 主母가 쫓겨나게 된다. 내가 남을 죽이거나 쫓겨나게 할 수 없으니 차라리 거짓으로 넘어져 술을 쏟아버려야 한다.'[2291] 그리고는 일부러 넘어져 쏟아버렸습니다. 그 처가 말했습니다. '당신이 멀리 출행했다가 돌아오시기에 좋은 술을 준비하였는데 첩년이 올리다가 넘어졌습니다.' 그 남편은 알지 못하기에 첩을 결박하고 매질하였습니다. 첩이 매질을 당한 것은 그 忠과 信 때문이었습니다. 지금 제가 왕을 위하여 齊에 사신으로 가더라도, 저의 忠과 信이 왕의 측근에게 통하지 않을까 걱정이 됩니다. 臣이 알기로, 萬乘의 君主는 人臣에게 견제 당하지 않습니다. 十乘之家는 여러 사람의 말에 제약(간섭) 당하지 않습니다. 疋夫(필부)나 步卒(徒步)일지라도 처첩에게 꿀리지 않습니다. 그런

2291 寧佯躓而覆之 - 寧은 차라리 영. 佯은 거짓 양. 陽과 通. 躓는 넘어질 지.

데 當世의 현주이신 대왕께서 제약 당하시겠습니까? 臣이 다녀오겠습니다만, 대왕께서는 群臣에게 견제 당하지 않기를 바랍니다."

456/ 燕王謂蘇代

{原文} 燕王謂蘇代曰, "寡人甚不喜訑者言也."

蘇代對曰, "周地賤媒, 爲其兩譽也. 之男家曰女美, 之女家曰男富. 然而周之俗, 不自爲取妻. 且夫處女無媒, 老且不嫁. 舍媒而自衒, 弊而不售. 順而無敗, 售而不弊者, 唯媒而已矣. 且事非權不立, 非勢不成. 夫使人坐受成事者, 唯訑者耳."

王曰, "善矣."

燕王이 蘇代에게 말했다.

{국역} 燕王이 蘇代에게 말했다.[2292]

"寡人은 거짓말쟁이의 말을 가장 싫어한다."[2293]

2292 燕王謂蘇代曰 – 본 장은 구체적인 사실이 없는 내용이다. 소진의 '신의가 尾生 같더라도 거짓이 보태지지 않는다면 나라에 도움이 되지 않는다.'는 말에 맞춰 지어낸 글이라는 주석이 있다.

2293 寡人甚不喜訑者言也 – 訑는 으쓱거릴 이. 속이다. 欺也. 誕也.

蘇代가 대답하였다.

"周地에서는 중매쟁이를 천하게 여기는데, 그것은 양쪽 모두에게 칭찬만 하기 때문입니다. 男家에 가서는 여자가 미인이라 하고, 여자 집에 가서는 남자가 부자라고 말합니다. 그러나 周의 습속에 스스로 아내를 고르지 못합니다. 또 처녀는 중매를 거치지 않으면 늙도록 시집을 가지 못합니다. 중매쟁이를 제쳐 두고 자신을 팔려 하여도 성사가 되지 않아 팔지 못합니다. 순리를 따라 실패 없고 팔고도 손해를 보지 않는 것은 오직 중매뿐입니다. 또 어떤 경우라도 권력 없이는 성공할 수 없고, 형편(세력)에 따르지 않으면 이뤄지지 못합니다. 이렇듯 사람을 앉혀놓고도 일을 성공케 하는 것은 오직 (중매쟁이의) 거짓말뿐입니다."[2294]

王은 "맞는 말이요."라고 했다.

[2294] 이런 말은 正論이라 할 수 없을 것이다.

30.《戰國策》卷三十 燕策 二

457/ 秦召燕王

{原文} 秦召燕王, 燕王欲往. 蘇代約燕王曰,

"楚得枳而國亡, 齊得宋而國亡, 齊,楚不得以有枳,宋事秦者, 何也? 是則有功者, 秦之深讎也. 秦取天下, 非行義也, 暴也. 秦之行暴於天下, 正告楚曰, '蜀地之甲, 輕舟浮於汶, 乘夏水而下江, 五日而至郢. 漢中之甲, 乘舟出於巴, 乘夏水而下漢, 四日而至五渚. 寡人積甲宛, 東下隨, 知者不及謀, 勇者不及怒, 寡人如射隼矣. 王乃待天下之攻函谷, 不亦遠乎?' 王爲是之故, 十七年事秦. 秦正告韓曰, '我起乎少曲, 一日而斷太行. 我起乎宜陽而觸平陽, 二日而莫不盡繇. 我離兩周而觸鄭, 五日而國舉.' 韓氏以爲然, 故事秦."

秦에서 燕王을 소환하자,

{국역} 秦에서 燕王(昭王)을 부르자,[2295] 燕王은 (秦에) 들어가려 했다. 蘇代(소대)는 이를 제지하며(約은 止) 燕王에게 말했다.

"楚는 枳(지, 巴郡의 지명)를 되찾으려다가 나라가 망했고,[2296] 齊는 宋을 차지하고서는 나라가 망했습니다.[2297] 齊와 楚가 枳(지)와 宋(송)을 차지하지 못하고 秦을 섬긴 것은 무엇 때문이겠습니까? 이는 (是則) 땅을 차지하면(有功者) 秦의 큰 원수가(深讎) 되기 때문입니다. 秦이 천하를 차지하려는 것은 大義의 실천이 아니고 횡포입니다. 秦의 천하에 대한 폭거는 바로 楚에 대해서 이렇게 말한 것입니다. '蜀地의 (秦) 군사를 가벼운 배에 태워 汶水(문수)를 내려갈 경

2295 秦召燕王 – 본 章은《史記 蘇秦列傳》중 蘇代 부분의 기록이지만, 擬托(의탁)한 글로 史實이 아니라는 주석이 있다. 본문 중에 「楚得枳而國亡」이라 했는데, 楚의 멸망은 前 223년 燕王 喜(희) 말년, 곧 楚가 1년 먼저 망했을 뿐이다. 燕 昭王 재위(前 311 – 279)보다 먼먼 뒷날의 이야기이다.

2296 楚得枳而國亡 – 문장으로는 분명 '得枳하고서 國亡'이다. 그러나 史實은 잃었던 땅을 枳(지)를 되찾으려 했으나 실패하고 나중에 멸망하였다. 秦은 昭王 27년(前 280)에서 29년 사이(前 278년) 사이에 楚郡을 빼앗았다. 그런데 이 기간 중에(前 279) 燕 昭王이 죽었다. 다시 말하자면, 史實 관계를 전혀 무시하고 뒷날 지어내고 얽어맨 글이다. 枳(지)는 巴郡의 지명인데, 수 重慶市 涪陵區(부릉구)에 해당한다.

2297 齊得宋而國亡 – 前 286년에 宋國은 齊에 합병 소멸했다. 齊는 六國 중 가장 늦게 前 222년에 멸망했다. 燕 昭王 재위 중에 齊가 宋을 멸망시켰는데, 그런데 齊도 망했다는 말은 무슨 뜻인가? '亡'을 '실패했다'는 말로 바꿔 해석할 수는 없을 것이다.

우, 여름철 長江에 물이 불었을 때 5일이면 (楚의 이전 도읍) 郢(영)에 다다를 수 있다. 漢中(한중)의 군사는 배를 타고 巴郡(파군)에서 여름 강물을 타고 漢水(한수)[2298]를 내려가면 4일이면 五渚(오저, 하류 지역)에 도달할 수 있으며, 寡人이 군사를 (南陽의) 宛(완)에 주둔시켰다가 동쪽으로 隨(수, 지명) 땅을 공격하면 知者라도 대책을 세울 수 없고(不及謀), 勇者라도 분노할 사이가 없으며 그 재빠르기가 마치 사냥을 할 때 새매〔隼(준)〕를 풀어놓는 것과 같으리라. 그런데 楚王이 합종(天下)의 군사를 모아 函谷關(함곡관)을 공격하려 하니, (현실과) 동떨어지지 않았는가? 楚王은 이런 이유 때문에 17년간 秦을 섬겼습니다. 秦王은 또 韓에게 정식으로 경고하였습니다. '내가 (高平의) 少曲(소곡, 지명)에 군사를 출동케 하면 하루만에 太行山(태행산)[2299]을 넘을 수 있다. 내가 宜陽(의양, 지명)에서 기병하여 平陽(평양)을 건드리려면 이틀이면 모든 부역을(動員) 마칠 수 있다. 내가 兩周를 분리시켜 놓고 鄭(정) 땅을 치려고 하면 5일이면 나라를 다 차지할 수 있다.' 그래서 韓도 그렇다고 생각하여 秦을 섬긴 것입니다."

{原文} "秦正告魏曰, '我擧安邑, 塞女戟, 韓氏,太原卷. 我

2298 漢水(한수) - 漢江, 襄河로도 호칭한다. 長江의 최대 지류, 陝西省 秦嶺에서 발원, 武漢市에서 長江에 합류한다. 漢族, 漢王, 국호 漢도 모두 漢水와 연관이 있다.

2299 太行山 - 一名 五行山, 王母山, 女媧山, 或作 太形山. 中國 동부의 주요 산맥. 北京市, 河北省, 山西省, 河南省에 달하는 400여 km의 대산맥. 東周 列禦寇(열어구)가 말한 '愚公移山(우공이산: 우공이 산을 옮긴다는 말이며, 남 보기에는 미련스러운 일처럼 보이지만 한 가지 일을 끝까지 밀고 나가면 언젠가는 목적을 달성할 수 있다는 뜻이다)' 이 바로 이 산맥이다.

下枳, 道南陽,封,冀, 包兩周, 乘夏水, 浮輕舟, 强弩在前, 銛
戈在後, 決滎口, 魏無大梁. 決白馬之口, 魏無濟陽, 決宿胥
之口, 魏無虛,頓丘. 陸攻則擊河內, 水攻則滅大梁.’魏氏以
爲然, 故事秦. 秦欲攻安邑, 恐齊救之, 則以宋委於齊, 曰,
‘宋王無道, 爲木人以寫寡人, 射其面. 寡人地絶兵遠, 不能
攻也. 王苟能破宋有之, 寡人如自得之.’已得安邑, 塞女戟,
因以破宋爲齊罪. 秦欲攻齊(韓), 恐天下救之, 則以齊委於
天下曰,‘齊王四與寡人約, 四欺寡人, 必率天下以攻寡人者
三. 有齊無秦, 無齊有秦, 必伐之, 必亡之!’已得宜陽,少曲,
致藺,石, 因以破齊爲天下罪.”

{국역} “秦王은 정식으로 魏에 경고하였습니다. ‘내가 安邑(안읍)을
차지하며, 女戟(여극, 지명. 미상)을 막으면 韓과 (趙의) 太原(태원, 지
명)으로 통하는 길이 단절된다(卷은 斷絶). 내가 枳(지, 軹와 通)를 막
고, 南陽(남양), 封(봉), 冀(기)로 가는 길을 막아버리면서 兩周를 차지
한 뒤에, 여름철 불어난 물을 타고 가벼운 배에 군사를 태우고, 강궁
을 앞에, 작살이나 창을 가진 군졸을 뒤에 싣고서, 滎陽(형양)의 입구
에 물을 터서 방류한다면 魏는 大梁을 잃게 되고, 白馬의 입구 물을
터서 방류하면 魏는 濟陽(제양)을 잃게 되며, 宿胥(숙서)의 입구 물을
터서 방류한다면 魏는 虛(허)와 頓丘(돈구)를 가질 수 없다. 육로로
河內를 공격하고 水攻을 한다면 大梁을 차지하게 된다.’ 이러하기
에 魏도 그렇다고 생각하여 秦을 섬긴 것입니다. 그리고 秦이 安邑
을 공격하고 싶었지만, 齊의 구원이 걱정되어 齊의 宋의 침공을 묵

인하면서 말하였습니다. '宋王[名은 偃(언)]은 無道한데다가 나무로 과인의 인형을 만든 뒤에 활로 (인형의) 얼굴을 쏘았습니다. 과인이 (공격할 경우) 지역이 떨어졌고, 행군하기도 멀어 침공할 수 없습니다. 王께서 宋을 격파하고 차지한다면, 과인은 내가 차지한 듯 기쁠 것입니다.' (그런 뒤에, 秦은) 安邑(안읍)을 차지하였고 女戟(여극)을 단절시킨 뒤에, 宋(송)을 격파한 齊를 문책하였습니다. 秦은 齊를 공략하고 싶었지만 합종을 맺은 여러 나라(天下)가 齊를 구원할까 걱정하여, 천하의 여러 나라에 齊를 공략하여 줄 것을 부탁하며(委) 말했습니다. '齊王은 과인과 네 차례나 맹약하였지만, 네 번이나 寡人을 기만하였으며, 천하의 여러 나라를 긁어모아 과인을 공격한 일이 세 번이나 있었습니다. 齊가 있다면 秦이 없어야 하고, 齊가 없다면 秦이 생존할 것이니 必히 齊를 정벌하고 꼭 없애 주시오!' 그리고서 秦은 宜陽(의양)과 少曲(소곡)을 차지하고, 藺(인)과 離石(이석)을 차지한 뒤에는 齊를 격파한 천하의 여러 나라에 허물을 돌렸습니다."

{原文} "秦欲攻魏, 重楚, 則以南陽委於楚曰, '寡人固與韓且絶矣! 殘均陵, 塞鄳隘, 苟利於楚, 寡人如自有之.' 魏棄與國而合於秦, 因以塞鄳隘爲楚罪. 兵困於林中, 重燕, 趙, 以膠東委於燕, 以濟西委於趙. 趙得講於魏, 質公子延, 因犀首屬行而攻趙. 兵傷於離石, 遇敗於馬陵, 而重魏, 則以葉, 蔡委於魏. 已得講於趙, 則劫魏, 魏不爲割. 困則使太后, 穰侯爲和, 嬴則兼欺舅與母. 謫燕者曰, '以膠東.' 謫趙者曰, '以濟西.' 謫魏者曰, '以葉, 蔡.' 謫楚者曰, '以塞鄳

隘.' 謫齊者曰, '以宋.' 此必令其言如循環, 用兵如刺蜚繡,
母不能制, 舅不能約. 龍賈之戰, 岸門之戰, 封陸之戰, 高商
之戰, 趙莊之戰, 秦之所殺三晉之民數百萬. 今其生者, 皆
死秦之孤也. 西河之外, 上雒之地, 三川, 晉國之禍, 三晉之
半. 秦禍如此其大, 而燕, 趙之秦者, 皆以爭事秦說其主, 此
臣之所大患."

燕昭王不行, 蘇代復重於燕. 燕反約諸侯從親, 如蘇秦時,
或從或不, 而天下由此宗蘇氏之從約. 代, 厲皆以壽死, 名顯
諸侯.

{국역} "秦은 魏를 공략하고 싶었지만, 楚가 (배후를 공격할까) 걱
정하여(重) 南陽(남양)의 땅을 楚에 넘기면서(委於楚) 말했습니다.
'寡人은 정말로 韓과 단절할 것입니다! (楚가 隨州 西의) 均陵(균릉,
地名. 미상)을 점거하고, 鄳(맹)의 험애를 막아(塞) 楚에 이득이 된다
면, 寡人은 내가 차지한 듯 기쁠 것입니다.' 그리고서는 魏가 다른
동맹국을 버리고 秦에 연합하자 鄳(맹)의 험애한 길을 막았다고 楚
에 허물을 돌렸습니다. (秦의) 군사가 林中(임중, 地名)에서 막히게
되자 (秦은) 燕과 趙의 반격을 걱정하여(重) 膠東(교동, 齊地. 卽墨也)
을 燕에 내주고, 濟의 서쪽을 趙에 일임하였습니다. 그리고 나서 趙
가 魏와 강화하고 公子 延(연)을 인질로 보내자, 이때를 이용해서 犀
首(서수)를 시켜 서둘러 趙를 공격하였는데, (趙는) 離石(離石)에서,
그리고 또 馬陵(마릉)에서 연패하였습니다. (秦은) 魏를 걱정하여 葉
(섭)과 蔡(채)를 魏에 일임하였습니다. (秦은) 趙와 강화하고 魏를 겁

박하였지만, 魏에서는 땅을 할양하지 않았습니다. (秦은) 곤궁하면 太后나 穰侯(양후)를 시켜 강화하였고, 유리해지면〔贏(이가 남을 영)〕 외숙(舅, 穰侯)과 모친도 속였습니다. 燕을 문책할 때는(讁) '膠東 (교동) 때문'이라 했고, 趙에 대해서는 '濟의 서쪽 땅을 차지했기 때 문'이라 하였으며, 魏에 대해서는 '葉(섭)과 蔡(채)를', 楚에 대해서 는 '郿(맹)의 애로를 막았기에', 齊에 대해서는 '宋을 병합했기 때 문'이라 하였으니, (秦의) 핑계는 이처럼 계속 循環(순환)하였으며 (秦의) 用兵은 자수를 놓는 바늘처럼 빨라 그 모친도, 그 외숙도 그 어떤 약속도 할 수 없었습니다. (秦과 魏의) 龍賈(용가)의 전쟁(前 330년), (秦과 韓의) 岸門(안문)의 전쟁(前 314), (秦과 魏의) 封陸(봉 륙, 封陵)과 싸움(前 303년)이나 高商之戰(미상?), (秦과 趙가 싸워) 趙莊(조장)이 사로잡힌 싸움(前 313) 등에서 秦이 살육한 三晉의 백 성은 수백만입니다. 지금 그 나라에 살아있는 자들은 모두 秦에게 죽은 병졸의 유족들입니다. (魏의) 西河 서쪽의 땅과 上雒(상락 : 상양 과 낙수)의 땅이나, (韓의) 三川과 옛 晉國의 땅에서 재앙을 당한 땅 넓이는 옛 三晉의 절반에 해당합니다. 秦에게 당한 재앙이 이처럼 큰데도, 燕과 趙에서 秦의 편에 서는 자들은 秦을 섬겨야 한다고 그 주군을 설득하고 있으니, 臣은 이를 정말 크게 우려하고 있습니다."

燕 昭王은 소대의 말을 듣고 秦에 들어가지 않았고, 蘇代는 燕에 서 다시 重히 등용되었다. 연왕은 제후들의 뜻과 달리 합종을 체결 하려 했는데, 蘇秦 때처럼 어떤 나라는 합종하고, 어떤 나라는 참여 하지 않았지만, 천하는 이로부터 蘇氏의 합종 약속을 근간으로 삼았 다. 蘇代, 蘇厲(소려) 형제는 모두 천수를 누렸고 제후 사이에 이름을 날렸다.

458/ 蘇秦爲奉陽君~

{原文} 蘇秦爲奉陽君說燕於趙以伐齊, 奉陽君不聽. 乃入齊惡趙, 令齊絶於趙. 齊已絶於趙, 因之燕, 謂昭王曰,

"韓爲謂臣曰, '人告奉陽君曰, 使齊不信趙者, 蘇子也. 今齊王召蜀子使不伐宋, 蘇子也. 與齊王謀道取秦以謀趙者, 蘇子也. 令齊守趙之質子以甲者, 又蘇子也. 請告子以請齊, 果以守趙之質子以甲, 吾必守子以甲.' 其言惡矣. 雖然, 王勿患也. 臣故知入齊之有趙累也. 出爲之以成所欲, 臣死而齊大惡於趙, 臣猶生也. 今特臣非張孟談也, 使臣也如張孟談也, 齊,趙必有爲智伯者矣."

蘇秦이 奉陽君에게~

{국역} 蘇秦(소진)이 (趙의) 奉陽君(봉양군)에게[2300] 燕과 趙가 연합하여 齊를 정벌하자고 설득하였지만 奉陽君(李兌)은 따르지 않았다. 소진은 이에 入齊하여 趙에 대하여 악담하여 齊로 하여금 趙와 단교하게 하였고 이어 燕에 가서 (燕의) 昭王에게 말했다.

"(趙臣) 韓爲(한위, 韓徐爲)란 사람이 저에게 말하기를, '어떤 사람

[2300] 蘇秦爲奉陽君 - 蘇秦(소진)이 아니라 蘇代이어야 한다는 주석도 있다. (燕) 樂毅(악의)가 齊 공격 직전인 前 285년으로 추정한다. 奉陽君은 趙의 李兌(이태)이다. 本 章은 다음 장으로 이어진다.

이 (趙의) 奉陽君(李兌)에게 말했습니다. 齊로 하여금 趙를 불신하게 만든 사람이 蘇子(蘇秦)입니다. 齊王(閔王)이 (齊將) 蜀子(촉자)를 불러 宋을 공격하지 말라고 말하게 한 사람도 蘇子입니다. 齊王과 모의하여 秦을 끌어들여 趙를 공략하게 한 사람도 蘇子입니다. 齊에서 趙의 인질을 억류하며 군사로 지키게 한 것 역시 蘇子입니다. 告子(고자, 名은 不害)를 불러 물어보아도 조나라가 보낸 인질을 군사로 하여금 지키게 하라고 한 사람도 역시 蘇子일 것입니다.' 라고 악언을 하였습니다. 그렇지만 왕께서는 걱정하지 마십시오. 臣은 그래서 齊에 들어가자마자 (齊가) 趙를 싫어하는 것을 알았고, 趙를 나온 것도 그렇게 만들기 위해서입니다. 臣은 죽더라도 齊가 趙를 크게 미워한다는 사실을 안다면 마치 살아있는 듯 기쁠 것입니다. 지금 齊와 趙는 단교하였고 이미 크게 분열하였습니다. 臣은 지금 다만 張孟談(장맹담)²³⁰¹만은 못하지만, 저를 장맹담과 같이 대우해 준다면, 齊와 趙는 必히 智伯(지백)처럼 될 것입니다."

459/ 奉陽君告朱讙與趙足,

{原文}「奉陽君告朱讙與趙足曰,

"齊王公玉命兌曰, '必不反韓珉, 今召之矣. 必不任蘇子以事, 今封而相之. 令不合燕, 今以燕爲上交. 吾所恃者順

<hr>

2301 張孟談(장맹담) – 趙襄子의 家臣.

也, 今其言變有甚於其父, 順始與蘇子爲讎. 見之知無屬,
今賢之兩之, 已矣, 吾無齊矣!' 奉陽君之怒甚矣. 如齊王之
不信趙, 而小人奉陽君也, 因是而倍之. 不以今時大紛之,
解而復合, 則後不可柰何也. 故齊,趙之合苟可循也, 死不足
以爲臣患. 逃不足以爲臣恥, 爲諸侯, 不足以爲臣榮, 被髮
自漆爲厲, 不足以爲臣辱. 然而臣有患也, 臣死而齊,趙不
循, 惡交分於臣也, 而後相效, 是臣之患也. 若臣死而必相
攻也, 臣必勉之而求死焉. 堯,舜之賢而死, 禹,湯之知而死,
孟賁之勇而死, 烏獲之力而死, 生之物固有不死者乎? 在必
然之物以成所欲, 王何疑焉?」

奉陽君이 朱讙(주환)과 趙足(조적)에게 말했다.

{국역} 「(趙) 奉陽君(李兌)이 (趙臣) 朱讙(주환)과 趙足(조족)에게 말
했습니다.[2302]

"齊王(閔王)이 公玉(공옥, 齊人 姓名. 公玉帶, 公玉, 姓也)을 시켜 李兌
에게 '필히 韓珉(한민)을 돌아오지 못하게 하라고 시켰지만 이미 한

2302 奉陽君告朱讙與趙足 – 본 장은 蘇秦이 趙에 억류되었을 때, 燕 昭王에
게 올린 서신으로 前 289년의 일이라는 주석이 있다. 또 본 章을 앞 章
의 연속으로 소진이 연소왕에게 올린 글의 일부라 하여 「소진이 연 소
왕에게 말했다.」를 상정하고 번역한 판본도 있다. 본 장의 내용이 복
잡하고 서로 다른 글자도 있고 주석도 다르기에 줄거리나 요점 파악이
매우 어렵다.

민을 불러들였다. 蘇子를 등용하지 말라고 하였지만, 이미 相에 임용하였다. 燕과 연합하지 못하게 하였지만, 이미 燕과 좋은 관계(上交)를 맺고 있다. 내가 믿었던 바는 우리나라에 인질로 와 있는(齊公子) 順(순)인데, 그 사람 말이 뒤바뀌는 것은 그 부친보다 더 심하나 順과 蘇子는 서로 원수가 되었다. 서로 만난다 하여도 손해가 없을 것 같았는데, 지금은 두 사람이 서로를 칭찬하고 있다. 이제 나는 齊의 편이 아닙니다.'

奉陽君의 분노는 아주 심합니다. 만약 齊王이 趙를 믿을 수 없다는 것을 안다면, 봉양군은 소인이라고 매도한 것 때문에 齊를 배신할 것입니다. 지금 이때의 대 분란이 다시 화해하고 수습되지 않는다면 다음에 무슨 일이 어떻게 될지 모릅니다. 그래서 齊와 趙가 다시 화합하되 燕에게 협조적이라면 臣은 죽더라도 걱정하지 않을 것입니다. 또 어디로 쫓겨난다 하여도 부끄럽다 생각하지 않을 것입니다. 제가 제후가 된다 하여도 이를 영광으로 생각하지 않을 것이고, 머리를 散髮(산발: 풀어 헤치다)하고 옻칠을 하여 몹쓸 병을 앓아도 저는 辱(욕)이라 생각하지 않을 것입니다. 그렇지만 臣에게 걱정거리가 있으니, 臣이 죽어 齊와 趙가 (燕에) 따르지 아니하고 臣 때문에 세 나라 관계가 악화되는 것을 저는 걱정하고 있습니다. 만약 나중이라도 틀림없이 서로 공격하게 된다면, 臣은 이런 일이 없도록 하면서 죽음을 택할 것입니다. 堯와 舜은 현명했지만 죽었고, 禹(우)와 湯(탕)은 지혜로웠지만 역시 죽었으며, 孟賁(맹분)은 용감했어도 烏獲(오획)은 힘이 장사였지만 역시 죽었으니, 살아 있다면 어찌 죽지 않을 수 있겠습니까? 죽음은 모든 사람에게 필연인데, 원하는 바를 얻을 수 있다면 王께서는 무엇을 의심하시겠습니까?"」

{原文}「臣以爲不若逃而去之. 臣以韓,魏循自齊, 而爲之取秦, 深結趙以勁之. 如是則近於相攻. 臣雖爲之累燕, 奉陽君告朱讙曰,‘蘇子怒於燕王之不以吾故, 弗予相, 又不予卿也, 殆無燕矣.’其疑至於此, 故臣雖爲之不累燕, 又不辱王. 伊尹再逃湯而之桀, 再逃桀而之湯, 果與鳴條之戰, 而以湯爲天子. 伍子胥逃楚而之吳, 果與伯擧之戰, 而報其父之讎. 今臣逃而紛齊,趙, 殆可著於《春秋》. 且擧大事者, 孰不逃? 桓公之難, 管仲逃於魯, 陽虎之難, 孔子逃於衛, 張儀逃於楚, 白珪逃於秦. 望諸相中山也使趙, 趙劫之求地, 望諸攻關而出逃. 外孫之難, 薛公釋戴逃出於關, 三晉稱以爲士. 故擧大事, 逃不足以爲辱矣.」

卒絶齊於趙, 趙合於燕以攻齊, 敗之.

{국역}「臣은 (燕을 위하여) 도망하거나 (趙에서) 떠나는 것이 나을 것입니다. 臣은 韓과 魏을 거쳐 자연스레 齊로 가서 (燕을 위하여) 秦과 연합하여 趙와 관계를 개선하여 (燕을) 강하게 만들어야 합니다. 이와 같이 된다면 가까운 이웃나라를 서로 공격할 것입니다. 臣이 그간 燕에 누를 끼쳤을지 모르지만, 奉陽君이 朱讙(주환)에게 ‘蘇子가 燕王에게 노한 것은 나 때문이 아니고 相의 자리를 주지 않았고, 또 卿의 자리도 주지 않았으니 마음속으로 燕을 위할 생각이 없었던 것이다.’ 이런 말처럼 나를 의심하였지만 臣은 그런 자리 때문에 燕에 누를 끼쳤다거나, 또 王을 욕되게 하지도 않았습니다. (옛날) 伊尹(이윤)은 두 번이나 湯王을 떠나 桀王(걸왕)을 찾아갔고, 두

번 걸왕을 떠났다가 湯王에 돌아갔는데, 결국 鳴條(명조)의 전투에서 (승리하면서) 湯王을 天子가 되게 하였습니다. 伍子胥(오자서)는 楚에서 도망하여 吳로 망명했는데, 나중에 伯擧(백거)의 싸움에서 부친의 원수를 갚았습니다. 지금 臣이 燕을 떠나 齊나 趙를 분열케 한다면, 아마《春秋》에 기록될 수도 있을 것입니다.[2303] 또 大事를 성취한 자로서 도망치지 않은 자가 누구이겠습니까? 桓公이 망명 중일 때, 管仲(관중)은 魯(노)에 도망하였고, 陽虎(양호)의 난에 孔子는 衛(위로 피신하였으며,[2304] 張儀는 楚로 도피하였고, 白珪〔백규, 新城

2303 殆可著於《春秋》 – 殆는 위태로울 태. 거의. 여기《春秋》는 史書의 총칭.

2304 陽虎之難, 孔子逃於衛 – 陽虎(양호)의 字는 貨(화). 魯國 季氏의 家臣이었다. 계씨가 魯의 권력을 장악했을 때, 陽貨는 계씨 家內의 권력을 쥐고 있었다. 양화는 나중에 三桓(삼환)을 제거하려다가 실패하고 晉(진)으로 망명했다. 양화가 공자를 불러 만나려 했지만, 공자는 奸臣(간신) 양화의 평소 야망을 알기에 찾아가지 않았다. 그러자 양화는 공자가 없을 때를 틈타서 삶은 돼지를 예물로 보냈다. 공자는 예물을 받았기에 답례하지 않을 수 없었다. 공자도 양화가 집에 없는 틈을 타서 찾아가 禮를 표시하고 돌아오다가 하필 귀가 중인 양화와 만났다. 그러자 양호가 말했다. "가까이 오시오. 할 말이 있소!" 그리고 이어 말했다. "몸에 寶玉(才能)을 지니고서도 나라를 위해 일하지 않는다면 仁이라 할 수 있습니까?" 공자는 대꾸하지 않았다. "옳지 않습니다! 충분히 出仕할 수 있는데도 때를 자주 놓친다면 知(智)라고 할 수 있습니까?" 그래도 공자는 대답하지 않았다. "不可하겠지요. 세월은 흘러가나니, 세월은 나와 함께 하지 않습니다!" 이에 공자가 말했다. "알겠습니다. 앞으로 출사하겠습니다." 그러나 공자는 양화 아래 벼슬길에 나서지 않았다. 공자는 묵묵부답으로 버티다가 더 이상 듣고만 있을 수 없어 간단히 "곧 출사하겠다."며 양화의 체면을 세운 뒤 난처한 자리에서 벗어났다.

君. 芈戎(미융)]는 秦으로 옮겨간 적이 있었습니다. 그리고 望諸(망제)는 中山의 相이었을 때 趙에 사신으로 나갔는데, 趙에서 그를 겁박하며 땅을 요구했지만, 망제는 관문을 공격하고 도망하였습니다. (齊) 外孫의 난에서 薛公(설공, 맹상군 田文)은 수레의 물건을 모두 버리고 관문을 나와 도주하였는데, 三晉에서는 그를 걸출한 士人이라고 칭송하였습니다. 그러하니 큰일을 하는 사람에게 (일시적) 도망은 욕이 되지 않을 것입니다.」

　(蘇秦은) 마침내 齊와 趙의 관계를 단절시켰고, 趙는 燕과 연합하여 齊를 공격했으며, 齊를 대패시켰다.

460/ 蘇代爲燕說齊

{原文} 蘇代爲燕說齊, 未見齊王, 先說淳于髡曰,

"人有賣駿馬者, 比三旦立市, 人莫之知. 往見伯樂曰, '臣有駿馬, 欲賣之, 比三旦立於市, 人莫與言, 願子還而視之, 去而顧之, 臣請獻一朝之賈.' 伯樂乃還而視之, 去而顧之, 一旦而馬價十倍. 今臣欲以駿馬見於王, 莫爲臣先後者, 足下有意爲臣伯樂乎? 臣請獻白璧一雙, 黃金千鎰, 以爲馬

　　뒷날 공자가 각국을 주유할 때 匡(광)이란 곳에서 외모가 陽貨(陽虎)와 비슷하다 하여 匡人들에게 포위되어 곤욕을 치룬 적도 있었다.

食."

淳于髡曰, "謹聞命矣."

入言之王而見之, 齊王大說蘇子.

蘇代가 燕을 위해 齊에 유세하며

{국역} 蘇代(소대)가 燕을 위하여 齊에 유세할 때,[2305] 齊王(閔王)을
만나기 전에 우선 淳于髡(순우곤)[2306]을 찾아가 말했다.

"駿馬(준마)를 팔려고 하는 어떤 사람이 있었는데, 연 3일을 시장
에 서있었지만 알아보는 사람이 없었습니다. 그러자 이 사람은 伯樂
(백락)[2307]을 찾아가 말했습니다. '제게 준마가 있어 팔려고 연 3일을

2305 蘇代爲燕說齊 – 유명한 成語 伯樂一顧 馬價十倍라는 成語가 수록되었
다. 淳于髡(순우곤)과 蘇代는 60여 년의 차이가 있으니, 이는 후인의 의
탁이라는 주석이 있다.

2306 淳于髡(순우곤, 淳于는 복성. 髡은 머리 깎을 곤. ?前 386 – 310년) – 齊國 黃縣
(今 山東省 煙臺市 관할 龍口市) 출신. 稷下學派(직하학파)의 한 사람.
晏嬰(안영)을 추모한 사람. 政治家, 思想家. 滑稽(골계)와 多辯으로 유
명, 成語 '杯盤狼藉(배반낭자)', '樂極生悲(낙극생비)', '一鳴驚人(일명경
인)' 등 성어를 만든 사람. 辯論에 뛰어나 다른 나라에 사신으로 자주
나갔다. 《史記 滑稽列傳(골계열전)》에 立傳되었다.

2307 伯樂〔백락, ?前 680 – 610年, 原名 孫陽, 春秋 中期 郜國(고국, 今 山東省 菏澤市
부근)〕 출신. 秦國의 富國强兵策에 의거 말을 잘 길러 秦 穆公(목공)의
신임을 받아 伯樂將軍이 되었다. 相馬學의 著作인 《伯樂相馬經》을 저
술했다. 唐代 文豪 韓愈(한유)의 〈馬說〉의 名句 '世有伯樂, 然後有千里
馬라' – 이 名句는 재능을 알아줄만한 인물의 중요성을 언급했다. 懷才

시장에 서 있었지만 말을 걸어오는 사람도 없었습니다. 당신이 한 번 와서 말을 살펴보고 가신다면 제가 하루치 비용을(一朝之賈) 드리겠습니다.' 이에 백락이 그 말을 한 번 둘러보고(伯樂一顧) 돌아가자, 하루아침에(一旦) 말 값이 열 배나 뛰었습니다(馬價十倍). 지금 제가 駿馬(준마)로 왕을 뵙고자 하는데, 저를 안내해 줄 사람이 없으니(莫爲臣先後者) 귀하께서 저를 위하여 伯樂이 되어주시겠습니까? 제가 白璧 一雙〔백벽일쌍: 고리 모양의 흰 옥(玉) 한 쌍〕과 黃金 1千 鎰(일)을 말(馬)의 사료 값으로 드리고자 합니다."

순우곤이 말했다. "삼가 명을 따르겠습니다."

순우곤은 입궁하고 아뢰어 알현케 하였는데, 齊王은 蘇子를 크게 좋아하였다.

461/ 蘇代自齊使人,

{原文} 蘇代自齊使人謂燕昭王曰,

"臣間離齊,趙, 齊,趙已孤矣, 王何不出兵以攻齊? 臣請王弱之."

燕乃伐齊攻晉. 令人謂閔王曰,

"燕之攻齊也, 欲以復振古地也. 燕兵在晉而不進, 則是兵弱而計疑也. 王何不令蘇子將而應燕乎? 夫以蘇子之賢, 將

───────
不遇(회재불우)한 사람은 '伯樂不常有'라고 탄식한다.

而應弱燕, 燕破必矣. 燕破則趙不敢不聽, 是王破燕而服趙也."

閔王曰, "善." 乃謂蘇子曰,

"燕兵在晉, 今寡人發兵應之, 願子爲寡人爲之將."

對曰, "臣之於兵, 何足以當之, 王其改舉. 王使臣也, 是敗王之兵, 而以臣遺燕也. 戰不勝, 不可振也."

王曰, "行, 寡人知子矣."

蘇子遂將, 而與燕人戰於晉下, 齊軍敗. 燕得甲首二萬人. 蘇子收其餘兵, 以守陽城, 而報於閔王曰,

"王過舉, 令臣應燕. 今軍敗亡二萬人, 臣有斧質之罪, 請自歸於吏以戮."

閔王曰, "此寡人之過也, 子無以爲罪."

明日又使燕攻陽城及狸. 又使人謂閔王曰,

"日者齊不勝於晉下, 此非兵之過, 齊不幸而燕有天幸也. 今燕又攻陽城及狸, 是以天幸自爲功也. 王復使蘇子應之, 蘇子先敗王之兵, 其後必務以勝報王矣."

王曰, "善." 乃復使蘇子, 蘇子固辭, 王不聽. 遂將以與燕戰於陽城. 燕人大勝, 得首三萬. 齊君臣不親, 百姓離心. 燕因使樂毅大起兵伐齊, 破之.

蘇代가 齊에서 사람을 보내,

{국역} 蘇代가 齊에서 사람을 보내 燕 昭王에게 말했다.[2308]

"臣은 齊와 趙를 離間(이간)했고 齊와 趙는 상호 고립되었으니 왕께서는 出兵하여 齊를 왜 공격하지 않으십니까? 臣은 齊를 더 약화시키겠습니다."

燕은 齊 정벌에 나서면서 (齊의) 晉(진, 地名)을 공격하였다.[2309]

(소대가 보낸) 令人(영인, 使人)이 (齊) 閔王에게 말했다.

"燕이 齊를 침공한 것은 옛 땅을 수복하기 위한 것입니다. 그 燕兵이 晉(진)에 머물면서 진격하지 않는 것은 병력이 약하거나 작전 계책이 확실치 않은(計疑) 것입니다. 왕께서는 왜 蘇子(蘇代)를 장수로 삼아 燕에 응전하지 않으십니까? 현명한 蘇子라서 應戰하면서 燕을 약화시킬 것이고, 燕을 틀림없이 격파할 것입니다. 燕이 격파된다면 趙는 따라오지 않을 수 없으니, 이는 왕께서 燕을 격파하고 趙를 굴복케 하는 것입니다."

閔王이 말했다. "그렇다." 그리고는 소대를 불러 말했다.

"燕의 군사가 晉에 머물고 있는데, 寡人이 發兵하여 응전하려 하니 당신이 과인을 위하여 장수가 되어 주시오."

소대가 말했다.

"臣이 군사 업무를 어찌 감당할 수 있겠습니까? 왕께서는 다른 장

2308 蘇代自齊使人謂燕昭王曰 – 마지막 부분의 燕因使樂毅大起兵伐齊로 보아, 이는 燕 昭王 28년, 곧 前 284년의 일이다.

2309 燕乃伐齊攻晉 – 晉은 地名. 아래에 '晉下'라는 말이 보인다.

수를 등용하십시오.[2310] 대왕께서 저를 쓰신다면 왕의 군사를 망치게 되고, 그러면 臣을 燕으로 쫓아버리는 것입니다. 또 전투에서 승리하지 못한다면 士氣가 꺾일 것입니다."

그러자 齊王이 말했다.

"출동하시오. 과인은 당신을 알고 있소."

소대는 결국 장수가 되어 燕의 군사와 쯥(진) 근처에서 싸웠는데 齊軍이 패배하였다. 燕은 齊의 군사 2만 명을 죽였다. 소대는 남은 군사를 모아 陽城(양성)을 수비하면서 閔王에게 보고하였다.

"王께서 저를 잘못 등용하시고 저에게 燕에 응전케 하셨습니다. 이번에 패전하여 군사 2만을 잃었으니 臣은 도끼 처형에 해당하는 죄를 지었습니다. 관리를 보내 저를 죽여주시길 바랄 뿐입니다."

閔王이 말했다.

"이는 寡人의 잘못이니 그대의 죄라고 생각하지 말라."

明日에 (소대는) 다시 사람을 燕에 보내 陽城(양성)과 狸(이, 삶 이)를 공격하게 했다. 그리고 또 사람을 보내 閔王에게 말했다.

"일전에 齊軍은 쯥下(진하)에서 이기지 못했지만, 이는 齊의 不幸이었고 燕에는 天幸이었습니다. 지금 燕이 다시 陽城과 狸(이)를 공격하는데, 이는 하늘이 우리를 돕고 있는 것입니다. 王께서 다시 소대에게 응전을 허용하신다면, 소대는 앞서 패전을 극복하고 이번에는 틀림없이 승리하여 왕께 보답할 것입니다."

齊王은 "좋소." 하고 말하면서 다시 蘇子에게 즐병케 했고, 소대는 굳이 사양하였으나 王은 허락하지 않았다. 결국 군사를 거느리고

2310 王其改擧 – 별도로 他將을 등용하라는 말.

燕의 군사와 陽城에서 싸웠다. 燕의 군사는 大勝했고 3만여 명을 죽였다. 齊의 君臣은 서로 친화하지 못했고, 백성들의 마음은 떠나갔다. 燕은 이어 樂毅(악의)를 시켜 대군을 동원하여 齊를 정벌하여 격파하였다.

462/ 蘇代自齊獻書於燕王

{原文} 蘇代(秦)自齊獻書於燕王曰,

「臣之行也, 固知將有口事, 故獻御書而行, 曰, '臣貴於齊, 燕大夫將不信臣, 臣賤, 將輕臣, 臣用, 將多望於臣, 齊有不善, 將歸罪於臣, 天下不攻齊, 將曰善爲齊謀, 天下攻齊, 將與齊兼賣臣. 臣之所重處重卵也.' 王謂臣曰, '吾必不聽衆口與讒言, 吾信汝也, 猶剗刈者也. 上可以得用於齊, 次可以得信於下, 苟無死, 女無不爲也, 以女自信可也.' 與之言曰, '去燕之齊可也, 期於成事而已.' 臣受令以任齊, 及五年. 齊數出兵, 未嘗謀燕. 齊,趙之交, 一合一離, 燕王不與齊謀趙, 則與趙謀齊. 齊之信燕也, 至於虛北地行其兵. 今王信田伐與參,去疾之言, 且攻齊, 使齊犬馬賤而不言燕. 今王又使慶令臣曰, '吾欲用所善.' 王苟欲用之, 則臣請爲王事之. 王欲釋臣專任所善, 則臣請歸釋事. 臣苟得見, 則盈願.」

蘇代가 齊에서 燕王에게 헌서하여,

{국역} 蘇代(소대 / 蘇秦)가 齊에서 燕王에게 헌서하여 말했다.[2311]

「臣이 (燕에서) 떠나온 것에 대하여, 틀림없이 험담이 있을 것 같아[2312] 侍御使에게 글을 올리고 왔습니다만, 그 글에서 '臣이 齊에서 높은 자리에 오르면(貴) 燕의 大夫들은 臣을 신임하지 않을 것이고, 臣이 (齊에서) 미천한 지위에 있으면 臣을 경시할 것이며, 臣이 重用된다면 많은 사람들이 臣에게 기대를 가질 것이고, (臣이) 齊에서 나쁜 짓이라도 한다면 모든 허물은 臣에게 돌아오고, 天下가 齊를 공격하지 않는다면, 臣이 齊를 위해 지모를 다했다 말할 것이고, (합종한) 천하가 齊를 공격한다면, 齊에서는 臣을 팔아버리듯 버릴 것이니, 臣은 어찌되든 累卵(누란, 重卵)의 위기에 처할 것입니다.' 라고 하였습니다. 그러자 대왕께서는 臣에게 '나는 여러 사람의 말이나 참언을 듣지 않을 것이고 너를 믿을 것이며(吾信汝也) (참소하는 말을) 칼로 베어내듯 자를 것이다.[2313] 상책은 齊에서 등용되는 것이고, 다음은(次善) 아랫사람들의 신임을 받는 것이니, 그대가 죽을 일

2311 蘇代自齊獻書於燕王曰 – 본 장은 樂毅(악의)의 齊 침공 1년 전인 前 286년의 일로 알려졌다. 蘇代가 아닌 蘇秦이고 燕王의 의심을 해소하기 위한 글이라는 주석이 있다.

2312 원문 固知將有口事 – 口事는 참언. 참소하는 말.

2313 원문 猶劃刈者也 – 劃은 깎을 잔. 刈는 벨 예. 베어내다. 베어내듯 과감하게 결단(斬斷果決之意)내리다.

만 없다면 그대가 못할 일이 없을 것이며(女無不爲也), 그대가 믿는 대로 행동해도 좋다.' 고 하셨습니다. 그러면서 또 '燕을 떠나 齊에 가도 좋으니 무슨 일이든 성공하기를 기약하라.' 고 말씀하셨습니다. 臣은 (대왕의) 명을 받고 齊에 임용된 지 5년이 되었습니다. (그간) 齊는 자주 出兵하였지만 燕을 공격하지는 않았습니다. 齊와 趙의 외교는 수시로 연합했다가(一合) 수시로 분리되는(一離) 관계이니, 燕王께서는 齊와 한편이 되어 趙를 공격하거나 趙와 한편이 되어 齊를 도모할 계획을 생각하고 있습니다. 齊는 燕을 신뢰하기에 (齊의) 북쪽에는 군사를 비운 채 用兵하고 있습니다. 지금 (王께서는) 田伐(전벌)과 參(참), 그리고 去疾(거질) 같은 사람들의 말을 신뢰하며 齊를 공격하려 하시나, 齊에서 犬馬처럼 미천한 사람도 燕에 대해서는 입에 올리지 않습니다. 또 왕께서는 慶令(경령)을 臣에게 보내어 '과인이 좋아하는 사람을 등용하겠다.' 고 말씀하셨습니다. 王께서 굳이 등용하시겠다면, 臣은 그래도 왕을 위해 누구든 섬길 것입니다. 王께서 臣을 더 이상 쓰지 않고 좋은 사람을 임용하신다면, 臣은 즉시 돌아가 임무에서 벗어나고 싶습니다. 臣은 왕을 뵙고 싶을 뿐 이것이 제 소원의 전부입니다.」

463/ 陳翠合齊燕

{原文} 陳翠合齊, 燕, 將令燕王之弟爲質於齊, 燕王許諾. 太后聞之大怒曰,

"陳公不能爲人之國, 亦則已矣, 焉有離人子母者, 老婦欲得志焉."

陳翠欲見太后, 王曰, "太后方怒子, 子其待之."

陳翠曰, "無害也." 遂入見太后曰, "何臒也?"

太后曰, "賴得先王鴈鶩之餘食, 不宜臒. 臒者, 憂公子之且爲質於齊也."

陳翠曰, "人主之愛子也, 不如布衣之甚也. 非徒不愛子也, 又不愛丈夫子獨甚."

太后曰, "何也?"

對曰, "太后嫁女諸侯, 奉以千金, 齎地百里, 以爲人之終也. 今王願封公子, 百官持職, 群臣效忠, 曰, '公子無功不當封.' 今王之以公子爲質也, 且以爲公子功而封之也. 太后弗聽, 臣是以知人主之不愛丈夫子獨甚也. 且太后與王幸而在, 故公子貴, 太后千秋之後, 王棄國家, 而太子卽位, 公子賤於布衣. 故非及太后與王封公子, 則公子終身不封矣!"

太后曰, "老婦不知長者之計."

乃命公子束車製衣爲行具.

陳翠(진취)가 齊와 燕을 연합하고

{국역} 陳翠(진취)가 齊와 燕을 연합하고,[2314] 燕王(噲, 쾌)의 아우를

2314 陳翠合齊, 燕 – 齊와 燕의 연합은 양국의 權(권)의 싸움 뒤인 前 296년

齊에 인질로 보내려 했다. 燕王도 허락했다. 그러나 太后가 알고서는 대노하며 말했다.

"陳公(陳翠)은 나라를 위해 일을 못하면 그만두어야지, 어찌 남의 모자 사이를 떼어놓으려 하나? 나는 내 뜻대로 할 것이다."[2315]

진취가 太后를 만나보려 하자, 왕은 "太后가 당신에게 화가 나 있으니 기다리시오."라고 말했다. 진취는 "괜찮습니다."라고 말하며, 들어가 말했다.

"어찌 이리 수척하십니까?"[2316]

"先王(易王)께서는 기러기나 오리 고기를 남도록 주셨기에 수척하질 않았소. 지금 수척한 것은 齊에 인질로 보낼 公子를 걱정하기 때문이요."

"人主의 자식 사랑이 정말 布衣(平民)보다 심한 것 같습니다. 이는 자식이 사랑이 아니라, 成人이 된 아들의 앞을 막는 것보다 더 심합니다."

"무슨 말입니까?"

"太后께서 딸을 제후에 시집보낼 때는 千金과 함께 百里의 땅을 잘라주면서, 시집간 나라에서 잘 살기를 바랍니다. 지금 왕께서는 公子를 封하려 하지만, 百官은 자신들 직분을 다하면서 모두가 충성하려는 듯이 '公子라도 功이 없으면 封할 수 없다.'고 말하고 있습

의 일이었다. 燕王 噲(쾌)의 弟를 齊에 인질로 보내려 했다. 陳翠(진취, 人名. 翠는 푸를 취)의 설득은 趙 左師 觸龍(촉룡)의 설득과 비슷하다. 〈趙策 四〉 286 趙太后新用事 章 참고.

2315 원문 老婦欲得志焉 - 욕을 퍼붓고 싶다는 의미.

2316 원문 何臞也? - 臞는 여윌 구. 수척하다.

니다. 지금 王께서 公子를 인질로 보내려는 뜻은, 공자가 공을 세운 뒤에 封하려는 뜻입니다. 지금 태후께서 수락하지 않으시니, 臣이 볼 때, 이는 人主가 成人이 된 공자를 전혀 아끼지 않는 것입니다. 다행히 지금은 태후와 왕께서 계시기에 공자가 귀하지만, 태후께서 돌아가신 뒤에(千秋之後) 또 왕마저 세상을 버린 뒤에(王棄國家) 太子가 즉위한다면, 公子는 백성만도 못할 수 있습니다. 태후께서 公子를 봉하려는 王의 뜻을 모르신다면 아마 죽을 때까지 封을 받지 못할 것입니다!"

太后는 "老婦가 長者의 長計를 몰랐습니다."라고 말했다. 그리고 바로 公子의 거마와 의복과 出行 물품을 준비하라고 명했다.

464/ 燕昭王且與天下伐齊

{原文} 燕昭王且與天下伐齊, 而有齊人仕於燕者, 昭王召而謂之曰,

"寡人且與天下伐齊, 旦暮出令矣. 子必爭之, 爭之而不聽, 子因去而之齊. 寡人有時復合和也, 且以因子而事齊."

當此之時也, 燕, 齊不兩立, 然而常獨欲有復收之之志若此也.

燕 昭王이 여러 나라와 함께 伐齊할 때,

{국역} 燕 昭王이 여러 나라와 함께(天下) 伐齊(벌제: 제나라를 정벌하다)하려 할 때,[2317] 齊人으로 燕에 출사하고 있는 자가 있어, 연왕이 그를 불러 말했다.

"寡人은 지금 天下와 함께 伐齊하려고, 곧〔旦暮(단모)〕출동 명령을 낼 것이다. 당신은 이를 제지하고 논쟁하다가 따라주지 않는다면서, 그대는 齊로 돌아가라. 寡人이 다시 (齊와) 화합해야 한다면 그대를 통해 齊를 섬길 수도 있을 것이다."

그 당시는(當此) 燕과 齊가 兩立할 수 없었지만, (燕王은) 이처럼 항상 다시 수습할 수 있어야 된다고 생각하고 있었다.[2318]

465/ 燕饑趙將伐之

{原文} 燕饑, 趙將伐之. 楚使將軍之燕, 過魏, 見趙恢. 趙恢曰,
"使除患無至, 易於救患. 伍子胥, 宮之奇不用, 燭之武, 張孟談受大賞. 是故謀者皆從事於除患之道, 而无使除患無至者. 今予以百金送公也, 不如以言. 公聽吾言而說趙王曰,

---

2317 燕昭王且與天下伐齊 – 이는 前 285년의 일이다. 燕 昭王은. 齊 정벌이 성공하지 못할 경우의 數를 豫備(예비)한 것이다.
2318 그 당시는(當此) ~는 기록자의 설명이다.

'昔者吳伐齊, 爲其饑也, 伐齊未必勝也, 而弱越乘其弊以霸. 今王之伐燕也, 亦爲其饑也, 伐之未必勝, 而强秦將以兵乘王之西, 是使弱趙居强吳之處, 而使强秦處弱越之所以霸也. 願王之熟計之也.'"

使者乃以說趙王, 趙王大悅, 乃止. 燕昭王聞之, 乃封之以地.

趙는 흉년 든 燕을 정벌하려 했다.

{국역} 燕에 흉년이 들자, 趙는 燕을 정벌하려 했다.[2319] 楚의 使臣 어떤 將軍이 燕에 가려고 魏에 들렀는데, 거기서 趙恢(조회)를 만났다. 조회가 말했다.

"환난을 미리 제거하여 일어나지 않게 하는 것은 환난을 구제하는 것보다 쉽습니다. (楚의) 伍子胥(오자서)와 虞國(우국)의 大夫인 宮之奇(궁지기)는 (그 의견이) 용납되지 않았지만 (鄭의) 燭之武(촉지무)[2320]와 (趙의 건국 공신인) 張孟談(장맹담)[2321]은 (救患者로) 큰 상

2319 원문 燕饑, 趙將伐之 – 이는 연대를 추정할 수 없다. 燕 昭王 재위 중 (前 312 – 279년)에는 燕과 趙의 관계가 돈독했었다.

2320 燭之武(촉지무, 생졸년 미상) – 《東周列國志》에서는 燭武(촉무). 春秋 시대 鄭國人, 前 630년 秦과 晉이 연합하여 鄭을 포위하자, 촉지무는 秦의 軍營으로 秦 穆公을 찾아가 利害를 설득하여 秦 穆公이 군사를 철수하면서 또 鄭을 保護하게 하였다.

2321 趙襄子의 謀臣 張孟談(장맹담)은 사태 파악과 劃策(획책)에 뛰어나 轉危 爲安하였다. 才智가 뛰어난 사람이었다. 이미 趙 宗室의 기반을 공고

을 받았습니다. 이러하기에 謀者는 모두가 자신의 일을 처리하면서 환난 구제에 주력하지만, 먼저 환난 원인을 예방하여 발생하지 않게 힘씁니다. 지금 내가 百金을 주어 公(楚使)을 전송하는 것보다는 충고를 하나 드리겠습니다. 公이 내 말에 따라준다면, 趙王(惠文王)을 만나서 '昔者(옛날)에 吳가 伐齊할 때 齊의 기근을 이용하였지만 齊 정벌이 성공하지는 못했고, 오히려 약체였던 越이 그 기회를 이용하여 오나라를 치고 霸者(패자)가 되었습니다. 지금 趙나라 왕께서 燕을 정벌하시면서 역시 기근을 이용하지만, 정벌이 꼭 성공할 것도 아니고, 만약 강력한 秦이 이 기회를 이용하여 趙의 서쪽을 밀고 들어온다면, 이는 약한 趙가 강한 吳처럼, 그리고 강한 秦이 약한 越과 같은 형세이니, 이는 강한 秦으로 하여금 약한 越나라가 그랬던 것처럼 霸者가 되는 길이니, 趙王께서는 숙고하시기 바랍니다.' 라고 말하기 바랍니다."

(楚의) 사자는 이 말로 趙王을 설득하자, 趙王은 크게 기뻐하며 (燕 정벌을) 중지하였다. 燕 昭王이 이를 전해 듣고 초나라 사자(장군)에게 (趙恢를 ?) 땅을 나눠 封하였다.

히 다졌으며, 나라의 영역을 넓혔고. 五霸(五伯 = 五百)의 실질을 갖추게 하였다. 趙襄子의 謀臣 張孟談(장맹담)은 사태 파악과 劃策(획책)에 뛰어나 轉危爲安하였다. 才智가 뛰어난 사람이었다. 이미 趙 宗室의 기반을 공고히 다졌으며, 나라의 영역을 넓혔고 五霸(五伯 = 五百)의 실질을 갖추게 하였다.

466/ 昌國君樂毅

{原文} 昌國君樂毅爲燕昭王合五國之兵而攻齊, 下七十餘城, 盡郡縣之以屬燕. 三城未下, 而燕昭王死. 惠王卽位, 用齊人反間, 疑樂毅, 而使騎劫代之將. 樂毅奔趙, 趙封以爲望諸君. 齊田單欺詐騎劫, 卒敗燕軍, 復收七十城以復齊. 燕王悔, 懼趙用樂毅乘燕之弊以伐燕.

燕王乃使人讓樂毅, 且謝之曰,「先王擧國而委將軍, 將軍爲燕破齊, 報先王之讎, 天下莫不振動, 寡人豈敢一日而忘將軍之功哉! 會先王棄群臣, 寡人新卽位, 左右誤寡人. 寡人之使騎劫代將軍者, 爲將軍久曝露於外, 故召將軍且休計事. 將軍過聽, 以與寡人有郤, 遂捐燕而歸趙. 將軍自爲計則可矣, 而亦何以報先王之所以遇將軍之意乎?」

昌國君 樂毅(악의)

{국역} 昌國君 樂毅(악의)[2322]가 燕 昭王을 위하여 五國(오국)을 연합

2322 樂毅(악의, 생졸년 미상) - 燕 昭王에 의해 발탁. 前 284년, 昭王은 樂毅 (악의)를 上將軍에 임용했고 秦, 韓, 趙, 魏 등 5국의 연합으로 齊를 정벌하고 대승을 거두면서 5년간 齊國 70여 성을 점령하여 옛 치욕을 씻었다. 齊國는 겨우 莒(거, 今 山東省 동남부 日照市 莒縣)과 卽墨(즉묵) 등 3城으로 명맥을 유지했다. 燕 昭王이 죽은 뒤, 燕 惠王(혜왕, 前 278 - 272년 史記)이 즉위했다. 惠王은 태자 시절부터 樂毅(악의)와 不合했다. 齊

시켜 五國(趙, 楚, 韓, 魏, 燕)의 군사를 거느리고 攻齊(제나라를 공격하다)하여 70여 城을 함락시켜 모두 燕의 郡縣으로 소속시켰다. (齊의) 3개 城을 함락시키지 못했는데〔聊城(요성), 卽墨城, 莒城(거성)〕, 燕 昭王이 죽었다(前 279년). 아들 惠王이 즉위하자, 齊人(田單)은 反間計를 써서 악의를 의심케 하였고, (燕에서는) 騎劫(기겁, 人名)을 장수로 삼아 악의를 대신하게 하였다. 악의는 趙로 망명하였고, 趙에서는 望諸君(망제군)에 봉하였다.[2323] 齊의 田單(전단)[2324]은 연의 장군 騎劫(기겁)을 기만하면서, 燕軍을 격파하여 70여 성을 수복하여 齊를 복구하였다. 燕王은 후회했고 趙가 악의를 등용하여 燕이 피폐한 틈을 이용하여 燕을 정벌할까 걱정하였다.

燕王은 이에 사람을 보내 (서신으로) 악의를 비난하면서 사과하였다.

國의 田單(전단)은 이를 알고 反間計를 쓰자, 燕 惠王은 걸려들었고 악의를 소환하자, 악의는 趙國으로 도망쳤다. 昌國君은 燕에서 받은 작위, 趙國의 작위는 望諸君(망제군)이다. 춘추시대 齊의 管仲(관중)과 나란한 명성을 누렸다. 《史記 樂毅列傳》에서는 樂毅에 대하여 「昌國忠讜, 人臣所無」라고 하였다. 三國 時期 諸葛亮(제갈량)은 南陽에서 농사 지으면서 자신을 管仲과 樂毅와 같다고 생각했다.

2323 望諸君 – 觀津縣(관진현, 今 河北省 남부 衡水市 武邑縣)이고, 望諸는 澤名이다.

2324 田單(전단, 생졸년 미상, 陳單) – 戰國 시대 田齊의 宗室. 齊國이 軍事 戰略家이다. 燕 昭王 28년(前 284), 燕의 장군 樂毅(악의)는 齊를 정벌하여 도읍 臨淄(임치)를 점령하였다. 昭王 32년(前 280)에는 齊의 70여 城을 탈취하였는데, 그 다음 해에 田單은 卽墨之戰에서 火牛陣으로 燕軍을 격파하고 燕에 빼앗겼던 70여 성을 수복했다. 이어 相이 되어 齊襄王을 보필하였다.

「先王이 나라를 통째로 장군에게 위임하였고, 장군은 燕을 위하여 破齊하며 先王의 원수를 갚아 주었으니, 천하에 두려워 떨지 않은 사람이 없었으나, 寡人이 어찌 단 하루라도 장군의 功을 잊을 수 있었겠습니까! 先王께서 돌아가시고(棄群臣), 寡人이 막 즉위하면서 左右에서 寡人을 誤導(오도)하였습니다. 寡人이 騎劫(기겁)으로 장군을 대신하게 한 것은 將軍이 오랫동안 野戰에서 고생하셨기에 장군을 불러 쉬게 하면서 계책을 마련하려 했습니다. 그러나 장군은 이를 잘못 알아들었고, 과인과 틈이 있다 생각하여,[2325] 결국 燕을 버리고 趙를 찾아갔습니다. 將軍께서 자신을 위한 계책이겠지만, 그것이 先王께서 장군을 아끼신 뜻에 대한 보답일 수 있겠습니까?」

{原文} 望諸君乃使人獻書報燕王曰,「臣不佞, 不能奉承先王之教, 以順左右之心, 恐抵斧質之罪, 以傷先王之明, 而又害於足下之義, 故遁逃奔趙. 自負以不肖之罪, 故不敢爲辭說. 今王使使者數之罪, 臣恐侍御者之不察先王之所以畜幸臣之理, 而又不白於臣之所以事先王之心, 故敢以書對.

臣聞賢聖之君, 不以祿私其親, 功多者授之, 不以官隨其愛, 能當之者處之. 故察能而授官者, 成功之君也, 論行而結交者, 立名之士也. 臣以所學者觀之, 先王之擧錯, 有高世之心. 故假節於魏王, 而以身得察於燕. 先王過擧, 擢之乎賓客之中, 而立之乎群臣之上, 不謀於父兄, 而使臣爲亞

2325 與寡人有郤 - 郤은 틈 극. 隙(틈 극)과 同. 不合하다.

卿. 臣自以爲奉令承敎, 可以幸無罪矣, 故受命而不辭.」

{국역} 望諸君(망제군, 樂毅)은, 곧 사람을 보내 燕王(惠王, 재위 前 278 - 272)에게 獻書하였다.

「臣이 똑똑치 못하여〔不佞(불영)〕, 先王之敎를 받들지 못했고, (新王) 측근의 마음에 들지 못했기에 도끼로 처형당할 죄에 걸려들었다 생각하였으며, 先王의 明哲을 다 헤아리지 못했고 足下(惠王)의 義를 이해할 수 없어 趙를 찾아 몸을 숨겼습니다. 모두가 臣의 不肖한 罪라 생각하며 여러 말로 변명하지는 않겠습니다. 지금 王께서 보낸 사자가 저의 죄를 따졌지만, 臣은 (惠王의) 측근들이 先王께서 臣을 親愛한 뜻을 여전히 알지 못하고 있기에, 臣이 선왕을 모신 마음을 명백하게 밝혀야 하겠다는 생각으로 감히 서신으로 답하겠습니다.

臣이 알기로, 賢聖한 君王은 國祿(국록)을 가까운 자에게 챙겨주지 않고, 功이 많은 자에게 수여하며, 총애한다고 관직을 주지 않고 능력에 따라 임용한다고 하였습니다. 그렇기에 능력을 살펴 관직을 수여한다면 성공할 군왕이고, 행실을 따져 교우한다면 이름을 날릴 수 있는 士人입니다. 臣이 배운 바를 가지고 생각할 때, 先王의 인재 등용에는 盛世(高世)를 이루려는 마음이 있었습니다. 저는 魏王의 부절을 받아 燕에 왔고 燕을 둘러보았습니다. 先王께서는 과분하게도 저를 여러 賓客(빈객) 중에서 골라 群臣의 윗자리에 발탁하시며, 다른 元老(父兄)와 논의도 없이 臣을 亞卿(次卿)에 임명하셨습니다. 臣은 선왕의 교시를 받들며 잘못을 저지르지 않으면 다행이라고 생각하여 命을 받으면서 사양하지 않았습니다.」

{原文}「先王命之曰, '我有積怨深怒於齊, 不量輕弱, 而欲以齊爲事.' 臣對曰, '夫齊霸國之餘敎也, 而驟勝之遺事也, 閑於兵甲, 習於戰攻. 王若欲攻之, 則必擧天下而圖之. 擧天下而圖之, 莫徑於結趙矣. 且又淮北,宋地, 楚,魏之所同願也. 趙若許, 約楚,魏, 宋盡力, 四國攻之, 齊可大破也.' 先王曰, '善.' 臣乃口受令, 具符節, 南使臣於趙. 顧反命, 起兵隨而攻齊. 以天之道, 先王之靈, 河北之地, 隨先王擧而有之於濟上. 濟上之軍, 奉令擊齊, 大勝之. 輕卒銳兵, 長驅至國. 齊王逃遁走莒, 僅以身免. 珠玉財寶, 車甲珍器, 盡收入燕. 大呂陳於元英, 故鼎反於曆室, 齊器設於寧臺. 薊丘之植, 植於汶皇. 自五伯以來, 功未有及先王者也. 先王以爲愜其志, 以臣爲不頓命, 故裂地而封之, 使之得比乎小國諸侯. 臣不佞, 自以爲奉令承敎, 可以幸無罪矣, 故受命而弗辭.」

{국역}「先王께서 저에게 말씀하셨습니다. '我는 齊에 대하여 원한과 분노가 매우 많기에 약소한 국력에 상관없이 齊와 싸우고 싶다.' 이에 臣이 대답하였습니다. '齊는 (한때) 霸國(패국, 霸者)이었던 영향이 아직 남았고 서둘러 급히 승리를 챙기려는 습속도 있으며, 군사적 여유와 함께 攻戰에도 익숙합니다. 대왕께서 만약 齊를 공격하신다면 천하의 여러 나라와 함께 도모해야지, 趙 一國만 동맹할 수는 없습니다. 또 그리고 淮北(회북)과 옛 宋地는 楚와 魏도 함께 수복하고 싶은 땅입니다. 趙가 동의하더라도 楚와 魏도 맹약하고, 宋도

힘을 다 보태어 四國이 齊를 공격한다면 齊를 대파할 수 있을 것입니다.' 그러자 선왕께서는 '좋다.' 고 하셨습니다. 臣은 이에 구두로 명령을 받았고, 符節(부절)을 갖춰 南으로 趙에 사신으로 갔습니다. (趙에서 성공시킨 후) 돌아와 복명하였으며, 起兵하고 군사와 함께 齊를 공격하였는데, 天道의 도움과 先王의 英明에 의지하여 河北의 땅은 선왕의 공격대로, 또 선왕의 뜻대로 점령하였고 濟水 유역도 점거하였습니다. 濟水 일대의 군사는 명을 받은 대로 齊를 공격하여 대승을 거두었습니다. 우리의 경무장 군사와 정예한 將兵은 적을 몰아내어 그들 國都에 다다랐습니다. 齊王(閔王)은 도망쳐 莒城(거성)에 가서 겨우 몸을 숨겼습니다. 제왕의 珠玉과 財寶, 車甲과 珍器(진기)를 모두 거두어 燕에 보냈습니다. (齊의) 大呂(대여, 鐘名)는 (燕의) 元英宮에 진열되었고, (齊에 있던, 燕의) 옛 鼎(정)은 (燕의) 曆室(역실)로 돌아왔고, 齊의 여러 器物은 우리의 寧臺(영대)에 진설되었습니다. 薊丘(계구, 地名. 燕都)의 여러 가지 旗幟(기치, 植)는 汶皇〔汶水의 篁(대 숲 황)〕에 꽂을 수 있었으니, 옛날 五伯(五霸) 이래 선왕만큼 큰 공을 세운 자가 없었습니다. 先王께서는 그 뜻에 흡족하셨고 臣은 命을 어기지 않았다(不頓, 不墜). 땅을 갈라 저를 封하셨기에 臣은 작은 제후에 비길만하였습니다. 臣이 똑똑치 못했지만, 王命과 가르침을 받들어 시행하며 다행히 죄를 짓지 않아 이렇게 큰 은혜를 받으면서 사양하지는 않았습니다.」

{原文}「臣聞賢明之君, 功立而不廢, 故著於春秋, 蚤知之士, 名成而不毁, 故稱於後世. 若先王之報怨雪恥, 夷萬乘之强國, 收八百歲之蓄積, 及至棄群臣之日, 餘令詔後嗣之

遺義, 執政任事之臣, 所以能循法令, 順庶孼者, 施及萌隷,
皆可以敎於後世. 臣聞善作者, 不必善成, 善始者, 不必善
終. 昔者伍子胥說聽乎闔閭, 故吳王遠跡至於郢. 夫差弗是
也, 賜之鴟夷而浮之江. 故吳王夫差不悟先論之可以立功,
故沉子胥而不悔. 子胥不蚤見主之不同量, 故入江而不改.
夫免身全功, 以明先王之跡者, 臣之上計也. 離毁辱之非,
墮先王之名者, 臣之所大恐也. 臨不測之罪, 以幸爲利者,
義之所不敢出也. 臣聞古之君子, 交絶不出惡聲, 忠臣之去
也, 不潔其名. 臣雖不佞, 數奉敎於君子矣. 恐侍御者之親
左右之說, 而不察疏遠之行也. 故敢以書報, 唯君之留意
焉.」

{국역}「臣이 알기로, 賢明한 君主는 큰 공을 세워 훼손되지 않기에
역사에(春秋) 기록되고 先見之人〔蚤知之士, 蚤(이를 조)〕은 명성을
이루어 허물지 않기에 후세까지 칭송을 받습니다. 이처럼 선왕께서
는 원수를 갚고 치욕을 씻었으며(報怨雪恥), 萬乘의 强國을 부수었
고(夷), (燕國 역사) 8백 년의 蓄積(축적, 成果)을 거두었으니 돌아가
시는 날까지(棄群臣之日) 後嗣에게 대의를 따르도록, 그리고 집정
하고 국정을 맡은 신하들에게는 법령을 따라 일하게 하셨으며, 庶孼
(서얼)의 순차를 밝히고 백성에게〔萌隷(맹예), 氓隷〕은혜를 베풀도
록 가르치셨으니, 이 모두가 후세의 본보기가 되었습니다.

　臣이 알기로, 일을 잘하는 자라도 그 결과가 꼭 좋을 수는 없고(善
作者不必善成), 좋게 시작했다 하여 그 끝이 꼭 좋지는 않습니다(善

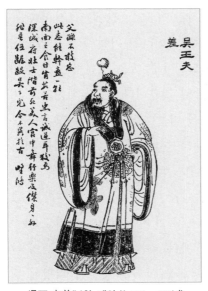

吳王 夫差(부차, 재위 前 495 - 473년)　　　　　伍子胥(오자서)

始者不必善終). 옛날에 伍子胥(오자서)[2326]는 (吳王) 闔閭(합려)의 명령에 잘 따랐기에 吳王은 멀리 (楚) 도읍 郢(영)까지 발자취를 남기었지만, 그러나 闔閭(합려)의 (아들) 夫差(부차)와는 그렇지 않았습니다. 오자서를 가죽 자루에 담아〔鴟夷(치이)〕長江에 던져 죽여버렸습니다. 吳王 夫差는 先人의 의론을 따라 실천하면 성공할 수 있다는 것을 알지 못하여 오자서를 빠트려 죽이고서도 후회를 몰랐습니

2326 伍子胥〔오자서, 伍員(오원), ? - 前 484년〕는 春秋 시대 吳나라의 장군. 본래 楚의 公族. 박해를 피해 吳에 망명. 吳王 闔閭(합려)에 의해 重用되어 大破 楚國 했다. 吳王 夫差(부차)가 繼位한 뒤에 참소를 받아 죽었다.

다. 그리고 오자서는 주군의 局量(국량)이 (父子간에) 같지 않다는 것을 미리 알지 못했기에, 강물에 던져지더라도 어쩔 수가 없었습니다. 저는 지금 一身의 허물을 피하고, 이룬 功을 보전하며, 선왕의 자취를 밝게 빛내는 일이 臣의 上計일 것입니다. 몸이 훼손되고 비방의 재앙을 당하거나 선왕의 명성을 허문다면 臣에게 가장 두려운 일입니다. 헤아릴 수 없는 죄에 휘말리면서 요행히 벗어나기를 바라는 일은 의리상 해서는 안 될 것입니다. 臣은 알고 있습니다. 옛 君子는 交絶하더라도 惡聲을 남겨서는 안 되고, 충신은 죽더라도 그 명예를 더럽힐 수 없다고 하였습니다. 臣이 비록 우둔하더라도 자주 君子의 가르침을 받았습니다. (足下께서) 좌우의 친근한 자들의 말만 들으시고, 멀리 떠나간 사람의 행실을 살피지 못할까 걱정이 됩니다. 그래서 서신을 올리오니 君王께서 유념해 주시길 바랍니다.」

467/ 或獻書燕王

{原文} 或獻書燕王,

「王而不能自恃, 不惡卑名以事强, 事强可以令國安長久, 萬世之善計. 以事强而不可以爲萬世, 則不如合弱. 將柰何合弱而不能如一, 此臣之所爲山東苦也. 比目之魚, 不相得則不能行, 故古之人稱之, 以其合兩而如一也. 今山東合弱而不能如一, 是山東之知不如魚也. 又譬如車士之引車也,

三人不能行, 索二人, 五人而車因行矣. 今山東三國弱而不
能敵秦, 索二國, 因能勝秦矣. 然而山東不知相索, 智固不
如車士矣. 胡與越人, 言語不相知, 志意不相通, 同舟而凌
波, 至其相救助如一也. 今山東之相與也, 如同舟而濟, 秦
之兵至, 不能相救助如一, 智又不如胡,越之人矣. 三物者,
人之所能爲也, 山東之主遂不悟, 此臣之所爲山東苦也. 願
大王之熟慮之也.」

어떤 사람이 燕王에게 헌서하였다.

{국역} 或人이 燕王에게 獻書(헌서: 글을 올려 말하다)하였다.[2327]

　「王께서는 자신을 믿지 못하기에, 낮은 이름을(卑名) 싫어하지도
못하고, 강국을 섬기면서 강자를 섬겨야 나라가 오랫동안 안전할 수
있는 萬世의 善計(좋은 계책)라고 생각하십니다. 그러나 강자를 섬
겨 萬世에 지속할 수 없다면, 차라리 약한 나라끼리 연합하는 것만
못할 것입니다. 그러나 약한 나라의 결합이 어째서 한결같지 못한가
는 山東의 여러 나라만큼 臣도 고민하고 있습니다.

　比目魚(비목어)[2328]는 함께하지 못하면 나아갈 수가 없기에 옛사

2327 或獻書燕王 – 연대를 알 수 없으나 戰國 말기, 燕의 마지막 왕 喜(희, 재
위 254 – 222년)으로 추정할 수 있다. 比目魚(비목어)에 비유하여 燕王에
게 三晉과 군사적 동맹을 권장하고 있다.

2328 比目之魚 –《爾雅(이아)》에 東方에 比目魚가 있는데, 나란히 붙지 않으
면 헤엄쳐 나갈 수 없다는 상상의 물고기. 鰈은 가자미 첩. 비목어와
함께 連理枝(연리지)는 일심동체가 된 부부를 상징한다.

람은 이를 두고 둘이 합하여 하나와 같다고 하였습니다. 지금 山東
의 약국이 연합하더라도 하나가 되지 못하는 것은 山東 여러 나라
의 지혜가 물고기만도 못하기 때문입니다. 이를 車夫의 수레 끌기
에 비유하자면, 三人이 끌어도 움직이지 못한다면 두 사람을 더 모
아 5인이 끌면 수레가 움직이는 것과 같을 것입니다. 지금 山東 三
國(韓, 魏, 趙)은 약하기에 秦의 상대가 되지 못하지만 二國이 더 합
세하면 능히 秦을 이길 수 있을 것입니다. 그러나 산동의 나라들은
서로 찾아 합세할 줄을 모르니 그 지혜가 車夫만 못한 것입니다. (북
쪽의) 胡人과 (남쪽의) 越人은 언어를 서로 모르기에 그 뜻도 서로
통하지 않더라도, 한 배에 타고 파도를 이겨 나가야 한다면 서로 한
마음이 되어 도울 수 있습니다. 지금 山東 여러 나라의 相이 함께하
여 한 배를 타고 물을 건너가야 하나, 秦의 군사가 밀려올 경우 서로
한마음이 되어 구원하지 못하니, 그들의 지혜는 胡人이나 越人만도
못한 것입니다. 이상 3가지의 경우(比目魚, 車夫, 同舟)를 사람도 능
히 할 수 있지만 山東의 君主가 끝내 깨닫지 못하니, 이는 臣이 山東
을 위하여 걱정하는 바이니 대왕께서도 이를 깊이 생각해 주시기 바
랍니다.」

{原文}「山東相合, 之主者不卑名, 之國者可長存, 之卒者出
士以戍韓,梁之西邊, 此燕之上計也. 不急爲此, 國必危矣,
主必大憂. 今韓,梁,趙三國以合矣, 秦見三晉之堅也, 必南
伐楚. 趙見秦之伐楚也, 必北攻燕. 物固有勢異而患同者.
秦久伐韓, 故中山亡, 今久伐楚, 燕必亡. 臣竊爲王計, 不如

以兵南合三晉, 約成韓,梁之西邊. 山東不能堅爲此, 此必皆亡.」

燕果以兵南合三晉也.

{국역}「山東이 相合(서로 합한다)한다 하여, 주관자의 이름이 낮아지지도 않고, 참여하는 나라는 長存(오랫동안 존속하다)할 수 있으며, 관계하는 군졸이 (秦과 접경인) 韓과 梁의 서쪽 변경을 방비한다면, 이는 燕에게도 上計(가장 훌륭한 계책)라 할 수 있습니다. 이를 서두르지 않는다면, 나라는 필히 위태로울 것이며 군왕은 크게 걱정할 것입니다. 지금 韓, 梁(魏), 趙 三國이 합세한다면, 秦은 三晉의 견고함을 알기에 꼭 남쪽으로 楚를 공격할 것입니다. 趙에서는 秦이 伐楚하는 것을 보고서는 틀림없이 북쪽으로 燕을 공격할 것입니다. 만물에 그 형세는 틀리지만 걱정은 같은 것이 있습니다. 秦이 오랫동안 韓을 공격했기에 엉뚱하게 中山國이 망했습니다. 지금 秦은 오랫동안 楚를 공격한다면 燕은 틀림없이 (趙에게) 망할 것입니다. 그래서 臣이 생각한 대왕의 계책은 군사적으로 남쪽 三晉과 연합하면서 韓과 魏의 서쪽 변경을 수비하자고 맹약하는 것입니다. 山東이 이렇게 하여 견고해지지 않는다면 틀림없이 모두가 망할 것입니다.」

그래서 燕은 결국 군사적으로 남쪽의 三晉과 연합하였다.

468/ 客謂燕王

{原文} 客謂燕王曰,

"齊南破楚, 西屈秦, 用韓,魏之兵, 燕,趙之衆, 猶鞭筴也. 使齊北面伐燕, 卽雖五燕不能當. 王何不陰出使, 散游士, 頓齊兵, 弊其衆, 使世世無患."

燕王曰, "假寡人五年, 寡人得其志矣."

蘇子曰, "請假王十年."

燕王說, 奉蘇子車五十乘, 南使於齊.

謂齊王曰, "齊南破楚, 西屈秦, 用韓,魏之兵, 燕,趙之衆, 猶鞭筴也. 臣聞當世之王, 必誅暴正亂, 舉無道, 攻不義. 今宋王射天笞地, 鑄諸侯之象, 使侍屏匽, 展其臂, 彈其鼻, 此天下之無道不義, 而王不伐, 王名終不成. 且夫宋, 中國膏腴之地, 鄰民之所處也, 與其得百里於燕, 不如得十里於宋. 伐之, 名則義, 實則利, 王何爲弗爲?"

齊王曰, "善." 遂興兵伐宋, 三覆宋, 宋遂舉.

燕王聞之, 絕交於齊, 率天下之兵以伐齊, 大戰一, 小戰再, 頓齊國, 成其名. 故曰, '因其强而强之, 乃可折也, 因其廣而廣之, 乃可缺也.'

客人이 燕王에게 말했다.

{국역} 客人이 燕王에게 말했다.[2329]

　"齊는 南으로 楚를 격파하였고, 서쪽으로는 秦을 굴복케 했으며, 韓과 魏의 군사를 동원할 수 있고, 燕과 趙의 백성을 마치 채찍으로 부리듯 합니다. 齊로 하여금 북쪽으로 燕을 정벌하게 한다면, 燕이 5개 있어도 당할 수 없을 것입니다. 그러니 王께서는 왜 은밀히 사신을 보내고 說客(세객)을 흩어서 각국에 가서 유세토록 하여 齊의 군사를 지치게 하고〔頓(조아릴 돈), 힘들이 지치다〕백성을 피폐하게 만들어 연나라로 하여금 대대손손 걱정 없게 만들지 않으십니까?"

　燕王이 말했다.

　"가령 寡人에게 5년의 시간이 있다면 과인은 뜻을 이룰 것입니다."

　그러자 蘇子(소진)이 말했다.

　"대왕에게 10년의 시간을 드리고 싶습니다."

　燕王은 기뻐하며 소진에게 50乘의 수레를 주어 남쪽 齊에 사신으로 보냈다.

　소진이 齊王(閔王)에게 말했다.

　"齊는 南으로 破楚(초나라를 격파하다)했고, 西로는 秦을 굴복시켰으며 韓과 魏의 군사를 동원할 수 있고, 燕과 趙의 백성이라도 채

　2329 客謂燕王曰 - 이는 蘇秦의 책략이다. 소진은 齊가 宋을 공격하여 지치게 한 뒤에 燕이 齊를 공격하게 만들었다. 宋은 前 286년에 멸망하였다.

찍으로 휘둘러 부릴 수 있습니다. 臣이 알기로, 當世의 王이라면 반드시 포악한 자를 誅伐(주벌)하고, 혼란을 바로 잡아주며, 무도한 자를 제거하고 不義를 공격해야 합니다. 지금 宋王〔名은 偃(언)〕은 하늘에 활을 쏘고 땅을 매질하거나 제후의 형상을 만들어서 길가 칙간 옆에 세워놓고 팔을 비틀고 코를 찌르게 하니, 이는 천하에 무도하고 不義한 짓인데 이런 宋을 정벌하지 않는다면 대왕의 명성은 결코 날릴 수 없을 것입니다. 또 그 宋은 中國에서도 기름진 땅으로〔膏腴之地(고유지지)〕근처 백성들이 모여드는 곳이니, 燕나라 1백 리 땅보다는 宋나라 10리 땅이 더 나을 것입니다. 그런 宋을 정벌한다면 명분으로는 大義이며 實質로는 利得이니 대왕께서는 왜 도모하지 않으십니까?'

이에 齊王이 말했다. "옳습니다." 그리고는 군사를 일으켜 宋을 정벌하였는데, 3번 송을 복멸하자 宋은 마침내 사라졌다.

燕王은 이를 알고서는 齊와 絶交하고, 天下(5國)의 군사를 동원하여 제나라를 정벌하였는데 큰 전투 1회, 작은 전투 2회로 齊를 지치게 만든 뒤에 燕은 명성을 얻었다.

그래서 말하기를 '강한 것을 더 강하게 하여 부러트릴 수 있고, 넓은 곳을 더 넓힌다면 가히 이를 잃게 된다.'

469/ 趙且伐燕

{原文} 趙且伐燕, 蘇代爲燕謂惠王曰,

"今者臣來, 過易水, 蚌方出曝, 而鷸啄其肉, 蚌合而拑其喙. 鷸曰, '今日不雨, 明日不雨, 即有死蚌.' 蚌亦謂鷸曰, '今日不出, 明日不出, 即有死鷸.' 兩者不肯相舍, 漁者得而並禽之. 今趙且伐燕, 燕, 趙久相支, 以弊大衆, 臣恐强秦之爲漁父也. 故願王之熟計之也."

惠王曰, "善." 乃止.

趙가 燕을 정벌하려 하자,

{국역} 趙가 燕을 정벌하려 하자,[2330] 蘇代(소대)가 燕을 위하여 (趙)惠文王에게 말했다.

"이번에 臣이 여기에 오면서 易水(역수)를 건너는데, 방합〔蚌(조개 방)〕이 땅에 올라와 햇볕을 쬐는데 도요새〔鷸(도요새 휼)〕가 그 살점을 쪼아 먹으려 하자, 방합이 껍질을 다물면서 도요새 주둥이를 물어버렸습니다.[2331] 그러자 도요새가 말했습니다. '今日은 不雨(비가 오지 않다)하고, 明日도 不雨(불우: 비가 오지 않다)할 것이니, 너는 이제 죽은 조개이다.' 그러자 방합도 마찬가지로 도요새에게 말했습니다. '今日도 못 가고, 내일도 못 가니 죽은 도요새가 있네.' 둘이서 서로 놓아주려 하지 않았는데, 어부가 보고서는 둘 다 잡아버렸

2330 趙且伐燕 - 이는 연대를 추정할 수 없고 구체적 사실도 알 수 없다. 확실한 것은 鷸蚌相爭(휼방상쟁)이면 漁父得利(어부득리)이다.

2331 啄其肉, 蚌合而拑其喙. - 啄은 쫄 탁. 쪼아 먹다. 拑은 재갈 겸, 입 다물 겸. 꼭 물다. 箝(재갈 물릴 겸)과 同. 喙는 부리 훼. 鳥類의 입. 새.

습니다. 지금 趙가 燕을 정벌하려 한다면, 燕과 趙는 서로 오래 버틸 것이니 백성은 크게 피폐할 것이며, 그러다 보면 강한 秦은 漁父가 될 것입니다. 그러니 대왕께서는 깊이 살펴주시기 바랍니다.”

(趙) 惠文王은 “옳은 말이요.”라 하였다. 그리고 정벌 계획을 중지하였다.

470/ 齊魏爭燕

{原文} 齊, 魏爭燕. 齊謂燕王曰, “吾得趙矣.”

魏亦謂燕王曰, “吾得趙矣.”

燕無以決之, 而未有適予也. 蘇子謂燕相曰, “臣聞辭卑而幣重者, 失天下者也, 辭倨而幣薄者, 得天下者也. 今魏之辭倨而幣薄.”

燕因合於魏, 得趙, 齊遂北矣.

齊와 魏가 燕을 두고 다투다.

{국역} 齊와 魏가 燕을 자기편으로 끌어들이려 다투었다.[2332]

齊가 燕王(昭王)에게 “우리는 趙와 연합하였습니다.”라고 말했

2332 齊, 魏爭燕 – 이는 燕의 대규모 伐齊 이전의 일이다. 前 285년.

다. 魏도 역시 燕王에게 "우리가 趙를 끌어들였습니다."라고 하였다. 그러니 燕은 결정할 수도, 어느 편에 설 수도 없었다. 이에 蘇子 (蘇代) 燕의 相에게 말했다.

"臣이 알기로, 말을 겸손하게 하고 후한 예물을 주려 한다면 天下를 잃을 者입니다. 그러나 말이 거만하고 예물도 박하다면 천하를 차지할 자입니다. 지금 魏는 말도 거만하고 예물도 없습니다."

燕은 이에 魏에 연합하였다. 그리하여 나중에는 趙와도 연합하였다. 결국 齊는 실패하고 말았다.[2333]

2333 齊遂北矣 − 北는 패하여 달아날 배, 배반할 배.

31.《戰國策》卷三十一 燕策 三

471/ 齊韓魏共攻燕

{原文} 齊,韓,魏共攻燕,燕使太子請救於楚.楚王使景陽將而救之.暮舍,使左右司馬各營壁地,已,植表.景陽怒曰,

"女所營者,水皆至滅表.此焉可以舍!"

乃令徙.明日大雨,山水大出,所營者,水皆滅表.軍吏乃服.於是遂不救燕,而攻魏雍丘,取之以與宋.三國懼,乃罷兵.魏軍其西,齊軍其東,楚軍欲還不可得也.景陽乃開西和門,晝以車騎,暮以燭見,通使於魏.齊師怪之,以為燕,楚與魏謀之,乃引兵而去.齊兵已去,魏失其與國,無與共擊楚,乃夜遁.楚師乃還.

齊, 韓, 魏가 함께 燕을 침공하자,

{국역} 齊, 韓, 魏가 함께 燕을 침공하자,[2334] 燕은 太子를 보내 楚에 구원을 요청하였다. 楚王(懷王)은 景陽(경양)을 장군으로 보내 (燕을) 구원케 하였다. (景陽은) 저녁때(暮) 숙영하면서(舍), 좌우 司馬를 시켜 진지를 구축케 하여, 숙영지가 만들어지고 표지도 꽂았다. 그런데 경양이 화를 내며 말했다.

"너희들이(女) 만든 숙영지는 물이 차면서 표지까지 잠길 것이다. 이를 어찌 軍營이라 하겠나!"

그리고서는 막사를 옮기게 하였다. 다음 날 큰 비가 내렸고, 산 계곡물이 크게 닥치자 물이 차서 표지까지 물에 잠겼다. 軍吏들이 감복하였다. 그리고 燕을 구원하면서 魏의 (陳留郡) 雝丘(옹구 雍丘)를 공격하여 점령한 뒤에 宋에 돌려주었다. 三國은 두려웠고, 그래서 공격을 중지하였다(罷兵). 魏軍은 (楚軍의) 西에, 齊軍은 그 동쪽에 있어, 楚軍이 돌아가려 해도 회군할 수가 없었다. 그러자 景陽은 西和門을 열고서 낮에는 수레나 기병을, 밤에는 등불을 켜서 (魏와) 왕래하는 것처럼 보이게 하였다. 그러자 齊의 군사는 괴이하게 여기면서 燕과 楚나라가 魏나라와 함께 齊를 공격할 것이라 생각하여 군사를 거느리고 돌아가 버렸다. 齊兵이 돌아가자, 魏는 같은 편이 없어 함께 楚를 공격할 수도 없기에 밤에 은밀히 철수하였다. 楚師(초나라 군사)도 온전히 바로 귀국하였다.

2334 齊,韓,魏共攻燕 - 이는 前 312년, 魏가 주도한 공격이었다. 그런데 景陽이 齊와 魏를 이간시켜 분리하자 삼국은 罷兵(파병)하였다.

472/ 張丑爲質於燕

{原文} 張丑爲質於燕, 燕王欲殺之, 走且出境, 境吏得丑.

丑曰, "燕王所爲將殺我者, 人有言我有寶珠也, 王欲得之. 今我已亡之矣, 而燕王不我信. 今子且致我, 我且言子之奪我珠而吞之, 燕王必當殺子, 剟子腹及子之腸矣. 夫欲得之君, 不可說以利. 吾要且死, 子腸亦且寸絶."

境吏恐而赦之.

張丑(장추)가 燕에 인질이었는데,

{국역} (齊臣) 張丑(장추)가 燕에 인질로 가 있었는데,[2335] 燕王(惠王)이 죽이려 하자 도망쳐 국경에 이르렀는데, 국경의 軍吏가 장추를 체포하였다. 이에 장추가 말했다.

"燕王이 나를 죽이려 한 까닭은 내가 보물을 갖고 있다는 다른 사람 말을 듣고 뺏으려 했다. 지금 그 寶玉을 잃어버렸는데, 연왕은 내 말을 믿지 않는다. 지금 당신이 나를 왕에게 보내면, 나는 네가 내 보옥을 빼앗아 삼켜버렸다고 말할 것이니, 왕은 틀림없이 너를 죽여 배를 갈라 창자까지 뒤질 것이다. 굳이 얻으려 하는 자에게는 이득

2335 張丑爲質於燕 - 張丑(장추)는 齊, 韓, 魏, 中山策 등에서 楚 威王, 田嬰 (전영, 맹상군 父), 公仲(공중), 張儀 등과 함께 하였다. 燕 惠王(재위 276 -272년) 때가 아니라는 주석이 있다. 이는 《韓非子 說林 上》에 伍子胥(오자서)의 일로 기록되었다. 일종의 寓言(우언)이다.

으로 설명할 수밖에 없다. 내가 죽는다면, 네 창자 역시 마디마디 잘
릴 것이다."

국경의 軍吏는 두려워 장추를 풀어주었다.

473/ 燕王喜使栗腹～

{原文} 燕王喜使栗腹以百金爲趙孝成王壽, 酒三日, 反報
曰,

"趙民其壯者皆死於長平, 其孤未壯, 可伐也."

王乃召昌國君樂間而問曰, "何如?"

對曰, "趙, 四達之國也, 其民皆習於兵, 不可與戰."

王曰, "吾以倍攻之, 可乎?"

曰, "不可."

曰, "以三, 可乎?"

曰, "不可."

王大怒. 左右皆以爲趙可伐, 遽起六十萬以攻趙. 令栗腹
以四十萬攻鄗, 使慶秦以二十萬攻代. 趙使廉頗以八萬遇栗
腹於鄗, 使樂乘以五萬遇慶秦於代. 燕人大敗. 樂間入趙.

燕王 喜(희)가 栗腹(율복)을 보내~

{국역} 燕王 喜(희, 마지막 왕. 재위 前 254 – 222년)가 (相인) 栗腹(율복)을 보내 百金으로 趙 孝成王(재위 前 265 – 245)의 長壽를 축하했는데,[2336] 3일간의 주연 뒤에 돌아와 보고하였다.

"趙의 백성 중 어른들은 모두 長平의 싸움에서(前 262 – 260년) 죽었고, 그 고아들은 아직 장년에 이르지 못했으니 정벌할 수 있습니다."

王은 곧 昌國君 樂間(악간, 樂毅의 子)을 불러 "어떻겠는가?"라고 물었다. 그러자 악간이 대답하였다.

"趙는 사방으로 트인 나라이고(四達之國), 그 백성들은 전투에 익숙하니 싸울 수 없습니다."

"우리가 2배의 병력으로 공격한다면 되겠는가?"

"불가합니다."

"3배면 가능하겠는가?"

"그래도 불가합니다."

그러자 연왕은 대노하였다. 측근들은 모두 趙를 정벌할 수 있다고 권했고, 갑자기(遽) 60만 병력을 동원하여 趙를 침공하였다. 그러면서 栗腹(율복)은 40만 군사로 鄗(호, 地名)를, 慶秦(경진, 慶奉)은 20만의 군사로 (趙의) 代郡을 공격케 하였다. 趙는 廉頗(염파)에게 8만의 군사로 栗腹(율복)을 鄗(호)에서, 樂乘(악승, 樂毅의 일족)에게 五萬의 군사로 경진을 代에서 맞서 싸우게 하였다. 燕의 군사는 大敗

2336 원문 燕王喜使栗腹以百金爲趙孝成王壽 – 前 251년 이전일 것이다.

하였다.²³³⁷ 樂間(악간)은 趙나라로 가버렸다.

{原文} 燕王以書且謝焉, 曰,

「寡人不佞, 不能奉順君意, 故君捐國而去, 則寡人之不肯
明矣. 敢端其願, 而君不肯聽, 故使使者陳愚意, 君試論之.
語曰, '仁不輕絶, 智不輕怨.' 君之於先王也, 世之所明知
也. 寡人望有非則君掩蓋之, 不虞君之明罪之也. 望有過則
君敎誨之, 不虞君之明罪之也. 且寡人之罪, 國人莫不知,
天下莫不聞, 君微出明怨以棄寡人, 寡人必有罪矣. 雖然,
恐君之未盡厚也. 諺曰, '厚者不毁人以自益也, 仁者不危人
以要名.' 以故掩人之邪者, 厚人之行也, 救人之過者, 仁者
之道也. 世有掩寡人之邪, 救寡人之過, 非君心所望之? 今
君厚受位於先王以成尊, 輕棄寡人以快心, 則掩邪救過, 難
得於君矣. 且世有薄於故厚施, 行有失而故惠用. 今使寡人
任不肖之罪, 而君有失厚之累, 於爲君擇之也, 無所取之.
國之有封疆, 猶家之有垣牆, 所以合好掩惡也. 室不能相和,
出語鄰家, 未爲通計也. 怨惡未見而明棄之, 未盡厚也. 寡
人雖不肖乎, 未如殷紂之亂也. 君雖不得意乎, 未如商容, 箕
子之累也. 然則不內蓋寡人, 而明怨於外, 恐其適足以傷於
高而薄於行也, 非然也. 苟可以明君之義, 成君之高, 雖任

2337 《史記 六國年表》燕王 4년, 前 251년에 趙가 燕을 격파하고 (燕의 相)
栗腹(율복)을 죽였다고 기록했다.

惡名, 不難受也. 本欲以爲明寡人之薄, 而君不得厚, 揚寡人之辱, 而君不得榮, 此一擧而兩失也. 義者不虧人以自益, 況傷人以自損乎! 願君無以寡人不肖, 累往事之美. 昔者, 柳下惠吏於魯, 三黜而不去. 或謂之曰, ‘可以去.’ 柳下惠曰, ‘苟與人之異, 惡往而不黜乎? 猶且黜乎, 寧於故國爾.’ 柳下惠不以三黜自累, 故前業不忘, 不以去爲心, 故遠近無議. 今寡人之罪, 國人未知, 而議寡人者遍天下. 語曰, ‘論不循心, 議不累物, 仁不輕絶, 智不棄功.’ 棄大功者, 輟也, 輕絶厚利者, 怨也. 輟而棄之, 怨而累之, 宜在遠者, 不望之乎君也. 今以寡人無罪, 君豈怨之乎? 願君捐怨, 追惟先王, 復以敎寡人! 意君曰, 余且慝心以成而過, 不顧先王以明而惡, 使寡人進不得脩功, 退不得改過, 君之所揣也, 唯君圖之! 此寡人之愚意也. 敬以書謁之.」

樂間, 樂乘怨不用其計, 二人卒留趙, 不報.

{국역} 이에 燕王은 서신을 보내 악간에게 사과하였다.

「寡人이 똑똑치 못하여〔不佞(불영)〕, 君의 뜻을 따르지 못했고, 그래서 君은 나라를 버리고 떠난 것이니 寡人이 不肖(불초)한 것은 명확합니다. 그렇더라도 과인이 다시 등용할 뜻을 알렸지만, 君은 따라주지 않기에 사자를 보내 나의 뜻을 다시 서술하니 君도 한번 읽어주기 바랍니다.

俗言에 ‘仁者는 쉽게 절연하지 않고(仁不輕絶), 智者는 가벼이 (남을) 원망하지 않는다(智不輕怨).’고 하였습니다. 君과 先王과의 관계는 세상 사람이 다 알고 있습니다. 寡人은 과인의 잘못이 있다면 君이 덮어주기를 바랐지만, 뜻밖에〔不虞(불우)〕君은 이를 다 드러내었습니다. 또 나의 실수를 君이 깨우쳐주기를 바랐지만 뜻밖에도 君은 이를 세상에 알려버렸습니다. 게다가 과인의 죄는 나라에서 모르는 사람이 없고, 세상에 듣지 못한 사람이 없으니, 君은 은밀히 출국하여 과인에 대한 원망을 밝히면서 과인을 버렸으니 과인의 죄는 더욱 명확해졌습니다. 그렇지만 아마 君에게도 돈독하지 못한 부분이 있을 것입니다. 俗諺(속언)에 '후덕한 사람은 남을 헐뜯어 자신을 이롭게 하지 않고(厚者不毁人以自益也), 仁者(어진 사람)는 남을 위기로 몰아 명성을 얻지 않는다(仁者不危人以要名).'고 하였습니다. 그렇기에 남의 죄를 덮어준다면 후덕한 사람의 행실이고, 남을 과오에서 건져준다면 仁者의 도리라고 할 수 있습니다. 세상에 알려진 과인의 邪行(사행)을 덮어주고, 과인의 過誤를 구원하는 일은 君이 마음으로 바라는 바가 아닙니까? 지금까지 君은 先王으로부터 작위를 받아 높은 명성을 성취하였는데, 지금 과인을 가볍게 버려서 마음이 통쾌할 것이니, 君에게 잘못을 덮어주고 구원을 바란다면, 아마 어려운 일입니다. 그리고 세상이 나에게 각박하더라도 나는 후하게 베풀어야 하고, 내 행실에 실수가 있기에 남에게 관용을 베풀어야 합니다. 지금 과인은 不肖(불초)하기에 실수했고 君은 후덕하지 못한 잘못이 있으니, 이는 君이 스스로 선택한 것입니다. 나라에 疆域(강역)이 있는 것은, 가정에 울타리가 있는 것과 같기에 (상대의) 잘못을 덮어줄 수 있는 것입니다. 가정이 서로 화합하지 못한다고 이웃에 소문을 낸다면, 이는 좋은 계책이(通計) 아닙니다. 원망과 악행이 드러나지 않았는데 분명하게 잘라버린다면 후덕하다고 말할 수 없습니다. 과인이 비록 不肖하지만, 그렇다고 殷의 紂王(주왕)과 같은 亂君은 아닙니다. 君이 비록 뜻을 펴지는 못했지만, 그렇다고 商容(상용)[2338]이나 箕子(기자) 같은 곤경에 처하지는 않았습니다. 그러하니 과인을 받아들이거나 덮어주지 않고, 과인의 잘못을 외부에 드러낸다면, 그것도 아마 君의 고결한 인품을 손상케 하는 薄行(박행)이 아니겠습니까? 굳이 君의 大義를 밝게 드러내고, 굳이 고결한 인품을 완성하려 한다면, 아무리 惡名이라도 받지 않을 수 없을 것입니다. 본래 寡人의 박덕을 밝힌다고 君이 더 후덕해지지 않고, 과인의 치욕을 널리 알리는 것도 君에게 영광이 되지 않으니, 이는 하나의 행위로 두 가지를 잃는 것입니다. 義者는 남을 헐뜯어 자신을 이롭게 하지 않는데, 하물며 남을 다치게 하여 자신에게 손해가 된다면 어떻게 하겠습니까? 과인의 불초함을 이용하여 지난 날 君의 미덕에 累(누)를 끼치지 말기를 바랍니다. 옛날에 柳下惠(유하혜)[2339]는 魯國의 관리였는데, 세 번이나 쫓겨났으나 (魯國을) 떠나지 않았습니다. 그러자 어떤 사람이 '떠나야 합니다.' 라고 말했습니다. 그러

2338 商容(상용) - 紂王의 신뢰와 백관의 존중을 받은 殷의 원로. 紂王에 충간을 올렸지만 주왕은 따르지 않았다.

2339 柳下惠(유하혜) - 魯의 대부로 본명은 展獲(전획)이고, 柳下를 식읍으로 받았고, 惠는 시호이다. 공자는 유하혜의 탁월한 재능을 칭찬하였다. 유하혜는 典獄官(전옥관)으로 현명하고 유능하였지만 관직에서 3번이나 쫓겨났다. 어떤 사람이 유하혜에게 "당신은 아직도 떠나지 않을 겁니까?"라고 물었다. 이에 유하혜가 말했다. "正道로 주군을 섬긴다면, 어디를 가더라도 3번쯤은 쫓겨나지 않겠습니까? 정도를 굽힌 枉道(왕도)로 섬길 것이라면 하필 부모님이 살던 나라를 떠나겠습니까?"라고 말했다. 이처럼 유하혜는 사리에 맞는 말을 사려 깊은 행동으로 정도를 지켰지만 3번이나 면직되는 치욕을 겪었다(降志辱身).

자 유하혜가 말했습니다.
'굳이 다른 사람과 다르
다면 어디 간들 쫓겨나지
않겠는가? 굳이 쫓겨나야
한다면 차라리 고국이 나
을 것입니다.' 이처럼 유
하혜는 세 번 쫓겨난 것이
자신에게 累가 되지 않는
다고 생각했기에 이전의
업적이 (백성들에게) 잊
히지 않았습니다. (유하
혜는) 나라를 떠날 마음
이 없었기에 가깝거나 먼
사람 누구도 유하혜를 비

柳下惠(유하혜) - 春秋時代 魯의 君子

난하지 않았습니다. 지금 寡人의 죄는 나라 사람들이 모르지만 과인
에 대한 이런저런 비난은 온 나라에 널렸습니다. 사람들 말에 '남의
말대로 마음이 따라가지 않고(論不循心), 남에 말에 따라 일을 그르
치지 않으며(議不累物), (남의 말에 따라) 仁者는 가벼이 절교하지
않고(仁不輕絶), 智者는 가벼이 공적을 버리지 않는다(智不棄功).'
고 하였습니다. 큰 공적을 포기하는 것은 모든 것을 그만두는 것입
니다(輟也. 止也). 큰 이익을 가벼이 버린다면 그것은 원한입니다.
중지하고 버리며, 원한으로 일을 망친다면 그런 사람은 멀리 두어야
할 사람이니 君에게 그런 것을 바랄 수는 없습니다. 지금 과인에게
죄가 없다면 君이 무엇을 원망하겠습니까? 君은 (지난날의) 원한을

다 버려두고 선왕의 舊恩을 생각해서라도 다시 과인을 가르쳐 주어야 합니다! 君이 마음으로 내 사악한 마음으로〔慝心(특심)〕내가 잘못되더라도 선왕의 은덕도 생각하지 않고 그 악을 밝혀내겠다고 한다면, 이는 과인으로 하여금 君이 공을 세우지 못하게 막는 것이며, 지난 잘못을 고치지 못하게 하는 것이니, 이는 君이 선택할 일입니다. 君이 이를 깊이 생각해주기 바랍니다. 이상은 과인의 어리석은 마음일 것입니다. 삼가 글로 전합니다.」

樂間(악간)과 樂乘(악승)은 원한이 있어 그 계책을 받아들이지 않았고, 두 사람은 끝내 趙에 머물렀고 답장하지도 않았다.

474/ 秦並趙北向迎燕

{原文} 秦並趙, 北向迎燕. 燕王聞之, 使人賀秦王. 使者過趙, 趙王繫之.

使者曰, "秦, 趙爲一, 而天下服矣. 燕之所以受命於趙者, 爲秦也. 今臣使秦, 而趙繫之, 是秦, 趙有郄. 秦, 趙有郄, 天下必不服, 而燕不受命矣. 且臣之使秦, 無妨於趙之伐燕也."

趙王以爲然而遣之. 使者見秦王曰,

"燕王竊聞秦並趙, 燕王使使者賀千金."

秦王曰, "夫燕無道, 吾使趙有之, 子何賀?"

使者曰, "臣聞全趙之時, 南鄰爲秦, 北下曲陽爲燕, 趙廣

三百里, 而與秦相距五十餘年矣. 所以不能反勝秦者, 國小
而地無所取. 今王使趙北幷燕, 燕,趙同力, 必不復受於秦
矣. 臣切爲王患之."

秦王以爲然, 起兵而救燕.

秦이 趙를 병합하고 북쪽 燕과 싸우게 하다.

{국역} 秦이 趙의 군사와 함께 북쪽으로 燕을 맞아 싸우게 하였다.[2340]
燕王이 이 소식을 듣고 사신을 秦에 보내 秦王(政)에게 하례하였다.
燕의 사자가 趙를 지나갈 때, 趙王(悼襄王, 재위 前 244 - 236년)이
이를 붙잡아 억류하였다. 이에 연나라 사자가 말했다.

"秦과 趙가 하나가 되었기에 天下가 굴복하고 있습니다. 燕이 趙
의 명령을 받는 것은 秦이 있기 때문입니다. 지금 臣이 秦에 사신으
로 가는데, 趙에서 억류시킨다면 이는 秦과 趙가 틈이 생긴 것입니
다[郤(틈 극). 隙(틈 극)과 同]. 秦과 趙가 틈이 생겼다면, 천하는 틀림
없이 불복할 것이고 燕은 귀국의 命을 따르지 않을 것입니다. 그리
고 臣이 秦에 사신으로 가는 것은 趙의 燕나라 정벌과 무관합니다."

趙王은 옳은 말이라 생각하여 보내주었다. 使者가 秦王을 만나
말했다.

2340 원문 秦幷趙, 北向迎燕. - 幷은 아우를 병. 倂合(병합)하다. 迎은 군사로
맞아 싸우다(以兵迎之). 迎敵(영적). 趙를 멸망시킨 것은 아니고 趙는
秦에 굴복하여 강요당한 것이다. 本 章은 前 236년의 일이라는 주석이
있다.

"燕王은 秦이 趙를 아우른 것을(並) 축하하오며, 燕王은 臣을 보내 1千 金으로 하례하게 하였습니다."

秦王이 말했다.

"燕이 無道하기에 내가 趙를 시켜 병합하라 시켰거늘, 그대는 왜 축하하는가?"

使者가 말했다.

"臣이 알기로, 趙가 완전했던 때에도 (趙의) 남쪽은 秦에 연접하였고, (趙의) 북쪽 下曲陽(하곡양, 鉅鹿郡 지역)은 燕의 땅이었으니, 趙는 그 넓이 3백 리의 땅으로 秦과 50여 년을 버티며 싸웠습니다. 그런 趙가 秦을 이기지 못한 까닭은 나라는 작고 땅에서 생산되는 것이 없었기 때문입니다. 지금 王께서는 趙로 하여금 북쪽으로 燕을 병합케 하였으니, 만약 趙와 燕이 하나가 된다면 틀림없이 다시는 秦의 명을 따르지 않을 것입니다. 臣은 대왕을 위하여 이를 걱정하는 것입니다."

秦王은 옳다고 여겨 군사를 일으켜 燕을 구원하게 하였다.

475/ 燕太子丹質於秦,

{原文} 燕太子丹質於秦, 亡歸. 見秦且滅六國, 兵以臨易水, 恐其禍至. 太子丹患之, 謂其太傅鞫武曰, "燕,秦不兩立, 願太傅幸而圖之." 武對曰, "秦地遍天下, 威脅韓,魏,趙氏, 則易水以北, 未有所定也. 柰何以見陵之怨, 欲排其逆鱗哉?"

太子曰, "然則何由?"

太傅曰, "請入, 圖之."

居之有間, 樊將軍亡秦之燕, 太子容之. 太傅鞠武諫曰,

"不可. 夫秦王之暴, 而積怨於燕, 足爲寒心, 又況聞樊將軍之在乎! 是以委肉當餓虎之蹊, 禍必不振矣! 雖有管, 晏, 不能爲謀. 願太子急遣樊將軍入匈奴以滅口. 請西約三晉, 南連齊, 楚, 北講於單于, 然後乃可圖也."

太子丹曰, "太傅之計, 曠日彌久, 心惛然, 恐不能須臾. 且非獨於此也. 夫樊將軍困窮於天下, 歸身於丹, 丹終不迫於强秦, 而棄所哀憐之交置之匈奴, 是丹命固卒之時也. 願太傅更慮之." 鞠武曰, "燕有田光先生者, 其智深, 其勇沉, 可與之謀也."

太子曰, "願因太傅交於田先生, 可乎?"

鞠武曰, "敬諾."

燕 太子丹(단)이 秦의 인질이었다가,

{국역} 燕의 太子 丹(단)이 秦에 인질로 갔었는데 도망쳐 귀국하였다.[2341] (태자 旦은) 秦이 六國을 멸망시키려, 이미 그 군사가 易水

2341 燕太子丹質於秦, 亡歸. ― 燕 마지막 王 喜의 태자. 名은 旦(아침 단). 진에서 몰래 도망쳐 귀국했다. 본 장은 前 228 - 227년의 일이다. 본 章은 《戰國策》의 다른 문장과 스타일이 크게 다르다. 荊軻(형가)가 秦王 政

(역수)까지 진출한 것을 보고 곧 화가 닥칠 것이라며 두려워하였다. 태자 丹(단)은 그의 太傅(태부)인 鞠武(국무)에게 말했다.

"燕과 秦은 兩立할 수 없으니 태부께서 어찌해야 할지 일러주시기 바랍니다."

이에 국무가 대답하였다.

"秦의 땅은 천하에 두루 널렸고, 韓과 魏와 趙를 위협하고 있으니, 易水

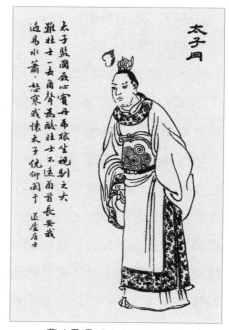

太子 丹

太子監國�心賓丹布猿坐視駟之大
勒壯士一去角音為酸壯士不還而首長安哉
迴易水蕭・愁寒我懷太子倪仰闲于 迎盧居士

燕 太子 丹(태자 단, ? - 前 226년)

(역수) 이북일지라도 안전할 수 없습니다. 어찌 인질로 잡혀갔던 원한 때문에 (秦王의) 逆鱗(역린)[2342]을 거슬리려 하십니까?"

"그렇다면 어찌해야 합니까?"

을 칼로 찔러 죽이려는 그 경과를 아주 상세하게 기록하였다. 이는 《史記 刺客列傳》을 모방, 抄錄(초록)하여 後世 사람이 추가한 것 같다는 주석이 있다.

2342 逆鱗(역린) – 韓非子의 《說難》이란 책에 의하면, 龍을 잘 훈련시켜 타고 나를 수도 있지만, 목 아래에 있는 1尺 정도의 거꾸로 박힌 비늘을 (逆鱗) 건드리면 꼭 탄 사람을 죽인다고 하였다. 人主에게도 그런 일면이 있다고 하였다.

"일단 들어가 쉬시고, 차츰 생각해 봅시다."[2343]

얼마가 지난 뒤에 樊(번) 장군[2344]이 秦에서 망명하여 燕에 들어왔고, 太子가 (손님으로) 받아들였다. 이에 태부 국무가 간언을 올렸다.

"不可합니다. 秦王(政, 始皇)의 포악이 燕에 쌓이면 그것만으로도 충분히 두려운데(足爲寒心), 또 거기에 번 장군까지 여기 있다는 것을 알면 더 큰일입니다! 이는 고깃덩어리를 굶주린 호랑이(餓虎)가 다니는 길〔蹊(지름길 혜), 徑也〕에 던져놓은 것처럼 화가 닥쳐도 구할 방법이 없을 것입니다!(不振. 振은 救也). 비록 (齊의) 管仲(관중)이나 晏子(안자, 晏嬰)[2345]가 있더라도 어찌할 수가 없을 것입니다. 태자께서는 빨리 樊(번) 장군을 匈奴(흉노) 땅으로 보내 입을 다물게 하십시오. 그러면서 三晉과 동맹을 체결하고 남으로 齊와 楚에 연합하고, 북쪽으로 (흉노의) 單于(선우)와 강화하신다면 가히 秦을 도모

2343 請入, 圖之. – 請太子入息, 제가 생각해 보겠습니다(己乃圖之).

2344 樊於期(번오기, ? - 前 227년) – 전국 말기 秦의 장군. 秦王에게 득죄하여 燕에 망명. 태자 丹이 자객 荊軻(형가)가 入秦하기 전, 번오기의 목숨을 요구한다. 번오기는 知遇之恩에 대한 보답으로 자결하고, 형가는 번오기의 수급을 가지고 秦에 들어간다. 於는 감탄하는 소리 오(wū).

2345 晏子(안자. 晏嬰, 前 578 - 500년, 字는 仲, 諡는 平, 습관상 晏平仲, 또는 晏子로 호칭) – 晏嬰(안영)은 교제를 잘했으니, 오래 교제하면서도 늘 남을 공경하였다.(「子曰, 晏平仲善與人交, 久而敬之.」《論語 公冶長》) 晏平仲은 齊의 大夫. 공자는 鄭나라의 子産(자산)과 안영을 유능한 정치가로 공경하였다. 공자가 35세 전후에 齊에 머물면서 出仕하려 했지만, 안영의 반대로 등용되지 못했다. 《史記》 62권, 〈管晏列傳〉은 짧은 문장이지만 안영의 고결한 인품이 잘 그려져 있다.

할 수 있을 것입니다."

이에 태자 단이 말했다.

"태부의 계책은 너무 많은 시일에 오래 걸리고(曠日彌久), 지금 저의 마음은 어지러워〔惛然(혼연)〕잠시도〔須臾(수유)〕기다릴 수가 없으며, 또 이것만이 아닙니다(또 여러 가지가 있습니다). 번장군은 천하에 곤궁한 몸으로(쫓겨) 저(旦)를 찾아왔으니, 저는 끝내 강한 秦으로부터 핍박을 받더라고 가련한 처지의 사람을 버려 흉노 땅으로 보낼 수 없으니, 아마 내 목숨이 죽은 뒤라면 모르겠습니다. 태부께서는 이를 다시 생각해 주시기 바랍니다."

그러자 국무가 말했다.

"燕에 田光(전광) 先生이란 분이 있는데, 지모가 깊고 침착한 용기를 가진 분이니 함께 일을 도모할 수 있을 것입니다."

이에 태자가 말했다.

"태부께서 저를 田先生에게 소개시켜 줄 수 있습니까?"

"삼가 그렇게 하겠습니다(敬諾)."

{原文} 出見田光, 道太子曰, "願圖國事於先生."

田光曰, "敬奉敎."

乃造焉. 太子跪而逢迎, 卻行爲道, 跪而拂席. 田先生坐定, 左右無人, 太子避席而請曰,

"燕, 秦不兩立, 願先生留意也."

田光曰, "臣聞騏驥盛壯之時, 一日而馳千里. 至其衰也, 駑馬先之. 今太子聞光壯盛之時, 不知吾精已消亡矣. 雖然,

光不敢以乏國事也. 所善荊軻, 可使也."

太子曰, "願因先生得願交於荊軻, 可乎?"

田光曰, "敬諾."

卽起, 趨出. 太子送之至門, 曰, "丹所報, 先生所言者, 國大事也, 願先生勿泄也."

田光俛而笑曰, "諾." 僂行見荊軻, 曰,

"光與子相善, 燕國莫不知. 今太子聞光壯盛之時, 不知吾形已不逮也, 幸而敎之曰, '燕, 秦不兩立, 願先生留意也.' 光竊不自外, 言足下於太子, 願足下過太子於宮."

荊軻曰, "謹奉敎."

田光曰, "光聞長者之行, 不使人疑之, 今太子約光曰, '所言者, 國之大事也, 願先生勿泄也.' 是太子疑光也. 夫爲行使人疑之, 非節俠士也."

欲自殺以激荊軻, 曰,

"願足下急過太子, 言光已死, 明不言也."

遂自刭而死.

{국역} (鞠武는) 나가서 田光(전광)을 만나 太子를 이야기 한 다음에 말했다.

"태자가 선생에게 國事를 논의할 것이 있다고 합니다."

田光이 말했다. "삼가 가르침을 받고자 합니다."

그리고 전광은 태자를 찾아왔다. 태자는 무릎을 꿇은 채〔跪(궤)〕

전광을 맞이하였고, 뒷걸음으로 안내한 다음에 무릎을 꿇은 채 좌석으로 모셨다. 田先生은 坐定(좌정)하였고 좌우를 모두 물리자(無人), 태자는 자리에서 물러나 꿇어앉은 채 말했다.

"燕과 秦은 같이 양립할 수 없으니, 선생께서 유념해 주시기 바랍니다."

田光이 말했다.

"臣이 알기로, 천리마〔騏驥(기기)〕가 한창 때에는(盛壯之時), 하루에 천리를 달릴 수 있습니다. 그러나 쇠약해지면 둔한 말〔駑馬(노마)〕이 앞섭니다. 지금 태자께서는 저의(光) 젊은 시절 이야기만 들으셨지, 저의 정력이 이미 쇠퇴하여 없어진 줄을 모르십니다. 그렇지만 저는 (지금도) 국사를 소홀히 할 수는 없습니다. 저와 친한(所善) 荊軻(형가)[2346]도 뜻을 같이할 수 있습니다(可使也)."

태자가 말했다.

"先生을 통해서 荊軻(형가)란 분을 뵐 수 있겠습니까?"

전광은 "삼가 그렇게 하겠습니다(敬諾)."라 말하고서 즉시 일어나 빠른 걸음으로 걸어 나갔다(趨出). 태자가 전광을 전송하며 대문에 이르러 말했다.

"제가(丹) 선생에게 말씀드린 내용은 나라의 대사이니 先生께서는 발설하지 말기 바랍니다."

전광은 허리를 굽히고 웃으며 말했다. "알겠습니다."

(전광은) 예를 표하고〔傴(구부릴 루)〕 나가서 형가를 만나 말했다.

"나와 당신이 서로 친하다는 것을 燕國에 모르는 사람이 없습니

2346 荊軻(형가, ? - 前 227년) - 〈燕策 一〉 ※ 燕의 역사 개관 주석 참고.

다. 지금 태자께서는 나의 젊었을 적 이야기만 들었지, 지금 이 몸이 이미 늙어 아무 일도 못하는 줄을 모르고서 나에게 일러 말하기를, '燕과 秦은 양립할 수 없으니 先生은 유의해 달라.' 고 말했습니다. 이 몸(光) 혼자서 당신을 빼놓을 수 없다 생각하여 足下를 태자에게 말했으니, 족하께서는 궁궐로 태자를 찾아뵙기 바랍니다."

그러자 荊軻는 "삼가 가르침을 받들겠습니다."라고 말했다.

田光이 말했다.

"내가 알기로, 長者는 그 행실에 다른 사람의 의심을 받아서는 안 된다 하였으니, 태자는 나에게 '말씀드린 것은 모두 國事이니 선생께서는 발설하지 마시오.' 라고 다짐을 받았는데, 이는 태자가 나를 의심한다는 뜻입니다. 일을 시킨 사람을 의심하는 것은 절의를 지키는 俠士(협사)가 아닙니다."

그러면서 전광은 자신의 죽음으로 형가를 격분시켜야 한다 생각하며 말했다.

"足下는 급히 태자를 찾아가 뵈면서 전광이 이미 죽었다고 말하고 자세한 것은 말하지 마시오."

그리고서는 전광은 목을 찔러 죽었다.

{原文} 軻見太子, 言田光已死, 明不言也. 太子再拜而跪, 膝下行流涕, 有頃而後言曰, "丹所請田先生無言者, 欲以成大事之謀, 今田先生以死明不泄言, 豈丹之心哉?"

荊軻坐定, 太子避席頓首曰, "田先生不知丹不肖, 使得至前, 願有所道, 此天所以哀燕不棄其孤也. 今秦有貪利之心,而欲不可足也. 非盡天下之地, 臣海內之王者, 其意不饜.
今秦已虜韓王, 盡納其地, 又舉兵南伐楚, 北臨趙. 王翦將
數十萬之衆臨漳, 鄴, 而李信出太原, 雲中. 趙不能支秦, 必
入臣. 入臣, 則禍至燕. 燕小弱, 數困於兵, 今計舉國不足以
當秦. 諸侯服秦, 莫敢合從. 丹之私計, 愚以爲誠得天下之
勇士, 使於秦, 窺以重利, 秦王貪其贄, 必得所願矣. 誠得劫
秦王, 使悉反諸侯之侵地, 若曹沫之與齊桓公, 則大善矣.
則不可, 因而刺殺之. 彼大將擅兵於外, 而內有大亂, 則君
臣相疑. 以其間諸侯, 諸侯得合從, 其償破秦必矣. 此丹之
上願, 而不知所以委命, 唯荊卿留意焉."

久之, 荊軻曰, "此國之大事, 臣駑下, 恐不足任使."

太子前頓首, 固請無讓. 然後許諾. 於是尊荊軻爲上卿,
舍上舍, 太子日日造問, 供太牢異物, 間進車騎美女, 恣荊軻
所欲, 以順適其意.

{국역} 荊軻(형가)는 太子를 알현하고 田光이 이미 죽었다며 발설하
지 않았음을 분명히 하였다. 태자는 재배하고 꿇어앉았다가, 무릎으
로 기어가[2347] 눈물을 흘리며〔流涕(유체)〕, 한참을 울먹이다가 말했
다.

"제가(丹) 전광 선생에게 말하지 말라고 한 것은 대사를 성취하려

2347 膝下行 − 膝은 무릎 슬. 膝行은 서서 걷지 않다. 자신이 상대방 앞에서
미천한 사람임을 뜻하는 행동.

는 계획이었지만, 지금
전광 선생이 죽음으로서
누설하지 않았음을 밝혔
으니, 이 어찌 丹心(단심,
忠心)이 아니겠습니까?"

荊軻가 좌정하자, 태
자는 자리를 물리며(避
席) 고개를 땅에 조아리
며 말했다.

"田先生께서는 저의
不肖(불초)함을 아시지
못하고, 선생 앞에 나아
가 뜻하는 바를 말씀하셨
으니, 이는 하늘이 燕을

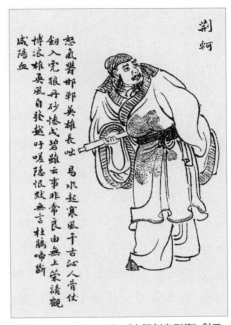

荊軻(형가, ? - 前 227년) -《史記刺客列傳》참고

애통히 생각하고 저(孤, 태자 旦)를 버리지 않은 것입니다.[2348] 지금
秦의 탐욕을 만족시킬 수가 없습니다.[2349] 천하의 땅을 끝까지 다 차
지하고, 海內를 모두 신하로 만드는 王者가 되기 전에는 그 욕심은
충족되지 못할 것입니다(其意不饜). 지금 秦은 이미 韓王 安(안)을
포로로 잡았고 그 땅을 차지하였으며(前 230년), 또 擧兵하여 南으
로 楚를 정벌하면서, 북쪽으로 趙를 압박하고 있습니다. (秦將) 王翦

2348 원문 不棄其孤也 - 棄는 버릴 기. 無父曰孤. 그때 燕王 喜가 재위 중이
   었다. 당시 제후의 嫡子는 孤라고 자칭할 수 있었다는 주석이 있다.

2349 원문 今秦有貪饜之心 - 貪은 탐할 탐. 饜은 탐할 염. 욕심을 부리다.
   《史記 刺客列傳》에는 쉬운 글자인 '利'로 대체했다.

(왕전)²³⁵⁰은 수십만 군사를 거느리고 漳(장)과 鄴(업)을 압박하였고, 李信(이신)은 太原(태원)과 雲中(운중)을 공격하였습니다. 趙는 秦을 막아낼 수가 없으니 틀림없이 秦에 入臣할 것입니다. 趙가 秦에 入臣하면 그 다음 재앙은 우리 燕에 닥칩니다. 燕은 작고 약하여(小弱), 그간 여러 번 군사적 침공을 당했으며, 지금 온 나라를 들어 저항한다 하여도 秦을 당할 수가 없습니다. 다른 제후들도 秦에 굴복하였고 이제는 합종을 따를 나라도 없습니다. 저(丹)의 私計로는, 어리석은 생각이지만, 정말로 천하의 勇士를 얻어 秦에 보내서, 秦의 탐욕을 이용해야 하니, 秦王이 원하는 바를 바치면 소원을 이룰 수 있습니다. 정말로 秦王을 겁박하여 그간 제후국으로부터 침탈한 땅을 반환하게 만들어야 하니, 이는 마치 曹沫(조말)²³⁵¹이 齊 桓公(환공)을 겁박한 것처럼 秦王을 협박해야 합니다. 그러나 그것이 不可하다면 진왕을 그대로 刺殺(척살)해야 합니다. 秦의 大將은 밖에서 군사로 마음대로 휘젓지만, 내부에서 大亂이 일어나면 君臣은 서로 의심할 것입니다. 그 사이 제후를 설득하여 다시 합종을 체결하면, 秦을 틀림없이 격파할 수 있습니다. 이는 저의 가장 큰 소원이나, 누

2350 王翦(왕전, 생졸년 미상, 翦은 자를 전) ─ 戰國 시대 秦國 名將, 秦의 천하 통일에 크게 기여, 燕과 趙을 멸망시켰고, 楚의 주력을 격파하였다. 戰國 4大 명장의 한 사람. 그 후손들이 뒷날 琅琊 王氏와 太原 王氏의 시조가 되었다.

2351 曹沫(조말, 생졸년 미상)은 魯 莊公의 力士. 무사〔曹劌(조귀)〕. 齊와 싸워 3전 3패하였다. 魯에서는 땅을 베어 주고 齊 桓公(환공)과 강화했다. 강화 의식이 진행될 때, 조말은 단도로 제 환공을 위협하여 빼앗긴 땅을 돌려받았다(曹沫劫齊桓公). 《史記》五刺客의 한 사람. 曹沫(조말), 專諸(전저), 豫讓(예양), 聶政(섭정), 荊軻(형가).

구에게 이 일을 부탁해야 할지 모르지만, 卿께서 유념해 주시길 바랄 뿐입니다."

그러자 형가가 말했다.

"이는 나라의 大事이나 臣은 우둔하여 大任을 감당할 수 없을 것 같습니다."

太子는 앞으로 다가가 머리를 조아리며 사양하지 말아달라고 간청하였다. 그러자 형가가 수락하였다. 이에 태자는 형가를 높여 上卿으로 삼았고 가장 좋은 집에 머물게 하였으며, 태자는 날마다 문안을 드리고, 좋은 음식과(太牢) 특이한 물건을 올렸으며, 가끔 수레와 말, 미녀를 헌상할 뿐만 아니라 형가가 원하는 바는 모두 그 뜻에 맞춰주었다.

{原文} 久之, 荊卿未有行意. 秦將王翦破趙, 虜趙王, 盡收其地, 進兵北略地, 至燕南界. 太子丹恐懼, 乃請荊卿曰,

"秦兵旦暮渡易水, 則雖欲長侍足下, 豈可得哉?"

荊卿曰, "微太子言, 臣願得謁之. 今行而無信, 則秦未可親也. 夫今樊將軍, 秦王購之金千斤, 邑萬家. 誠能得樊將軍首, 與燕督亢之地圖獻秦王, 秦王必說見臣, 臣乃得有以報太子."

太子曰, "樊將軍以窮困來歸丹, 丹不忍以己之私, 而傷長者之意, 願足下更慮之."

荊軻知太子不忍, 乃遂私見樊於期曰,

"秦之遇將軍, 可謂深矣. 父母宗族, 皆爲戮沒. 今聞購將

軍之首, 金千斤, 邑萬家, 將奈何?"

樊將軍仰天太息流涕曰, "吾每念, 常痛於骨髓, 顧計不知
所出耳."

軻曰, "今有一言, 可以解燕國之患, 而報將軍之仇者, 何
如?"

樊於期乃前曰, "爲之奈何?"

荊軻曰, "願得將軍之首以獻秦, 秦王必喜而善見臣, 臣左
手把其袖, 而右手揕抗其胸, 然則將軍之仇報, 而燕國見陵
之恥除矣. 將軍豈有意乎?"

樊於期偏袒扼腕而進曰, "此臣日夜切齒拊心也, 乃今得
聞."

遂自刎. 太子聞之, 馳往, 伏屍而哭, 極哀. 旣已, 無可奈
何, 乃遂收盛樊於期之首, 函封之.

{국역} 한동안 시간이 흘렀지만, 荊卿(형경, 형가)은 떠날 생각이 없
었다. 秦將 王翦(왕전)은 趙의 군사를 격파하고, 趙王(幽繆王, 名은
遷, 재위 前 235 – 228)을 사로잡았으며 그 땅을 차지하면서 군사를
북쪽으로 진격시켜 燕의 남쪽 국경에 이르렀다. 태자 丹(단)은 두려
워서 형가를 불러 말했다.

"秦兵이 조만간에 易水(역수)를 건널 것 같습니다만, 오랫동안 足
下를 모시려 해도 괜찮을 것 같습니까?"

형가가 말했다.

"太子의 말씀이 아니라도 臣은 뵙고 싶었습니다. 지금 출발하더

라도 아무 信物(신물)이 없으면 秦에서는 믿어주지 않을 것입니다. 지금 樊(번) 장군에게는 秦王이 1千金의 상금과 萬戶의 대읍을 현상금으로 내걸었습니다. 정말로 번장군의 수급과 燕에서 내줄 수 있는 督亢(독항)²³⁵²의 지도를 秦王에게 바친다고 하면 秦王은 틀림없이 기뻐하면서 저를 만나볼 것이니, 臣은 그 기회를 타서 태자께 보답할 수 있을 것입니다."

그러자 태자가 말했다.

"樊將軍(번장군)은 곤궁하여 저를 찾아왔습니다만, 저를 위하여 차마 그를 이용할 수 없으며 長者의 의리를 저버릴 수 없으니, 족하께서는 다시 생각해 주십시오."

형가는 태자가 번장군에게 말을 차마 할 수 없으리라 생각하여 사적으로 樊於期[번오기, 於가 이름 자로 쓰일 때는 音(오)]를 찾아가 말했다.

"秦의 장군에 대한 처우는 정말 지독합니다. 부모와 종족은 모두 살육되었습니다. 제가 듣기로, 지금 장군의 목에는 1천 근의 상금과 1만 家의 대읍이 걸렸는데 어찌 하시겠습니까?"

번장군은 하늘을 보며 크게 한숨을 쉬더니 눈물을 흘리며 말했다.

"나는 늘 생각하지만, 언제나 골수에 사무치는 원한을 어찌 갚아야할지 알 수가 없습니다."

"지금 드릴 제 말씀으로 燕國의 환난을 풀고 장구의 원수를 갚을

2352 督亢(독항) - 督亢(독항)은 연 서남쪽의 지명. 당시 기름진 땅(膏腴之地)으로 알려졌다. 今 河北省 남부 保定市 관할 涿州市(탁주시) 일원.

수도 있는데 어찌 하시겠습
니까?"

번오기는 바로 다가 앉으
며 말했다.

"하겠습니다. 어찌해야 합
니까?"

"장군의 수급을 가지고 가
서 秦에 바치겠다면, 진왕은
틀림없이 좋아하며 기꺼이
나를 만나줄 것이니, 나는 왼
손으로 그 옷자락을 잡고 오
른손으로 秦王의 가슴을 찌
르면[2353] 장군의 원수를 갚아

樊於期(번오기, ? – 前 227년)

주고 燕나라는 그간의 치욕을 씻을 수 있습니다. 장군도 왜 그러 아
니하겠습니까?"

樊於期(번오기)는 옷통을 벗어 한쪽 어깨를 드러낸 뒤에 팔뚝을
잡고[2354] 다가서며 말했다.

"이는 내가 밤낮으로 切齒腐心〔절치부심: (몹시 분하여) 이를 갈고 속
을 썩인다는 말이며, 이를 악물고 고대한다는 뜻이다.〕 하던 일인데,[2355] 오

2353 원문 右手揕抗其胸 – 揕은 찌를 침. 扰(때릴 침)과 通. 抗은 막을 항. 扰
의 誤字일 것이라는 주석이 있다.

2354 勇者가 猛志를 표시할 때 左手로 右腕(우완, 팔뚝 완)을 잡고 말한다.

2355 切齒拊心 – 拊는 어루만질 부. 절치부심. 지금은 보통 切齒腐心으로
표기. 拊는 腐. 腐는 痛之極.

늘에야 가르침을 들었습니다."

그리고는 자살하였다.[2356] 태자가 소식을 듣고 달려가 시신을 끌어안고 통곡하며 극도로 슬퍼하였다. 일이 이렇게 되자, 어찌할 수 없어 번오기의 수급을 함에 넣고 봉했다.

{原文} 於是, 太子預求天下之利匕首, 得趙人徐夫人之匕首, 取之百金, 使工以藥淬之, 以試人, 血濡縷, 人無不立死者. 乃爲裝遣荊軻. 燕國有勇士秦武陽, 年十二, 殺人, 人不敢與忤視. 乃令秦武陽爲副. 荊軻有所待, 欲與俱, 其人居遠未來, 而爲留待. 頃之未發. 太子遲之, 疑其有改悔, 乃復請之曰,

"日以盡矣, 荊卿豈無意哉? 丹請先遣秦武陽."

荊軻怒, 叱太子曰, "今日往而不反者, 豎子也! 今提一匕首入不測之强秦, 僕所以留者, 待吾客與俱. 今太子遲之, 請辭決矣!"

遂發. 太子及賓客知其事者, 皆白衣冠以送之. 至易水上, 旣祖, 取道. 高漸離擊築, 荊軻和而歌, 爲變徵之聲, 士皆垂淚涕泣. 又前而爲歌曰,

'風蕭蕭兮易水寒, 壯士一去兮不復還!'

復爲忼慨羽聲, 士皆瞋目, 髮盡上指冠. 於是荊軻遂就車而去, 終已不顧.

2356 遂自刎 – 刎은 목 벨 문. 自刎은 自斷也.

{국역} 그리고 太子는 천하에 가장 날카로운 匕首(비수)를 미리 준비하였으니, 趙人 徐夫人(서부인, 徐는 姓, 夫人은 名. 男子)이 만든 비수를 1百 金에 사고 工人을 시켜 독약에 달굼질을 하여[2357] 사람에게 시험하였더니 칼에 몸의 피가 조금만 묻어도 금방 죽지 않는 사람이 없었다.[2358] 그리고 형가를 보낼 짐을 챙겼다.

燕國에 秦武陽(진무양)이라는 勇士가 있었는데, 이미 12살에 살인을 했었기에 사람들이 그를 바로 바라보지도 못했다. 이에 副使(부사)로 秦武陽을 같이 가게 하였다(爲副). 형가가 믿을 만한 사람이 있어 같이 가려 했지만 그 사람이 먼 곳에 살고 있어 아직 도착하지 않아 기다리고 있었다. 얼마를 지나도 출발하지 않았다. 태자는 출발이 늦어지자, (형가의) 마음이 바뀌었나 의심이 되어 형가를 다시 불러 물었다.

"날짜가 많이 지났습니다. 荊卿께서 어찌 다른 뜻이 있겠습니까? 제가 진무양을 먼저 보내려 합니다."

荊軻가 화를 내며 태자를 질책하듯 말했다.

"이번에 떠나면 다시 돌아올 수 없나니, 어린아이여!(豎子也!) 지금 비수 한 자루를 들고 예측할 수 없는 강한 秦에 들어가야 하는데, 내가 머뭇거리는 것은 기다려 같이 갈 사람이 있기 때문이요. 지금 태자께서 늦다고 이리 염려하니 이제 떠나겠습니다."

2357 藥淬之 - 藥은 독약. 淬는 달굼질 할 쉬. 焠(달굼질 쉬)와 通.

2358 원문 血濡縷人無不立死者 - 濡는 젖을 유. 적시다, 縷는 실 루. 가늘고 긴 것. 立死는 바로 죽다. 곧 죽다. 立은 곧(速意). 곧장 일어날 입. 부사로 쓰였다.

그리고는 출발하였다. 太子와 그런 일을 아는 빈객들이 모두 흰색 의관을 갖추고 전송하였다. 易水(역수) 가에 이르렀고, 길 떠나는 祖祭(조제)를 지낸 다음에 길을 잡았다.[2359]

高漸離(고점리)[2360]가 築(축, 筑. 현악기의 일종)을 치자, 荊軻가 화답으로 노래를 불렀는데, 곡조는 徵音(치음) 變調의 聲音이라서 모두가 눈물을 흘리며 흐느꼈다(垂涙涕泣). 그러자 또 형가가 한 걸음 더 나와 노래했다.

'바람은 소소하고 역수는 차가운데(風蕭蕭兮易水寒),

장사가 떠나가면 다시 아니 돌아오리!(壯士一去兮不復還!)'

비분강개한 羽聲(우성)에 모두가 눈을 부릅뜨고(瞋目), 곤두선 머리칼이 冠을 들어올렸다. 그리고 형가는 수레에 올라 출발하였는데, 끝내 뒤돌아보지 않았다.

{原文} 旣至秦, 持千金之資幣物, 厚遺秦王寵臣中庶子蒙嘉. 嘉爲先言於秦王曰, "燕王誠震畏慕大王之威, 不敢興兵以拒大王, 願擧國爲內臣, 比諸侯之列, 給貢職如郡縣, 而得

2359 旣祖, 取道 – 祖는 祖祭. 道路之神에게 올리는 軷祭(발제). 떠나갈 먼 길의 안전을 위해 여행길을 주재하는 祖神에게 路祭를 지내고 餞別(전별)한다. 떠나는 사람과 함께 술을 마시는 것이 餞(전별할 전)이다. 祖道, 祖行, 祖送은 '전별하다'는 뜻이고, 祖宴, 祖帳은 송별연이다.

2360 高漸離(고점리, 생졸년 미상) – 戰國 시대 燕. 筑(축 현악기의 일종) 연주를 잘했다. 荊軻(형가)의 우인. 前 227년 荊軻가 秦王을 죽이러 갈 때, 易水(역수)에서 전별했다. 형가가 진왕 저격에 실패하고 죽자, 고점리는 성명을 바꾸고 생활했다. 나중에 고점리는 축에 납을 부어 무겁게 한 뒤 진시황을 저격했지만 실패하여 죽음을 당했다.

奉守先王之宗廟．恐懼不敢自陳，謹斬樊於期頭，及獻燕之督亢之地圖，函封，燕王拜送於庭，使使以聞大王．唯大王命之．”

秦王聞之，大喜．乃朝服，設九賓，見燕使者咸陽宮．荊軻奉樊於期頭函，而秦武陽奉地圖匣，以次進至陛下．秦武陽色變振恐，群臣怪之，荊軻顧笑武陽，前爲謝曰，

“北蠻夷之鄙人，未嘗見天子，故振慴，願大王少假借之，使畢使於前．”

秦王謂軻曰，“起，取武陽所持圖．”

軻旣取圖奉之，發圖，圖窮而匕首見．因左手把秦王之袖，而右手持匕首揕抗之．未至身，秦王驚，自引而起，絕袖．拔劍，劍長，摻其室．時怨急，劍堅，故不可立拔．荊軻逐秦王，秦王還柱而走．群臣驚愕，卒起不意，盡失其度．而秦法，群臣侍殿上者，不得持尺兵．諸郎中執兵，皆陳殿下，非有詔不得上．方急時，不及召下兵，以故荊軻逐秦王，而卒惶急無以擊軻，而乃以手共搏之．是時侍醫夏無且，以其所奉藥囊提軻．秦王之方還柱走，卒惶急不知所爲，左右乃曰，“王負劍! 王負劍!”

遂拔以擊荊軻，斷其左股．荊軻廢，乃引其匕首提秦王，不中，中柱．秦王復擊軻，被八創．軻自知事不就，倚柱而笑，箕踞以罵曰，

“事所以不成者，乃欲以生劫之，必得約契以報太子也．”

左右既前斬荊軻, 秦王目眩良久. 而論功賞群臣及當坐者, 各有差. 而賜夏無且黃金二百鎰, 曰, "無且愛我, 乃以藥囊提軻也."

於是, 秦大怒燕, 益發兵詣趙, 詔王翦軍以伐燕. 十月而拔燕薊城. 燕王喜, 太子丹等, 皆率其精兵東保於遼東. 秦將李信追擊燕王, 王急, 用代王嘉計, 殺太子丹, 欲獻之秦. 秦復進兵攻之. 五歲而卒滅燕國, 而虜燕王喜. 秦兼天下.

其後荊軻客高漸離以擊築見秦皇帝, 而以築擊秦皇帝, 爲燕報仇, 不中而死.

{국역} (형가는) 秦에 도착하여, 千金 어치 예물을 秦王의 寵臣(총신)인 中庶子 蒙嘉[몽가, 蒙恬(몽염) 弟?]에게 주었다. 그러자 몽가는 먼저 秦王에게 말했다.

"燕王은 진정으로 대왕 위엄에 무서워 떨고 두려워 흠모하면서 감히 군사로 대왕에 맞설 수 없어, 온 나라를 들어서 신하로 제후 반열에 서고, 郡縣이 되어 직무를 다하며, 先王의 종묘를 받들겠다고 합니다. (燕王이) 직접 감히 아뢰지 못하고 樊於期(번오기)의 목을 베고, 燕의 督亢(독항) 땅 지도를 함에 봉하여 燕王이 사람을 보내어 대왕에 아뢰고자 하오니 대왕께서 명령하시길 바랍니다."

秦王은 듣고서 大喜(대희: 크게 기뻐했다)했다. 곧 朝服에 九賓을 모두 갖춘 뒤에[2361] 燕의 사자를 咸陽(함양)의 궁궐에서[2362] 알현하였다.

2361 設九賓 – 九賓은 《周禮》의 九儀. 秦에서 거행할 수 있는 최고의 의례

형가는 번오기의 머리가 든 함을 들었고 진무양은 地圖가 든 궤를 들고서 한 줄로 들어가 계단 아래에 섰다. 그러자 진무양의 안색이 변하고 두려워 떨자, (秦의) 群臣이 괴이하게 여기자, 荊軻가 진무양을 돌아보고 웃은 뒤 앞으로 나가 말했다.

"북방 만이의 촌놈이라〔鄙人(비인)〕 천자를 뵌 적이 없어 두려워 떨고 있으니 잠깐 기다려 주시면 사신의 일을 마칠 수 있을 것입니다."

그러자 秦王이 형가에게 말했다.

"일어나 진무양이 갖고 온 지도를 올려라."

형가는 지도를 들고 받들며 지도를 펴자, 지도가 다 펼쳐지며 비수가 나타났다(圖窮而匕首見). 형가는 왼손으로 秦王의 옷소매를 잡고, 오른손으로 비수를 잡고 秦王을 찌르려 했다. 가까이 이르기 전에 秦王이 놀라 일어나며 소매를 빼자 소매가 찢어졌다. (진왕이) 칼을 뽑으려 하였지만 칼이 길어 칼집만 손에 쥐었다. 너무 다급하게 칼을 뽑으려 했고 검이 꽉 꽂혀 있어 바로 뽑을 수가 없었다. 형가가 秦王을 쫓아가자, 秦王은 기둥을 돌며 달아났다(還柱而走). 群臣이 驚愕(경악)하였고 갑자기 일어난 不意의 사태에 모두 정신을 잃었다. 秦法에 殿上에서 시위하는 자는 누구나 조그만 무기도 지닐 수 없었다. 병기를 지닌 여러 郎中은 모두 전각 아래에 나열하였고 왕의 명이 없으면 올라올 수도 없었다. 한창 다급하여 아래 병사를

　　를 갖췄다는 뜻.

2362 見燕使者咸陽宮 – 秦 孝公이 咸陽에 도읍했으니 唐代의 渭城이다. 山南水北을 陽이라 하니 渭水의 北쪽이고, 九嵏山(구종산)의 南쪽이라서 咸陽이라 하였다.

부를 겨를도 없었고, 형가가 진왕을 뒤쫓기에 황급하여 형가를 잡지도 못하고 맨손으로 형가를 치려고 하였다.

그때 侍醫(시의)인 夏無且(하무저)는 가지고 있던 약 주머니를(약낭) 형가에게 던졌다. 秦王은 막 기둥을 끼고 달아나며 갑자기 당황하여 어찌할 줄을 모르는데 측근들이 "왕께서는 칼을 뽑으십시오. 칼을 뽑으십시오!"라고 소리쳤다. 진왕은 칼을 뽑아 형가의 왼쪽 허벅지를 내리쳤다. 형가는 넘어지면서 그 비수를 잡아 진왕에게 던졌으나 맞추지 못하고 기둥에 꽂혔다. 진왕이 다시 형가를 내리쳤고 여덟 번을 찔렀다. 형가는 일이 실패했음을 알고 기둥에 기대어 웃으며 다리를 벌려 앉은 채, 진왕을 꾸짖었다.

"이리 성공하지 못한 것은 내가 진왕을 산 채로 협박하여 땅을 돌려주겠다는 약속을 받아내 태자에게 보고하려 했기 때문이다."

左右가 모두 달려들어 형가의 목을 잘랐고 진왕은 한참 동안 제 정신이 아니었다. 그리고 여러 신하를 공에 따라 차등을 두어 상을 주었고 관련자는 처벌하였다. 그리고 시의 하무저에게는 黃金 2백鎰(일)을 상으로 주며 말했다.

"무저는 나를 지키려 약 주머니를 형가에게 던졌다."

이에, 秦에서는 燕에 대노하며 더 많은 군사를 趙에 보냈고, 王翦(왕전)에게 명하여 군사로 燕을 정벌케 하였다. 10개월만에 燕의 薊城(계성)을 점령하자, 燕王 喜(희)와 태자 丹(단) 등은 그 정병을 인솔하여 遼東(요동)을 지켰다. 秦將 李信(이신)이 燕王을 추격했고, 연왕은 다급하여 代王 嘉(가)의 계책에 따라 太子 丹(단)을 죽여 그 首級을 秦에 바치려 했다. 그러나 秦은 다시 군사를 진격하여 공격했다.

5년이 지나(前 222) 결국 燕國은 멸망했고, 燕王 喜(희)를 포로로 잡았다. 秦은 천하를 겸병하였다(前 221).

그 뒤에 荊軻의 벗이었던 高漸離(고점리, 생졸년 미상)는 築(축, 筑)을 잘 연주하여 秦皇帝를 알현하였고, 축으로 秦 황제를 공격하여 燕의 원수를 갚으려 하였지만 (秦 皇帝를) 맞추지 못하고(不中) 죽었다.

32.《戰國策》卷三十二 宋衛策

※ 宋의 역사 개관

周 武王이 殷(은, 商)을 정벌했고 殷은 멸망했다. 武王의 아들 成王 때(前 11世紀) 멸망한 폭군 紂王(주왕)의 庶兄(서형)인 微子啓(미자계)를 宋에 봉하여 건국하고, 망한 殷의 제사를 받들게 하였다. 이는 이른바 '興滅國하고 繼絶世하는' 勝者의 관용이었다.

宋의 國君은 子姓에 宋氏이며 爵位는 公爵(공작)이었다. 그 영역은 지금 河南省 동부와 安徽省 淮水(회수) 북부 지역이었다. 수도는 睢陽(휴양, 今 河南省 동쪽 끝 商丘市 睢陽區)이었다. 宋의 영역은 中原의 중심부로 富商과 巨商(거상)들이 모여드는 곳이었고, 宋人은 상업에 소질이 있어 전국에 널리 알려졌었다. 전국시대 前 318년에 稱王했고, 前 286年에 齊의 침공을 받아 멸망하였다〔宋王 偃(언)〕.《史記, 38권 宋微子世家》로 史書에 기록되었다.

○ 春秋時代의 宋

宋은 前 8세기에 衛國의 내정 간섭에 시달렸고 이어 내란으로 분

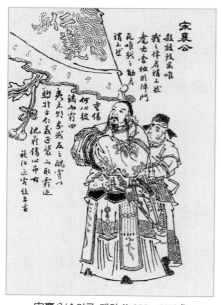

宋襄公(송양공, 재위 前 650 – 637년)

열되기도 했지만 이를 극복하면서 前 7세기에는 점차 강성해졌다.

宋 襄公(양공, 재위 前 650 – 637년)은 春秋 五霸의 한 사람으로 꼽힐 정도였지만, 군사적으로는 매우 허약하여 다른 霸者와 크게 달랐다. 특히 楚와 泓水(홍수)의 싸움에서(前 638年) 仁義를 내세우다가 패전하고 상처를 입었으며, 결국 그 때문에 죽었기에 조롱에 가까운 '宋襄之仁(송양지인)'이라는 成語가 생겨날 정도였다. 宋은 楚와 끝없이 싸웠는데, 前 632년 城濮之戰(성복의 전쟁) 이후 前 546년까지 40회 이상 전쟁을 계속했었다.

○ 戰國時代의 宋

宋國의 정권이 뒤바뀌었는데, 子姓의 宋 桓侯(환후)는 아들 宋 剔成(척성)에게 國君의 지위를 넘겨주었다.

前 318년, 척성의 弟 偃(언)이 稱王하니, 이가 宋 康王(강왕)으로(재위 前 328 – 286년) 모범적인 王政을 전개하며 정치 개혁을 이룩했다. 康王은 前 296년, 五國이 伐秦할 때, 宋 康王도 率軍하고 참여했었다. 康王은 동쪽으로 齊를, 그리고 남쪽 楚를 敗退시켰지만, 두 나라의 질서를 받아야 했다. 前 286年에 宋에서 내란이 일어나자 기회를 노린 齊의 침공으로 멸망했고 康王 偃(언)은 망명하여 魏國 溫邑(今 河南省 북부 溫縣)에서 죽었다. 역사에서는 함부로 군사를 일으켜 침략을 일삼는 폭군이며 잔악무도한 인물로 기록되었다.

※ 衛의 역사 개관

衛(위)는 周朝 武王의 동생 康叔(강숙)을 봉한 제후국으로, 國姓은 姬姓에 衛氏(子南氏)이며 爵位는 伯爵이었다가 나중에 侯爵(후작)으로 작위가 올랐다.

西周 시대에 衛國은 周室의 울타리로 그 소임을 다했다. 역사에 기록된 일이 거의 없는 그저 평온한 나라였다. 國都는 朝歌(조가, 今 河南省 북부 鶴壁市 淇縣)에서 曹(조, 今 河南省 직할 滑縣활현) - 楚丘(초구, 今 河南省 직할 활현 東) - 帝丘(제구, 今 河南省 북부 濮陽市 濮陽縣) - 野王(야왕, 今 河南省 북부 焦作市 관할 沁陽市) 등으로 옮겨 다녔다.

○ 春秋時代의 衛

이후 동주 시대에 衛國은 내란이 자주 일어나 쇠약해졌다. 前 661년에는 狄人(적인)의 침략으로 荒淫(황음)에 奢侈(사치)했던 衛 懿公(의공)이 狄人에게 피살되어 멸망했다가 나중에 齊 桓公(환공)의 도움을 받아 前 659년에 楚丘(초구)에 다시 건국하여 소국으로 명맥을 이어갔다.

이후 衛 文公 때 국력을 회복하였지만, 衛 成公 원년(前 629년)에

狄人의 침략으로 다시 帝丘〔今 河南省 濮陽市(복양시)〕로 옮겨 휴식과 함께 이후 번영하였다. 春秋 말기 衛 내부 집권 세력의 분열로 쇠약하였는데, 衛는 그 주변 趙, 魏, 齊, 楚 사이에 끼여 겨우 명맥을 유지하였다.

○ 전국시대 衛

전국시대에 들어와 前 343년에 魏는 姬姓의 衛君을 폐하고 衛 靈公의 支孫인 子南氏를 衛君으로 세웠다. 前 254년, 衛君 懷(회)는 魏國에 入朝하였다가 피살되었다. 이후 衛는 魏에 겸병되어 그 附庸國(부용국)이 되었다.

前 252년, 魏 安釐王(안희왕) 이후, 衛君은 魏王의 책봉을 받는 제후국이 되었다. 前 241년, 秦이 魏를 공격했고, 이후 衛는 秦의 附庸國(부용국)이 되어 명맥을 유지하다가 秦 二世 원년(前 209)에 衛君 角(각)이 서인으로 강등, 멸망하였다. 周의 제후국으로 가장 늦게 멸망했다는 기록으로 남았지만 여기에는 異說이 있다.

○ 鄭, 衛의 淫風

《詩經》에서는 鄭과 衛의 詩歌(音樂)에 음란한 기풍이 있다고 하였다. 또 《論語 衛靈公》에서 顔淵(안연)이 나라를 다스리는 방도를 묻자 孔子는 "~ 放鄭聲, 遠佞人. 鄭聲淫, 佞人殆."이라 하였는데, 이는 鄭의 음란한 음악을 물리치고(放) 아첨하는 자를〔佞人(영인)〕 멀리하라는 뜻이다.

班固의 《漢書 地理志》에는 각 국의 풍속에 관하여 역사적 지리적 입장에서 분석하였는데, 반고는 鄭과 衛에 이런 淫風이 있는가에 대하여, 그 원인을 산천의 지리적 특색에 있다고 해석하였다.

《漢書 地理志》에서 鄭은 국토가 좁고 험준해서 산에 살며 계곡의 물을 길어 먹어야 했기에 남녀가 자주 모일 수가 있어 그 풍속은 음란하였다. 그래서 〈鄭風〉에서도 「東門을 나가니 여인들이 구름처럼 모였네.」 또는 「溱水(진수)와 洧水(유수)의 물은 호호탕탕하고, 남자와 여인이 蘭(난) 꽃을 주고받네.」 그리고 「마주보며 즐기나니, 남자와 여인이 서로 함께 장난치네.」라고 노래하였으니 그들 습속이 이러하였다.

또 衛의 풍속에 대해서는 「衛(위)는 곳곳에 뽕밭이나 하천의 은밀한 곳이(桑間濮上之阻) 많아 男女가 자주 만날 수 있기에 聲色(성색)이 저절로 생겨날만한 곳.」이라고 하였다.

「~ 成公 이후 10여 世에 衛는 韓과 魏의 침략을 받아 그 지방 邑을 모두 잃고 오직 濮陽(복양)만 남았다. 뒷날 秦이 濮陽(복양)을 차지한 뒤에 東郡을 설치했다가 (東郡 治所를 다시) 野王縣으로 옮겼다. 始皇帝가 천하를 다 병합한 뒤에도 衛君만은 그대로 남겨두었는데, 秦 二世 때 폐하여 庶人으로 만들었다. 衛는 총 40世에 9백 년을 이어왔고 가장 나중에 멸망하였기에 홀로 그 (天文의) 分野가 있다. 衛(위)는 곳곳에 뽕밭이나 하천의 은밀한 곳이(桑間濮上之阻) 많아 男女가 자주 만날 수 있기에 聲色(성색)이 저절로 생겨날만한 곳이라서 세속에서는 鄭과 衛의 聲音이라고 하였다.」

또 衛에 무예를 숭상하는 기풍이 있다고 하였다.

「周末에 (衛 출신) 子路(자로)나 夏育(하육, 고대 勇士)을 백성들이 흠모하였기에 그곳 습속은 무예를 열심히 익히고 氣力을 숭상하였

다. 漢이 건국된 이후에도 二千石(太守) 등 治者는 여전히 殺戮(살
류)으로 권위를 세웠다. (前漢) 宣帝 때 韓延壽(한연수)가 東郡太守가
되어, 은택을 베풀고 예의를 숭상하며 바른 말을 하는 사람을 존중
하여 지금까지도 東郡에서는 善良한 지방관이라 칭송을 하는데, 이
는 모두 한연수의 교화이다. 그러나 衛의 폐단으로 사치가 아주 심
하고 혼례나 장례의 허례가 지나치며, 특히 野王(야왕, 지명) 일대의
好氣와 任俠(임협)은 濮陽(복양) 지역의 風潮일 것이다.」

476/ 齊攻宋, 宋使臧子~

{原文} 齊攻宋, 宋使臧子索救於荊. 荊王大說, 許救甚勸.
臧子憂而反.
　其御曰, "索救而得, 有憂色何也?"
　臧子曰, "宋小而齊大. 夫救於小宋而惡於大齊, 此王之所
憂也. 而荊王說甚, 必以堅我. 我堅而齊弊, 荊之利也."
　臧子乃歸. 齊王果攻, 拔宋五城, 而荊王不至.

齊가 宋을 공격하자, 宋은 臧子(장자)를 시켜~

{국역} 齊가 宋을 공격하자, 宋에서는 臧子(장자)를 시켜 荊(형, 楚)
에 구원을 요청하였다.[2363] 荊王(형왕, 襄王, 재위 前 298 – 263년)은 크

게 기뻐하며 힘써 구원하겠다고 허락하였다. (사신) 臧子(장자)는 걱정하며 돌아왔다. 그 御者(車夫:마부)가 물었다.

"구원을 요청하여 수락 받았는데 왜 걱정하십니까?"

장자가 말했다. "宋은 小國이고 齊는 大國이다. 小國 宋을 구원하는 것은 大國 齊의 미움을 받는 일이니, 이는 王으로서 걱정해야 할 일이다. 그러나 楚王은 크게 좋아하니, 이는 틀림없이 우리보고 굳게 지키라는 뜻이다. 우리가 끝까지 버티면 齊는 지칠 것이고, 그러면 楚에게는 이득이다."

齊王(閔王)은 宋에 침공하여 5城을 차지하였지만, 楚王은 끝내 宋을 구원하지 않았다.

477/ 公輸般爲楚設機

{原文} 公輸般爲楚設機, 將以攻宋. 墨子聞之, 百舍重繭, 往見公輸般, 謂之曰,

"吾自宋聞子. 吾欲藉子殺王(人)."

公輸般曰, "吾義固不殺王."

2363 齊攻宋, 宋使臧子索救於荊 － 宋은 前 286년에 齊에게 멸망하였다. 楚는 이미 齊와 宋 분할을 밀약한 상태였다. 그러니 楚(襄王)는 구원하지 않았다. 臧子(장자, 子는 남자 존칭)는 《韓非子 說林 上》에 臧孫子로 기록되었다.

墨子曰, "聞公爲雲梯, 將以攻宋. 宋何罪之有? 義不殺王而攻國, 是不殺少而殺衆. 敢問攻宋何義也?"

公輸般服焉, 請見之王.

墨子見楚王曰, "今有人於此, 舍其文軒, 鄰有弊輿而欲竊之, 舍其錦繡, 鄰有短褐而欲竊之, 舍其粱肉, 鄰有糟糠而欲竊之. 此爲何若人也?"

王曰, "必爲有竊疾矣."

墨子曰, "荊之地方五千里, 宋方五百里, 此猶文軒之與弊輿也. 荊有雲夢, 犀兕麋鹿盈之, 江,漢魚鱉黿鼉爲天下饒, 宋所謂無雉兎鮒魚者也, 此猶粱肉之與糟糠也. 荊有長松, 文梓,梗,枏,豫樟, 宋無長木, 此猶錦繡之與短褐也. 臣以王吏之攻宋, 爲與此同類也."

王曰, "善哉! 請無攻宋."

公輸般(공수반)이 楚를 위해 기계를 만들어,

{국역} 秦公輸般(공수반, 魯班)[2364]이 楚나라를 위하여 기계를 만들어

2364 公輸般(공수반, 魯班. 前 507년 - ?) – 姬는 姓, 公輸氏, 名은 班, 公輸盤, 公輸般. 春秋 末葉, 최고의 기술자. 중국 工匠祖師. 魯에서 출생, 활동, 만년에는 歷山(今 山東省 濟南市, 一名 千佛山)에 은거했다. 사다리, 톱, 목수용 먹줄통, 우산 등을 발명했다고 한다. 모든 목수, 미장이는 물론 광대들에게도 존경받는 최고의 기술자였다. 중국 각지에 魯班殿 또는 魯班廟가 있다.

(攻城用 사다리, 雲梯) 宋을 공격하려 했다.[2365] 墨子〔묵자, 墨翟(묵적), 宋人〕가[2366] 이를 알고서는 발에 물집이 생기도록 백리 1舍(사)의 길을 걸어가서[2367] 公輸般(공수반)을 만나 말했다.

"나는 宋에 있으면서 당신의 소문을 들어 (솜씨가 좋다는 사실을) 알고 있습니다.[2368] 나는 당신의 솜씨를 빌려 사람을 하나 죽이려 합

2365 본 章은 前 444년의 일이라는 주석이 있다.

2366 墨翟(묵적)은 墨子(? 前 468 - 376년) - 子姓, 墨氏, 名은 翟. 春秋 시대 말기, 戰國 시대 초기의 인물. 宋國人(今 河南省 동쪽 끝 商丘市). 一說 魯國人. 《史記 孟子荀卿列傳》에 '蓋墨翟, 宋之大夫. 善守御 爲節用. 或曰並孔子時, 或曰在其後'라 하였기에, 宋人이라 했다. 묵자의 성명, 국적에 대해서는 여러 異論이 많다. 묵자는 형벌을 받아 손발이 굳었고, 얼굴도 墨刺(묵자)의 형벌로 검었다는 주장이 있다. 묵자는 非儒, 兼愛(겸애), 非攻, 尙賢, 尙同, 明鬼, 非命, 天志(天도 人格과 같은 의지의 소유 주체). 非樂(비악), 節葬(절장), 節用(절용), 交相利 등 儒家와 상반되는 주장을 내세웠고, 당시 영향력이 매우 커서 '儒墨'이란 말이 통했다. 《千字文》의 「墨悲絲染(묵비사염: 먹물은 실이[검게] 물드는 것을 슬퍼한다는 말이며, 좋지 못한 사람을 사귀지 말라는 말이다.)」은 《墨子 所染》에서 나왔다. 《墨子》에 "公輸般(공수반)이 사다리차〔雲梯(운제)〕를 만들어 宋을 공격 하려 했다. 墨子가 이를 알고 방어책을 세웠는데 공수반이 9가지의 변형으로 공격했으나 묵자는 이를 모두 막아내었다. 공수반의 기계는 더 이상 공격하지 못했지만 묵자의 수비는 여유가 있었다."고 하였다.

2367 원문 百舍重繭 - 百舍는 百里를 걸어가 하루를 쉰다는 뜻. 백 일간 머물다의 뜻으로 해석한 주석도 있다. 重繭(중견, 繭은 누에고치 견)은 발에 군살이 박히다. 물집이 생기다. 발이 부르터 물집이 누에고치 모양이 되다.

2368 최고의 전문가 앞에서 어설픈 기량을 자랑하지 말라는 뜻의 속담이 많다. 우리가 보통 말하는 '번데기 앞에서 주름잡는 사람'을 보고서는, 중국인들은 '魯班의 집 앞에서 도끼를 들고 솜씨 자랑하다(魯班門前

니다."

공수반이 말했다.

"나는 의리상 사람을 죽이지 않습니다."

"公이 雲梯(운제, 높은 사다리)를 만들어 宋을 공격하려 한다는데 宋이 무슨 죄를 지었습니까? 의리상 사람을 죽이지 않는다면서 나라를 공격한다면 적은 숫자도 아닌 많은 사람을 죽이는 것입니다. 당신이 宋을 공격하는 것은 무슨 의리인지 묻고 싶습니다."

公輸般은 묵자의 말에 감복하여 묵자가 왕을 만나도록 주선하였다. 묵자가 楚王을 만나 말했다.

"지금 여기 어떤 사람이 있습니다. 자신은 무늬를 놓은 좋은 수레가〔文軒(문헌)〕 있으면서 이웃집의 낡은 수레를 훔치려 합니다. 자신은 수놓은 비단 옷을 입으면서 남의 짧은 삼베옷을(短褐) 훔치려 합니다. 또 자신의 밥과 고기반찬(梁肉)을 놔두고 남의 거친 끼니를〔糟糠(조강)〕 훔치려 한다면, 이런 사람은 도대체 어떤 사람이겠습니까?"

그러자 초왕이 말했다.

"틀림없이 盜癖(도벽, 竊疾)이 있는 사람이요."

墨子가 다시 말했다.

"荊(형, 楚나라)은 땅이 사방 5천 리이고 宋은 그 땅이 사방 5백 리이니, 이는 멋진 수레와(文軒) 낡은 수레에 비유할 수 있습니다. 楚

弄大斧).'라고 말한다. 이와 비슷한 뜻의 속담으로 '공자집에 와서 효경을 읽다.(孔子門前讀孝經)', '공자 집 문 앞에 와서 詩文을 팔다.(孔子門前賣詩文)', '공자 앞에서 三字經을 외우지 말라.(孔夫子面前莫背三字經)'라고 말한다. 또 '노반이 아무리 재주가 좋아도, 자기 능력에 맞추어 일을 한다.(魯班雖巧 量力而行)'라는 속담도 있다.

에는(荊) 雲夢澤(운몽택)이 있어, 물소〔犀兕(서시)〕와 사슴〔麋鹿(미록)〕이 가득하고 長江과 漢水(한수)에 물고기와 자라가 있어 온 천하가(下民也) 풍요롭지만, 宋에는 꿩〔雉(치)〕이나 토끼(兔), 붕어도〔鮒魚(부어)〕별로 없으니, 이는 찰밥(梁)에 고기반찬(肉)이며, (貧者의) 거친 糟糠과 같습니다. 楚에는 큰 소나무(長松), 가래나무〔文梓(문재)〕, 楩(편), 枏(남, 녹나무), 豫樟(예장) 같은 大木이 있지만, 宋에는 이런 長木이 없으니, 이는 비단 옷과(錦繡) 짧은 삼베옷과(短褐) 같습니다. 왕의 신하가 宋을 공격하는 것은 이와 同類라고 臣은 생각합니다."

王이 말했다.

"좋은 말씀입니다! 宋을 공격하지 않겠습니다."

478/ 犀首伐黃

{原文} 犀首伐黃, 過衛, 使人謂衛君曰,

"弊邑之師過大國之郊, 曾無一介之使以存之乎? 敢請其罪. 今黃城將下矣, 已, 將移兵而造大國之城下."

衛君懼, 束組三百緄, 黃金三百鎰, 以隨使者. 南文子止之曰,

"是勝黃城, 必不敢來, 不勝, 亦不敢來. 是勝黃城, 則功大名美, 內臨其倫. 夫在中者惡臨, 議其事. 蒙大名, 挾成功,

坐御以待中之議, 犀首雖愚, 必不爲也. 是不勝黃城, 破心
而走, 歸, 恐不免於罪矣! 彼安敢攻衛以重其不勝之罪哉?"

果勝黃城, 帥師而歸, 遂不敢過衛.

犀首(서수)가 黃國을 정벌하다.

{국역} (魏將) 犀首(서수)가 黃(황)을 정벌하려고[2369] 衛(위)를 지나면
서 사람을 衛君에 보내 말했다.

"弊邑(폐읍, 魏)의 군사가 大國(衛)의 교외를 지나가는데 사람 하
나 보내어 위문도 아니할 수 있습니까? 그 죄를 따져보고 싶습니다.
지금 黃城(황성)이 곧 함락될 것이니, 함락되면 군사를 거느리고 귀
국의 城으로 이동할 것입니다."

衛君은 두려워서 비단 3百 絪(곤, 띠 곤, 물건의 단위)과 黃金 3백 鎰
(일)을 사자를 따라 보내려 했다. (衛 大夫인) 南文子(남문자)가 이를
제지하며 말했다.

"저들이 黃城을 함락시켜도 틀림없이 오지 않을 것이고, 不勝하
더라도 감히 올 수가 없을 것입니다. 서수가 黃城을 점령하면 큰 공
을 세우고 명예를 얻는데, 그러면 (그 나라) 내부에서 동료들이 그
공을 논의할 것입니다. 큰 공을 세우고 명예를 얻고서 이런 저런 논

2369 犀首伐黃 - 犀首(서수)는 본래 魏 官職名이나 본서에 여러 번 나온 公孫
衍(공손연)은 아니라는 주석이 있다. 곧 본문의 南文子는 衛 悼公(도공,
재위 前 469 - 465년)의 相이다. 悼公은 晉 智伯(지백)과 같은 시기라 하였
으니 공손연이 아니라는 주석이 있다. 黃은 國名이라는 주석과 宋의
영역인 黃池(황지), 今 河南省 新鄕市 관할 封丘縣이라는 주석이 있다.

의의 대상이 될 것이니, 서수가 비록 우매하더라도 그렇게 하지는 않을 것입니다. 만약 黃城을 이기지 못하면, 죄를 겁내어(破心) 빨리 돌아가더라도 罪(죄)를 면하기 어려울 것입니다! 그 사람이 어찌 감히 우리 衛를 공격하여 죄를 더 무겁게 하겠습니까?'

과연 예상대로 黃城을 점령하였지만 군사를 거느리고〔帥師(솔사)〕 귀국하여 衛에 들어오지 않았다.

479/ 梁王伐邯鄲

{原文} 梁王伐邯鄲, 而徵師於宋. 宋君使使者請於趙王曰,

"夫梁兵勁而權重, 今徵師於弊邑, 弊邑不從, 則恐危社稷. 若扶梁伐趙, 以害趙國, 則寡人不忍也. 願王之有以命弊邑."

趙王曰, "然. 夫宋之不足如梁也, 寡人知之矣. 弱趙以强梁, 宋必不利也. 則吾何以告子而可乎?"

使者曰, "臣請受邊城, 徐其攻而留其日, 以待下吏之有城而已."

趙王曰, "善."

宋人因遂擧兵入趙境, 而圍一城焉. 梁王甚說, 曰, "宋人助我攻矣."

趙王亦說曰, "宋人止於此矣."

故兵退難解, 德施於梁而無怨於趙. 故名有所加而實有所歸.

梁王이 邯鄲(한단)을 침공하면서

{국역} 梁王(魏 惠王)이 (趙) 邯鄲(한단)을 침공하면서,[2370] 宋에게 군사를 동원해 달라고 요청하였다.[2371] 宋의 君은 사자를 보내 趙王(成侯)에게 말했다.

"梁(魏)은 강한 군사에 그 권위도 막중한데 지금 우리에게 군사 징발을 요청하였으니, 우리가 응하지 않는다면 우리 사직이 위태롭게 됩니다. 만약 우리가 魏를 도와 趙를 정벌하면 趙國을 해치는 것이니 과인은 차마 그렇게 할 수가 없습니다. 원컨대 우리 宋이 어찌해야 할지 말씀해 주시기 바랍니다."

趙王이 말했다.

"그렇습니다. 宋이 梁을 감당할 수 없는 사실을 과인도 알고 있습니다.[2372] 趙를 약하게 만들고 梁을 강하게 한다면 宋도 틀림없이 불리할 것입니다. 그러니 과인이 당신에게 무어라 말하면 좋겠는가?"

使者가 대답했다.

"臣은 趙의 변방성을 공격하는 척하면서 (魏의) 침공을 늦추면서

2370 梁王伐邯鄲 – 이는 前 354년의 일이다. 약소국 宋은 大國 사이에서 아슬아슬한 줄타기 외교를 폈다.

2371 而徵師於宋 – 徵은 부를 징. 召也. 군사를 징발하다.

2372 원문 宋之不足如梁 – 如는 當也. 감당하다. 맞서다.

기일을 끌겠습니다. 그러면서 (趙의) 軍吏들이 준비를 할 수 있도록 기다리겠습니다."[2373]

趙王은 "좋소!"라고 말했다.

宋에서는 거병하여 趙의 경내에 들어가 城 하나를 포위하였다. 이에 魏王이 매우 좋아하며 말했다.

"宋人이 우리를 도와 (趙를) 공격하였다."

趙王도 역시 기뻐하며 말했다.

"宋의 군사는 거기에서 그칠 것이다."

그렇게 하여 (魏) 군사는 물러갔고, 趙의 난관도 풀렸다. 宋은 魏에도 베풀어주었고, 趙의 원망도 사지 않았다. 그래서 명분도 얻었고 실리도 챙겼다.

480/ 謂大尹曰

{原文} 謂大尹曰,

"君日長矣, 自知政, 則公無事. 公不如令楚賀君之孝, 則君不奪太后之事矣, 則公常用宋矣."

2373 원문 以待下吏之有城而已 – 全力으로 공격하지 않아 趙에서 城을 잃지 않도록 하겠다는 뜻.

어떤 자가 (宋) 大尹에게 말했다.

{국역} (或人이) (宋의) 大尹에게 말했다.[2374]

　　"宋君은 날마다 성장하시니, 자신이 곧 親政하게 되면 公은 할 일이 없어집니다. 그러니 公이 楚로 하여금 宋君의 효행을 칭송하게 만들면, 君은 태후의 섭정을 거둬들이지 못하고, 公은 여전히 宋에서 권력을 쓸 수 있을 것입니다."

481/ 宋與楚爲兄弟

{原文} 宋與楚爲兄弟. 齊攻宋, 楚王言救宋. 宋因賣楚重以求講於齊, 齊不聽. 蘇秦爲宋謂齊相曰,

　　"不如與之, 以明宋之賣楚重於齊也. 楚怒, 必絕於宋而事齊, 齊,楚合, 則攻宋易矣."

宋과 楚가 兄弟國이 되다.

{국역} 宋과 楚가 兄弟國이 되었다.[2375] 齊가 宋을 침공하자, 楚王

2374　謂大尹曰 - 본 章의 연대를 확정할 수 없지만, 宋王 偃(언)은 어려서 즉위했고 大尹과 태후가 섭정했다는 주석이 있다. 大尹은 宋의 卿에 해당하는 관직이다.

2375　宋與楚爲兄弟 - 이는 齊가 宋을 멸망시키는 前 286년 이전의 상황이다.

은 宋을 구원하겠다고 말했다. 宋에서는 楚의 비중을 이용하여(賣) 齊와 강화하려 했지만, 齊에서는 응하지 않았다. 이에 蘇秦(소진)이 宋을 위하여 齊相에게 말했다.

"宋의 요구를 들어주는 것이 나을 것입니다. 그러면서 宋이 楚의 이름을 팔아가며 齊에 강화를 요청한 사실을 공표하면 됩니다. 그럴 경우 楚는 분노하면서 宋과 관계를 단절할 것이고 제나라에 가까이 할 것입니다. 齊와 楚가 연합한다면 宋을 공격하기는 더 쉬워질 것입니다."

482/ 魏太子自將過宋外黃

{原文} 魏太子自將, 過宋外黃. 外黃徐子曰,

"臣有百戰百勝之術, 太子能聽臣乎?"

太子曰, "願聞之."

客曰, "固願效之. 今太子自將攻齊, 大勝並莒, 則富不過有魏, 而貴不益爲王. 若戰不勝, 則萬世無魏. 此臣之百戰百勝之術也."

太子曰, "諾. 請必從公之言而還."

客曰, "太子雖欲還, 不得矣. 彼利太子之戰攻, 而欲滿其意者衆, 太子雖欲還, 恐不得矣."

太子上車請還. 其御曰, "將出而還, 與北同, 不如遂行."

遂行. 與齊人戰而死, 卒不得魏.

魏 太子가 군사를 거느리고 宋의 外黃에 머물렀다.

{국역} 魏 太子(魏 惠王의 太子 申)가 군사를 거느리고(自將) (齊를 침공하려고) 宋의 外黃(외황)을 지나갔다.[2376] 外黃 사람 徐子(서자)가 태자에게 말했다.

"臣에게 百戰百勝의 戰術이 있는데 태자께서는 들어보시겠습니까?"

太子는 "한번 들어봅시다."라고 말했다. 이에 客人(徐子)이 말했다.

"꼭 실행하시기 바랍니다. 지금 태자께서 직접 군사를 거느리시고 齊를 공격하여, 대승하고 莒(거)를 점유하더라도 그 富는 魏보다 많지 않고 魏王이 되는 것보다 더 고귀하지도 않습니다. 만약 싸워 이기지 못한다면(戰死), 이후 영원히 魏를 다스릴 수 없습니다. 이것이 제가 말씀드리는 백전백승의 전술입니다."[2377]

太子가 말했다. "그렇습니다. 公의 말에 따라 회군하겠습니다."

그러나 "太子께서 돌아가려 해도, 돌아갈 수 없을 것입니다. 태자

2376 원문 魏太子自將, 過宋外黃. - 魏 太子는 魏 惠王(재위 369 - 319년)의 太子인 申(신). 外黃(외황)은 陳留郡 外黃縣. 宋城. 이는 魏와 齊의 馬陵 之戰(前 341년) 직전 상황이다. 이 전투에서 太子는 戰死했고 龐涓(방연) 역시 포로로 잡혀 처형되었다.

2377 此臣之百戰百勝之術也 - 이번 원정이 태자에게 득이 될 것이 없다. 그러니 출정하지 않는 것이 최선의 전술이다.

의 전투에 참여하여 이득을 얻으려는 자가 너무 많으니 태자께서 회군하려 해도 뜻대로 안 될 것입니다."

太子는 上車(상차: 수레에 오르다)하여 수레를 돌리라고 하였다. 그러자 그 御者〔어자, 車夫(마부)〕가 말했다.

"장수가 출정했다가 돌아간다면 패배와 같은 罪目이니[2378] 진군하는 것만 못합니다."

그래서 그대로 진격하였다. 齊의 군사와 싸워 전사하였으니 끝내 魏를 소유하지 못했다.

483/ 宋康王之時

{原文} 宋康王之時, 有雀生鷣於城之陬. 使史占之, 曰,

"小而生巨, 必霸天下." 康王大喜. 於是滅滕伐薛, 取淮北之地, 乃愈自信, 欲霸之亟成, 故射天笞地, 斬社稷而焚滅之, 曰, "威服天下鬼神." 罵國老諫曰, 爲無顔之冠, 以示勇. 剖傴之背, 鍥朝涉之脛, 而國人大駭. 齊聞而伐之, 民散, 城不守. 王乃逃倪侯之館, 遂得而死. 見祥而不爲祥, 反爲禍.

2378 與北同 – 北는 달아날 배(本音, 패). 退走也. 退走者와 同罪라는 뜻.

宋康王 재위 중에

{국역} 宋 康王(강왕) 재위 중에(前 328 - 286년),[2379] 참새가 성곽 모퉁이〔陬(모퉁이 추), 모서리〕에 새끼 부엉이를〔鵙(기)〕낳았다. 太史를 시켜 점을 치게 했는데 태사가 말했다.

"작은 것이 큰 것을 낳았으니 틀림없이 천하를 制霸(제패)할 것입니다."

康王은 大喜(대희:크게 기뻐하다)하였다. 이에 滕國(등국)[2380]을 멸망시키고, 薛(설)을 정벌하여 淮水(회수) 이북의 땅을 차지하였는데, 더욱 自信하면서 빨리 霸業(패업)을 성취하려 서둘렀다. 그래서 하늘을 위협하듯 화살을 쏘고(射天)[2381] 땅에 매질을 하였으며(笞地), (남의 나라) 社稷(사직)의 나무를 베고 불태워 없애면서 "威嚴(위엄)을 보여 天下의 귀신을 복종케 하겠다."라고 말했다. 諫言(간언)을 올리는 國老에게 욕〔罵(욕할 매)〕을 하고 (이마를 가리지 않는) 無顏之冠(무안지관)을 쓰고 자신의 용맹을 자랑하였다. 곱사등이〔傴(구)〕의 등을 갈라보고(剖, 해부, 劈也) 아침에 냇물을 건너는 사람의 정강이를 자르게 하여 나라 사람들을 크게 놀라게 하였다.[2382]

2379 원문 宋康王之時 - 康王은 辟公(벽공)의 아들이고, 剔成(척성)의 아우이다. 이름은 偃(언)인데, 康王이라는 시호를 《史記》에서도 기록하지 않았으나 본 《戰國策》에서는 기록했다. 재위는 前 328 - 286年. 宋의 마지막 군왕.

2380 滕國(등국) - 今 山東省 남부 棗庄市 滕州市에 위치.

2381 射天 - 동물의 피를 담은 가죽 자루를 높이 매달아 놓고 화살을 쏘아 피를 흘리게 했다.

2382 國人大駭 - 駭는 놀랄 해. 혼란에 빠트려 걱정케 하다(亂憂也).

齊에서 이를 알고 宋을 정벌하니 백성이 흩어져서 성을 지킬 수가 없었다. 강왕은 이에 倪侯(예후)의 관사로 피신하였다가 잡혀 죽었다.[2383] 祥瑞(상서)를 믿고 나쁜 짓을 하였으니 길조가 화가 되고 만 것이다.

484/ 智伯欲伐衛

{原文} 智伯欲伐衛, 遺衛君野馬四百, 白璧一. 衛君大悅, 群臣皆賀, 南文子有憂色. 衛君曰,

"大國大懽, 而子有憂色何?"

文子曰, "無功之賞, 無力之禮, 不可不察也. 野馬四百, 白璧一, 此小國之禮也, 而大國致之, 君其圖之."

衛君以其言告邊境. 智伯果起兵而襲衛, 至境而反曰, "衛有賢人, 先知吾謀也."

智伯(지백)이 衛를 정벌하려 했는데.

{국역} (晉의) 智伯(지백)이 衛를 정벌하려고,[2384] 衛(위)나라 君主에

2383 齊 湣王(민왕, 閔王)은 魏 楚와 함께 宋을 정벌하고 그 땅을 삼분하였다.
2384 智伯欲伐衛 — 이는 智伯의 몰락(前 453년) 이전의 일이다. 知伯(智伯)

게 野馬 4백 마리와 白璧(백벽, 玉環) 하나를 선물하였다. 衛君은 大
悅했고, 群臣은 모두 축하하였지만 南文子(남문자)만 수심이 깊었다.
衛君이 물었다.

"大國(智伯)이 (우리를) 좋아하는데〔大懽(대환)〕그대는 왜 우울
한가?"

남문자가 말했다.

"아무런 공도 없이 받는 상이나(無功之賞), 수고하지도 않았는데
예우를 받는다면(無力之禮), 이를 살피지 않을 수가 없습니다. 野馬
4백 마리나 白璧 하나는 소국에서 (대국에) 베풀어야 할 선물인데
대국에서 이를 보냈으니 주군께서는 깊이 생각하셔야 합니다."

衛君은 이를 각 邊境(변경)에 알렸다. 과연 智伯은 起兵하여 衛를
습격하려다가 국경에 와서 돌아가며 말했다.

"衛에 賢人이 있어(南文子) 나의 모략을 미리 알았다."

485/ 智伯欲襲衛

{原文} 智伯欲襲衛, 乃佯亡其太子, 使奔衛. 南文子曰,

"太子顔爲君子也, 甚愛而有寵, 非有大罪而亡, 必有故."

－知氏, 智氏. 子는 姓, 晉國의 世族, 六卿之一. 晉卿 智襄子의 손자.
前 453년의 晉陽之戰에서 그 영역이 韓氏, 魏氏, 趙氏 三家의 공격을
받아 敗亡, 一門이 멸족되었다.

使人迎之於境, 曰, "車過五乘, 愼勿納也."
智伯聞之, 乃止.

智伯이 衛(위)를 급습하려고

{국역} 智伯이 衛를 급습하려고,[2385] 거짓으로 그 太子를 衛에 도망가 망명케 하였다. 南文子가 말했다.

"(智伯의) 太子 顔(안, 太子 名)은 智伯의 아들이고, 지백이 몹시 아끼고 총애하는데 큰 죄를 지은 것도 아닌데 망명한다면 틀림없이 연고가 있을 것이다."

그러면서 사람을 보내 국경에서 영접케 하면서 지시하였다.

"일행의 수레가 5乘을 넘지 않는다면 받아들이지 말라."

지백이 이 소식을 듣고서는 중지시켰다.

486/ 秦攻衛之蒲

{原文} 秦攻衛之蒲. 胡衍謂樗里疾曰,

"公之伐蒲, 以爲秦乎? 以爲魏乎? 爲魏則善, 爲秦則不賴矣. 衛所以爲衛者, 以有蒲也. 今蒲入於魏, 衛必折於魏. 魏

2385 智伯欲襲衛 – 앞의 章 內容을 본뜬 의탁일 것이다.

亡西河之外, 而弗能復取者, 弱也. 今並衛於魏, 魏必强. 魏
强之日, 西河之外必危. 且秦王亦將觀公之事. 害秦以善魏,
秦王必怨公."

樗里疾曰, "奈何?"

胡衍曰, "公釋蒲勿攻, 臣請爲公入戒蒲守, 以德衛君."

樗里疾曰, "善."

胡衍因入蒲, 謂其守曰, "樗里子知蒲之病也, 其言曰, '吾
必取蒲.' 今臣能使釋蒲勿攻."

蒲守再拜, 因效金三百鎰焉, 曰,

"秦兵誠去, 請厚子於衛君."

胡衍取金於蒲, 以自重於衛. 樗里子亦得三百金而歸, 又
以德衛君也.

秦이 衛의 蒲(포)를 침공하였다.

{국역} 秦이 衛(위)의 蒲(포, 지명)를 공격하였다.[2386] (說客) 胡衍(호
연)이 (秦將) 樗里疾(저리질)[2387]에게 말했다.

2386 秦攻衛之蒲 -《史記 樗里子甘茂列傳》에 의하면, 樗里子는 秦 昭王 원
년(前 306)에 蒲를 정벌하였다. 蒲는, 今 河南省 북부 新鄉市 관할 長
垣縣이다.

2387 樗里疾(저리질) - 秦 孝公의 아들. 秦 惠文王(在位 前 338 - 311년)의 아
우. 뒷날 武王(悼武王, 재위 前 310 - 307年)의 相이 되었다. 外交, 軍
事에 큰 업적을 남겼다. 秦 武王이 張儀(장의)를 방축한 뒤에 樗里子

"公이 蒲(포)를 정벌하는 일이 秦을 위한 것입니까? 아니면 魏(위)를 위한 일입니까? 魏를 위한다면 좋은 결과가 있겠지만, 秦을 위한 일이라면 도움이 안 될 것입니다. 衛가 衛로 존속하는 것은 蒲가 있기 때문입니다. 지금 蒲가 魏에 편입될 것 같으면, 衛는 틀림없이 魏에 굴복할 것입니다. 魏는 秦나라에게 西河의 서쪽을(外) 상실한 뒤에 다시 수복할 수 없을 정도로 약해졌습니다. 지금 衛가 魏에 병합된다면 魏는 틀림없이 강해질 것입니다. 魏가 막강해지는 날 西河의 서쪽은 틀림없이 위태로울 것이니, 秦王은 公이 하는 일을 지켜볼 것입니다. 秦에게 해롭고, 魏에 도움이 된다면, 秦王은 틀림없이 公을 원망할 것입니다."

저리질은 "어찌하면 좋겠습니까?"라고 물었다.

호연이 대답했다.

"公은 蒲를 풀어주고 공격하지 마십시오. 臣이 公을 위하여 蒲의 지방관에게 알려 衛君으로 하여금 君의 은덕을 깨닫게 하겠습니다."

저리질은 "좋습니다."라고 말했다.

호연은, 곧 蒲에 들어가 그 守將에게 말했다.

"저리질은 蒲의 (백성이) 피폐한 줄을 알고 있어 '내 꼭 포를 점거하겠다.'고 말했습니다. 이번에 臣이 가서 蒲의 포위를 풀고 공격하지 못하게 만들겠습니다."

蒲의 守將은 재배하면서 金 3백 鎰(일)을 선물하며 말했다.

는 右丞相이 되어 韜略(도략)에 정통한 甘茂(감무)를 左丞相으로 천거. 2人이 협력하여 戰爭을 치루며 판도를 확장하여 秦 발전의 토대를 구축하였다. 司馬遷《史記 太史公自序》에 〈樗里子甘茂列傳 第十一〉이 있다. '智囊(지낭)'이라는 별호가 있다.

"秦兵이 정말 철수한다면 당신을 衛君에게 천거하겠습니다."

호연은 蒲에서는 황금을 받았고 衛에서 重用되었다. 저리질 역시
3백금을 얻고 귀국하니 衛에 덕을 베풀었다.

487/ 衛使客事魏

{原文} 衛使客事魏, 三年不得見. 衛客患之, 乃見梧下先生,
許之以百金. 梧下先生曰, "諾." 乃見魏王曰,

　"臣聞秦出兵, 未知其所之. 秦,魏交而不脩之日久矣. 願
王專事秦, 無有佗計."

　魏王曰, "諾."

　客趨出, 至廊門而反曰, "臣恐王事秦之晚."

　王曰, "何也?"

　先生曰, "夫人於事己者過急, 於事人者過緩. 今王緩於事
己者, 安能急於事人."

　"奚以知之?"

　衛客曰, "事王三年不得見. 臣以是知王緩也."

　魏王趨見衛客.

衛의 使人이 客人으로 魏에 출사하려 했다.

{국역} 衛에서 보낸 사람이 客人(외국인)으로 魏에서 벼슬을 얻으려 했지만,[2388] 3년이 지나도록 (魏王을) 만날 수가 없었다. 衛에서 온 客人은 걱정하다가 梧下(오하) 先生을 찾아가[2389] (등용되게 주선하면) 1백金을 주겠다고 말했다.

오하선생은 "좋습니다."라고 말하고, 즉시 들어가 魏王(위왕)을 만나 말했다.

"臣이 알기로 秦에서 出兵했다는데, 어디로 향할지는 잘 모르겠습니다. 秦과 魏의 교류가 원활치 못한 지 꽤나 오래되었습니다. 왕께서는 오직 秦을 섬기는 일에 전념하시길 바라오며, 다른 방책이 없습니다."

魏王은 "알겠소."라고 말했다.

오하 선생은 빨리 걸어 나가다가 廊門(낭문)까지 갔다가 돌아와서 말했다.

"臣은 왕께서 秦을 섬기는 일이 때를 놓칠까 걱정입니다."

"왜 그렇게 생각하는가?"

오하 선생이 말했다.

"어떤 사람들은 자기를 섬기게 하는 일은 (남에게) 서두르게 하지만 남을 섬기는 일은 너무 느리다고 합니다. 지금 王께서는 왕을 섬

2388 衛使客事魏 - 衛에서 衛人을 魏에 보내 魏에서 출사하도록 했지만 魏王은 3년이 지나도록 衛人을 만나주지 않았다는 뜻.

2389 梧下先生(오하선생) - 아마 가상의 인물일 것 같다. 先生은 長者로 有德者를 지칭한다. 그 집에 큰 오동나무가(梧) 있어 별호로 불렸을 것이다.

기려는 사람에게도 서두르지 않는데, 남을 섬기는 일에 서두르겠습니까?"

"그런 일을 어떻게 알았소?"

"衛에서 온 客人이 말하기를, '왕을 섬기려 3년을 기다렸지만 뵐 수가 없다.'고 말하기에 왕께서 느린 것을 알았습니다."

그러자 위왕은 서둘러 衛에서 온 객인을 만나보았다.

488/ 衛嗣君病

{原文} 衛嗣君病. 富術謂殷順且曰,

"子聽吾言也以說君, 勿益損也, 君必善子. 人生之所行, 與死之心異. 始君之所行於世者, 食高麗也, 所用者, 縹錯, 挐薄也. 群臣盡以爲君輕國而好高麗, 必無與君言國事者. 子謂君 '君之所行天下者甚謬. 縹錯主斷於國, 而挐薄輔之, 自今以往者, 公孫氏必不血食矣.'"

君曰, "善." 與之相印, 曰 "我死, 子制之."

嗣君死, 殷順且以君令相公期. 縹錯,挐薄之族皆逐也.

衛의 嗣君(사군)이 병들었다.

{국역} 衛 嗣君(사군)이 병석에 누웠다.[2390] (衛人) 富術(부술)이 殷順

且(은순저 / 且가 名일 때는 音은 저. 子余反)에게 말했다.

"당신은(子) 내 말을 들은 그대로 더하거나 빼지도 말고 主君(嗣君)에게 말씀드리면, 주군께서는 틀림없이 당신을 좋게 대우할 것입니다. 사람이 살았을 때의 행실과 죽으려 할 때의 마음은 다릅니다. 주군이 살아계실 때 처음에는 좋은 음식을 먹고(食高麗也), 緤錯(설착, 人名. 설조), 挐薄(나박, 人名) 같은 사람을 등용하였습니다. 그래서 여러 신하들은 주군이 나라를 가벼이 생각하고 좋고 美麗(미려)한 것만 탐한다고 생각하여 주군과 함께 국사를 말하려는 사람이 없었습니다. 이제 당신이 주군에게 '주군께서 살아계실 때 나라를 위해 하신 일에 잘못이 많았습니다. 설착이 국정을 전단하였고, 나박이 설착을 보좌하였습니다. 지금 이후로 (衛의 국성인) 公孫氏는 틀림없이 제사를(血食) 받지 못할 것입니다.' 라고 말씀드리십시오."

(은순저가 그렇게 충언을 올리자) 嗣君(사군)은 "옳은 말이요."라고 말했다.

그리고 相의 인수를 수여하면서 "내가 죽으면 그대가 국정을 맡아 주오."라고 말했다. 嗣君이 죽자, 은순저는 주군의 명에 따라 相이 되어 公子 期(기)를 보필하였다. 緤錯(설착)과 挐薄(나박) 같은 무리들은 모두 축출되었다.

2390 衛 嗣君病 - 嗣君(사군)은 衛 平侯(재위 前 342 - 335年)의 아들로 계위하여 前 334 - 前 283년 재위했다. 賢君이라 알려졌다. 秦王이 호칭을 폄하하여 君이라 하였다. 病은 동사로 쓰였다.

489/ 衛嗣君時胥靡逃之魏

{原文} 衛嗣君時, 胥靡逃之魏, 衛贖之百金, 不與. 乃請以左氏.

群臣諫曰, "以百金之地, 贖一胥靡, 無乃不可乎?"

君曰, "治無小, 亂無大. 教化喩於民, 三百之城, 足以爲治. 民無廉恥, 雖有十左氏, 將何以用之?"

衛嗣君 재위 중 胥靡(서미)가 魏로 도주하자,

{국역} 衛 嗣君(사군)이 재위 중에 胥靡(서미, 죄인?)가 魏로 도망갔는데,[2391] 衛에서는 1百金으로 自贖(자속: 스스로 바치다)하여 돌려받으려 했으나 魏에서 내주지 않았다. 衛에서 左氏(좌씨, 衛의 邑名) 땅까지 내주고 서미를 돌려받으려 하자, 여러 신하들이 諫言(간언)을 올렸다.

"百金과 좌씨 땅으로 胥靡(서미) 하나를 데려오려 한다면 잘못된 일이 아니겠습니까?"

嗣君이 말했다.

2391 원문 衛嗣君時, 胥靡逃之魏 - 胥靡(서미)가 人名인지, 아니면 죄인을 뜻하는 말인지 주석마다 크게 다르다. '죄를 지인 賢人' 이라는 주석이 있는데, 죄를 지은 것은 그렇다 치더라도 아무런 전후 설명도 없이 賢人이라 할 수 있는가? 라는 주석도 있다. 本 章은 연대를 추정할 수도 없고, 또 사소한 일이라서 아마 說客이 유세 때 활용할 목적으로 지은 글 같다는 설명도 있다.

"治國에 작은 일이 없고(모두 다 중요하다는 뜻) 혼란에 큰 것만 있지 않다.(작은 일도 혼란을 야기할 수 있다.) 교화로 백성을 깨우친다면 3백 戸의 城도 잘 다스릴 수 있지만, 백성이 염치를 모른다면 左氏의 땅 10개가 있다한들 무엇에 쓰겠는가?"

490/ 衛人迎新婦

{原文} 衛人迎新婦, 婦上車, 問, "驂馬, 誰馬也?"

御曰, "借之."

新婦謂僕曰, "拊驂, 無笞服."

車至門, 扶, 教送母曰, "滅灶, 將失火."

入室見臼, 曰, "徙之牖下, 妨往來者."

主人笑之. 此三言者, 皆要(至)言也, 然而不免爲笑者, 蚤晚之時失也.

衛人이 新婦를 맞이했는데

{국역} 衛人이 新婦를 맞이했는데,[2392] 신부가 수레에 오르면서 물

2392 원문 衛人迎新婦 – 이런 일이 衛에서만 있는 일도 아니고, 꼭 기록할 일도 아니지만, 혹 이야깃거리로 준비할 수도 있다는 주석이 있다. 꼭

었다.

세 마리 말 중 "驂馬(참마)는 누구의 말인가요?"

마부는 "빌린 말입니다."라고 대답하였다. 그러자 新婦가 僕人 (복인, 마부)에게 말했다.

"곁의 두 마리 驂馬(참마)를 때리고 가운데 服馬(멍에를 멘 말)는 때리지 마시오."

수레가 대문에 이르자, 수레에서 내리고(扶), 유모를 보내면서 말했다.

"(집에 돌아가면) 아궁이 불을 끄세요. 失火할 수도 있어요."

방에 들어가면서 절구〔臼(절구 구)〕를 보고 말했다.

"창문〔牖(창 유)〕 아래로 옮겨요, 왕래에 방해가 됩니다."

그러자 主人이 웃었다. 이 세 가지 모두 꼭 맞는 말이나 남이 웃지 않을 수 없는 것은 말할 시기가 맞지 않기 때문이었다.

요긴하고 맞는 말이라도 말을 해야 할 때가 있고, 때에 맞지 않는다면 말을 해서는 안 된다는 의미일 것이다.

33. 《戰國策》卷三十三 中山策

※ 中山國의 역사 개관

○ 건국과 발전

中山國(중산국)은 周朝의 제후국인데, 白狄(백적)의 한 갈래로, 鮮
虞(선우)라는 마을 이름으로 시작하였다. 鮮虞는 鮮虞水(선우수)로,
五臺山(오대산)[2393]에서 발원하여 서남으로 흘러 滹沱河(호타하)에 합
류하는 지류이다.

중산국은 春秋時代 前 507年 건국된, 姬姓에 爵位는 侯爵(후작)인
나라였다. 그 위치는 지금 河北省 중부 太行山의 동쪽 일대이다.

初期의 中山國은 城 가운데(中)에 山이 있어 中山이라는 이름을
얻었다. 中山이라는 이름이 史書에 처음 보이는 것은 前 505年과 前
504年에 晉國이 두 차례에 걸쳐 鮮虞 中山을 공격한 것으로 나타나
는데, 史書에서는 鮮虞와 中山을 겸용했다. 이후 晉은 韓, 魏, 趙에

2393 五臺山(오대산) – 山西省 동북부 忻州市(흔주시) 五臺縣 소재, 中國 四大
佛教名山의 첫째. 文殊菩薩(문수보살) 道場(도량), 5개 산 봉우리의 거대
산맥. 최고봉은 3058m. 오대산에는 250개 가까운 사찰이 있다.

의하여 三家 瓜分(과분)되었다.(周 定王 16년, 前 453).

○ 戰國時代의 中山國

前 414년, 中山 武公(재위 前 414 - 406년)은 종족을 이끌고 산간을 떠나 東部 平原으로 이주하여 顧(고, 今 河北省 중부 保定市 관할 定州市)에 新都를 건설하고 中華의 여러 나라를 모방하고 문화를 받아들이며 국가 체제를 정비하였다.

다음 中山 桓公(환공)은 어려서 즉위하여 국정을 魏國에서 파견한 樂羊(악양)에 위임했었다. 그러다가 前 406年(周 威烈王 20년) 魏將 樂羊(악양)에 의해 中山國은 소멸했고, 魏 文侯는 太子 擊(격)을 中山君으로 대신 세웠다. 中山國의 잔여 세력은 다시 太行山 속으로 이주하였다.

前 380년경에 中山國 桓公(환공, 재위 前 380? - 350년)이 다시 나라를 복원하였고, 靈壽(영수, 今 河北省 서남부 石家庄市 관할 平山縣)로 천도했다.

부흥 후의 中山國은 趙國의 동북부에서 趙國의 영역을 분할하려했기에 趙國에게는 心腹(심복)의 근심거리가 되었다. 趙는 前 377년과 376년 두 차례에 걸쳐 중산국을 침공했고, 中山國의 격렬한 저항을 받았다. 이후 中山國은 趙의 침공을 막기 위하여 약 90여 km의 長城을 축조하였다.

桓公이 죽은 뒤 中山 成公이 즉위하여(재위 前 349 - 328년) 중원의 여러 제도를 학습하고 모방하며 국력을 키웠다.

다음 中山王 䝮(혼, 재위 前 327 - 310年)은 前 323년에 稱王하였다. (魏, 韓, 趙, 燕, 中山의 五國相王) 이 5국 중 中山國만 千乘之國이었

고 다른 四國은 모두 萬乘之國이었다.

趙國과 燕國의 중간에 끼인 중산국은 북으로 燕을, 南으로 趙를 침공하면서 한때 강성했었다. 이후 趙國의 연속되는 침공에 시달리고 영역도 축소되었다.

前 301년, 趙軍은 中山의 도읍 靈壽(영수)를 격파하였고, 中山王 차는(次아래 虫, 재위 前 309 - 299년) 齊國으로 망명했다가 거기서 죽었다. 趙國은 中山王 尙(상, 前 298 - 296年)을 傀儡(괴뢰)로 세웠다가 前 296년에 없애버렸다.

中山國의 땅은 척박하나 인구는 많은 지역이었다. 중산국은 어려운 환경에서도 농업과 목축을 생업으로 삼았고, 수공업이 발전했다. 중산국의 수공업의 발전과 그 기술의 진보는 司馬遷의 《史記 貨殖列傳》에서도 그 품질의 우수성을 찬탄하였다.

491/ 魏文侯欲殘中山

{原文} 魏文侯欲殘中山. 常莊談謂趙襄子曰,

　"魏幷中山, 必無趙矣. 公何不請公子傾以爲正妻, 因封之中山, 是中山復立也."

魏文侯가 中山國을 없애고 싶었다.

{국역} 魏文侯(재위 前 445 - 396년)는 中山國을 없애고 싶었다.[2394]

(조양자의 家臣) 常莊談(張孟談?)이 趙襄子에게 말했다.

"魏가 中山國을 병합하면, 틀림없이 趙를 무시하게 됩니다. 公은 왜 (魏 문후의 딸) 公子 傾(경)을 (趙襄子 본인의? 조양자 아들의?) 正妻로 삼아,[2395] 中山에 봉하도록 요청하지 않으십니까? 그러면 중산은 계속 존속할 것입니다."

492/ 犀首立五王

{原文} 犀首立五王, 而中山後持. 齊謂趙,魏曰, "寡人羞與中山並爲王, 願與大國伐之, 以廢其王."

中山聞之, 大恐. 召張登而告之曰, "寡人且王, 齊謂趙,魏曰, 羞與寡人並爲王, 而欲伐寡人. 恐亡其國, 不在索王. 非子莫能吾救."

登對曰, "君爲臣多車重幣, 臣請見田嬰."

中山之君遣之齊. 見嬰子曰,

"臣聞君欲廢中山之王, 將與趙,魏伐之, 過矣. 以中山之

2394 魏文侯欲殘中山 – 본 章은 사실과 부합하지 않는다. 곧 魏 文侯(前 445 – 396) 재위 중에 趙襄子(재위 前 475 – 443년)는 죽은 뒤라고 봐야 한다. 그러다 보니 文義도 매끄럽지 못하다. 殘은 해칠 잔. 滅之也.

2395 원문 公子傾以爲正妻 – 전국시대에는 군주의 딸도 公子라 호칭했다는 주석이 있다. 傾(경)은 人名.

小, 而三國伐之, 中山雖益廢王, 猶且聽也. 且中山恐, 必爲
趙,魏廢其王而務附焉. 是君爲趙,魏驅羊也, 非齊之利也.
豈若中山廢其王而事齊哉?"

田嬰曰, "奈何?"

張登曰, "今君召中山, 與之遇而許之王, 中山必喜而絶
趙,魏. 趙,魏怒而攻中山, 中山急而爲君難其王, 則中山必
恐, 爲君廢王事齊. 彼患亡其國, 是君廢其王而立其國, 賢
於爲趙,魏驅羊也."

犀首(서수)가 五國이 稱王(칭왕)하게 하다.

{국역} 犀首(서수)가 五國이 稱王하게 할 때,[2396] 中山國을 나중에
끼워주었다.[2397] 齊에서 趙와 魏에게 말했다.

"寡人은 中山國과 함께 王이 되는 것을 부끄럽게 생각하니, 여러
大國과 함께 정벌하여 그 稱王을 못하게 합시다."

이를 전해들은 중산국에서는 크게 두려웠다. (중산왕이) 신하 張
登(장등)을 불러, 이를 알려주며 말했다.

2396 犀首立五王 – 본 章은 前 323년의 일이다. (魏) 犀首(서수, 公孫衍)가 주
동이 되어 齊, 趙, 魏, 燕, 中山 등 5나라가 서로 稱王하는 것을 인정하
였다. 이 중 중산국은 소국이라서 문제가 되었다.

2397 而中山後持 – 持를 '의심하다' 의 뜻으로 보아 칭왕한 뒤에도 다시 의
심했다는 뜻으로 풀이하거나 特의 誤字로 보아 중산국을 특별히 넣어
주었다. 아니면 時의 誤字라는 등 주석이 다양하다.

"寡人이 왕이 되려 하지만, 齊에서 趙와 魏에게 과인과 함께 왕이 되는 것이 부끄럽다며 과인을 정벌하려고 합니다. 나라가 망할 것 같아 걱정이니 稱王은 생각이 없소. 당신이 아니면 나를 구원하지 못할 것이요."

張登(장등)이 대답하였다.

"君께서 臣에게 여러 수레에 값진 예물을 준비해 주면, 제가 (齊의) 田嬰(전영, 맹상군)을 만나보겠습니다."

中山 君王은 장등을 齊에 보냈다. 장등이 嬰子(田嬰, 田文의 父)에게 말했다.

"臣이 듣기로, 君께서 中山 王왕 폐위시키려고 趙와 魏와 함께 우리를 정벌하려 한다니, 이는 잘못입니다. 中山國 같은 소국을 삼국이 정벌한다면, 중산이 큰 나라일지라도 칭왕을 그만두고 (요구에) 따라주면 됩니다.[2398] 그러나 中山이 걱정하는 것은 趙와 魏가 칭왕을 버린 中山을 자기편으로 끌어들이려 애쓸 것입니다. 그렇다면 이는 趙와 魏에게 羊떼를 몰아주는 것과 같아 齊에게는 아무 이득이 없습니다. 그러니 중산국이 칭왕을 그만두고 齊를 섬기는 것과 같겠습니까?"

전영이 물었다. "어찌하면 좋겠소?"

장등이 대답하였다.

"지금 君께서 中山王을 불러 함께 만나 칭왕을 허용케 하십시오.

2398 원문 中山雖益廢王, 猶且聽也. - 益은 大也. 猶는 오히려, 尙也. 중산국이 큰 나라라 하더라도 삼국이 침공한다면 칭왕을 그만둘 것이다. 하물며 작은 나라인데 아니 따르겠느냐? 일단 강대국 요구를 들어주면 되지 않느냐?

그러면 중산은 틀림없이 좋아하며 趙와 魏의 관계를 단절할 것입니다. 趙와 魏가 분노하면서 중산국을 공격할 것이고, 중산국은 다급할 것이고, 칭왕을 부끄럽게 생각하는 齊의 뜻을 알게 하면, 중산은 두려워하면서 칭왕을 버리고 齊를 섬기려 할 것입니다. 중산왕은 지금 나라가 망하는 것을 두려워하고 있으니, 君은 중산왕에게 칭왕을 폐지하고 나라를 존속하게 도와주는 것입니다. 이는 魏와 趙王에게 羊떼를 몰아주는 것보다 나을 것입니다."

{原文} 田嬰曰, "諾."

張丑曰, "不可. 臣聞之, 同欲者相憎, 同憂者相親. 今五國相與王也, 負海不與焉. 此是欲皆在爲王. 而憂在負海. 今召中山, 與之遇而許之王, 是奪五國而益負海也. 致中山而塞四國, 四國寒心. 必先與之王而故親之, 是君臨中山而失四國也. 且張登之爲人也, 善以微計薦中山之君久矣, 難信以爲利."

田嬰不聽. 果召中山君而許之王. 張登因謂趙,魏曰, "齊欲伐河東. 何以知之? 齊羞與中山之爲王甚矣, 今召中山, 與之遇而許之王, 是欲用其兵也. 豈若令大國先與之王, 以止其遇哉?"

趙,魏許諾, 果與中山王而親之. 中山果絶齊而從趙,魏.

{국역} 田嬰은 "그렇다."라고 하였다.

그러자 (齊臣) 張丑(장추)가 말했다.

"그렇지 않습니다. 臣이 알기로, 욕구가 같다면 서로를 증오하고 (同欲相憎), 걱정이 같으면 서로 친해진다고(同憂相親) 하였습니다. 지금 五國이 함께 稱王하는데 바다를 등지고 있는(負海, 齊를 의미) 齊만 찬동하지 않습니다. 이는 모두가 칭왕하고 싶은 것입니다. 그러나 걱정은 (칭왕을 반대할까) 齊에 있습니다. 지금 中山王을 불러 같이 만나고 칭왕을 허용한다면, 이는 다른 나라의 이득을 빼앗아 齊만 이롭게 하는 것입니다. 중산을 불러들여 다른 4국의 이득을 막아버리는 것이니 다른 4개국은 마음이 얼어버릴 것입니다(寒心). 그러면 틀림없이 중산국에 칭왕을 허용하면서 가까워지려 할 것이니, 君은 결과적으로 중산과 친해지려고 다른 4국을 잃는 것입니다. 그리고 (중산국) 張登(장등)이란 저 사람은 하찮은 智謀로 中山 君王을 오래 섬긴 사람이니, 그 사람 말을 믿어 이득이 되리라고 생각하기도 어렵습니다."

그러나 田嬰은 (張丑의 말을) 따르지 않았다. 예상했던 대로 中山 中을 불러 칭왕을 허용하였다. 이에 장등은 趙와 魏王에게 말했다.

"齊에서는 (魏의) 河東(하동)을 정벌하려 합니다. 어떻게 알았겠습니까? 齊에서는 中山과 함께 왕이 되는 것을 심히 부끄럽다고 하였지만 중산왕을 불러 만나서 칭왕을 허용하였는데, 이는 중산의 군사를 이용하려는 계산입니다. 만약 大國(魏나 趙)이 먼저 중산의 칭왕을 허용했더라면, (中山과 齊가) 어찌 만나 결합할 수 있겠습니까?"

趙와 魏 역시 (중산국의 칭왕을) 허락하였고, 예상대로 중산과 가깝게 지냈다. 중산은 齊의 왕래를 끊고 趙와 魏에 합종하였다.

493/ 中山與燕趙爲王

{原文} 中山與燕,趙爲王,齊閉關不通中山之使,其言曰,
"我萬乘之國也,中山千乘之國也,何俾名於我?"

欲割平邑以賂燕,趙,出兵以攻中山.

藍諸君患之.張登謂藍諸君曰,"公何患於齊?"

藍諸君曰,"齊強,萬乘之國,恥與中山俾名,不憚割地以
賂燕,趙,出兵以攻中山.燕,趙好倍而貪地,吾恐其不吾據
也.大者危國,次者廢王,奈何吾弗患也?"

張登曰,"請令燕,趙固輔中山而成其王,事遂定.公欲之
乎?"

藍諸君曰,"此所欲也."

曰,"請以公爲齊王而登試說公.可,乃行之."

藍諸君曰,"願聞其說."

登曰,"王之所以不憚割地以賂燕,趙,出兵以攻中山者,
其實欲廢中山之王也.王曰,'然.'然則王之爲費且危.夫
割地以賂燕,趙,是強敵也.出兵以攻中山,首難也.王行二
者,所求中山未必得.王如用臣之道,地不虧而兵不用,中
山可廢也.王必曰,'子之道奈何?'"

中山國이 燕, 趙와 함께 稱王하다.

{국역} 中山國이 燕과 趙와 함께 稱王(칭왕)하자,[2399] 齊는 관문을 폐쇄하고 中山 使者의 출입을 막으면서 말했다.

"우리는 萬乘의 대국이고, 中山은 千乘之國이니, 어찌 우리와 대등한 이름을 쓸 수 있겠나?"[2400]

齊는 그들의 平邑(평읍)을 잘라 燕과 趙에 뇌물로 주면서 함께 出兵하여 中山을 정벌하려 했다.

(中山相인) 藍諸君(남제군)은 이를 걱정하였다. 張登(장등)이 남제군에게 말했다.

"公은 왜 齊를 두고 근심하십니까?"

남제군이 말했다.

"齊는 강력한 만승지국으로 우리 中山과 나란히 이름일 불리는 것을 부끄러워하며, 땅을 잘라주고서라도 燕과 趙와 함께 출병하여 우리를 공격하려 합니다. 燕과 趙는 배신을 잘 하고 땅을 탐하니 우리가 견디기 어려울 것이요. 크게는 나라가 위태롭고, 다음으로는 칭왕도 못할 것이니 어찌 근심하지 않을 수 있겠습니까?"

張登이 말했다.

"燕과 趙가 정말로 中山을 돕고 칭왕하게 하여 일을 마무리할 수 있는데, 公께서 시도해 보시겠습니까?"

2399 中山與燕,趙爲王 – 본 章은 앞 章과 同時代의 일이다. 張登(장등)은 제를 설득하여 中山의 칭왕을 먼저 허락받고, 또 中山에 침공 못하게 조치한 다음에 燕과 趙를 설득하였다.

2400 侔名 – 等名. 侔는 가지런할 모.

남제군이 대답하였다.

"그것은 내가 바라는 바입니다."

"제가 公을 齊王이라 여기고 公에게 한 번 말해보겠습니다. 괜찮다면 시작하겠습니다."

"그 말을 들어보고 싶습니다."

장등이 말했다.

"(齊) 王께서 燕과 趙에 땅을 베어주고서라도 出兵하여 中山을 공격하려는 뜻은 사실 중산의 칭왕을 막으려는 뜻입니다. 그러면 제왕은 '그렇소.' 라고 할 것입니다. 그러면 내가 왕께서 하려는 일은 비용도 많이 들고, 또 위험한 방법입니다. 땅을 갈라 燕과 趙에 주는 것은 적을 강하게 만들 뿐입니다. 그리고 출병하고 중산을 공격하는 것은 가장 어려운 일입니다. 왕께서는 지금 이 두 가지를 다 하신다 하여도 중산국으로부터 원하는 것을 얻어낼 수도 없을 것입니다. 왕께서 만약 臣의 말을 따라준다면, 땅을 잘라주지도 않고 군사를 동원할 필요도 없으면서 중산국이 칭왕을 그만둘 것입니다. 그러면 제왕은 '경의 방법이 무엇이요.' 라고 물을 것입니다."

{原文} 藍諸君曰, "然則子之道奈何?"

張登曰, "王發重使, 使告中山君曰, '寡人所以閉關不通使者, 爲中山之獨與燕,趙爲王, 而寡人不與聞焉, 是以隘之. 王苟擧趾以見寡人, 請亦佐君.' 中山恐燕,趙之不己據也, 今齊之辭云'卽佐王', 中山必遁燕,趙, 與王相見. 燕,趙聞之, 怒絶之, 王亦絶之, 是中山孤, 孤何得無廢. 以此說齊王, 齊王聽乎?"

藍諸君曰, "是則必聽矣, 此所以廢之, 何在其所存之矣."

張登曰, "此王所以存者也. 齊以是辭來, 因言告燕, 趙而無往, 以積厚於燕, 趙. 燕, 趙必曰, '齊之欲割平邑以賂我者, 非欲廢中山之王也. 徒欲以離我於中山, 而己親之也.' 雖百平邑, 燕, 趙必不受也."

藍諸君曰, "善." 遣張登往, 果以是辭來. 中山因告燕, 趙而不往, 燕, 趙果俱輔中山而使其王. 事遂定.

{국역} 그러자 남제군이 물었다.

"정말 그대의 방법이 무엇이요?"

張登(장등)이 말했다.

"王께서는 지위가 높은 사람을 사신으로 보내어 중산왕에게 말하게 하십시오. '과인이 관문을 막고 사자를 왕래하지 못하게 막은 것은 중산국이 단독으로 燕과 趙와 함께 칭왕하면서 과인이 알지 못하게 하기 때문에 관문을 막은 것입니다. 만약 왕께서 거동하여 나 齊王을 만나겠다면 과인도 中山君을 도울 것입니다.' 그러면 중산국의 입장에서 燕과 趙는 중산이 믿고 의지할만한 상대가 아니라고 생각하던 차에 齊에서 '왕을 돕겠다.'라고 하면, 즉시 燕과 趙 몰래 왕을 만나러 올 것입니다. 그러면 燕과 趙가 이런 소식을 듣고 화를 내며 중산국과 단절하면, 곧 중산국은 고립되기에 중산국이 어찌 칭왕할 수 있겠습니까? 이런 방식으로 齊王을 설득한다면 제왕이 어찌 안 따르겠습니까?"

남제군이 말했다.

"齊王은 틀림없이 따를 것입니다만, 그렇다면 칭왕을 어찌할 수 있겠소?"

장등이 말했다.

"이것이 바로 우리가 칭왕을 계속할 수 있는 방법입니다. 齊에서 그렇게 제안해 온다면, 이를 燕과 趙에 말해주면서 (齊에는) 가지 않으면서 燕과 趙에 후한 예물을 보내는 것입니다. 그러면 燕과 趙에서는 틀림없이 '齊가 픕邑을 잘라 우리에게 뇌물로 준다 하지만, 그것은 중산의 칭왕이 싫어서가 아니라 다만 우리와 중산을 이간시키려는 뜻이니, 우리는 중산과 친할 것이다.' 라고 말하면서 픕邑을 백 개 준다 하여도 받지 않을 것입니다."

남제군은 "좋은 방법이요."라고 말하면서 張登을 齊에 보냈으며, 과연 말 그대로 되었다. 중산에서는 이를 燕과 趙에 말했고, 중산왕은 齊에 가지 않았으며, 燕과 趙는 예상대로 함께 중산이 칭왕하는 것을 지지하였으며 모든 일이 해결되었다.

494/ 司馬憙使趙

{原文} 司馬憙使趙, 爲己求相中山. 公孫弘陰知之. 中山君出, 司馬憙御, 公孫弘參乘. 弘曰,

"爲人臣, 招大國之威, 以爲己求相, 於君何如?"

君曰, "吾食其肉, 不以分人."

司馬憙頓首於軾曰, "臣自知死至矣!"

君曰, "何也?"

"臣抵罪."

君曰, "行, 吾知之矣."

居頃之, 趙使來, 爲司馬憙求相. 中山君大疑公孫弘, 公孫弘走出.

司馬憙(사마희)가 趙에 사신으로 가서,

{국역} 司馬憙(사마희)가 趙에 사신으로 가서, 자신을 위하여 中山相의 자리를 얻고자 하였다.[2401] 公孫弘(공손홍)은 은밀히 이 사실을 알았다. 中山君이 거동할 때, 司馬憙가 수레를 몰았고, 공손홍이 參乘(참승)하였다. 공손홍이 말했다.

"주군의 신하가 되어 大國의 위세를 이용하여 자신이 相이 되려 한다면 왕께서는 어떻게 생각하십니까?"

中山君이 말했다.

"나는 그 자의 살고기를 먹으면서 다른 사람에게 나눠주지도 않을 것이다."[2402]

사마희는 (수레의) 손잡이 軾(식)에 머리를 조아리며 사죄하였다.

2401 司馬憙使趙, 爲己求相中山. – 司馬憙(사마희, 司馬喜)는 中山國의 臣이다. 趙를 통해서, 곧 趙가 자신을 중산의 相으로 밀어달라고 부탁하였다. 사마희는 참언을 잘 이용하여 원하는 바를 성취하였다.

2402 吾食其肉, 不以分人. – 그 정도로 증오할 것이다.

"臣이 죽을 죄를 지었습니다."

"왜 그러는가?"

"臣이 저지른 죄입니다."

중산군이 말했다.

"그대로 하라. 나도 알고 있었다."

얼마 뒤에 趙에서 사신이 왔고, 사마희를 相으로 부탁하였다. 中山君은 공손홍을 (趙와 내통하고 있다고) 크게 의심하였고, 공손홍은 달아났다.

495/ 司馬憙三相中山

{原文} 司馬憙三相中山, 陰簡難之. 田簡謂司馬憙曰,

"趙使者來屬耳, 獨不可語陰簡之美乎? 趙必請之, 君與之, 即公無內難矣. 君弗與趙, 公因勸君立之以爲正妻. 陰簡之德公, 無所窮矣."

果令趙請, 君弗與. 司馬憙曰, "君弗與趙, 趙王必大怒, 大怒則君必危矣. 然則立以爲妻, 固無請人之妻不得而怨人者也."

田簡自謂取使, 可以爲司馬憙, 可以爲陰簡, 可以令趙勿請也.

司馬憙가 세 번 中山의 相이 되다.

{국역} 司馬憙(사마희)가 중산국에서 세 번이나 相이 되었는데,[2403] (美人) 陰簡(음간)이라는 여인이 사마희를 헐뜯었다.[2404] (중산국 신하) 田簡(전간)이 사마희에게 말했다.

"趙의 使者가 왕래하면서 우리를 속속들이 알고 있으니, 음간이 미인이라는 사실을 왜 모르겠습니까? 趙에서 틀림없이 요구할 것이고 君이 보내준다면 公은 내부의 적이 없어지는 것입니다. 君께서 趙에 보내주지 않는다면, 公께서는 주군께 正妻(정처)로 책립하라고 건의하십시오. 그러면 음간도 공을 고맙게 생각할 것이니 아마 난처한 일은 없을 것입니다."

과연 나중에 趙에서 음간을 요구하였고 中山 君王은 보내지 않았다. 사마희가 말했다.

"君께서 趙에 주지 않는다면, 趙王은 필히 대노할 것입니다. 趙王이 대노하면 君王께서는 틀림없이 위태할 것이니, 바로 正妻로 삼는다면 남의 妻를 달라할 수 없고 남의 원한을 살 일도 없을 것입니다."

전간은 중산 임금께 음간을 정처로 삼게 하고 스스로 사자로 나가서 사마희를 도와주었고, 음간을 위하여 趙에서 요구하지 못하게

2403 司馬憙三相中山 – 본 章과 다음 章 모두 史實이 아닌 의탁한 글이라는 주석이 있다. 다른 나라 왕의 寵姬(총희)를 무슨 이유로 요구할 수 있겠는가?

2404 陰簡難之 – 陰簡(음간)은 中山君의 美人. 총희의 이름. 難은 혐오하다 (惡也). 헐뜯다. 미워하다(忌之).

하였다.

496/ 陰姬與江姬爭爲后

{原文} 陰姬與江姬爭爲后. 司馬憙謂陰姬公曰,

"事成, 則有土子民, 不成, 則恐無身. 欲成之, 何不見臣乎?"

陰姬公稽首曰, "誠如君言, 事何可豫道者."

司馬憙卽奏書中山王曰, 「臣聞弱趙强中山.」

中山王悅而見之曰, "願聞弱趙强中山之說."

司馬憙曰, "臣願之趙, 觀其地形險阻, 人民貧富, 君臣賢不肖, 商敵爲資, 未可豫陳也."

中山王遣之. 見趙王曰,

"臣聞趙, 天下善爲音, 佳麗人之所出也. 今者, 臣來至境, 入都邑, 觀人民謠俗, 容貌顏色, 殊無佳麗好美者. 以臣所行多矣, 周流無所不通, 未嘗見人如中山陰姬者也. 不知者, 特以爲神, 力言不能及也. 其容貌顏色, 固已過絶人矣. 若乃其眉目准頞權衡, 犀角偃月, 彼乃帝王之后, 非諸侯之姬也."

陰姬(음희)와 江姬(강희)가 왕후 자리를 다투었다.

{국역} 陰姬(음희)와 江姬(강희)가 왕후 자리를 다투었다.[2405] 司馬憙
(사마희)가 陰姬公(陰姬의 父)에게 말했다.

"일이 잘 되면 땅과 백성을 차지할 수 있지만, 성공하지 못하면 아
마 몸을 보전하기도 어려울 것입니다. 잘 되길 바란다면 왜 나를 찾
지 않으십니까?"

陰姬의 아버지가 머리를 숙이면서 말했다.

"정말 君의 말씀 그대로입니다. 그러나 어떻게 먼저 말할 수 있겠
습니까?"

사마희는 즉시 왕에게 글을 올렸다.

「臣은 弱趙(조나라를 약화시키다)하고 强中山(중산을 강하게 하
다)하는 일을 알고 있습니다.」

中山王이 좋아하며 사마희를 불러 말했다.

"弱趙하고 强中山하는 말씀 좀 들어봅시다."

사마희가 말했다.

"臣이 趙에 가서 그 지형의 험고와 人民의 貧富, 그리고 君臣의
賢과 不肖(불초)를 관찰하여 적의 근본을 헤아려야지, 지금 미리 말
씀드릴 수 없습니다."

中山王은 사마희를 趙에 보냈다.

사마희가 趙王을 만나 말했다.

2405 陰姬與江姬爭爲后 - 위 章과 같은 주제의 글이다. 傳聞異辭(전문이사)
일 것이다.

"臣은 趙가 천하제일의 음률(음악)과 미인이 많다고 들었습니다. 이번에 臣이 들어오면서 국경을 지나 도읍에 올 때까지 백성의 노래와 습속, 용모와 안색을 보니 특별하게 예쁘고 아름다운 여인은 없는 것 같았습니다. 臣은 여러 곳을 많이 다녀보았고 두루 가보지 않은 곳이 없었지만, 中山國의 陰姬(음희)만큼 아름다운 여인은 못 보았습니다. 모르는 사람은 다만 神이라 생각하는데, 어떻게 말로 다 설명할 수가 없습니다. 그 용모와 顔色(안색)은 정말 사람의 미모를 넘었습니다. 그 여인의 눈썹, 눈동자, 코(准頰)와 광대뼈(權은 顴), 눈썹 위(衡, 眉上), 골상〔犀角(서각)〕과 이마〔偃月(언월), 額骨〕모두가 帝王 왕후의 용모이지, 제후의 姬妾(희첩)은 아닙니다."

{原文} 趙王意移, 大悅曰, "吾願請之, 何如?"

司馬憙曰, "臣竊見其佳麗, 口不能無道爾. 卽欲請之, 是非臣所敢議, 願王無泄也."

司馬憙辭去, 歸報中山王曰, "趙王非賢王也. 不好道德, 而好聲色. 不好仁義, 而好勇力. 臣聞其乃欲請所謂陰姬者."

中山王作色不悅. 司馬喜曰, "趙强國也, 其請之必矣. 王如不與, 卽社稷危矣. 與之, 卽爲諸侯笑."

中山王曰, "爲將奈何?"

司馬憙曰, "王立爲后, 以絶趙王之意. 世無請后者. 雖欲得請之, 鄰國不與也."

中山王遂立以爲后, 趙王亦無請言也.

{국역} 趙王은 크게 마음이 움직였고(意移) 좋아하면서 물었다.

"내가 그 여인을 원한다면 어떻겠습니까?"

사마희가 말했다.

"臣이 그 미모를 보았기에 제가 말씀드리지 않을 수 없었습니다. 당장 말씀드리고 싶습니다만, 이는 臣이 감히 결정할 수 없으니, 왕께서는 일단 발설하지 마십시오."

사마희는 조왕을 작별하고, 돌아와 中山王에게 보고하였다.

"趙王은 賢王이 아닙니다. 道德을 좋아하지 않고 聲色만을 좋아합니다. 仁義를 좋아하지 않으면서 勇力을 좋아합니다. 臣은 그의 요청을 들어보니 겨우 陰姬를 달라는 것이었습니다."

中山王은 얼굴을 붉히고(作色) 불쾌한 표정이었다. 사마희가 말했다.

"趙는 强國입니다. 아마 꼭 달라고 요청할 것입니다. 왕께서 보내주지 않으신다면 사직이 위험합니다. 그러나 보내준다면 제후의 웃음거리가 될 것입니다."

"어찌하면 좋겠는가?"

"王께서는 왕후로 책립하여 趙王의 욕망을 막아버립시오. 남의 왕후를 달라는 사람은 없을 것입니다. 비록 조왕이 요청한다 하더라도 다른 나라에서 못하게 막을 것입니다."

中山王은 음희를 왕후로 삼았고 趙王 역시 요구하지도 않았다.

497/ 主父欲伐中山

{原文} 主父欲伐中山, 使李疵觀之. 李疵曰,

"可伐也. 君弗攻, 恐後天下."

主父曰, "何以?"

對曰, "中山之君, 所傾蓋與車而朝窮閭隘巷之士者, 七十家."

主父曰, "是賢君也, 安可伐?"

李疵曰, "不然. 擧士, 則民務名不存本, 朝賢, 則耕者惰而戰士懦. 若此不亡者, 未之有也."

主父(주보)가 中山國을 정벌하려고,

{국역} 主父(주보 趙 武靈王, 재위 前 325 – 299년)가 中山國을 정벌하려고,[2406] (趙臣) 李疵(이자)를 보내 살펴보게 하였다. 이자가 돌아와 말했다.

"(중산국을) 정벌해야 합니다. 군왕께서 정벌하지 않는다면 다른 나라보다 늦을 것입니다."

"왜 그러한가?"

"中山의 君王은 수레를 타고 지나가다가 士人과 덮개를 맞대고

2406 主父欲伐中山 – 본 章은 시기를 알 수 없다. 李疵(이자)의 말은 法家에 가깝다.

(傾蓋) 이야기하며, 궁벽한 골목까지 찾아다니며 朝士를 초빙하여 70여 명을 초빙했다고 합니다."

"그렇다면 賢君인데 어찌 정벌할 수 있겠는가?"

"그렇지 않습니다. 士人만을 찾아 등용하면 백성은 명성만 추구하지 근본에(농업) 힘쓰지 아니하고, 賢士만을 위하다 보면, 농사일에 게으르며 戰士들은 겁이 많아지게 됩니다. 그러고서도 망하지 않은 나라가 없습니다."

498/ 中山君饗都士

{原文} 中山君饗都士, 大夫司馬子期在焉. 羊羹不遍, 司馬子期怒而走於楚, 說楚王伐中山, 中山君亡. 有二人挈戈而隨其後者, 中山君顧謂二人, "子奚爲者也?"

二人對曰, "臣有父, 嘗餓且死, 君下壺飧餌之. 臣父且死, 曰, '中山有事, 汝必死之.' 故來死君也."

中山君喟然而仰歎曰, "與不期衆少, 其於當厄, 怨不期深淺, 其於傷心. 吾以一杯羊羹亡國, 以一壺飧得士二人."

中山君이 都士들에게 잔치하면서,

{국역} 中山君이 都邑의 士人을 불러 잔치를 했는데,[2407] 大夫인 司

馬子期(사마자기)도 거기에 참석했었다. (잔치 중에) 양고기 국물〔羊羹(양갱)〕이 충분치 않자(不遍), 司馬子期는 화를 내며 楚로 달아나 楚王을 설득하여 中山國을 침공케 하여 중산왕은 도읍을 떠나 도주하였다. 그런데 어떤 두 사람이 창을 들고 뒤를 수행하는 사람이 있어 中山君이 두 사람을 돌아보며 물었다.

"그대들은 왜 나를 수행하는가?"

두 사람이 말했다.

"臣의 부친이 굶어 거의 죽을 지경에, 君께서 식은 밥 한 그릇을 부친께 주시었습니다.[2408] 저희 부친께서 돌아가시면서 '중산국에 전쟁이 나면 너희들은 왕을 위해 죽어야 한다.'고 말씀하셨기에 왕을 모시고 죽으러 왔습니다."

中山君은 한숨을 쉬고 하늘을 보며 탄식하였다.

"베푼 일의 공덕은 그 多少가 아니고 어려움을 돕는데 있다. 원한에는 그 깊고 얕은 정도가 아니고 마음에 준 상처이다. 나는 한 그릇의 양고기 국물에 나라를 잃었고, 찬밥 한 그릇으로 용사 두 사람을 얻었다."

2407 원문 中山君饗都士 - 中山君이 누구인지 알 수 없다. 中山 武公이라는 주석이 있다. 饗은 잔치 향. 잔치를 벌이다. 都士는 시험을 거친 士人이라는 뜻인데, 어떤 선발 절차를 통과한 士人인지 알 수 없다. 君王이라면 가까이 있는 都城의 무사나 문사를 초청할 수도 있다.

2408 원문 君下壺飱餌之 - 壺는 병 호. 飱은 저녁밥 손. 壺飱은 식은 밥 한 그릇. 餌는 먹이 이. 미끼. 먹여주다.

499/ 樂羊爲魏將

{原文} 樂羊爲魏將, 攻中山. 其子時在中山, 中山君烹之, 作羹致於樂羊. 樂羊食之. 古今稱之. "樂羊食子以自信, 信明害父以求法."

樂羊(악양)이 魏의 將軍이 되어,

{국역} 樂羊(악양)이 魏의 장수가 되어 中山國을 공격하였다.[2409] 악양의 아들은 당시 中山의 武官이었다. 中山君은 악양의 아들을 삶아 그 국물을 악양에게 보냈다. 樂羊은 그 국물을 마셨다. 이를 두고 고금의 여러 사람이 말한다.

2409 樂羊爲魏將, 攻中山. - 이는 〈魏策 一〉 **290** 樂羊爲魏將而攻中山 章 참고. 이는 《史記 六國年表》에 의하면, 이는 周 威烈王 18년, 魏 文侯 38년, 前 408년의 일이었다. 本 章의 내용은 《韓非子 說林 上》에도 수록되었다. 樂羊(악양, 생졸년 미상, 羊이 名)은 본래 中山國 출신이었다. 樂羊은 처음에 魏 相國 翟璜(적황)의 門客이었는데, 中山國君인 窟(굴)이 發兵하여 침공하자, 적황은 악양을 천거했다. 樂羊의 子 樂舒(악서)는 中山王의 將領으로 근무하면서 싸움에서 적황의 아들 翟靖(적정)을 죽였다. 그런 줄을 알면서도 翟璜은 樂羊의 사람됨을 알기에 恩怨(은원)을 따지지 않고 악양을 천거하고 보증하였다. 樂羊은 출병 후에 적은 강하고 아군은 약하기에 緩兵之計(완병지계) 작전을 썼다. 이에 魏에서는 많은 사람들이 악양이 중산국과 내통한다는 무고도 있었다. 中山國에서 악의의 아들을 죽여 삶은 국물을 보내자, 악양은 그 국물을 그대로 마셨다. 이후 중산국을 대파하였다. 燕將 樂毅(악의)의 先祖이다.

"樂羊은 자식을 먹어 자기의 신념을 보였고, (楚人) 信明(申鳴)은 부친의 뜻을 어겨 (자살로) 국법을 지켰다."[2410]

500/ 昭王旣息民繕兵

{原文} 昭王旣息民繕兵, 復欲伐趙.

武安君曰, "不可."

王曰, "前年國虛民飢, 君不量百姓之力, 求益軍糧以滅趙. 今寡人息民以養士, 蓄積糧食, 三軍之倰有倍於前, 而曰'不可', 其說何也?"

武安君曰, "長平之事, 秦軍大剋, 趙軍大破, 秦人歡喜, 趙人畏懼. 秦民之死者厚葬, 傷者厚養, 勞者相饗, 飮食餔餽, 以靡其財. 趙人之死者不得收, 傷者不得療, 涕泣相哀, 戮力同憂, 耕田疾作, 以生其財. 今王發軍, 雖倍其前, 臣料趙國守備, 亦以十倍矣. 趙自長平已來, 君臣憂懼, 早朝晏退, 卑辭重幣, 四面出嫁, 結親燕,魏, 連好齊,楚, 積慮幷心, 備秦爲務. 其國內實, 其交外成. 當今之時, 趙未可伐也."

2410 信明害父以求法 - 信明(신명, 人名)은 楚人 申鳴(신명)이라는 주석에 따른다.

秦昭王은 息民하고 繕兵(선병)한 뒤에,

{국역} 秦 昭王(소왕, 재위 前 306 - 251년)은 이미 백성을 쉬게 했고(息民) 병기를 보수했기에(繕兵), 다시 趙를 정벌하고 싶었다.[2411]

武安君 白起[2412]는 "不可합니다."라고 말했다.

秦王이 말했다.

"前年에 (長平戰 이후) 국고가 비고 백성이 굶주렸을 때에도 장군은 백성의 역량을 헤아리지 않고 더 많은 군량을 요구하며 趙를 멸망시키려 했소. 지금 寡人은 息民(백성을 휴식시키다)하며 養士(군대를 길러놓다)하였고, 군량도 축적하여 작년의 두 배나 되는데도 불가하다고 말하니 그 까닭이 무엇이요?"

武安君(白起)이 말했다.

"長平의 전투에서(前 262 - 260년) 秦軍은 대승(大剋, 大克)하며 趙軍을 大破하였습니다. 秦人은 환호했고, 趙人은 두려워 떨었습니다. 秦民으로 전사자는 후한 장례를 치러주었고, 傷者(다친 자)는 잘 보양하였으며, 고생한 백성은 서로 음주하면서 충분히 먹였으며, 손해를 본 재산도 보충해주었습니다. 그러나 趙人 중 죽은 자의 시신도 수습하지 못했고, 부상자는 치료도 없었기에 서로 함께 울면서 슬퍼하였고, 서로 같이 걱정하면서 부지런히 농사를 지으며 재물을

2411 昭王旣息民繕兵, 復欲伐趙 - 이는 前 259 - 257년의 일로, 秦 昭王(소왕)과 관련한 내용이다. 〈中山策〉과는 관련이 없다. 繕兵 - 繕은 기울 선. 修繕(수선)하다. 여기 兵은 兵器, 군사 물자의 총칭.

2412 武安君은 秦의 名將 白起(백기, 前 332 - 257년). 백기는 秦 昭襄王(재위 前 306 - 251년) 29년에 武安君에 봉해졌다.

모으고 있습니다. 지금 왕께서 군사를 그전보다 두 배를 동원하더라도, 臣이 생각할 때, 趙의 수비는 10배 쯤 늘어날 것입니다. 趙는 長平의 패전 이래로 君臣이 두려워하며 아침 일찍 입조하고 저녁 늦게 퇴청하고, 겸손한 말과 후한 예물로 사자를 보내며 사방 여러 나라와 혼인하고, 燕과 魏와 친교하며 齊와 楚에도 우호 속에 온 마음을 기울여 秦에 대비하고 있습니다. 나라가 내부적으로 충실해졌으며 밖으로 외교에 성공하고 있으니 이러한 趙는 정벌할 수가 없습니다."

{原文} 王曰, "寡人旣以興師矣."

乃使五大夫王陵將而伐趙. 陵戰失利, 亡五校. 王欲使武安君, 武安君稱疾不行. 王乃使應侯往見武安君, 責之曰,

"楚, 地方五千里, 持戟百萬. 君前率數萬之衆入楚, 拔鄢, 郢, 焚其廟, 東至竟陵, 楚人震恐, 東徙而不敢西向. 韓, 魏相率, 興兵甚衆, 君所將之不能半之, 而與戰之於伊闕, 大破二國之軍, 流血漂鹵, 斬首二十四萬. 韓, 魏以故至今稱東藩. 此君之功, 天下莫不聞. 今趙卒之死於長平者已十七, 八, 其國虛弱, 是以寡人大發軍, 人數倍於趙國之衆, 願使君將, 必欲滅之矣. 君嘗以寡擊衆, 取勝如神, 況以彊擊弱, 以衆擊寡乎?"

{국역} 昭王이 말했다.
"寡人은 이미 군사를 동원하였소."

이에 五大夫 王陵(왕릉)에게 병권을 주어 거느리고(將) 趙를 정벌
케 하였다. 왕릉은 싸워 패전하며 5개 군영을 모두 잃었다. 昭王은
武安君을 보내고 싶었지만, 무안군은 병을 핑계 대며 출정하지 않았
다. 이에 진왕은 應侯〔응후, 范雎(범수)〕를 보내 무안군을 만나 따지게
하였다.

"楚는 그 땅이 5천 리에 무장한 군사가 백만입니다. 君은 앞서 불
과 수만의 군사를 거느리고 楚를 침공하여 그 도읍 鄢(언)과 郢(영)을
점령하고 그 종묘를 불태웠으며, 東쪽으로는 竟陵(경릉)까지 진격하
여 楚人을 두려워 떨게 하였고, 그들을 서울까지 陳(진)에 천도케 하
여 감히 서쪽을 쳐다보지도 못하게 하였습니다. 그러자 韓과 魏가
함께 엄청난 대군을 동원하였지만, 장군은 그들의 절반도 안 되는
군사로 그들과 (낙양 부근) 伊闕山(이궐산)에서 싸워 두 나라의 군사
를 대파하니 흐르는 피에 큰 방패가 (鹵, 大盾也) 떠다녔으며, 24만의
적을 참수하였습니다. 그래서 韓과 魏는 그 때문에 지금까지 (우리
秦의) 東쪽 藩臣(번신)을 자처하고 있으니, 이 모두가 君의 공로이며,
天下에 이를 모르는 사람이 없습니다. 지금 趙의 군사로 長平에서
죽은 자가 10에 7, 8이니 그 나라는 허약해졌고, 이 때문에 寡人은
(王命이기에 범수가 과인이라 칭했다.) 대군을 동원하여, 인원은 趙
의 배가 되기에 장군이 거느리고 출정하여 趙를 격파하기를 바라는
것이요. 君은 이전에도 적은 수로 많은 적을 격파하며 마치 神처럼
승리하였는데, 하물며 지금 강한 군사로 약해진 적을 다수로 소수를
격파하려는데 왜 망설이는가?"

{原文} 武安君曰,

"是時楚王恃其國大, 不恤其政, 而群臣相妒以功, 諂諛用事, 良臣斥疏, 百姓心離, 城池不修, 旣無良臣, 又無守備. 故起所以得引兵深入, 多倍城邑, 發梁焚舟以專民, 以掠於郊野, 以足軍食. 當此之時, 秦中士卒, 以軍中爲家, 將帥爲父母, 不約而親, 不謀而信, 一心同功, 死不旋踵. 楚人自戰其地, 咸顧其家, 各有散心, 莫有鬪志. 是以能有功也. 伊闕之戰, 韓孤顧魏, 不欲先用其衆. 魏恃韓之銳, 欲推以爲鋒. 二軍爭便之力不同, 是以臣得設疑兵, 以待韓陣, 專軍幷銳, 觸魏之不意. 魏軍旣敗, 韓軍自潰, 乘勝逐北, 以是之故能立功. 皆計利形勢, 自然之理, 何神之有哉! 今秦破趙軍於長平, 不遂以時乘其振懼而滅之, 畏而釋之, 使得耕稼以益蓄積, 養孤長幼以益其衆, 繕治兵甲以益其强, 增城浚池以益其固. 主折節以下其臣, 臣推體以下死士. 至於平原君之屬, 皆令妻妾補縫於行伍之間. 臣人一心, 上下同力, 猶勾踐困於會稽之時也. 以合伐之, 趙必固守. 挑其軍戰, 必不肯出. 圍其國都, 必不可剋. 攻其列城, 必未可拔. 掠其郊野, 必無所得. 兵出無功, 諸侯生心, 外救必至. 臣見其害, 未睹其利. 又病, 未能行."

{국역} 武安君(白起)이 말했다.

"당시 楚王(頃襄王)은 그 나라가 大國인 것을 믿고 정사를 돌보지 않았으며, 여러 신하들은 서로 功을 질투하였고 아첨하는 자들이 권력을 장악하여 良臣을 배척하였기에 百姓의 마음은 흩어졌고 城池도 수리하지 않았으니, 곧 良臣이 없었기에 수비도 없었습니다. 그래서 저 白起가 군사를 이끌고 적진 깊이 들어갔을 때, (楚의) 많은 城邑이 스스로 배신하였으며, 우리는 교량을 부수고 배를 불태우며 백성을 상대하여 교외에서 식량을 약탈하여도 군량이 충분하였습니다. 그 당시에 秦 땅의 士卒은 군영을 本家처럼, 장수를 부모처럼 생각하였기에 약조를 정하지 않아도 친근하였고, 서로 맹서하지 않아도 서로를 믿었기에 一心으로 같이 일했고 죽을 경우라도 발길을 돌리지 않았습니다. 楚人은 그들 땅에서 싸우면서도 모두가 그 가정만을 돌보면서 각자가 흐트러지려는 마음뿐이었고 투지도 없었습니다. 그래서 공을 세울 수 있었습니다. (韓과 魏와 싸운) 伊闕(이궐)의 전투에서는 韓의 어린 왕(韓孤, 韓 僖侯)은 魏에 의지하면서 그 군사로 先攻하려고 하지 않았습니다. 魏는 韓의 정예군을 믿고 그들로 선봉을 삼으려 하였습니다. 두 나라 군사가 서로 유리한 것이 같지 않았기에 臣은 특별히 疑兵을 배치하고, 韓의 본진을 기다려 싸우면서, 정예군은 불의에 魏軍을 공격하였습니다. 魏軍이 패배하자 韓軍은 스스로 궤멸하였고 승세를 몰아 북으로 진격하여 공을 세울 수 있었습니다. 이런 승리 모두가 형세의 이점을 계산한 자연의 이치이지 어찌 신통력에 의한 승리이겠습니까! 지금 秦은 長平에서 趙의 대군을 격파하였을 때 승세를 타고 趙를 없애야 했지만, 그때는 그들을 두려워하며 풀어주었기에 지금 그들이 농사를 지으며 국력을 축적하고 고아를 양육하며 아이를 키워 그 군사를 늘렸고 병기와 갑옷을 수선하여 그 전력을 증강하였으며 성을 쌓고 城池를 준설하여 방비를 강화하였습니다. 趙의 군주는 지조를 낮추어 신하를 위해 주

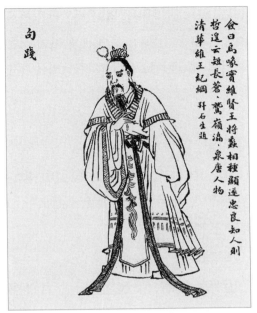

越王 勾踐(구천, 재위 前 496 - 464년)

고, 신하는 몸을 던져 모두 죽을 각오가 되었습니다. 平原君 같은 무리는 모든 처첩으로 하여금 군대 행렬에 들어가 군사들의 옷을 꿰매주게 하였습니다. 이처럼 신하와 백성이 한마음이 되었으니, 이는 마치 (越의) 勾踐(구천)이 會稽(회계)에서 곤궁을 당했을 때와 같습니다. 우리가 지금 趙를 정벌한다면, 趙는 必히 固守할 것입니다. 우리가 그들과 군사들 전투를 도발하더라도 그들은 선뜻 응하지 않을 것입니다. 우리가 그들 국도를 포위하더라도 아마 틀림없이 이길 수 없을 것입니다. 그리고 여러 성을 공격하더라도 꼭 점령할 수도 없습니다. 그들 들판을 노략질하더라도 얻을 것이 없을 것입니다. 군사가 출동하더라도 戰功을 거둘 수 없고 제후들은 마음이 같지 않더라도 필히 구원하러 올 것입니다. 臣에게 불리한 것은 예상되지만, 유리한 것이 보이질 않습니다. 그리고 저는 병들었기에 나갈 수도 없습니다."

{原文} 應侯慚而退, 以言於王.

王曰, "微白起, 吾不能滅趙乎?" 復益發軍, 更使王齕代王陵伐趙. 圍邯鄲八, 九月, 死傷者衆, 而弗下. 趙王出輕銳以寇其後, 秦數不利.

武安君曰, "不聽臣計, 今果何如?"

王聞之怒, 因見武安君, 彊起之, 曰, "君雖病, 彊爲寡人臥而將之. 有功, 寡人之願, 將加重於君. 如君不行, 寡人恨君."

武安君頓首曰, "臣知行雖無功, 得免於罪. 雖不行無罪, 不免於誅. 然惟願大王覽臣愚計, 釋趙養民, 以諸侯之變. 撫其恐懼, 伐其憍慢, 誅滅無道, 以令諸侯, 天下可定, 何必以趙爲先乎? 此所謂爲一臣屈而勝天下也. 大王若不察臣愚計, 必欲快心於趙, 以致臣罪, 此亦所謂勝一臣而爲天下屈者也. 夫勝一臣之嚴焉, 孰若勝天下之威大耶? 臣聞明主愛其國, 忠臣愛其名. 破國不可復完, 死卒不可復生. 臣寧伏受重誅而死, 不忍爲辱軍之將. 願大王察之."

王不答而去.

{국역} 應侯(응후)는 부끄러워하며 물러나서 왕에게 보고하였다. 그
러자 진왕이 말했다.

"白起(백기)가 없다고 내가 趙를 멸망시킬 수 없는가?"

그러면서 더 많은 군사를 징발하였으며, 王陵(왕릉)대신 王齕(왕
흘)을 보내 趙를 정벌케 하였다. 邯鄲(한단)을 포위한 지 8, 9개월이
지나면서 죽고 다친 자가 많았어도 함락할 수가 없었다. 趙王(孝成
王)은 경무장 정예군으로 秦軍의 배후를 공략하니 秦은 자주 불리
하였다. 이런 소식을 듣고 무안군이 말했다.

"臣의 계책을 따르지 않더니, 지금 과연 어떠하겠는가?"

진왕은 이를 듣고 무안군을 찾아가 만나 억지로 일으켜 세우며
말했다.

"君이 비록 병중이지만 과인을 위해 누워서라도 군사를 지휘하시
오, 戰功을 세우는 것이 과인의 소원이며 君을 중용할 것이요. 만약
君이 따르지 않는다면 과인은 君에게 원한을 품을 것이오."

武安君이 頓首(돈수: 머리를 조아리다)하며 말했다.

"臣은 출동하여 戰功이 없더라도 죄는 면할 수 있을 것입니다. 비
록 출정하지 않으면 무죄라도 주살을 면하지 못할 것입니다. 그러나
제가 바라는 것은, 오직 대왕께서 臣의 愚計를 받아들여 趙를 풀어
주고 우리 백성을 양육하면서 제후들의 변화를 기다려 주시기 바랍
니다. 그리하여 우리 秦을 두려워하는 나라를 어루만져주고, 교만한
제후라면 정벌하며 무도한 자를 죽여 제후들을 호령하면 천하를 안
정시킬 수 있거늘, 하필 趙 정벌을 왜 가장 우선하십니까? 이는 대왕
께서 신하 한 사람에게 굽혀 천하를 이기는 것입니다. 大王께서 만
약 臣의 愚計를 살펴보지 않으시고 기어이 趙를 정벌하여야 마음이

통쾌하시겠다면, 저에게 징벌을 내리시면 되니, 이는 신하 한 사람에게는 이기고, 천하에 굴복하는 것입니다. 신하 한 사람을 이길 수 있는 그런 위엄과 천하를 이길 수 있는 권위, 그 어느 것이 더 크겠습니까? 臣이 알기로, 明主는 그 나라를 소중히 아끼고,(明主愛其國) 충신은 그 이름을 자랑한다고(忠臣愛其名) 하였습니다. 나라가 깨진다면 다시 복원할 수 없고, 죽은 士卒은 다시 살려낼 수 없습니다. 臣은 차라리 중벌을 받아 중형으로 죽을지언정 軍을 모욕하는 敗軍의 장수가 될 수는 없습니다. 대왕께서 굽어 살펴주시기 바랍니다."

秦王은 대답하지 않고 나가 버렸다.[2413]

2413 王不答而去 – 白起의 충언을 받아들이지 않는다는 뜻이다. 秦 昭王은 백기에게 칼을 내려 자결케 했고, 前 257년 白起는 咸陽 서쪽 杜郵(두우)에서 자결하였다.

부록《戰國策》故事成語 목록

○《戰國策》은 策士와 說客의 주장과 설득을 모았다.

내가 하는 말은 요점이 명확하고 條理가 있어야 하며, 또 진실 그대로 전달되어야 상대방을 설득할 수 있다. 설득하여 외교적 도움을 받고, 공격해오는 군사를 되돌리게 한다면, 그 말의 힘과 가치는 정말 대단한 것이다.

때문에 책사들에 대한 대우도 좋았다. 세객들은 상대방을 설득하기 위하여, 곧 출세하려고 많은 노력을 기울였다. 상대방을 내 생각과 일치시키기 위하여 지난 사실을 예로 들거나 비유로 설득하였다. 생활 감정을 공유하여 공감케 하려고 때로는 寓言(우언)이나 寓話(우화)를 말했고, 경전의 구절이나 俗諺(속언)을 인용하였다.

그들이 지어낸 여러 이야기가 널리 퍼졌고, 그래서 많은 사람이 계속 사용하니, 하나의 단어처럼 통용되었다. 이를 成語라 하는데, 옛 典故(전고)에서 유래되었다 하여 故事成語, 글자 4자의 성어라 하여 四字成語라 한다.

본 부록은《戰國策》에서 찾아볼 수 있는, 여러 成語나 속언 또는 名句를 모아 가나다 순으로 정리하였다. 그 출처를 밝혀 정확한 뜻과 유래를 파악할 수 있게 하였다. 이 부록은《戰國策》의 요점정리이다.

001. 假道伐韓(가도벌한)

• 길을 빌려 韓을 정벌하다. 假는 빌릴 가. 假道는 借道(차도).
본래는 假道滅虢(가도멸괵) – 晉國은 虞國(우국)의 길을 빌려(통과)
虢國(괵국)을 멸망시켰다. 이는 魯 僖公(희공) 5년(前 655)의 역사
적 사실이다. 자신의 友邦(우방)을 정벌하라고 길을 빌려준 멍청한
虞國은 晉國에 공격에 그대로 멸망했다. 타국의 군대가 자기 나라
에 들어온다면, 이는 兵家의 大忌(대기)이다.
| 출처 | 〈東周策〉 007. 秦假道於周以伐韓 章.

002. 諫而私寶(간이사보)

• 諫言(간언)을 하고 私的으로 寶劍(보검)을 받다.
楚에서 齊의 孟嘗君(맹상군)에게 상아로 만든 침상을 선물하려 했
다. 그 일을 담당할 관리는 만약 흠결이라도 생기면 큰일이기에,
맹상군 門人에게 가문의 보검을 주겠다며, 그런 일을 맡지 않게 해
달라는 청탁을 넣었다. 맹상군을 설득한 그 門人은 성공 보수로
보검을 챙겼다. 받을만 하면 받아도 좋다는 뜻이다.
| 출처 | 〈齊策 三〉 144. 孟嘗君出行國 章.

003. 干將莫邪(간장막야)

• 吳王의 名劍 이름. 吳王이 越人 劍匠(검장)인 干將(간장)과 그의 처
莫邪(막야)에게 각각 제작케 하였다. 干將(간장)은 무늬가 陽刻(양
각)의 龍무늬가 있고, 莫邪(막야)는 음각의 무늬가 있다. 아무리 명
검이라도 人力이 아니라면 자르거나 벨 수가 없고, 아무리 견고한
화살(堅箭)과 날카로운 살촉(利金)이라도 활의 시위 같은 도구가
없으면 쓸모가 없다.
| 출처 | 〈齊策 五〉 159. 蘇秦說齊閔王 章.

004. 江上處女(강상처녀)

- 강변 마을의 처녀. 강변 마을에 가난하여 촛불 값을 낼 수 없는 처녀가 있었는데, 다른 처녀들이 서로 논의하여 쫓아내었습니다. 촛불 값이 없는 가난한 처녀가 떠나면서 다른 처녀들에게 말했다. "내가 촛불 값을 못 내기에 늘 일찍 와서 방을 소제하고, 자리를 펴놓았는데, 방 사방의 벽을 비추고도 남는 그 불빛을 어찌 그리 아깝다고 여기는가? 내가 더 있다 하여 무슨 방해가 되는가? 나는 다른 처녀들에게 도움을 준다고 생각하고 있었는데, 왜 나를 쫓아내는가?" 그러자 다른 처녀들이 서로 상의하여 가난한 처녀를 남게 하였다.

| 출처 | 〈秦策 二〉 070. 甘茂亡秦且之齊 章.

005. 强受其利, 弱受其害(강수기리, 약수기해)

- (협상에서는) 강자가 그 이득을 얻고, 약자는 손해를 보게 된다.

| 출처 | 〈趙策 三〉 252. 魏使人因平原君請從於趙 章.

006. 去邪無疑, 任賢勿貳(거사무의, 임현물이)

- 사악 제거에 주저 말고(去邪無疑), 任賢하고서는 이간질을 못하게 하다.

| 출처 | 〈趙策 二〉 243. 王立周紹爲傅 章.

007. 鉅室取信(거실취신)

- 집이 크고 좋아야 사람들이 믿어준다. 鉅는 클 거. 腹擊(복격)이란 사람이 집을 크게 지으려 하자, 주군이(趙王) 복격을 불러 물었다. "무엇 때문에 집을 크게 지으려 하는가?" 이에 복격이 말했다. "臣은 외국서 온 나그네라서〔羈旅(기여)〕집이라도 커야 백성이 저를

민을 수 있을 것입니다."

| 출처 | 〈趙策 一〉 228. 腹擊爲室而鉅 章.

008. 擊衣報讐(격의보수)

• (趙襄子의) 옷을 찔러 (죽은) 主君에게 복수했다고 아뢰다.
  晉나라 知伯(智伯)의 가신 豫讓(예양)의 복수. "范氏와 中行氏를
  섬길 때 그들은 보통 사람으로 나를 대우했기에 나 역시 보통 사
  람처럼 그를 섬겼다. 지백은 나를 國士로 대우했기에, 나는 國士
  로서 그를 위해 복수하려는 것이다." 조양자를 죽이는데 실패했
  지만, 조양자의 옷을 찢으며 말했다. "이제 知伯에게 보답하였도
  다." 그리고는 칼 위에 엎어져 죽었다. 그가 죽은 날에 趙國의 士
  人들은 이를 알고서 모두가 눈물을 흘렸다.

| 출처 | 〈趙策 一〉 225. 晉畢陽之孫豫讓 章.

009. 見兔顧犬(견토고견)

• 토끼를 보고 사냥개를 풀어주다. 그래도 늦은 것은 아니다(未爲晚
  也). 羊을 잃고 우리를 손 봐도 늦은 것은 아니다(亡羊而補牢, 未
  爲遲也).

| 출처 | 〈楚策 四〉 212. 莊辛謂楚襄王 章.

010. 決踏全軀(결번전구)

• 발목을 잘라버려 온몸을 보전하다. 踏은 짐승 발바닥 번. 올가미
  에 걸린 호랑이가 제 발목을 잘라 버리고 도망가다. 발을 아끼지
  않아서가 아니라 발목을 자르지 않으면 자신의 몸뚱이를 해치게
  되니, 이는 상황에 따른 조치이다(權).

| 출처 | 〈趙策 三〉 266. 魏魠謂建信君 章.

011. 驚弓之鳥(경궁지조)

- 활시위 소리에 놀라 떨어진 새. 나약하여 미리 겁먹은 새.
- |출처| 〈楚策 四〉 218. 天下合從 章.

012. 慶弔相隨(경조상수)

- 축하와 弔問(조문)을 동시에 하다. 蘇秦(소진)이 燕을 위하여 齊王
  에게 유세하였는데, 再拜하면서 賀禮하고서는 하늘을 우러러 弔
  問(조문)하였다. 왜?
- |출처| 〈燕策 一〉 445. 燕文公時 章.

013. 股掌之臣(고장지신)

- 손발처럼 마음대로 부릴 수 있는 신하. 股肱之臣(고굉지신).
- |출처| 〈魏策 二〉 316. 犀首見梁君 章.

014. 高枕而臥(고침이와)

- 편안한 老後(노후). 맹상군의 문객 馮諼(풍훤)이 맹상군에게 한 말.
- |출처| 〈齊策 四〉 148. 齊人有馮諼者 章.

015. 冠蓋相望(관개상망)

- 사신이나 출장 가는 관리와 수레가 줄을 잇다.
- |출처| 〈魏策 四〉 365. 秦魏爲與國 章.

016. 觀時制法, 因事制禮(관시제법, 인사제례)

- 時俗을 보아 法을 제정하고, 實情에 의거 制禮하다.
- |출처| 〈趙策 二〉 242. 武靈王平晝閑居 章.

017. 管莊刺虎(관장척호)

- 管莊子가 호랑이를 찔러 죽이다. 관망하다가 유리할 때 결단하다.

018. 交淺言深(교천언심)

- 짧은 대화에 심오한 내용. 마음속에 있는 말을 할 만큼 관계가 깊
  지 않다는 뜻.
  | 출처 |〈趙策 四〉280. 馮忌請見趙王 章.

019. 狡兔三窟(교토삼굴)

- 날쌘 토끼도 피신할 수 있는 3개의 굴을 파놓는다. 위험에 대비.
  | 출처 |〈齊策 四〉148. 齊人有馮諼者 章.

020. 驅羊攻虎(구양공호)

- 양을 몰아 호랑이를 공격하게 하다. 상대가 되지 않는 싸움.
  | 출처 |〈楚策 一〉187. 張儀爲秦破從連橫 章.

021. 久坐敗遇(구좌패우)

- 오래 앉아 조용히 설득하여 상대 회담을 없는 일로 만들다.
  | 출처 |〈齊策 一〉312. 齊王將見燕趙楚之相 章.

022. 求千里馬(구천리마)

- 천리마를 구하다. 인재 등용은 가까운 곳에서 시작해야 한다.
  | 출처 |〈燕策 一〉453. 燕昭王收破燕後卽位 章.

023. 君聾於官(군농어관)

- 主君이 治國을 알지 못한다. 國君이 音律을 정통하면 國政이 소홀
  해진다.
  | 출처 |〈魏策 一〉293. 魏文侯與田子方飲酒 章.

024. 跪行機穽(궤행기정)

• 무릎을 꿇는 등 공손한 척하여 상대를 함정에 빠트리다.

| 출처 | 〈齊策 二〉 130. 犀首以梁爲齊戰於承匡 章.

025. 貴貴者貴(귀귀자귀)

• 貴人을 貴하게 대접해야 나도 貴해진다. 상대방을 인정해야 상대
방도 나를 존중한다는 뜻.

| 출처 | 〈韓策 一〉 389. 韓公仲謂向壽 章.

026. 貴以慘死(귀이참사)

• 귀한 신분이라서 비참해지거나 죽게 된다. 귀인은 교만과 사치가
몸에 배어, 기대하지 않아도 죽거나 패망이 찾아온다.

| 출처 | 〈趙策 三〉 254. 平原君謂平陽君 章.

027. 矜功不立, 虛願不至(긍공불립, 허원부지)

• 잘난 척 자랑하는 자는 功을 이루지 못하고, 헛된 소원은 이뤄지
지 않는다.

| 출처 | 〈齊策 四〉 152. 齊宣王見顔斶 章.

028. 豈敢藉道(기감자도)

• 어찌 감히 길을 빌려달라고 하겠는가? 약자에 대한 무리한 요구는
오히려 손해가 될 수 있다.

| 출처 | 〈西周策〉 044. 三國攻秦反 章.

029. 麒驥之衰, 駑馬先之(기기지쇠, 노마선지)

• 騏驥(기기, 千里馬)가 지치면 駑馬(노마, 鈍馬)가 앞선다. 孟賁之倦(맹
분, 勇士)에 女子勝之한다.

| 출처 | 〈齊策 五〉159. 蘇秦說齊王 章.

030. 騏麟騄耳(기린록이)

• 千里馬인 騏麟(기린)과 騄耳(녹이). 毛嬙西施(모장과 서시) – 毛嬙(모장, 嬙은 궁녀 장)은 越王의 嬖妾(잉첩). 西施(서시)는 越女, 吳王 夫差(부차)의 姬妾.

| 출처 | 〈齊策 四〉150. 魯仲連謂孟嘗 章.

031. 驥服鹽車(기복염거)

• 천리마가 소금 수레를 끌다. 때와 主君을 못 만나다.

| 출처 | 〈楚策 四〉219. 汗明見春申君 章.

032. 欺以六里(기이육리)

• (6백 리 땅이 아니라) 6리라고 거짓말을 하다. 장의가 楚 懷王(회왕)을 바보로 만든 거짓말.

| 출처 | 〈秦策 二〉059. 齊助楚攻秦 章.

033. 奇貨可居(기화가거)

• 값을 따질 수 없는 寶玉을 차지하다. 왕을 옹립하다. 呂不韋(여불위, 前 292 – 235)의 말.

| 출처 | 〈秦策 五〉107. 濮陽人呂不韋賈於邯鄲 章.

034. 樂得溫囿(낙득온유)

• 溫 땅의 놀이동산을 얻고 기뻐하다. 작은 이득을 얻고 즐거워하다.

| 출처 | 〈西周策〉039. 犀武敗於伊闕 章.

035. 樂人之善(낙인지선)

• 다른 사람의 선행을 즐거하다. 선행은 남을 기쁘게 한다.

| 출처 | 〈齊策 六〉 163. 燕攻齊,齊破 章.

036. 南轅北轍(남원북철)

- 남쪽으로 간다면서 북쪽으로 수레를 몰다. 목표와 정반대의 행동.
  至楚北行(지초북행).
| 출처 | 〈魏策 四〉 361. 魏王欲攻邯鄲 章.

037. 郎中爲冠(낭중위관)

- 郎中(職名)이 冠을 만들다. 적임자를 골라써야 한다.
| 출처 | 〈趙策 三〉 261. 建信君貴於趙 章.

038. 怒室者色於市(노실자색어시)

- 집에서 화난 얼굴은 밖에서도(市) 화를 낸다.
| 출처 | 〈韓策 二〉 404. 齊令周最使鄭 章.

039. 老妾事主(노첩사주)

- 늙은 妾이 본부인을 섬기다. 마지못해 그럴 수밖에 없다는 뜻.
| 출처 | 〈魏策 一〉 304. 張儀走之魏 章.

040. 尿井之狗(뇨정지구)

- 우물에 오줌 싸는 개. 숨어서 악행을 저지르는 자. 溺井之狗(요정
  지구). 尿는 오줌 뇨. 溺는 오줌 눌 뇨. 빠질 익.
| 출처 | 〈楚策 一〉 177. 江乙惡昭奚恤 章.

041. 累卵之危(누란지위)

- 아주 위태로움.
| 출처 | 〈趙策 一〉 229. 蘇秦說李兌 章.

042. 當門而噬(당문이서)

- (우물에 오줌을 싸는 개가) 門을 막고 물려고 하다. 자신의 비행을 알고 있는 사람을 증오하다.

  | 출처 | 〈楚策 一〉 177. 江乙惡昭奚恤 章.

043. 桃梗漂漂(도경표표)

- 강물에 떠내려 갈 桃梗(도경). 앞날을 알 수 없는 신세. 土偶人(토우인, 진흙 인형)과 복숭아나무를 깎아 만든 神人인 桃梗(도경)의 대화.

  | 출처 | 〈齊策 三〉 138. 孟嘗君將入秦 章.

044. 圖窮匕見(도궁비현)

- 지도 두루마기가 펼쳐지며, 비수가 나타났다. 燕에서 秦에 보낸 자객 荊軻(형가)의 秦王 刺殺(척살) 실패.

  | 출처 | 〈燕策 三〉 475. 燕太子丹質於秦.

045. 道不拾遺(도불습유)

- 길에 떨어진 (남의) 물건도 줍지 않는다. 商鞅(상앙) 變法 시행의 결과. 法治의 완성이나 도덕 준수의 구체적 사례.

  | 출처 | 〈秦策 一〉 046. 衛鞅亡魏入秦 章.

046. 東西皆敵(동서개적)

- 東西에 모두가 적.

  | 출처 | 〈東周策〉 027. 昭翦與東周惡 章.

047. 同欲相憎(동욕상증)

- 원하는 바가 같다면 서로 미워한다. 반대는 同憂相親(동우상친).

  | 출처 | 〈中山策〉 492. 犀首立五王 章.

048. 莫非王土(막비왕토)

- 왕의 땅이 아닌 곳이 없다.

　《詩經 小雅 北山》의 구절. 「普天之下, 莫非王土. 率土之濱, 莫非王臣」 - 普는 넓을 보. 두루(遍也). 率은 좇을 솔. 從也 ~로부터.

　| 출처 | 〈東周策〉 012. 溫人之周 章.

049. 網鳥之道(망조지도)

- 새 그물을 치는 방법. 새가 없는 곳에 그물을 치면(張), 종일토록 얻는 것이 없다. 새가 많이 모이는 곳에 그물을 치면, 새가 놀라 날아간다. 새가 많이 모이는 곳에, 새가 없는 시간에 그물을 쳐야 많이 잡을 수 있다.

　| 출처 | 〈東周策〉 023. 杜赫欲重景翠於周 章.

050. 賣馬待工(매마대공)

- 말을 사려고 相馬(말을 상대하다)할 줄 아는 전문가를(工人) 구하다.

　| 출처 | 〈趙策 四〉 281. 客見趙王 章.

051. 賣美親秦(매미친진)

- 미인을 팔아(賣) 그 돈으로 秦을 섬기다(事).

　| 출처 | 〈韓策 三〉 425. 秦,大國也 章.

052. 免身全功(면신전공)

- 자신의 허물을 피하고, 성취한 공적을 보전하다. 자신을 잘 지키다.

　| 출처 | 〈燕策 二〉 466. 昌國君樂毅 章.

053. 明主貴士(명주귀사)

• 현명한 主君은 인재를 貴하게 대우한다.

| 출처 | 〈齊策 四〉 152. 齊宣王見顔斶 章.

※ 明主愛其國, 忠臣愛其名 – 33권 〈中山策〉 참고.

054. 謀泄無功(모설무공)

• 모책이 누설되면 성공할 수 없다. 계획을 결단하지 못하는 자는 이름을 남길 수 없다(計不決者名不成).

| 출처 | 〈齊策 三〉 136. 楚王死 章.

055. 無功之賞(무공지상)

• 공적도 없는데 賞(상)을 받다.

| 출처 | 〈宋衛策〉 484. 智伯欲伐衛 章.

056. 無妄之禍(무망지화)

• 틀림없이 닥칠 재앙. 세상에는 바라지도 않은 (뜻밖의) 福이 있고, (世有無妄之福. 無妄은 틀림없는) 또 예상하지 못한 禍도 있다(又有無妄之禍). 예측할 수 없는 세상을 살면서(處無妄之世), 예측할 수 없는 주군을 섬기다(以事無妄之主).

| 출처 | 〈楚策 四〉 220. 楚考烈王無子 章.

057. 無名無實(무명무실)

• 無名에 無實하다. 君王은 萬乘(만승)의 군주이지만 효자라는 명분도 없고, 천리 땅의 봉양을 받지만 효도를 받는다는 이름도 없다.

| 출처 | 〈秦策 四〉 100. 秦王欲見頓弱 章.

058. 貿首之仇(무수지구)

- 목숨을 바꿔야 하는 원수. 큰 이득을 놓고 다투는 원수. 貿首之讐 (무수지수).
  | 출처 | 〈魏策 一〉 310. 徐州之役 章.

059. 無積愈有, 與人愈多(무적유유, 여인유다)

- (聖人은 자신의 것을) 쌓아두지 않지만 더 많이 갖게 되고, (자신의 것을) 남에게 베풀기에 더욱 많아진다. 《老子道德經》의 마지막 章.
  | 출처 | 〈魏策 一〉 295. 魏公叔痤爲魏將 章.

060. 問有本末(문유본말)

- 질문에도 本末(본말)이 있다. 근본(本)을 제쳐 두고 끝(末)을 물을 수 없다.
  | 출처 | 〈齊策 四〉 154. 齊王使使者問趙威后 章.

061. 門庭若市(문정약시)

- 궁정 문 앞이 시장처럼 북적이다. 왕께 諫言(간언)을 올리려는 백성이 많다.
  | 출처 | 〈齊策 一〉 122. 鄒忌脩八尺有餘 章.

062. 物各有疇(물각유주)

- 만물이 각각 그 부류가 있다. 同翼聚飛. 同足俱行. 類類相從(유유상종).
  | 출처 | 〈齊策 三〉 145. 淳于髡一日而見七人於宣王 章.

063. 物傷其類(물상기류)

- 동류를 해치다. 형제를 해치다.
  | 출처 | 〈趙策 四〉 282. 秦攻魏取寧邑 章.

064. 美於徐公(미어서공)

· (당신이) 徐公보다 더 멋집니다. 齊의 美男 鄒忌(추기). 얻으려는 것이 있기에 칭찬하거나 아부한다.

| 출처 | 〈齊策 一〉 122. 鄒忌脩八尺有餘 章.

065. 美惡兩聞(미오양문)

· 칭송과 험담 양쪽의 말을 모두 다 듣다.

| 출처 | 〈楚策 一〉 178. 江乙欲惡昭奚恤於楚 章.

066. 米玉薪桂(미옥신계)

· 玉은 쌀이고, 땔감은 계수나무. 귀한 음식.

| 출처 | 〈楚策 三〉 200. 蘇秦之楚 章.

067. 美人從囚(미인종수)

· 楚의 鄭袖(정수)가 죄인 張儀(장의)를 석방시켜 주다. 자기 이익을 위한 대책.

| 출처 | 〈楚策 二〉 194. 楚懷王拘張儀 章.

068. 反間殺人(반간살인)

· 반간계를 써서 살인하다. 借刀殺人.

| 출처 | 〈東周策〉 026. 昌他亡西周 章.

069. 反客爲主(반객위주)

· 主客이 전도되다. 本末이 뒤바뀌다.

| 출처 | 〈中山策〉 494. 司馬憙使趙 章.

070. 反覆詭詐(반복궤사)

· 거짓을 되풀이 하다. 계속 속임수를 쓰다.

071. 伯樂相馬(백락상마)

- 백락이 말(馬)을 고르다.

| 출처 | 〈燕策 二〉 460. 蘇代爲燕說齊 章.

072. 伯樂一顧(백락일고)

- 伯樂이 一顧하자, 그 馬價가 十倍나 뛰었다.

| 출처 | 〈燕策 二〉 459. 奉陽君告朱讙與趙足 章. 蘇 代. 淳于髡.

073. 白馬非馬(백마비마)

- 白馬는 馬가 아니다. 名家의 命題.

| 출처 | 〈趙策 二〉 240. 秦攻趙 章.

074. 百發百中(백발백중)

- 百發하여 百中하다. 神弓. 楚國의 養由基(양유기). 百步穿楊(백보천 양).

| 출처 | 〈西周策〉 034. 蘇厲謂周君 章.

075. 百勝之術(백승지술)

- 百戰하여 百勝의 戰術 – 太子에게는 원정에 나서지 않는 것이 최선.

| 출처 | 〈宋衛策〉 482. 魏太子自將過宋外黃 章.

076. 白虹貫日(백홍관일)

- (韓人) 聶政(섭정)이 韓의 (相) 傀(괴)를 찌를 때, 흰 무지개(白虹)가 해를 가렸다(貫日). 志士의 분노. 聶政(섭정, ?–前 397년)은 戰國시 대 刺客. 音樂家.《史記》五名 刺客의 一人.

| 출처 | 〈魏策 四〉 370. 秦王使人謂安陵君 章. 〈韓策 二〉 417. 韓

傀相韓 章.

077. 璧馬止攻(벽마지공)
- 璧玉(벽옥)과 말(馬)을 보내 공격을 멈추게 하다. 뇌물을 써서 적대 행위를 멈추게 하다.

  |출처| 〈魏策 三〉 338. 齊欲伐魏 章.

078. 變服折節(변복절절)
- 王이 직접 변복하고 부절을 가지고 齊에 입조하다. 齊에 복수하기 위하여 일부러 入朝 굴복하여 楚王의 분노를 유발시켜 楚가 齊를 공격하게 하다.

  |출처| 〈魏策 二〉 325. 齊魏戰於馬陵 章.

079. 寶珠脫身(보주탈신)
- 寶珠를 핑계로 탈출하다. 상대방에게 허물을 덮어 씌우다.

  |출처| 〈燕策 三〉 472. 張丑爲質於燕 章.

080. 伏事辭行(복사사행)
- 자신을 믿도록 다짐을 받은 뒤에 출발 인사를 하다. 樓緩(누완)이 사신으로 출발하기 전에 왕의 다짐을 받았다.

  |출처| 〈趙策 四〉 273. 樓緩將使 章.

081. 覆巢毀卵(복소훼란)
- 새 둥지가 부서지고 알이 깨지다. 覆巢毀卵하면 鳳皇不翔하고, 刳胎焚夭이면 麒麟不至하다.

  |출처| 〈趙策 四〉 282. 秦攻魏取寧邑 章.

082. 奉漏甕, 沃焦釜(봉루옹, 옥초부)

- 물이 새는 항아리를 틀어막고(奉漏甕), 타고 있는 솥에 물을 붓는 일(沃焦釜). / 매우 시급한 일. 漏는 샐 루. 甕은 항아리 옹. 沃은 물을 댈 옥. 물을 부어 주다. 焦는 그을릴 초. 불에 타다. 釜는 솥 부.

| 출처 | 〈齊策 二〉 133. 秦攻趙長平 章.

083. 富貴就之, 貧賤去之(부귀취지, 빈천거지)

- 富貴하면 찾아 모여들고(就之), 貧賤(빈천)하면 떠나가다(去之). 꼭 그렇게 될 이치.

| 출처 | 〈齊策 四〉 151. 孟嘗君逐於齊而復反 章.

084. 不是客人(부시객인)

- 客人(외국인)이 아니라 王의 백성이다.

| 출처 | 〈東周策〉 012. 溫人之周 章.

085. 焚券市義(분권시의)

- 빚 문서를(券) 불태워(탕감하고) 信義를 사오다(얻다). 孟嘗君 관련 故事.

| 출처 | 〈齊策 四〉 148. 齊人有馮諼者 章.

086. 不可不忘(불가불망)

- 잊지 않을 수 없다. 잊어버려야 한다. 내가 남에게 德을 베풀었던 일은 잊어버려야 한다. 세상에는 알지 않으면 안 되는 일이 있고(事有不可知者), 알게 해서는 안 되는 일도 있습니다(事有不可不知者). 잊어서는 안 되는 일이 있고(事有不可忘者), 잊지 않으면 안 되는 일도 있다(事有不可不忘者).

087. 不嫁之女(불가지녀)

• 이웃 여인은 출가하지 않는다 해놓고서도 나이 서른에 자식을 7
명이나 두었다. 시집가지 않는다 했으면 자식을 낳지 말아야 하는
데, 시집간 여인보다 더 많은 자식을 낳았다.

| 출처 | 〈齊策 四〉 155. 齊人見田騈 章.

088. 不媿下學(불괴하학)

• 아랫 사람한테 배우는 것은 창피하지 않다. 媿는 창피할 괴. 無羞
亟問(무수극문, 자주 묻는 것은 부끄럽지 않다. 亟는 자주 기. 數也).

| 출처 | 〈齊策 四〉 152. 齊宣王見顏斶 章.

089. 不死之藥(불사지약)

• 불사약. 불사약이라서 마셨는데, 결과적으로 죽게 된다면 불사약
이 아니다.

| 출처 | 〈趙策 四〉 216. 有獻不死之藥於荊王者 章.

090. 貧窮則父母不子(빈궁즉부모부자)

• 내가 貧窮(빈궁)하니 父母도 자식으로 여기지 않다.
부귀하면 친척도 두려워한다(富貴則親戚畏懼). 곤궁과 영달이 다
타고난 팔자이고(窮通有命), 부귀는 하늘의 뜻이다(富貴在天). 가
난한 부부에겐 온갖 일이 모두 서럽다(貧賤夫妻百事哀). 빈천하
면 친척도 떠나지만(貧賤親戚離), 부귀하면 남도 다가온다(富貴
他人合). 부자는 깊은 산속에 살아도 먼 친척이 찾아오고(富在深
山有遠親), 가난뱅이는 저잣거리에 살아도 인사하는 사람이 없다
(貧居鬧市無人問).

|출처| 〈秦策 一〉 047. 蘇秦始將連橫 章.

091. 俟兼兩虎(사겸양호)

• 기다리면 호랑이 두 마리를 차지 할 수 있다. 위의 兩虎爭鬪(양호쟁
투) 참고.

계책이란 일의(事) 근본이고, 계책을 잘 따르는 것은 存亡의 요체이다.

|출처| 〈秦策 二〉 060. 楚絶齊, 齊擧兵伐楚 章.

092. 徙木立信(사목입신)

• 통나무를 옮긴 자에게 상금을 주어 信義를 증명하다. 商鞅變法.

|출처| 〈秦策 一〉 046. 衛鞅亡魏入秦 章.

093. 死不敢畏(사불감외)

• 죽음도 두려워하지 않다.

|출처| 〈秦策 三〉 083. 范睢至秦 章.

094. 士爲知己者死(사위지기자사)

• 志士는 知己를 위하여 죽어도 좋다는 사람이다. 士人 義理를 말
함. '女爲悅己者容' 이란 구절이 이어진다.

|출처| 〈趙策 一〉 225. 晉畢陽之孫豫讓 章.

095. 似而非者(사이비자)

• 비슷해 보이나 사실상 다른 것.

|출처| 〈魏策 一〉 291. 西門豹爲鄴令 章.

096. 舍長之短(사장지단)

• 만물의 特長을 버려두고, 그 단점을 취하다.

원숭이가 나무를 떠나 물에서 산다면 물고기나 자라만〔魚鱉(어

별)〕못하고, 험한 길을 가거나 높은 곳을 오르는 데는 천리마가
〔騏驥(기기)〕여우만 못하다. 만물의 特長을 버려두고, 그 단점을
본다면 堯(요) 같은 성인도 따라갈 수 없다.

| 출처 | 〈齊策 三〉 143. 孟嘗君有舍人而弗悅 章.

097. 削株掘根(삭주굴근)

• 나무 그루(株)를 자르고 뿌리를 뽑아내다. 拔本塞源(발본색원).

| 출처 | 〈秦策 一〉 050. 張儀說秦王 章.

098. 散棋佐梟(산기좌효)

• 將棋(장기)에서 가장 강한 梟棋(효기, 올빼미 효)가 이기는 것은 여러
棋의 보좌를 받기 때문이다. 그러나 하나의 梟(효)가 적당히 배치
된 5개의 散卒(산졸)을 이기지 못하는 것 또한 분명하다.(一梟之不
勝은 不如五散이라.) 獨善은 衆智만 못하다는 의미이다.

| 출처 | 〈楚策 三〉 208. 唐且見春申君 章.

099. 三人成虎(삼인성호)

• 여러 사람의 말은 無理라도 믿게 된다.

| 출처 | 〈魏策 二〉 331. 龐蔥與太子質於邯鄲 章.

100. 禪讓亂國(선양난국)

• 선양하여 나라를 혼란에 빠트리다. 燕王은 堯(요)를 흉내 내어 相
國에게 禪讓(선양)하여 큰 혼란에 빠트렸고, 이웃 齊의 침략에 나
라가 망했다.

| 출처 | 〈燕策 一〉 450. 燕王噲旣立 章.

101. 善作者不必善成(선작자불필선성)

• 일을 잘 하는 자라도 꼭 좋은 결과는 없다. 善始者不必善終 시작
이 좋아도 끝이다 좋은 것은 아니다.

|출처| 〈燕策 二〉 466. 昌國君樂毅 章.

102. 挈瓶之知(설병지지)

• 병을 바로 들을 수 있는 지혜. 가장 단순한 능력. 누구나 제 물건
을 챙길 줄 안다. 挈은 손에 들 설. 자기 물건을 잃어버리지 않는
다(不失守器).

|출처| 〈趙策 一〉 232. 秦王謂公子他 章.

103. 雪甚牛目(설심우목)

• 눈(雪)이 소의 눈(牛目)에 닿을 만큼 많이 내리다.

|출처| 〈魏策 二〉 320. 魏惠王死 章.

104. 說海大魚(설해대어)

• 바다의 大魚로 설득하다. 그물로도 잡을 수 없고, 낚시로도 끌어
올릴 수 없는 大魚라도 물 밖에 나가면 땅강아지(螻蟻)들의 먹이
가 된다.

|출처| 〈齊策 一〉 113. 靖郭君將城薛 章.

105. 成敗兩全(성패양전)

• 성패에 관계없이 살아남다.

|출처| 〈西周策〉 045. 犀武敗 章.

106. 少年老成(소년노성)

• 어린 소년이나, 이제는 성인이 되었다.

秦의 甘羅(감라)가 말했다. 項橐(항탁)은 7살에 孔子의 스승이
되었는데, 나는 벌써 12살이나 되었다! 어리다고 무시할 수는
없다.
| 출처 | 〈秦策 五〉 108. 文信侯欲攻趙以廣河間 章.

107. 小而生巨(소이생거)
• 작은 새가 큰 새를 낳다. 凶兆(흉조)이다.
| 출처 | 〈宋衛策〉 483. 宋康王之時 章.

108. 樹難去易(수난거이)
• 심어 가꾸기는 어렵지만 제거하기는 쉽다.
| 출처 | 〈魏策 二〉 327. 田需貴於魏王 章.

109. 隨侯之珠(수후지주)
• 無價의 大寶. 隨珠和璧(수주화벽).
| 출처 | 〈趙策 三〉 260. 鄭同北見趙王 章.

110. 脣亡齒寒(순망치한)
• 입술이 없어지면 치아가 시럽다. 齒寒之憂(치한지우). 脣揭齒寒(순
게치한).
| 출처 | 〈齊策二〉 134. 秦攻趙長平 章.

111. 豺狼逐羊(시랑축양)
• 이리가 羊을 몰아내다. 강자가 더욱 강해지다.
| 출처 | 〈秦策 一〉 052. 司馬錯與張儀爭論於秦惠王前 章.

112. 市義營窟(시의영굴)
• 의리를 지켜 생존의 근거지를 확보하다.

113. 息壤誓言(식양서언)

- 秦邑 息壤(식양)에서 맹서하다. 息壤在彼(식양재피). 통치자의 약속.

| 출처 | 〈秦策 二〉 064. 秦武王謂甘茂 章.

114. 身試黃泉(신시황천)

- 죽어 황천에서라도 왕의 시중을 들겠다. 아부의 극치.

| 출처 | 〈楚策 一〉 179. 江乙說於安陵君 章.

115. 臣掩君非(신엄군비)

- 신하는 주군에 대한 비난을 막아야 한다. 忠臣은 자신이 비방을 받고, 칭송은 주군에게 돌린다.

| 출처 | 〈東周策〉 011. 周文君免工師藉 章.

116. 申包胥哭秦庭(신포서곡진정)

- 申包胥(신포서)가 秦의 王政에서 통곡하다. 忠臣 典範(전범).
  伍子胥(오자서)가 吳의 군사로 고국 楚를 침공했고, 楚 昭王은 도읍을 버리고 도주하였다. 오자서의 친구 申包胥(신포서)는 秦에 구원을 요청하러 갔지만 진왕이 만나주지도 않았다. 신포서는 秦의 성문에 올라 7일 밤낮으로 통곡하며 구원을 요청하였다. 결국 秦의 구원으로 오자서는 퇴각했고, 오자서는 吳王 夫差(부차)에게 비참하게 죽었다. 신포서는 나라를 복원시켜 놓고, 바로 은거하였다.

| 출처 | 〈楚策 一〉 189. 威王問於莫敖子華 章.

117. 十夫楺椎(십부유추)

- 열 사람(十夫)이 같은 말을 하면 나무 몽둥이도 휘어진다. 楺는 휠

유. 椎는 나무 몽둥이 추. 衆口鑠金(중구삭금).

| 출처 | 〈秦策 三〉 091. 秦攻邯鄲 章.

118. 樂羊啜羹(악양철갱)

• 樂羊(악양)이 魏將이 되어 中山國을 공격하였다(前 408년). 그의 아들은 중산국에 將領으로 재직했는데, 中山國 國君이 악양의 아들을 삶아 국물을〔羹(갱)〕보냈다. 樂羊은 장막 안에 앉아서 한 그릇을 다 마시었다. 啜은 마실 철. 飮也.

| 출처 | 〈魏策 一〉 290. 樂羊爲魏將而攻中山 章.

119. 安敢釋卒(안감석졸)

• 어찌 군사를 내어주지 않겠는가? 일을 시작하면 도와주지 않을 수 없다.

| 출처 | 〈魏策 二〉 315. 犀首,田盼欲得齊魏之兵 章.

120. 安則思危, 危則慮安(안즉사위, 위즉려안)

• 편안하더라도 위기를 사려 하고, 위험할 때에도 안정을 생각하라.

| 출처 | 〈楚策 四〉 221. 虞卿謂春申君 章.

121. 愛子計遠(애자계원)

• 자식을 위해서라면 먼 장래를 내다봐야 한다.

| 출처 | 〈趙策 四〉 286. 太后新用事 章.

122. 陽僵棄酒(양강기주)

• 일부러 넘어져 독약이 든 술을 쏟아버리다. 충성을 다하고도 문책받다.

| 출처 | 〈燕策 一〉 446. 人有惡蘇秦於燕王者 章.

123. 兩頭得金(양두득금)

- 이쪽 저쪽을 위해 절충하며 양쪽에서 사례금을 받다.

| 출처 | 〈東周策〉005. 東周欲爲稻 章.

124. 佯使退敵(양사퇴적)

- 상대의 동맹국과 내통하는 척 꾸며서 적군을 철수하게 하였다. 佯은 거짓 양. 속임, …한 체하다.

| 출처 | 〈燕策 三〉471. 齊韓魏共攻燕 章.

125. 良商司時(양상사시)

- 유능한 상인은 때를 잘 맞춰 거래한다. 司는 伺(엿볼 사)와 同.

| 출처 | 〈趙策 三〉265. 希寫見建信君 章.

126. 兩言皆善(양언개선)

- 양쪽의 말이 모두 옳다. 中立, 판단 유보.

| 출처 | 〈楚策 一〉173. 昭奚恤與彭城君 章.

127. 兩虎相搏(양호상박)

- 두 호랑이가 서로 싸우다. 막강한 나라끼리 싸우다.

| 출처 | 〈楚策 一〉187. 張儀爲秦破從連橫 章.

128. 兩虎爭鬪(양호쟁투)

- 때를 기다리기. 사람을 잡아먹겠다고 싸우는 호랑이. 힘없는 놈은 틀림없이 죽지만, 큰 놈도 틀림없이 상처를 입는다. 상처 입은 호랑이를 기다렸다가 찌르면, 일거에 두 마리를 잡을 수 있다.

| 출처 | 〈秦策 二〉060. 齊擧兵伐楚 章.

129. 茹肝涉血之仇(여간섭혈지구)

- 간을 씹어 먹고 피를 봐야 할 원수. 茹는 먹을 여. 씹다. 涉은 건널 섭. 피를 흘릴 첩. 仇는 원수 구. 원한. 徹天之怨讎(철천지원수).

|출처| 〈趙策 伺〉275. 燕封宋人榮蚡爲高陽君 章.

130. 厲氣循城(여기순성)

- 사기를 돋우고〔厲氣, 激勵(격려)〕城을 순시하였으며〔循城(순성)〕, 矢石(시석)이 날아오는 한가운데 서서 북채를 잡고 북을 치며 독려하다.

|출처| 〈齊策 六〉165. 田單將攻狄 章.

131. 癘人憐王(여인연왕)

- 몹쓸 병을 앓는 사람이 (시해 당할 수도 있는) 왕을 가엽게 여긴다. 癘는 창질 여. 염병. 나병(癩. 문둥병). 염병이 惡疾(악질)이지만 시해 당하는 것보다 낫다.

|출처| 〈趙策 四〉217. 客說春申君 章.

132. 連鷄難棲(연계난서)

- 한 줄을 묶인 닭은 홰에 오르지 못한다. 야생의 닭도 땅바닥에서 잠을 자지 않고 반드시 나뭇가지에 올라가서 잔다. 그래서 농가의 닭장에는 닭이 올라갈 홰가 있다. 한 줄로 묶인 닭은 홰에 올라갈 수 없다. 棲(서)는 거처를 정하여 살다. 잠자리.

|출처| 〈秦策 一〉048. 秦惠王謂寒泉子 章.

133. 鹽車之憾(염거지감)

- 鹽車(염거)를 끌어야 하는 늙은 천리마의 비애. 驥服鹽車(기복염거). 懷才不遇(회재불우).

| 출처 | 〈楚策 四〉 219. 汗明見春申君 章.

134. 寧爲雞口, 無爲牛後(영위계구, 무위우후)
- 닭의 입이 될지언정 소의 꽁무니가 되지 않겠다. '寧爲雞屍, 不爲 牛從'과 同.
| 출처 | 〈韓策 一〉 375. 蘇秦爲趙合從說韓王 章.

135. 緩於事己(완어사기)
- 자신을 섬기려는 사람도 등용하지 못하다.
| 출처 | 〈宋衛策〉 487. 衛使客事魏 章.

136. 王不好士(왕불호사)
- 왕이 사인은 좋아하지 않으니, 士人이 안 보인다는 뜻.
| 출처 | 〈齊策 四〉 153. 先生王斗 章.

137. 王不好人(왕불호인)
- 왕이 재능이 뛰어난 인재를 등용하지 않는다는 뜻.
| 출처 | 〈齊策 四〉 149. 孟嘗君爲從 章.

138. 王亦過矣(왕역과의)
- 강자로서 취할 수 있는 이득을 뿌리쳤다면 잘못된 것이다.
| 출처 | 〈趙策 三〉 252. 魏使人因平原君請從於趙 章.

139. 王好細腰(왕호세요)
- 왕이 가는 허리의 미인을 좋아하다.
  옛날에 楚 靈王(영왕, 前 540-529년)이 허리가 가는(小要, 小腰) 여인을 좋아하자, 楚의 士人(여기서는 미인들)은 約食(節食)하여 (제 발로 서지 못하고) 기대어야 설 수 있었고 손잡이(式)를 잡아야만 일어설 수 있었다. 먹고 싶어도 참으며 먹을 수가 없었으며, 죽기를 싫어하면서도 (먹지 않기에) 죽지 않을 수 없었다. 주군이 활쏘기를 좋아하면 그 신하들은 활 쏘는 골무까지 좋아한다. 君王 은 그냥 좋아할 수 없으니, 만약 군왕이 진실로 賢士를 좋아한다 면 훌륭한 신하들이 모여들 것이다.

| 출처 | 〈趙策 一〉 189. 威王問於莫敖子華 章.

140. 要言失時(요언실시)

• 꼭 필요한 말이지만, 그런 말을 할 때가 아니다.

| 출처 | 〈宋衛策〉 490. 衛人迎新婦 章.

141. 龍陽涕魚(용양체어)

• 魏王과 (幸臣) 龍陽君(용양군)이 낚시하다가 잡은 고기를 보며 눈 물을 흘렸다. 처음 물고기를 잡으면 기뻤지만, 나중에 더 큰 물고 기를 잡으면서 앞서 잡은 물고기를 버리고 싶었다. 곧 자신은 버 려질 몸이라 생각했다.

| 출처 | 〈魏策 四〉 368. 魏王與龍陽君共船而釣 章.

142. 虞人期獵(우인기렵)

• 虞人(우인)과 사냥을 약속하다. 약속 준수.

| 출처 | 〈魏策 一〉 292. 文侯與虞人期獵 章.

143. 遠交近攻(원교근공)

• 먼나라와 외교하고 이웃 나라를 공격하다.

| 출처 | 〈秦策 三〉 083. 范雎至秦 章.

144. 僞網得麋(위망득미)

- 거짓으로 쳐 놓은 그물을 피하나 진짜 그물에 걸려 잡히는 사슴. 간파된 제 꾀에 걸리다. 黜鹿困網(힐록곤망)과 同.

| 출처 | 〈楚策 三〉 207. 秦伐宜陽 章.

145. 爲我詈人(위아리인)

- 나에게 욕을 했던 여인. 내 유혹에 넘어가지 않은 여인을 아내로 맞이하다. 그래야 또 다른 유혹에 넘어가지 않을 것이다. 詈는 꾸짖다. 빗대어 욕하다.

| 출처 | 〈秦策 一〉 058. 陳軫去楚之秦 章.

146. 位尊多金(위존다금)

- 지위가 높고 돈이 많다. 勢位富貴.

  蘇秦(소진)이 유세에 실패하고 초라한 형색으로 귀가했을 때, 妻는 베틀에서 내려오지도 않았고, 형수는 밥도 해주지 않았으며, 父母는 말도 하지 않았다. 蘇秦이 크게 탄식하며 말했다. "妻는 나를 지아비로 생각하지 않고, 형수는 나를 시동생으로 여기지 않으며, 부모조차 나를 자식으로 보지 않도다."

  소진이 합종에 성공한 뒤에 고향을 지나는데, 형수는 뱀처럼 땅을 기며 4번 절하고 꿇어 앉아 사죄하였다. 蘇秦이 물었다. "형수는 전에는 어찌 그리 거만했고 지금은 이리 겸손합니까?" 그 형수가 말했다. "媤叔(시숙)께서 높은 자리에 올라 돈이 많기 때문입니다."

| 출처 | 〈秦策 一〉 047. 蘇秦始將連橫 章.

147. 類同竊疾(유동절질)

- 盜癖(도벽, 竊疾)을 가진 부류.

| 출처 | 〈宋衛策〉 477. 公輸般爲楚設機 章.

148. 維命不常(유명불상)

- 天命이라도 늘 일정하지는 않다. 행운이 자주 찾아오는 것은 아니
  다.《尙書 周書 康誥》의 구절.
- | 출처 | 〈魏策 三〉 335. 秦敗魏於華 章.

149. 猶釋弊蹻(유석폐사)

- 헌 짚신을 버리는 것과 같다. 釋은 풀 석. 벗다. 弊는 해질 폐. 蹻는
  짚신 사(草履).
- | 출처 | 〈燕策 日〉 454. 齊伐宋, 宋急. 章.

150. 義救亡趙(의구망조)

- 의리상 멸망할 趙를 구원해야 한다. 멸망하려는 趙를 구원하는 것
  은 大義이며 강한 秦의 군사를 물리치는 것은 威嚴(위엄)인데, 이
  두 가지에 힘쓰지 아니하고, 군량만 아끼려 애쓴다면 나라를 위한
  잘못된 계책이다.
- | 출처 | 〈齊策二〉 134. 秦攻趙長平 章.

151. 倚閭而望(의려이망)

- (모친이) 마을 里門(閭)에 기대어 서서 자식을 기다리다.
- | 출처 | 〈齊策 六〉 161. 王孫賈年十五事閔王 章.

152. 義不帝秦(의불제진)

- 의리상 秦을 帝로 받들지 않다.
- | 출처 | 〈趙策 三〉 258. 秦圍趙之邯鄲 章.

153. 疑事無功, 疑行無名(의사무공, 의행무명)

- 疑事는 성공할 수 없고, 疑行은 명분이 없다.
- |출처| 〈趙策 二〉 242. 武靈王平晝閑居 章.

154. 以古制今, 不達事變(이고제금, 부달사변)

- 옛 법도로 지금을 제어하면 일의 변화에 통달하지 못한다.
- |출처| 〈趙策 二〉 245. 王破原陽 章.

155. 易得難用(이득난용)

- (士人은) 쉽게 얻을 수 있어도 부리기 어렵다. 功은 難成易敗하고 (이루기 어렵지만 쉽게 패망하고), 기회는 難値易失하다(만나기 어렵지만 쉽게 놓친다).
- |출처| 〈齊策 四〉 156. 管燕得罪齊王 章.

156. 利不百不變俗(이불백불변속)

- 이득이 1백 배가 되지 않는다면 時俗을(法) 바꾸지 않는다. 그 효용성이(功) 10배가 되지 않는다면 기계를 바꾸지 않는다(功不什不易器). 이는 《史記 商君列傳》에는 杜摯(두지)의 말로 수록되었다. 杜摯曰, "利不百, 不變法. 功不十, 不易器."
- |출처| 〈趙策 二〉 242. 武靈王平晝閑居 章.

157. 以生人市(이생인시)

- 살아 있는 사람을 두고 흥정하다. 사람을 죽여 놓고 흥정하면 손해본다.(與其以死人市는 不若以生人市也라.)
- |출처| 〈趙策 四〉 274. 虞卿謂趙王 章.

158. 以愛殉葬(이애순장)

· 사랑하는 情夫이니 같이 순장하라.

|출처| 〈秦策 二〉 074. 秦宣太后愛魏醜夫 章.

159. 以一易二(이일역이)

· 1을 2와 교환.

|출처| 〈韓策 一〉 387. 秦韓戰於濁澤 章. 韓王, 公仲朋.

160. 移天下事(이천하사)

· 천하에 관한 일을 넘겨주다. 國相이 되다.

|출처| 〈魏策 一〉 301. 陳軫爲秦使於齊 章.

161. 仁不輕絶(인불경절)

· 仁者는 가벼이 절교하지 않는다. 智者는 가벼이 공적을 버리지 않
는다〔智不棄功(지불기공)〕.

|출처| 〈燕策 三〉 473. 燕王喜使栗腹 章.

162. 仁義 自完之道也(인의 자완지도야)

· 仁義란 자신을 완성하려는 道이지(自完之道), 진취적인 術數가 아
니다(非進取之術也).

|출처| 〈燕策 一〉 455. 蘇秦謂燕昭王 章.

163. 引錐刺股(인추자고)

· (讀書하면서 졸음이 오면) 송곳으로 허벅지를 찔러 그 피가 발까
지 흘러내렸다. 蘇秦(소진)의 刻苦勉學(각고면학).

|출처| 〈秦策 一〉 047. 蘇秦始將連橫 章.

164. 日見七士(일견칠사)
- 하루에 7명의 士人을 만나보다.
- | 출처 | 〈齊策 三〉 145. 淳于髡一日而見七人於宣王 章.

165. 一計三利(일계삼리)
- 하나의 계책으로 세 가지 이득을 얻다.
- | 출처 | 〈秦策 二〉 059. 齊助楚攻秦 章.

166. 一發不中(일발부중)
- 자세가 흐트러지면 한 발도 맞추지 못한다. 앞서 맞춘 것이 모두 헛일이 된다. 유세를 활쏘기에 비유한 설명. 백발백중의 반대.
- | 출처 | 〈西周策〉 034. 蘇厲謂周君 章.

167. 一飱得士, 羊羹亡國(일손득사, 양갱망국)
- 찬밥 한 그릇으로 충성을 다할 士人을 얻다. 양고기 국물 한 그릇으로 나라를 잃다.
- | 출처 | 〈中山策〉 498. 中山君饗都士 章.

168. 一語求薛(일어구설)
- 말 한마디로 위급한 薛(설) 땅을 구원하다.
- | 출처 | 〈齊策 三〉 139. 孟嘗君在薛 章.

169. 一人用而天下從(일인용이천하종)
- 한 사람을 등용하자 천하가 합종하였다. 趙國에서 蘇秦(소진)을 등용하다.
- | 출처 | 〈秦策 一〉 047. 蘇秦始將連橫 章.

170. 日中則移(일중즉이)

• 해(日)도 한낮이 지나면 기운다. 달도 차면 이지러진다[月滿則虧
  (월만즉휴)].

| 출처 | 〈秦策 三〉 092. 蔡澤見逐於趙 章.

171. 一策十可(일책십가)

• 한 가지 방책이 성공하면 부수적인 10개의 방책도 성공할 수 있
  다.

| 출처 | 〈齊策 三〉 136. 楚王死 章.

172. 紫賈十倍(자가십배)

• 흰 천(素)을 紫色(자색, 보라색)으로 염색하면 그 가격이 10배나 된
  다(紫賈十素). 齊人이 염색을 잘못하여 자색이 나왔는데, 그 가격
  은 흰 천의 10배나 되었다. 이처럼 知者는 擧事에 轉敗爲功한다.
  이는 《韓非子 外儲說左上》에도 나오는 이야기이다. 齊王은 紫色
  (자색) 옷을 좋아하였는데 齊人이 모두 좋아하였다. 齊에서는 '五
  素不得一紫'라 하였다.

| 출처 | 〈燕策 一〉 453. 燕昭王收破燕後卽位 章.

173. 自取其刺(자취기자)

• 스스로 자객을 불러들이다. 죽음을 자초하다.

| 출처 | 〈楚策 二〉 195. 楚王將出張子 章.

174. 作法自斃(작법자폐)

• 자신이 만든 법에 걸려들어 죽다. 衛鞅(위앙, 商鞅, 商鞅. 公孫鞅. 前
  390－338년)의 죽음을 지칭.

| 출처 | 〈秦策 一〉 046. 衛鞅亡魏入秦 章.

175. 財盡而絶(재진이절)

· 〔재물로 교제하는 자(以財交者)〕 재물이 없어지면 교제도 끊어진다.

|출처| 〈楚策 一〉 179. 江乙說於安陵君.

176. 爭名於朝 爭利於市(쟁명어조 쟁리어시)

· 조정에서 명성을 다투고, 시장에서 이득을 다투다.

|출처| 〈秦策 一〉 052. 司馬錯與張儀爭論於秦惠王前 章.

177. 積薄爲厚, 聚少爲多(적박위후, 취소위다)

· 얇은 것도 쌓아올리면 두꺼워지고, 작은 것도 모아두면 많아진다.

|출처| 〈秦策 四〉 102. 或爲六國說秦王 章.

178. 積羽沈舟(적우침주)

· 깃털도 많이 실으면 배(舟)가 가라앉다. 작은 것이라도 많이 쌓이면 큰 피해가 된다. 群輕折軸(군경절축. 가벼운 것도 많이 실으면 수레굴대가 부러진다.) 衆口鑠金(중구삭금)과도 通.

|출처| 〈魏策 一〉 298. 張儀爲秦連橫說魏王 章.

179. 前倨後卑(전거후비)

· 그전에는(前) 거만하더니 나중에는(後) 비굴하다. 미천하다가 부귀하니 대하는 태도가 바뀌다. 蘇秦이 출세하자 그 형수가 비굴하게 땅을 기며 공손해졌다.

|출처| 〈秦策 一〉 047. 蘇秦始將連橫 章.

180. 田父擅功(전보천공)

· 쫓기고 쫓다가 지친 토끼와 사냥개를 농부가 잡았다. 韓盧逐兎(한

로축토).

韓의 黑犬 盧(로)는 가장 빨리 달리는 개이고, 東郭逡(동곽준)은 가장 날샌 토끼이다. 한자로가 동곽준을 쫓아 산을 세 바퀴나 맴돌고 꼭대기까지 다섯 번이나 치달았더니, 토끼와 개가 모두 지쳐 그 자리에서 죽어버렸다. 농부는(田父) 아무런 힘도 들이지 않고 모두 차지하였다. 漁夫之利(어부지리).

| 출처 | 〈齊策 三〉 146. 齊欲伐魏 章.

181. 轉禍爲功(전화위공)

• 禍를 功으로 바꾸다. 轉敗爲功. 轉禍爲福(전화위복).

| 출처 | 〈齊策 三〉 142. 孟嘗君舍人 章.
　　　　〈燕策 一〉 444. 權之難燕再戰不勝 章.

182. 絶交無惡聲(절교무악성)

• 군자는 절교하더라도 惡聲을 말하지 않는다.

| 출처 | 〈燕策 二〉 466. 昌國君樂毅 章.

183. 切齒拊心(절치부심)

• 이(齒)를 갈고 가슴을 치며 분노하다. 切齒腐心(절치부심).

| 출처 | 〈燕策 三〉 474. 秦幷趙北向迎燕 章.

184. 井中求火(정중구화)

• 우물 바닥에 앉아 불을 끄겠다고 말하다.

| 출처 | 〈韓策 三〉 422. 謂鄭王 章.

185. 鼎重難移(정중난이)

• 周 王室 권위의 상징인 鼎(정, 발이 셋인 솥)은 무거워 이동이 어렵다.

| 출처 | 〈東周策〉 001. 秦興師臨周而求九鼎 章.

186. 祭地爲崇(제지위수)

- 제사터가 (병환의) 빌미가 되다. 남의 제사터를 뺏으면 재앙을 초래한다. 崇는 빌미 수. 神禍의 근원, 이유.
  | 출처 | 〈東周策〉 022. 趙取周之祭地 章.

187. 朝滿夕虛(조만석허)

- (市場은) 아침에 사람으로 찼다가 저녁에는 비게 된다.
  꼭 닥칠 일은(必至者) 죽음이고(死), 그러해야 할 이치란 富貴하면 찾아 모여들고(就之), 貧賤(빈천)하면 떠나간다(去之). 市場으로 비유하면, 아침에는 가득 찼다가(朝滿) 저녁에는 텅 비는데(夕虛), 사람들이 아침 시장을 좋아하고(愛) 저녁 시장을 미워해서가(惡) 아니라, 求하려는 것이 있으면 찾아가고 없으면 떠나기 때문이다. 그러니 나를 버렸다고 미워하지 말라.
  | 출처 | 〈齊策 四〉 151. 孟嘗君逐於齊而復反 章.

188. 曾子殺人(증자살인)

- 曾子가 살인했다고 말하다. 三人言이면 믿지 않을 수 없다.
  | 출처 | 〈秦策 二〉 064. 秦武王謂甘茂 章.

189. 知足不辱(지족불욕)

- 만족을 알면 치욕을 당하지 않는다.
  | 출처 | 〈齊策 四〉 152. 齊宣王見顔斶 章.

190. 志存富貴(지존부귀)

- 富貴에 뜻을 두다.

191. 至楚北行(지초북행)

- 남쪽 楚나라를 찾아간다며 북쪽 길로 가다. 南轅北轍(남원북철)과 同.

| 출처 |〈魏策 四〉361. 魏王欲攻邯鄲 章.

192. 進退得利(진퇴득리)

- 진격하든 퇴각하던 이득을 얻는다. 승패에 상관없이 이득이 있다.

| 출처 |〈魏策 一〉310. 徐州之役 章.

193. 借車馳之(차거치지)

- 빌려온 수레는 마음껏 달려본다.

  기왕 빌려온 것이니 빌려온 옷은 돌려줄 때까지 입는다(借衣被 之). 그러나 수레나 옷을 빌려준 사람은 친우 아니라면 형제이다. 친우의 수레라고 마음대로 몰고, 형제의 옷이라고 마구 입을 수 있겠나?

| 출처 |〈趙策 一〉237. 趙王封孟嘗君以武城 章.

194. 借兵救魏(차병구위)

- 군사를 빌려 魏를 구원하다.

| 출처 |〈魏策 三〉339. 秦將伐魏 章.

195. 且正言之(차정언지)

- 그래도 나는 바른 말만 하겠다.

| 출처 |〈韓策 一〉388. 秦率見公仲 章.

196. 跖狗吠堯(척구폐요)

- 大盜(대도) 跖(척)의 개가 堯(요)를 보고 짖는다.
  개가 跖(척)을 귀히 여기고, 堯(요)를 천하게 여겨서가 아니다. 개
  는 그 주인이 아니라면 짖을 뿐이다. 개가 어찌 나쁜 사람과 賢者
  를 구분하겠는가?
  |출처| 〈齊策 六〉 164. 貂勃常惡田單 章.

197. 千金買骨(천금매골)

- 千金을 들여 죽은 천리마의 뼈를 사다. 인재 초빙의 시작. 市馬買
  骨.
  |출처| 〈燕策 一〉 452. 蘇代過魏 章.

198. 妾婦之道(첩부지도)

- 아녀자의 도리. 시샘.
  |출처| 〈楚策 三〉 202. 張儀之楚貧 章.

199. 推功及人(추공급인)

- 자신의 공적을 부하의 공적으로 돌리다. 그래서 자신도 賞을 더
  받다.
  |출처| 〈魏策 一〉 295. 魏公叔痤爲魏將 章.

200. 椎解連環(추해연환)

- 몽둥이로 이어진 고리를 부수다. 과감한 결단.
  |출처| 〈齊策 六〉 167. 齊閔王之遇殺 章.

201. 逐獸覆車(축수복거)

- 짐승도 궁지에 몰리면 수레를 받아 엎어버린다.

| 출처 | 〈韓策 一〉 389. 韓公仲謂向壽 章.

202. 貪得無厭(탐득무염)

• 그 탐욕이 많아 만족할 줄을 모른다.

| 출처 | 〈趙策 一〉 223. 知伯帥趙韓魏而伐范中行氏 章.

203. 擇言而諷(택언이풍)

• 알맞은 말로 諷諭(풍유)하다. 술(酒), 맛있는 요리, 미인, 멋진 정원 등 4가지 중 하나에만 집착해도 나라를 망칠 수 있다.

| 출처 | 〈魏策 二〉 332. 梁王魏嬰觴諸侯於范臺 章.

204. 投骨鬪狗(투골투구)

• 뼈다귀를 던져 개를 싸우게 하다.

| 출처 | 〈秦策 三〉 088. 天下之士, ~ 章.

205. 妬婦辣手(투부랄수)

• 여인의 악랄한 질투. 魏王이 楚王(懷王)에게 美人을 보냈다. 楚王의 夫人 鄭袖(정수)는 왕이 새 사람을(新人) 좋아하기에, 신인을 많이 아껴주었다. 그러나 나중에 魏에서 보낸 미인의 코를 베어버리게 만들었다. 이 이야기는 《韓非子 內儲說 下》에도 기록되었다. 하여튼 여인의 질투는 아마 본능일 것이다.

| 출처 | 〈楚策 四〉 210. 魏王遺楚王美人 章.

206. 悖者之患(패자지환)

• 판단 착오의 후환. 잘못되지 않은 것을(不悖者) 잘못되었다고(悖) 생각했기 때문이다.

| 출처 | 〈魏策 一〉 296. 魏公叔痤病 章.

207. 抱薪救火(포신구화)

- 섶을 (땔나무) 안고서 불을 끄려고 하다.〔負薪救火(부신구화)〕

| 출처 | 〈魏策 三〉337. 華陽之戰 章.

208. 布衣之怒(포의지노)

- 평민 志士의 분노.

| 출처 | 〈魏策 四〉370. 秦王使人謂安陵君 章.

209. 賀得賢相(하득현상)

- 현명한 재상을 등용했다고 하례하다.

| 출처 | 〈秦策 二〉071. 甘茂相秦 章.

210. 河山之險(하산지험)

- 험고한 산하. 그렇더라도 나라를 지켜주지 못한다(河山之險 不足保也).

| 출처 | 〈魏策 一〉294. 魏武侯與諸大夫浮於西河 章.

211. 韓盧逐兎(한로축토)

- 韓에서 가장 빠른 개가 산토끼를 추격하다. 지나친 경쟁. 田父擅功(전보천공).

| 출처 | 〈齊策 三〉146. 齊欲伐魏 章.

212. 行百里者半於九十(행백리자반어구십)

- 百里를 가는 자에게는 九十里가 절반이다. 《詩 / 逸詩》의 구절. 末路之難을 설명한 警句.

| 출처 | 〈秦策 五〉103. 謂秦王曰 章.

213. 行詐立后(행사입후)

• 趙에서 미인을(陰姬) 요구한다는 거짓말로 왕후가 되게 하다.

|출처| 〈中山策〉 496. 陰姬與江姬爭爲后 章.

214. 倖臣妖祥(행신요상)

• 신하를 총애하여 일어난 요상한 결과, 곧 나라의 멸망.

|출처| 〈楚策 四〉 212. 莊辛謂楚襄王 章.

215. 虛願不至(허원부지)

• 노력 없는 헛된 소원은 이룰 수 없다.

|출처| 〈齊策 四〉 152. 齊宣王見顔斶 章.

216. 獻珥知寵(헌이지총)

• 귀고리(珥)를 바쳐 왕이 총애하는 후궁을 알아내다.

|출처| 〈齊策 三〉 137. 齊王夫人死 章.

217. 獻秦擊齊(헌진격제)

• 秦에 땅을 헌상하고, (秦이) 齊를 공격케 하다. 그래서 준 것 이상
으로 땅을 넓혔다.

|출처| 〈魏策 三〉 334. 芒卯謂秦王 章.

218. 眩得忽禍(현득홀화)

• 이득에 眩惑(현혹)되어 눈앞에 닥칠 재앙을 소홀히 하다. 晉 知伯
(지백, 智伯)이 그러했기에 멸망했다. 前 453년.

|출처| 〈趙策 一〉 222. 知伯從韓魏兵以攻趙 章.

219. 狐假虎威(호가호위)

• 여우가 호랑이의 위세를 이용하다. 僞善, 欺謾(기만).

| 출처 | 〈楚策 一〉 172. 荊宣王問群臣 章.

220. 華落愛渝(화락애투)

• (美色으로 情들었다면) 꽃이 지면 애정도 변한다. 渝는 바뀔 투. 변하다(變也). 以財交者는 재물이 다하면 교제도 끊어진다(財盡而交絶).

| 출처 | 〈楚策 一〉 179. 江乙說於安陵君 章.

221. 畫蛇添足(화사첨족)

• 뱀을 그리면서 발(足)을 그려 넣다. 지나친 욕심. 蛇足.

| 출처 | 〈齊策二〉 131. 昭陽爲楚伐魏 章.

222. 毁之爲之(훼지위지)

• 그를 비방하는 것이 그 사람을 위하는 일이다.

| 출처 | 〈齊策 三〉 140. 孟嘗君奉夏侯章.

223. 鷸蚌相爭(휼방상쟁)

• 도요새(鷸, 도요새 휼)와 방합(蚌, 조개 방)이 서로 싸우다. 漁父得利하다.

| 출처 | 〈燕策 二〉 469. 趙且伐燕 章.

저자 약력

陶硯 진기환陳起煥

서울 대동세무고등학교 교장을 역임하였다.

주요 저서로는《正史 三國志》전 6권 (2019년),《완역 後漢書》전 10권 (2018-2019년),《완역 漢書》전 15권 (2016-2021년),《十八史略》5권 중 3권 (2013-2014년),《史記人物評》(1994년),《史記講讀》(1992년)

《唐詩大觀》전 7권 (2020년),《三國演義》원문 읽기 (2020년),《新譯 王維》(2016년),《唐詩絶句》(2015년),《唐詩逸話》(2015년),《唐詩三百首(上·中·下)》(2014년. 공역),《金甁梅 評說》(2012년),《上洞八仙傳》(2012년),《三國志 人物 評論》(2010년),《水滸傳 評說》(2010년),《中國人의 俗談》(2008년),《儒林外史》(抄譯) 1권 (2008년),《三國志 故事名言 三百選》1권 (2001년),《三國志 故事成語 辭典》1권 (2001년),《東遊記》(2000년),《聊齋誌異(요재지이)》(1994년),《神人》(1994년),《儒林外史》(1990년)

《孔子聖蹟圖》(2020년),《論語名言三百選》(2018년),《論述로 읽는 論語》(2012년),《중국의 神仙 이야기》(2011년),《아들을 아들로 키우기 / 가정교육론》(2011년),《三國志의 지혜》(2009년),《三國志에서 배우는 인생의 지혜》(1999년),《中國人의 土俗神과 그 神話》(1996년)

E-mail : jin47dd@hanmail.net

戰國策(전국책) [下]

초판 인쇄   2021년 12월 10일
초판 발행   2021년 12월 20일

역   주 | 진기환
발 행 자 | 김동구
디 자 인 | 이명숙·양철민
발 행 처 | 명문당(1923. 10. 1 창립)
주   소 | 서울시 종로구 윤보선길 61(안국동)
            우체국 010579-01-000682
전   화 | 02)733-3039, 734-4798, 733-4748(영)
팩   스 | 02)734-9209
Homepage | www.myungmundang.net
E-mail | mmdbook1@hanmail.net
등   록 | 1977. 11. 19. 제1~148호

ISBN 979-11-91757-32-3 (94910)
ISBN 979-11-91757-29-3 (세트)
25,000원